Modern Mass Tourism

现代大众旅游

（美）胡里奥·阿兰贝里 著

谢彦君 等译

北京·旅游教育出版社

北京市版权局著作权合同登记章图字：01－2013－1919号

责任编辑：陈志

图书在版编目（CIP）数据

现代大众旅游／（美）阿兰贝里著；谢彦君等译
．--北京：旅游教育出版社，2014.4
ISBN 978－7－5637－2924－1

Ⅰ．①现…　Ⅱ．①阿…②谢…　Ⅲ．①旅游理论
Ⅳ．①F590

中国版本图书馆CIP数据核字（2014）第077979号

现代大众旅游

MODERN MASS TOURISM

Published by agreement with the Emerald Group Publishing Limited through the Chinese Connection Agency, a division of The Yao Enterprises, LLC.

现代大众旅游

（美）胡里奥·阿兰贝里　著

谢彦君 等　译

出版单位	旅游教育出版社
地　　址	北京市朝阳区定福庄南里1号
邮　　编	100024
发行电话	（010）65778403 65728372 65767462（传真）
本社网址	www.tepcb.com
E－mail	tepfx@163.com
印刷单位	北京嘉业印刷厂
经销单位	新华书店
开　　本	787毫米×960毫米　1/16
印　　张	20.75
字　　数	293千字
版　　次	2014年4月第1版
印　　次	2014年4月第1次印刷
定　　价	48.00元

（图书如有装订差错请与发行部联系）

目录

CONTENTS

致谢

我相信知识技艺的巨大力量并尝试将它付诸实践。技艺，往往意味着高质量的作品。我不敢对自己的作品妄加评论，因而亦不知本书是否合格。倘若读者能够对其严加评判，我自倍感荣幸。

高质量的作品兼具可靠的基础知识和独立的思维。我强调“可靠的基础知识”是因为在我所读过的专业文献中，它常常被视为无物。我们的领域充斥着借自百家的论点，这不禁让人对作者们独立创作的能力产生质疑。他们不假思索地对“德高望重”者所编造的表面价值全盘接受。在旅游学研究者中，“独立思考”竟已沦为背诵几首耳熟能详的政治颂歌。在接下来的章节中，我将会努力揭穿其中的一些虚伪面纱。

由于本书中论点的独特性，我并未从他人处获得过多的帮助。多数时间里，我独自阅读、思考、写作，尽量避免参加会议和其他公共论坛，有时亦藏身于学术俱乐部等舒适自在的环境之中。在本书的创作过程中，我既未曾申请，亦未曾获得来自任何机构的资金支持。

虽然我将自己包裹在学术生活的舒适感中自得其乐，但我未曾忘记的是从数位好友以及若干慷慨相助的同事们那里得到的恩惠，正是他们为本书的创作提供了巨大的帮助。

首先，我要衷心感谢贾法·贾法瑞(Jafar Jafari)，若是少了他的鼓励和支持，这本书将难见天日。从 1983 年在涅伯鲁夫宫的初识开始，他就给予了我无尽的关注并毫不吝啬地提供了大量宝贵的建议。从落笔的那一刻起，贾法(Jafar)便不遗余力地对它予以支持，并在我创作的漫长年月里展示了最大的耐心。当我的背包落入贼手、包内存有本书后期草稿的电脑和备用硬盘不见踪影时，正是他的鼓励让我在放弃的边缘重新燃起了希望之火。我不知道贾法(Jafar)在此过程中是否亦有所收获，但我的感激之情已难以言表。

同时,我要感谢对本书草稿进行编辑工作的格雷厄姆·丹恩(Graham Dann)。任何读者都能够发觉我们二人的旅游观点处于相互对立的阵营。在本书中我已开诚布公地表明了与他观点的不同之处。我亦知未来他会以同样的方式在“别的地方”激烈地回应我,那既是他的处事风格,亦是他的权利。尽管我们在概念上存在分歧,但他依旧是我心目中最为出色的编辑。格雷厄姆不仅精于细节,也同样善于捕捉全景。他帮助我将非我母语的英语写得不至于太混乱;虽然他已尽最大努力来规范我的语言,然而一些瑕疵依旧在所难免,对此我愿意承担全责。最难能可贵的是 Graham 从未试图改变我的思路或者将他的思想以任何方式强加于我。也许一些人会认为,他只是在用以逸待劳的方式让我自己败下阵去。而在我看来,他的工作是学术诚信无可比拟的典范。

菲尔·汉德尔(Phil Handel)是我在德雷塞尔大学(Drexel University)的系主任,在写作本书的过程中我有幸获得了他的赏识。面对每年的绩效审核中我旷日持久的工作,或许菲尔已将此看作对某些意义甚微或是永远无法安全着陆的工作的掩护。若他的想法确实如此,他也从未在行动上有所表示。而另一方面,他却在德雷塞尔大学章程所容许的范围内尽可能地满足我的需要。同时,德雷塞尔大学的其他同事也为我提供了大量的支持和帮助。

在本书即将完成的最后阶段,我正在西贡(越南)的豪森大学(HoaSen University)担任院长一职。那是在我暮年里一段充满了挑战的时光。在此我想表达对校长裴庄芳(Bui Trang Phuong)博士的感激之情,在我不得不从管理工作中省出些力气来完成我的手稿时,她给予了我最慷慨的支持和理解。在这里,我还要感谢在中国大连东北财经大学旅游与酒店管理学院的谢彦君教授以及梁春媚博士。在过去的几年中,我有幸在东北财经大学讲授若干课程,正是与他们二人经常的讨论、亲密的合作,以及从他们二人那里所领略到的中国文化大大扩展了我的视野。

于越南西贡

2010.8

引　言

一、大陆探险

本书所要探寻的对象是现代大众旅游(Modern Mass Tourism, MMT)。乍看起来,做这样的探索未必合适。很显然,今天的旅行与旅游与摩登时代和大众社会有着不解之缘,还有什么必要对它们之间显而易见的联系大书特书呢?

尽管如此,望文生义常常会有碍于对事实的准确把握。在本项研究中,现代大众旅游仅仅作为一系列特殊历史现象的称谓,有关的问题后文将详细讨论。当下,使用这一称谓的目的,是为了将它与其他一系列同样涉及旅行(travel)但目的和方式均有所不同的现象相区别。其中有些现象今天依然存在并为许多人所实践,但它们不属于现代大众旅游。

现代大众旅游最明显的反义词是精英旅行(elite travel)。这种旅行在大多数社会形态中都有着悠久的历史。在前现代社会中那些有钱有势又有名望的人,都拥有一处甚至多处今天被称为别墅的第二居所,其所有者在夏季前往居住,偶尔也在其他时间前往。他们还经常前往其他贵族的宫殿和宅邸旅行,或为探亲访友或为寻求赞助,抑或单纯地表达尊敬之情。马可·波罗(IMS 2005)笔下的杭州、北京西山(Headland 1909),以及庞培(Steele 1994),都是迎合高层次消费的旅游度假地的典型,也都曾在强大的古帝国时期盛极一时。此外,"教育旅行"(The Grand Tour)作为17到18世纪英国贵族青年融入贵族社会的必经之路,也属于此类(Black 1992;Brodsky-Porges 1981;Towner 1985)。

当今的精英旅游（elite tourism）以声望旅行（celebrity travel）①作为其首要形式，意味着前往独具一格的目的地、邮轮、牧场或者别墅旅行。它明确地将自己与芸芸大众所采用的旅游形式划清了界限。

大众旅行（Mass travel）本身并非一件新鲜事。事实上，自50万年前智人漫步于地球开始，人类就将大部分时间献给了旅行。多数的狩猎者和采集者都是在持续不断地迁徙中寻找资源和庇护所的流浪者。从其庞大的规模来看，这些流浪者群体的行为皆可称为大众旅行（Mass travel）。然而若依照今日的新定义，人们却形成了这样的共识：这些人并不属于旅游者。对他们而言，四处漂泊是一种迫不得已的生存方式，并非偶尔为之的事情。

然而，在许多前现代的历史背景当中确实可以寻得大众旅行（Mass travel）的痕迹。最知名的形式便是前往宗教圣地或者参加宗教盛典的朝圣之旅（Vukonić 1996；Rinschede 1992；Swatos and Tomasi 2002）。与此同时，商业旅行、探亲访友旅行（VFR）②以及观光旅行（sightseeing）也屡见不鲜。在印度，

> 地方性的旅行（Yatra）和游历（Ghumna）在整个国家都非常流行［……］无论它的形式是宗教旅游（religious tourism），即朝圣之旅（Tirtha），抑或是世俗之旅，如拜访他人（Milna）和观光（Dekhna）（Singh 2004：35）。

在基督教统治下的中世纪欧洲，罗马和西班牙的圣地亚哥坎普斯特拉逐渐成为朝圣的中心，吸引着远至俄国的万千信众。在这条人潮涌动的道路上，贸易得以繁荣，宗教艺术和世俗文化也得以传播。与此同时，许多其他的基督教圣地也引得大批参观者纷至沓来，正如乔叟（Chaucer）在《坎特伯雷故事集》（*Canterbury Tales*）里生动的描述。在伊斯兰世界中，朝觐（*Hajj*）（伊斯兰教五大支柱之一）特指前往麦加的朝圣之旅，所有成年的穆斯林，无论男性或女性，一生之中都会要完成一次。朝觐者从遥远的穆斯林世界之边来到这片古老的伊斯兰圣地，同时也为这片土地带来了基督教国家的经济和文化风气（Peters 1994；Wolfe 2001）。此外，其他一些穆斯林神殿和圣地也激发了规模庞大的旅行人潮。

大众宗教旅行（mass religious travel）与现代大众旅游在许多方面具有相似之处：它推动了庞大的人口流动并且要求相当数量的基础设施（道路、旅馆、马厩、大篷车等）。然而，并非所有的参与者都是因为受到虔诚之心的驱动——

---

① 声望旅行：celebrity travel

② 探亲访友旅行（VFR）：visiting friends and relatives

在市场上或者商店里购物，挑选具有纪念意义的商品（纪念品的前身），甚至寻觅如同今天的性旅游那样的用以出售的爱，都可以成为他们的动力。在一些宏伟庙宇的周边地区（比如东京浅草区的浅草寺）盘踞着各类市场，对旅游者来说，这些市场的地位与圣地不分伯仲。需求旺盛的游客能够在此找到各式各样的服务。然而，宗教旅游（religious tourism）却缺少那些被部分现代大众旅游所要求的制度化的基础设施。此外，尽管参与者不可胜数，但这通常只是一生一次的事业——而非循环的模式。

时至今日，大众旅游的形式已不一而足。20 世纪的集权主义政权发现，旅行有助于稳定和巩固其专制统治。在 1936 年，法国人民战线开创了带薪假期。此外，德国纳粹以及他们在意大利和法国的法西斯同伴似乎也知道如何用旅行来取悦民众。许多社会组织，比如德国的“力量来自欢乐”（Kraft Durch Freude/Strength through Joy）（Baranowski 2004，2005；Spode 2009）、意大利的“消遣俱乐部”（Dopolavoro/After Work）（Liebscher 2005；Sgrazzutti and Beltrán 2005），以及西班牙的“教育和休息”（Educación y Descanso/Education and Rest）都致力于为需求旺盛的工人们提供文化项目或者打造度假胜地。“在 1933 年，只有 18% 的德国工业工人能够享受度假的时光；然而到 1934 年，已有 210 万工人会利用至少一周的时间前往国内的目的地度假；到 1938 年这一数字已达 700 万”（Overy 2004：323）。德国组织“力量来自欢乐”（KdF）甚至为人民大众量身定做了一种汽车，即德国的大众车（Volkswagen）。斯大林在 1936 年颁布的苏联宪法中规定：

> 苏联公民享有休息和空闲的权利。此项权利通过以下途径保障：将大多数工人的工作时间减少为一天七小时，为工人和雇员提供带全薪的年度假期，为劳动人民建立一个由休养所、疗养院以及俱乐部组成的提供食宿的广泛网络（第 119 条）。

在莫斯科这样的大都市，此类宣言更多的是对政权优越性的一种刻意展示。在这里，优秀的斯达汉诺夫式的工人（Stakhanovite Workers）及其家属所能享有的假期通常由商业联盟或者苏联共产主义青年团（Komsomol）进行组织。通过必要的改造，类似的系统在二战后便被引入了社会主义阵营的其他国家（Allcock and Przeclawski 1990）。

在 19 和 20 世纪的非集权主义社会，一些针对工薪阶层家庭或工人阶级儿童的假期产品包(vacation packages)①主要由志愿性组织提供,如贸易联盟、政治党派和教堂。在纳粹掌握政权之前,德国社会民主党利用自主团体和俱乐部为其成员提供形式多样的休息和娱乐——从合唱团到低价的假期产品包,并以此在整个社会中创建了自己特有的公民社会。此类型的大众旅游被称为社会旅游(social tourism)(Lanquar and Raynouard 1995;Lengkeek 2009;Minnaert et al 2009),是20世纪60年代之前欧洲一种主要的度假形式。

显而易见,大众旅游的历史已相当久远。因此,当我们以今天的大众旅游作为参考,试图去理解它与其他类似的现象缘何不同时,必须首先证明今天的大众旅游具有合理的参考价值。在我看来,要将自19世纪50年代以来形成的当今的大众旅游与其之前的形式区别开来,一个"现代的"的前缀不可或缺。因为在今天,大众旅游与现代性已紧密地结合在了一起。

我们该如何阐释"现代的(*modern*)"和"现代性(*modernity*)"?实际上,只需依照其最通常的意思理解即可。《韦氏字典》按年代顺序定义了它们(从古时延展至今的某事物或者具有当前特征的某事物)。然而如此一来,这两个词的含义却变得模糊不清了。不过可以肯定的是,在日常说法中,这两个词与"潮流"、"流行"、"好设计"等词的含义是有所不同的。在社会研究中,人们赋予了现代性一种更为具体的价值。它通常被看作一种社会形式,用来组织产品和服务的生产和分配、知识的创造和传播以及通过联合机构和市场而实现政策制定,它同时也负责科学技术的发展和法律法规的制定。若采用一个更具冲突性的名字,那么现代性基本上也可以被称为资本主义。

所谓现代性,是指人类历史相对近期的一个阶段所具有的特征。虽然现代社会的许多元素(商业、理性思维、地方民主)可以追溯到遥远的古代,但是直到最近它们才凝结为一个独特的总体而共同发挥作用。19世纪初期,拿破仑战争后发生在欧洲的工业革命和殖民扩张通常被视为最初的现代性标志。人们将这个阶段称为古典资本主义、以工业为基础的资本主义、福特主义,或者给它一个新潮的软件名——现代性1.0版本②。在第一个阶段,现代性仅在大西洋边缘有限的几个国家内得到发展,然而随后,资本主义却以一种暴力和不平等的方式通过帝国扩张蔓延至全球的大片地区。伴随着批量生产和消费的盛行,现代性1.0大约在二战时期以及随之而来的去殖民化过程中悄然退

① 假期产品包度假组合产品:vacation packages

② 现代性1.0版本:Modernity 1.0

场。此阶段拥有众多称谓,如晚/后/熟/当代等某某现代性。这里我称之为现代性 2.0 版本①,因为虽然并非专属名词,但若按照通常的叫法给它贴上意义单一的标签依旧可能产生误导。然而,毋庸置疑的是在这两个阶段中,市场都曾经是——并且仍将是——商品(包括劳动力)生产和交换的主要机制。很不幸,现代性 1.0 最终却沦为 1929 年大萧条的缩影,成为自己罪行的受害者,因为它充满了排斥性的动态机制——相对较低的生活标准、严格的等级区分、有限的国民权力、贫穷以及对原住民的歧视;同时,它还试图将一些强权国家(德国和日本)排斥在殖民进程的丰硕成果之外。

在欧洲的好戏正如火如荼地进行时,亚洲和非洲的现代性也初露端倪。它包括大众社会的出现,可以被称为成熟的资本主义或现代性 2.0 版本。现代性 2.0 所包含的内容比其前任则更为广泛。大众社会为多数人带来了严格再生产之外的消费模式(如超越简单生存必需品的消费——住宅、食品、衣物、能源以及交通运输);将市场变为资源分配的中心机构;促进了中产阶级的扩大并保证了大多数市民所享有的政治权利。

首个现代的以市场为基础的②大众社会或现代性 2.0 版本于 20 世纪头 20 年出现在美国(Aramberri 1999)。当时,整个美国都沉浸在推动科学和技术的创新的狂热之中。1929 年经济危机之后,日益增长的大众消费甚至逐渐平衡了古典资本主义过度的生产。这个曾经残酷地奴役过黑人和进行过种族隔离的国家此刻却向络绎不绝的移民潮慷慨地敞开怀抱,特别是对那些来自欧洲的、在原籍饱经贫穷和压迫之苦的人们。到 19 世纪末期,美国已成为世界上一颗冉冉升起的新星。从 20 世纪 50 年代开始,美国的成功激发了资本主义的第二次大潮(后来被称为全球化),并表现为多种颇具差异的版本(现代性 2.1、2.2、2.3 版本,甚至是 Beta 版本,正如 20 世纪后半期被称为"奇迹"的经济发展)。

其实,现代性 2.0 的成长过程并非一帆风顺。1917 年后,苏联首先对全球化的第一次浪潮进行了挑战:建立中央计划经济,由国家对外贸进行控制,废除私有资产等。二战后苏联模式在苏维埃政权影响下的东欧地区被强制推行,与此同时,它也赢得了真诚的追随者(中国、古巴和越南)。苏联模式以资本主义之敌的身份亮相,立志于挑战,继而替代以市场为基础的大众社会。大

① 现代性 2.0 版本:Modernity 2.0
② 以市场为基础的:market-based

多数发展中国家接受了它的某些特征——如将公共部门作为增长的动力,对私有权进行严格限制以及实施进口管制以保护本地工业等。

苏维埃帝国在20世纪90年代的分崩离析宣告了这条道路,用一个流行的词语说,是不可持续的。大多数东欧国家在1989年获得自身独立后更是对它弃如敝屣。时至今日,俄罗斯以及一些中亚的新兴国家依旧承受着苏联模式后遗症的困扰。其他的发展中国家,如中国和越南,即便作为社会主义国家依旧拥有庞大的公共部门,但实际上也已经通过扩大私有权或允许市场成为资源分配的关键机制等措施来逐步实现对公共部门的削减。最终,那些仿效苏联模式并对其忠贞不渝的拉丁美洲、非洲、中东和南亚的发展中国家陷入了,即使不是倒退的,也是缓慢的经济增长的噩梦,以至于今日它们依然在艰难地奋斗以期摆脱落后的现状。

纳粹德国则是以市场为基础的大众社会或者说现代性2.0版本扩张之路上的另一个挑战。虽然它的经济模式充分考虑到私人经济部门的力量且从未企图取代市场,但是在高层资产阶级和许多德国人的默许下,纳粹政权将经济转变为战争机器的奴隶,为德国自身的利益而试图改变整个世界(Overy 2004)。然而,纳粹政权稍纵即逝,因此人们无法预测若任其发展将会有何结果。不过人们至少知道,它的主要目标是改变战前的世界格局并帮助德国取代老牌殖民帝国,谋取世界霸主的地位。在欧洲,德国对待被占领国的方式(更不用提它对本国内的犹太人、吉普赛人、同性恋者和残疾人所实行的灭绝政策)足以使人们相信它不可能以任何温和的方式来达成目标。以自由市场为基础的大众社会以及法律原则绝不是野心勃勃的霸主德国所考虑的首要问题。二战期间,日本在其占领国推行的大东亚共荣圈政策与纳粹德国的道路别无二致。

21世纪初期,尽管众多国家在政治和文化上千差万别,但是建立以市场为基础的经济、跻身大众社会却成为同一个诱人的目标。即使2008年市场经济遭遇新的经济危机,但却丝毫未曾动摇它们的决心,因为能否完成这一转变似乎已成为进步与落后之间的唯一区别。虽然拥有迥异的制度模式、相异的发展历程和富裕程度以及截然不同的政策措施,众多国家却都不约而同地朝着这个目标前进。二战后,对美国模式的效仿始于欧洲、加拿大、澳大利亚、新西兰和日本,后继者有欧洲(瑞士、葡萄牙、爱尔兰和希腊)、东南亚(韩国、中国台湾、新加坡、中国香港和泰国)以及拉丁美洲(智利)的一些国家。如上所述,中国、越南以及后来的印度都开始转向同样的模式。虽然生于西方,但如今这个卓有成效又雄心勃勃的大众社会联盟已笼络了大量非西方的国家和文化。

美国模式何以能够如此成功？简而言之，这些以市场为基础的大众社会履行了自己的承诺并且展现出比其他任何模式都更为广泛的内涵（Micklethwait and Wooldridge 2000）。这些社会不仅为其民众带来了经济的增长，减少了贫穷者的数量，还为那些接受自己的国家的社会群体带来了更多的消费。这样的社会促进了中产阶级的扩大以及随之而来的社会多样化，为大多数成员带来了教育、健康以及休闲上更多的选择。在其中的一些社会中，那些曾经被排斥的社会群体（女性）和少数派成员（少数民族的、地方的、不同语言的和残疾的人）逐渐在社会交往和政治上拥有更多的权利。所有的这些都带来了诸多全国性或者区域性的变化以使大众社会的扩张能够与当地的需要和文化相契合。最近20年信息技术（IT）的发展将大众社会的呼声传向世界，也使大众社会的许多特征在全世界得以推广。同时，在全球媒体和网络的推动下，整个世界都拜倒在大众社会的魅力面前，造就了人类历史上的第二次巨变——第一次是一万两千年前的新石器革命。

现代大众旅游虽然只是大众社会进程中有限的一部分，但它的意义却不容小觑。以市场为基础的大众社会通过提供带薪休假大大增加了人们的闲暇。虽然新浪漫主义（neo - romantic）的观点认为采集者和捕猎者的生活其实更为悠然闲适（Fernández - Armesto 2001；Harlan 1992，1998），然而事实却并非如此。大众社会大幅提高了其成员的平均寿命，从而为他们提供了更多的闲暇，同时也为他们在利用这些自由时间的过程中提供了更为多样化的选择。此外，大众社会亦提高了居民的可支配收入（在购买基本生存资料之外所余下的收入）。事实上，没有足够的资金，人们便无力成行；大众社会为人们的口袋注入了更多的财富，从而促进了现代大众旅游的成长。最终，他们创造了一个全球性的旅行和旅游（T&T）①产业并以市场为基础不断满足着日益多样化的旅行需求。因此，现代大众旅游成为大众社会组织其成员进行旅行行为的一种独特方式。不管是绝对还是相对数额上，国内和国际旅行从诞生起便保持着指数增长。在过去的60年中，旅行和旅游已当仁不让地成为千百万消费者生活中重要的组成部分。

这里，依惯例援引一些宏观数据，根据世界主要的旅行和旅游公司的保护

① 旅行和旅游（T&T）：travel and tourism。译者注。

组织——世界旅游旅行理事会（WTTC）所公布的数据，在2010年，旅行和旅游经济以直接或间接的方式为全世界的国内生产总值（GDP）做出了9.2%的贡献，共计5.7万亿美元（WTTC 2010）。根据联合国（UN）机构之一联合国世界旅游组织（UNWTO）公布的数据，国际接待人数的总数在2009年甚至已达到8.8亿（UNWTO 2010a）。

然而，这还并非本引言中最令人惊异的数字。自1950年至今，国际接待人数已增长了至少30倍。若这样的数据还略显苍白，那么下面的预测则足以令人大跌眼镜了：现代大众旅游持续增长的势头不会减弱，到2020年则会翻一番（UNWTO 2005）——达到16亿。这样强劲的增长有三个方面引人注目。首先，它与大众社会的扩张是同步的。其次，它的增长速度已超越了世界经济。第三，我们拥有一个遍及全球的统计记录，数据从过去延伸至可预见的未来，这在社会研究的其他领域还很罕见。

然而不幸的是，当谈及现代大众旅游最大的组成部分——国内旅游时，问题却不甚明朗。虽然国内旅游构成了大约81%的旅游消费（WTTC 2005:12），远超于国际旅游的1/5，但是它却常被学术研究所忽略。由于有关国内旅游的资料非常有限，因此学界的目光也就顺理成章地聚焦于国际部分。这个观念在学界早已根深蒂固，甚至国际社会学协会（International Sociological Association）中负责旅游的研究委员会（RC50）仍旧自称为国际旅游委员会（ISA 2005）。可喜的是，该委员会（ISA's RC50）将最近一次会议的主题定位于国内旅游（Jaipur 2009），或许，这标志着一个新时代的到来。正如我们即将提出的，对现代大众旅游这种有失偏颇的观察会在某种程度上局限我们的视野，阻碍着我们对它进行更为全面的理解。

在现代大众旅游中仔细甄别世界旅游组织（UNWTO）给出的仅限于国际旅游的数据，这是一种无谓的浪费吗？实际上，对于国际旅游接待人数的统计包括了很多来自不能被称为大众社会的旅行者。此外，统计数据将休闲旅游与其他存在于后现代时期的旅游相混淆——比如商务旅行和“崇敬”旅行（deferential travel）[这里“崇敬”意味着通过旅游向某人或某件神圣的事物表达崇敬之情。在前者中，VFR——探亲访友是最普遍的形式，但是也包括为履行管理或政治义务而进行的旅行。后者则包括宗教旅游（religious tourism）]。

目前，面对统计数据缺乏的问题我们依旧束手无策。然而，在研究中若要试图归纳某事，必须言之有据。目前在旅游领域中，由于主要数据库的不完整和碎片化，因此对其合理的归纳也难以实现。也许，一边怀揣着某天能够获取更好的数据的希望，一边通过其他渠道对数据进行挖掘，如欧洲统计局或者一些私人数据来源，也有助于实现更为丰富的观察。可是目前，人们只能依靠手头有限的零星数据。同时不可否认的是，商务旅行和大部分“崇敬”旅行依赖着与旅行和旅游业的合作，并与之共享着休闲旅行市场上的服务。由于它们与后者拥有大量的共同特征，因此虽然不完全合格，但它们依旧被称为现代大众旅游。

就此问题尚有最后一点需要明确。除去上文中所提到的条件，本书中关于现代大众旅游的一般讨论都建立于如下的假设之上：大部分研究的首要兴趣依旧是度假和休闲旅行。事实上，正是由于基于市场的大众社会不断成长，才促进了万千民众闲暇的增长，才造就了现代大众旅游。现代大众旅游不但成为当今社会的主要现象之一，同时也将它与先前历史上其他形式的旅行区别开来。

二、何种社会学

一种社会学的方法——这将会成为学科的主旨，下文会对此进行详细解释，这里，我们的讨论将有别于目前理论研究的主流——它正处于一种剪刀危机(scissor crises)之中，就此后文亦会进行详述。此处以“剪刀危机”为喻，正如托洛茨基(Trotsky)在20世纪20年代对俄国的描述。当时农产品和工业产品的价格以截然不同的速度变化，苏联的两大支柱——工业无产阶级和农民阶级(Carr 1958)几乎要反目成仇。这正与目前旅游研究的现状如出一辙。一方面，大多数研究着眼于技术问题以期提升管理效益。此类研究者全然将市场视为现代大众旅游的核心机构，而对其整体表现、合理性、社会动态以及其他理论范畴则不闻不问。

另一方面，一大部分研究者对现代大众旅游的讨论局限于后现代(*pomo*)范式之中。通常，后现代在人们眼中只不过是那些出现于现代性之后的事物的名字而已，也似乎只有这样，才是对这个复杂概念进行最好的限定或补充。但是，这种观点却犯了一个实质性的错误(见第三章)。后现代对现代和现代大众旅游秉持彻头彻尾的批评态度，虽然这种批评常常是秘而不宣的。它看似是一个极端的理论，却并未带来极端的结果。它的追随者因指出了现代性的瑕疵而自鸣得意，却不对如何完成这一任务作出任何解释。此外，他们提出了最佳的实践形式、一些旅游的特权形式、关于“旅游者”的定义，以及深受大众喜爱的可持续政策等，却未曾考虑相应的成本和最终的消费者——虽然后现代主义从未公开表示过，但在实质上却常常要求市场的销声匿迹。

第一种研究模式认为，调查现代大众旅游发生的时间以及原因毫无必要，对现代大众旅游在当今世界的角色以及它与其他社会范畴之间的关系也无须再提。它的追随者讨论着中国旅游者在澳大利亚的饮食经历及其满意度，或是在综合蒸汽机上烧烤鸡肉这样的新项目，或是单身成年顾客外出就餐的决定性因素，又或是将“白咖啡”列入保护食品名录的可行性（以上论文主题都是笔者出席某次会议时亲眼所见）。在全世界的大多数会议中，此类例子不胜枚举。我未指明这些作者的名字，因为如此的“作者”并非寥寥数例。这些研究方向或许有助于提高经济效率，却无力揭示现代大众旅游的真实面貌及存在方式。

第二种研究模式放弃了对市场运作方式的分析以及消费者和生产者之间交互关系的研究。其信徒们主要关注后者的行为和表现。例如，他们关于可持续性的讨论常常会使我们以为可持续旅游的方式仅限于背包旅游（backpacking）、社区旅游（CBT，community – based tourism），或者是造福穷人的旅游（propoor tourism）。他们在讨论旅游发展时对航空公司或游轮这类形象化的符号绝口不提。坚守如此逻辑的人们坚信，在拉斯维加斯、奥兰多、马略卡岛、威尼斯、中国澳门、中国香港以及巴厘岛这些现代大众旅游发生的地方，旅游是断然不可持续的。然而时至今日，这样的说法却从未得到过事实的印证。另一方面，人们却可以说，背包旅游（backpacking）、社区旅游以及造福穷人的旅游在全球旅游系统中仅仅位于边缘地带，因为这部分市场只包含了偌大现代大众旅游世界中不过寥寥百万的参与者而已。它们的追随者果真坚信这样的方式是实现可持续的独木桥吗？他们口中的可持续性，或多或少意味着利益相关者拥有目的地或度假地经营方式的最终决定权（Sofield 2003），所以，当利益相关者再三考虑他们的投资决策时，人们便不会感到奇怪了。然而，这一层却鲜有人提及。

自 20 世纪 90 年代以来，旅游研究发展迅速，并且至今依然保持着猛烈的发展势头。同时，这两种研究传统也以相互间更加漠视的态度在研究理论和前景上渐行渐远。有时人们不禁怀疑，丹（Dann 1996c）和麦肯（Mackay，2005）关于旅游符号学的文章，是否在讨论同一件事，或者麦肯奈尔（MacCannell，1992a，1999a，2001b）与普劳格（Plog 2003）笔下的旅游者是不是同一种存在，又或者尤瑞（Urry 2002，2003）和其他动力论者所栖居的永动机般的世界与具有稳定市场形式的世界是否有任何相似之处，而正是在后者中，最知名的期刊充斥着各类管理学文章（成百上千的此类文章中两个例子：Papatheodorou 2001；Yang 2004）。在我看来，这两种研究模式唯一的共同点在于它们缺乏对世界和市场运行所产生的基本问题的思考。前者因此走向了无意义的实用主义，而后者却滑向了恣意妄行的规范主义。就这样，在商业管理和后现代文化研究之间，现代大众旅游的核心问题却无人问津。

因此，当发现旅游研究缺少共享的范式以及一个能够被大多数研究者所接受的框架结构以作为原理和方法论的基础时，人们已经能够处之泰然。社会学未能摆脱大部分社会研究的窘况。虽然在经济研究中，市场范式已被大多数参与者所接受，并且讨论的主题围绕着经济系统中那些导致不同地区不同经济增长速度的因素（Aghion and Howitt 1998；Rodrik 1999；Romer 1989），或是不同的全球化策略（Bhagwati 2004；Stiglitz 2002）和资本主义前景（Krugman 1994；Mankiw 2002），但是除此之外，其他社会研究的情况与旅游学别无二致。事实上，这反映了后者在区分既存事实与价值判断时所面临的困难，为此，它们常常被贴上“无力的社会研究”的标签。而经济则不同，它可以使用一些因为短缺而产生的简单定理，例如“消费永远不可能超过生产”，这样的定理如同牛顿定律一样坚不可摧，但是其他社会研究却无法拥有这样的严格性。

然而出人意料的是，这两种研究路径心照不宣的互不关心政策（mutually accepted disinterest）却创造出一种皆大欢喜的状态。经济学家听着有关消费主义和商品化的长篇大论言辞激烈地反对他们的生存之本如同聆听草长雨落那样无动于衷。或许他们明白，无论这些批评家如何奔走呼号，消费主义和商品化的存在都固若金汤，难以消亡。在经济学家看来，当后现代文化学者无视旅游与工业之间的紧密联系，不考虑正是工业的发展使得旅游成为可能并且误以为市场可以被随意取代或至少可以被忽略的时候，他们最终会自食其果。

这难道不是社会学的任务吗？为何要如此在意经济学？冒着令那些信奉严格的学科界限的人失望的危险，社会学家努力避免将旅游研究与其他社会科学分离开来，只强调方法论的区别。旅游学研究在寻找一种灵感，它不同于大多数商学院传统所认为的经济学研究的点描法，也不同于大量人类学、社会心理学以及社会学中的本位盲区。它尝试回归众多启蒙大师（休谟、史密斯以及有资质的康德）所具有的直觉，认为人类在缺乏的状态下创造着自己的生活，而这种缺乏正是由他们所处的自然和社会环境以及早先对环境的反应所引起的。人们不得不承认未来和不可预见的侵扰所带来的不确定性将他们紧紧包围，然而不幸的是，多学科却无法成为这个问题的终极答案。特别是当这些学科面对着类似的点描法或者本位主义的研究方法，结果只能适得其反。在这里，我并非试图标新立异，而只是表明对这两种研究死胡同的摒弃罢了。

人们的感觉正如滚石乐队唱的那样——“当太多的同伴‘告诉我’越来越多的/一些无用的信息/试图点燃我的想象/[……]我无法感到满足。”一方面，人们对第一种研究方法中那些工程师般的研究者并没有足够的耐心。诚然，他们在食物链中占有一席之地，但是相比运用新科技在装载航空乘客时节省5分钟，或者在航空训练中心运用新的训练模式，又或是研究在美国选择日本餐厅时种族差异对选择标准所产生的影响等类似的问题，似乎任何事情都更具智力上的挑战。另一方面，后现代研究者陷入了过分的概化和接踵而至的道德主义误区，同时又抛弃了创造性，不断重弹着几乎过时的老调。

本书力图在这场对话中作出一些改变。理论性的旅游研究被各种不同的思潮主宰，然而，它们亦存在共同之处——唾弃现代性并不同程度地认为它应该被抛弃。这样的思维框架带领它们对旅游者系统提出了解释性的模式——采用经验性的研究、预先设定研究目的以及高度的规范性。最后一点在前文中已有过详述，下文将会解释另外两个特点。

旅游者系统中主宰的文化模式展现了现实的相反面。它以国际接待人数的统计数据为基础，无视国内旅游业及其动态机制，忽略了区域之间的旅游（interregional tourism）（发生在同一大洲的旅游），却对长距离旅游（long haul）、跨大陆（intercontinental）以及跨文化旅游过度关注。可以说，这样的研究与现实是截然相反的。它还宣称，旅游业是富裕的北半球与贫穷的南半球之间经济发展的不平衡所导致的后果之一，催生并不断强化着西方对世界的文化霸权。这就是文化传染模式（tourism – as – infection model）。

然而，只要对旅游流略知一二，就可以发现现实全然是另一副模样。旅游大多始于一国之内，继而扩展至最近的边界和文化，并最终成为一种有节制的跨文化。现代大众旅游的发展如同溅出边界的油渍，偶尔也会在某处集中。它从国境内部向最近的外沿放射开来，谨慎地触碰更加遥远的边界。沿着这种思路，人们可以更好地理解为什么旅游在某些地区发展迅速而在另一些地区步履蹒跚；人们也可以理解为什么从富庶的北方通往贫穷南方的道路上并不是只有旅行的脚步；人们同样可以理解为什么东方和东南亚成长迅速——归功于亚洲旅行——或者为什么撒哈拉沙漠以南的非洲地区以及拉丁美洲由于缺少区域增长的动力（Lew 2000）而停滞不前。在这样的模板上，本书尝试对现代大众旅游作出不同形式的理解并且对忽略经济规模的假设进行批判。

因为文化拥有无穷大的弹性，而经济却并非如此。

在现代大众旅游研究中，占主导地位的主流解释缺少对事实的基本关照。这并不是一个偶然，而是由其方法论所决定的。大众社会的扩散与一个解构主义（deconstructionism）或后现代主义（*pomo*）的批评观点不谋而合。它创造了一个理论矩阵（theoretical matrix），认为我们的世界——或说任何世界——都是反映不同权力状况的文化或社会结构。若以这种方式进行思考，那么实现任何程度上的客观性都是痴人说梦了。客观性意味着能够自证的事实选择，用来繁殖已建立起的社会秩序，同时造福掌权者——无论他们是何身份——国际平台上的西方人、白人、家中的男性、异性恋者、娱乐世界中的旅游者等。在许多其他权利关系中也可以列出一个同样浩繁的名单。

事实上，在人力所及的范围内，客观性是永远无法企及的。然而，不同于现代科学理论的目标——将价值判断的作用减至最低来为事实腾出空间，后现代矩阵在思考抛弃这种研究思路的可能性——它应该像其他权力关系一样被解构。这样的解构癫狂症产生了诸多影响。艾伦·索卡尔（Alan Sokal）曾戏谑地将一篇文章寄给了《社会教程》（*Social Text*）编辑部，文章声称后现代科学的内容和方法论为先进的政治决策提供了有力的智力支持，并附带一系列站不住脚的物理学假设，然而，这篇文章却获得发表（Sokal 1996a，1996b）。

说万事万物都反映了权力的关系是一种危险的提法。细想就会发现，解构主义也难逃循环论的怪圈。我们怎敢将所有的事实都看作是对权力关系的反映，同时又声称存在例外？然而，现实生活中的后现代主义者却忘却了自己的信仰，承认规则存在例外，因为一些事实（那些确认了它们理论框架的事实）精确地反映着这个世界，它们是客观的。例如旅游者的行为，被看作是由不平等的权利状况组成的社会结构；然而，某些形式的旅游（生态旅游、可持续旅游、社区旅游、背包旅游（backpacking），总之，一切不同于市场运作方式或有利于小规模发展的形式）却否证了这种流行的权力结构说，也因此显得比其他旅游形式更具客观性。最初对于客观性的拒绝在研究者的授意下转变成了一种选择事实时的便利。由于现代大众旅游成为生产西方社会秩序的精妙机器，因此他们认为有理由对中国 2004 年国内的（CNTO 2005）11 亿旅游者视而不见，然而，这些旅游者却恰是对旅游帝国主义论者们一个绝妙的讽刺；或者人们可以在所有证据面前依旧信口雌黄，坚称今天东南亚的性交易由西方性旅游者催生并且/或者是世界银行为该区域量身定做的发展战略（Bystrzanowski and Aramberri 2003）。

后现代主义者挖掘一切现象无穷尽的深层含义的嗜好带来了高昂的代价——用幼稚的教化来代替事实。这将对包括旅游学研究在内的社会科学产生何种影响？要解构该问题，必须从对后现代主义矩阵的研究开始——它是如何从最初对科学原理傲慢地拒绝转向了徘徊在非法定权利形式和法定规则之间的困惑(Foucault)？即便如此，人们似乎也应该向这些后现代主义或其他丰功伟绩致敬，因为只有敢于挑战传统的研究才值得重视。若果真如此，我们将会完全偏离旅游学研究而陷入理论社会学。然而，如果我们试图理解今天众多的旅游学研究难题是如何产生的，这样的弯路却不得不走。

以上文所述的方式来寻求社会学的帮助，似乎显得有些老套。毕竟，社会学研究也需要与时俱进。所以，当人们听到巴黎的“红五月人”高喊着自由将在最后一个官僚被最后一个社会学家的肠子绞死的那天到来时，人们会意识到这个学科已经越界了。今天那些工程师般的研究者早已开始为当下这种世界秩序欢呼雀跃。然而，这却并非其创始者的本意。正如塔尔科特·帕森斯(Talcott Parsons)在他最受关注的一书中(1937)所提到的，社会学从诞生开始就与古典政治经济学密不可分，它力图解释五花八门和矛盾重重的个体决策以及为何个体偏好能够，同时如何催生出一些合理的社会秩序。如今，当旅游学研究试图理解旅行和旅游在此进程中的地位时，必须在具备雄心壮志的同时敢于承受来自与经济和历史紧密联系的社会学的非难，而这样的社会学，正是后现代文化研究所强烈反对的。旅游学研究的两条道路采取互不理睬的冷战政策(MAD policies)，其背后的根本原因是旅游学研究中真正的剪刀危机(正如在其他无力的社会科学中，它反映了目前方法论的冲突——一方致力于社会兼政治经济研究，而另一方局限于文化研究)。

人们拒绝承认旅游学研究已成为范式的战场，毕竟这样的事实会令人惶恐不安。那么，这种状况又该如何避免呢？通常谈及范式分歧的时候，多学科的概念便会成为一块挡箭牌。不论是贾法瑞(Jafari)提出的旅游研究原则的“玫瑰罗盘”(rose - compass)(2001)，还是最近的将“流动性”(mobilities)引入旅游学研究领域的企图(Coles et al 2005)，都只是为取代观点和原则之间的冲突而采用的有条件的权宜之计，也都只是将这种冲突稍作推迟而已。贾法瑞的观点赋予了所有对旅游的凝视同等的有效性。比如宗教和文化，应该同经济和社会学在平等的基础上为旅游研究作出贡献。科尔斯(Coles)、杜瓦尔(Duval)以及豪尔(Hall)都相信找到了一条后学科之路来粉碎范式之间的冲突，他们将旅游看作一个连续谱，一端是短期购物游，而另一端则是移民。可是，不同研究理论在其中有相对权重的问题。

我们的观点如同灌铅的骗人骰子一般不可信。事实上，旅游学研究长久以来受惠于众多学科和领域的贡献，文化人类学便是其中之一。然而，仍需明确的是，我们的方法论究竟该基于事实还是对事实的解释。此处，本书选择了前者，它力图寻找结构上的稳固性。诚然，本书会兼顾许多不同的方向，也会接受来自不同学科的馈赠。但是凡涉及理论的问题，它则遵循由社会学、经济学和历史学三者构成的确定方法。因为只有它们解释了为何一些旅行和旅游之类的现象仅会在特定的历史节点出现，或者为何我们能够对它们的演变心领神会——在今天的文化研究中无法用传统的智慧解释一个时间向量上的不对称。因此，明智的社会学似乎才是防止事实沦为后现代主义者俎上之肉的一剂良药。

三、一段亲身旅程

引言中常常充满了第一人称的喋喋不休。然而，由于读者们总会好奇为何总有人想要博取他们的注意，因此对此进行解释这也便是引言的责任了。这里，我会解释写作本书的缘由。同时，我仅会选取那些有助于读者理解本书的个人经历，以免贡献给读者的只是一本关于作者自身的回忆录而已。

旅行和旅游（T&T）在我个人和知识的发展过程中扮演了重要的角色。少年时期的我曾居住在萨摩亚，成年后，又在 20 世纪 50 年代的西班牙马德里落脚。那里，佛朗哥将军的专制统治在罗马教会的倾力协助下，将我们居住的大部分地区都笼罩在独裁主义的阴霾里。性教育作为禁果之一，也同样是不容许的。像我这样出生于传统家庭的孩子，没有姐妹或其他女性亲属（母亲除外），就读于只有男学生的教会学校，很难弄懂自己身体的变化以及随之而来的冲动，只有传统的牧师智慧会让你知道这些便是要远离的邪恶。然而，求知的欲望是如此强烈，求知的途径亦是无穷无尽——至少几乎无穷尽。在阳光海岸（后来催生西班牙旅游交通的区域之一）度假的年轻的学生们带回了意想不到的讯息。他们邂逅了瑞士女孩。那些身材高挑、金发闪闪、看起来毫无负罪感的女孩教给他们一些事情，平息了他们青春期的躁动。现在，他们愿与我们分享这些知识。原来，性与幸福并非势不两立。

除了她们对于性的洒脱态度，许多西班牙人也从这些瑞士女孩以及其他同游者那里学到了很多其他知识（Pack 2004）。尽管专制主义一再强调（“西班牙是与众不同的”是一些政府旅游促销宣传的结果），但自由并非一切社会邪恶的根源。事实上,外国人更自由的生活方式非但没有为其带来浩劫,反而看起来比我们父母的生活方式更具凝聚力和吸引力。最终,我们也踏上了外国的土地,这样的结论也因此而愈加清晰。此时的法国当仁不让地成为了最近的目的地,在那里,人们可以买到任何一种书籍,阅读各式报刊,邂逅不同的人并享受新思想的碰撞。因此一旦有钱,我们便会奔向巴黎,在那里享受两三个,甚至四个电影大餐,而这些电影绝不会在西班牙上映;若还有余钱,我们则会在拉丁区的书店中流连徘徊;最后,或许会在附近的几间法国餐厅中掏空口袋。

此刻,其他的西班牙人也在四处旅行。他们并非旅游者,但他们成群结队地离开这个国家,移民至法国、德国、瑞士、荷兰以及斯堪的纳维亚——任何他们能找到光明未来的地方。他们是如我一样的西班牙人,但又不同于我,他们从未得到幸运之神的垂青。他们生于农民家庭,大多没有土地,常年在前途渺茫的土地上默默耕作。他们大多只受过很少的正式教育,不足以成为雇佣工人。实际上,当时处于都市化进程中的西班牙正需要寻找地方将他们重新安置,适逢欧洲需要大量的劳动力来为它们战后的经济奇迹出力。然而,与此同时,他们坎坷的命运看起来却是反叛的另一个原因。我所进行的反抗,正与祖辈们的信仰分道扬镳。虽然我的信仰也终会被新人替代。

对于那些不留余地地贬斥独裁主义的人来说,马克思主义似乎成了最顺理成章的目的地——虽然我们仍是知识分子。而一些人则另辟蹊径,在极左势力中找到新的归宿——我们天真地以为——他们从未受到来自斯大林主义的影响,与社会民主党派虚伪的承诺以及贸易联盟的官僚政治也无甚瓜葛。然而,在世界的现实面前我们的幻想却是如此不堪一击。1977 年 7 月,西班牙进行了它自 1936 年 2 月以来的第一次自由选举。我正是一名由各种反斯大林革命者所组成的极左势力的候选人。竞选者是一名伟大的老师。比起工厂和校园,你在工人阶级的大卖场中能学到更多知识。尽管尖叫的扩音器播放着刺耳的《国际歌》,尽管操持同一种母语,但是工人阶级的妇女们却全然生存在另一个世界。她们不讨论即将到来的革命——她们操心着归还贷款、从社会保障处领取避孕药、购买一台能够为她们省出时间以操持其他家务的洗碗机,或者考虑去哪里度假能够带给她们一段早该享有的休闲时光。

选举结束后,我决定永远地离开政治。多年后,我学到了一件事情——不要因为奢望带来的挫折而责怪世界。如果现实与自己的期待格格不入,那么是后者应该被质疑。毕竟,这些家庭主妇只是甘愿成为大众社会熊熊大火中的一丝不起眼的灰烬，她们的做法无可厚非。我因此向自己承诺，永远不会转向新的信仰。

在西班牙国家旅游局工作的几年时间（1984—1996），使我重塑了自己的知识重心。因为某些观点令人难以接受，比如，旅游是一种帝国主义（Nash 1996；Nash and Smith 1991）以及/或者一种新式的殖民主义（Crick 1996；Karch and Dann 1981；Turner and Ash 1975）——如此说法曾风靡一时。西班牙的主要国外市场是英国和德国，入境旅游者多是来自英德工人阶级聚居区（英国中部地区和德国鲁尔区）的产业工人。我们怎敢理直气壮地宣称他们从事着与塞西尔·罗德斯爵士（Sir Ceil Rhodes）、托马斯·莱福爵士（Sir Thomas Raffles）或乔治·克列孟梭先生（Mr. Georges Clemenceau）相同的事业？事实上，当下的理论越是努力攀附依赖学派（dependency school）的原则，它看起来就愈加岌岌可危。

也许正是这种先入为主的观念，使得后来的后殖民主义（*poco*）说教也同样无法激发我的想象。后殖民主义者们不再承认经济是联系旅游和帝国主义的红娘，而是踏出了另一条自己的道路。他们将西方统治（Western domination）的概念转变成为一种更为缥缈的提法——文化霸权（cultural hegemony）。他们声称旅游是对西方价值观的复制，因此亦是对西方帝国主义的复制。然而，这种逻辑关系太过牵强。他们如此宽泛地定义西方文化霸权的概念，以至于它可以将任何事物网罗其中。人们从未尝试以更为可靠的标准来定义它。不同于西方殖民主义（Western colonialism），西方文化霸权（Western cultural hegemony）没有丝毫的典型特征或是界限。

有时，它也被认为与一种犹太－基督传统具有平等的地位。然而，这种西方文化霸权作为单一犹太－基督文化全集的社会结构却无处寻觅。因为它无视许多西方多神灵论者的信仰——首先是希腊哲学和古罗马的法律体系；同时它也忽略了在与犹太教和基督教的神权秩序交锋过程中成长起来的启蒙运动。此外，它还忘记了一个事实：在这两个宗教的框架结构之内存在着许多亚文化，在它们的信条中从未存在过，并且依旧不存在任何一致性，甚至在其各自的觉醒中它们都已付出过血的代价。犹太教逐渐成长为相互矛盾的理论学派共存的沃土，如19世纪犹太启蒙运动（Haskala）、犹太神秘哲学（Kabala）、哈西德主义（Hasidism），以及其他我们能够记起的名字。在基督教中，如果人们还未对宗教改革感到厌倦，那么，犹太教徒和希腊学者在原始教会中的争执，或者同质论（homoousios）和异质论（homoiousios）学派关于三位一体（Trinity）

的信仰的争论(前者相信拿撒勒的耶稣即上帝,而后者认为他只是与上帝具有同样的本质),最后多重神学在尼西亚会议之前对教义的质疑,都可以给我们以喘息之机。通常,一神论(monotheism)是架于犹太教与基督教以及它们的亚文化之间的唯一的桥梁。然而,如果这就是人们想要强调的,为什么不把伊斯兰教也囊括其中呢?虽然这种做法被看作萨义德(Said 1979)为对抗一切西方文化而推崇的东方主义中一种难以启齿的罪恶。

其他时候,西方的概念则更加包罗万象,它代表了一切后殖民主义(*poco*)所憎恶的事情。它也许是奴隶制,即使奴隶制的出现远在西方之前,即欧洲国家;它也可以是父权制,即使父权制早在犹太教或基督教登台之前就已存在;又或许它是男权主义,情况亦然。后殖民主义者是否就是普罗克汝斯忒斯(Procrustes)本人?他们能否将自己的床撕扯到最大,却使所有的理论和制度无法同时在其中找到足够的容身之所?在现代,我们口中的西方传统已变成一个名副其实的战场,对立的知识或道德选择时不时地在此交火(Buruma and Margalit 2004)。

人们希望后殖民主义者们(*pocos*)能够瞄得更加准确。实质上,他们的枪口恰恰朝向现代性本身。不同于西方传统,现代性形象清晰,而正是这个形象在过去的30年间里成为其同僚攻击的对象。攻击者声称,科学和技术是可持续发展的威胁,消费主义和市场将人类的关系变得商品化,法律原则被用来歧视诸如妇女和少数派的社会群体。虽然在许多情况下他们所言不虚,但我们也应该看到这样的事实:现代性有能力解决这些问题,并且以一种其他社会形式难以超越的欣然的态度。

这些批评者大多是这样的学者群体:他们来自一个广泛接受现代性的社会中那些落后于世界的地区,这些地区以其特有的方式反映着现代性。然而,对于大部分身处真正的、积极向上的现代社会的人来说,现代性2.0以及它所带来的一切,包括现代大众旅游,一直都闪耀着灿烂的光芒。它点燃了人们的创造力和追求美好生活的欲望,尤其当人们发现自己拥有更多选择时——丰富的度假地的选择即为一例。令人诧异的是,众多学者居然能在其中找到证据,来证明这些人束缚于外国文化的枷锁。实际上,这种观点是殖民主义视野的一种折射。在过去,非西方的人们被当作无法自理的孩子,滋生着被控制、被剥削和被统治的需要。而今天的非西方人依旧如孩子一般,毫不怀疑地接受西方模式和行为,因为他们需要正确的建议来驱除内心的恶魔。这样的诡辩即使在过去也无法自证,今日更不能。然而,强调主流旅游理论的局限性能够防止我们局限于一家之言，也许，一个更加精确的范式正呼之欲出。

四、一张车票

本书的结构大致如下：出发点（第一章）是今天旅游研究中的剪刀危机以及已经提到过的互不关心政策（MAD）———大部分研究者致力于管理效益研究，将现代性范式看作无须赘述的既成事实；少部分的后现代主义研究者认为现代性是当前一切困扰社会的问题的根源。在这二者之中，却无法找到以事实为基础的一般假设的一席之地。这样的窘况自然而然地导致了一个更为不安定的状况——现代大众旅游真实的发展方式与视其为“仇敌”（Harrison 2002：205）的理论学派之间的鸿沟不断加深。结果导致大部分旅游研究沦为矫饰主义（mannerism）的牺牲品，缺乏知识分子应有的志气，满足于死记硬背若干陈词滥调以取悦传统观点。接下来的章节会就其中一些进行展开。

因此，我们不难理解这样的状况是如何出现的了。现在，我们该着手处理的是一个广受诟病的主题——现代性——因为现代大众旅游是它的子嗣之一。是否正是现代大众旅游为它招致了无情的批判（第二章）？或者相反的，激发这些批评的知识矩阵（intellectual matrix）以及它得以自立的理由是什么？关于后现代主义范型（postmodern matrix）（范型不同于范式，它拥有更加广泛的内涵和更少的约束）的分析以及关于它对现代性的彻底反对的论述将会在第三章出现。

在旅游学研究中，后现代主义范型催生了大量文章，迪恩·麦肯奈尔（Dean MacCannell）的作品就是其中之一。然而，虽然闻名遐迩，虽然常被引用，但他的作品却很少被正确理解。在他偶然地触碰了旅游学（对他而言，旅游仅仅是一个关于现代人［*sic*］的一般比喻，而非一个专门分析的主题）之后，他号召抵抗一切形式的现代性，回归田园牧歌式的世外桃源，那里没有公司或者工业，甚至也不存在劳动分工（第四章）。另一部分理论家提出了我们所称的解放神学（Liberation Theologies）。除了都有一种试图理解某种人类思维所不及的东西的野心之外（托马斯·阿奎纳《隐藏的上帝》）（the Deus Absconditus or Hidden God Thomas Aquinas），这些理论与神学并不存在太多共同点。然而，他们确实也表达出共同的希望（或失望，正如 Erik Cohen 的例子），旅游也许有助于将人们从原本隔绝的状况中解救出来。他们为普通社会和被维克多·特纳（Victor Turner）的作品所鼓舞的那种不同寻常的社会生活模式之间的疏离找到了理由。以此为出发点，他们描绘了一幅从具有基本常识的实用主义的解释到其他无谓解释的全景。

后现代主义者认为,西方文化霸权给所到之地带去的是一场场浩劫。谈及此处,没有什么比西方性旅游更加清晰也更加病态的范例了。一些学者在两厢情愿的卖淫活动、非法性交易以及儿童卖淫之间不加区分,并以此得出了性旅游的铁律。这种荒诞的结论将会在第六章讨论。第七章以日本的旅游和社会为启发,探讨了西方文化霸权面对的一个更为宏大的挑战——个人寻求自我认同的努力。

多年以来,格朗汉姆·丹(Graham Dann)为他所称的"旅游语言(language of tourism)"作出了一些具有远见卓识的、引人注目的贡献。第八章将会就其中的一些展开批判性的讨论,因为他所提出的某些原则迫使旅行的需要(the need to travel)从一个旅游语言的统一定义转向另外一种认知,即"旅游语言"是多种多样的且不具有同等的促进/误导性。

虽然第一章着眼于谈论旅游研究中的剪刀危机,第九章却会介绍由一些现代大众旅游之外的理论组成的怪异的利益联盟。这正是商学院传统中那些工程师般的学者、现代性的公开批评者以及国际官僚主义者所签订的一项正在进行中的和平协定。当聪明的同伙达成了如此广泛的协议时,那些受人摆布的绵羊便开始担心,生怕自己沦为下一次盛宴上的盘中餐。然而,本章中所提出的观点也许无法得到普遍认可。那些聪明人眼中绝对必要的在缓和全球变暖上的财政支出真的值得吗?更一般的来说,本章也是对传统观点的一种偏离。现代大众旅游的批判者常宣称他们已寻得一剂良药,即不同于现代大众旅游形式的另类旅游(背包旅游、生态旅游、社区旅游、志愿者、造福穷人的旅游等),即更加小型化的旅游形式。小,也许意味着美。但是小型化旅游能否像现代大众旅游一样,为众多旅游目的地带来可观的利润?

这就是所有关于现代大众旅游理论的讨论吗?面对70余种英语期刊(到目前为止),这样的说法恐怕有些荒唐。若说15年前人们还可以从旅游研究领域中的众多学术作品那里学到些什么(尽管越来越难),到今天,这便是痴人说梦了。因此,本书仅挑选一些作品进行讨论,它们的作者都声称自己为旅游理论的发展作出了卓越的贡献。另外一些作品则被忽略,或是无心之失,或是有意而为之——例如尤瑞(Urry)的作品,虽然风靡一时,却不具备原创性。

尤瑞的《旅游凝视》(*The Tourist Gaze*)(1990)是一部引用率很高的作品。当旅游学者们试图在麦肯奈尔(MacCannell)和瓦力妮·史密斯(Valene Smith)的《东道主和游客》(*Hosts and Guests*)(1977)的贡献之外探寻新的视野——或对其进行补充时，它适时地提供了一种福柯式的参考。然而，除了对旅游学进行修正以适应新知识的要求（福柯术语中的科学领域），尤瑞并没有使他的大师之言更具说服力。游客以一种社会构造的方式对客观物进行凝视。他们对世界的解释仅仅是对社会主导群体或霸权力量观点的一种反映。因为大部分游客是国际旅游者，同时富裕社会又是游客的主要来源地，因此旅游者凝视就变成硬性推广西方价值规范的近义词。透过这样的棱镜——虽然自称是客观的，但是实际上却是对统治阶层的谄媚逢迎——旅游者只看到想看的，或稍强一些，看到他们应该去看的。

因此，旅游业只是现代性神话的另一种展示。这种神话隐藏着自身以“客观”语言统治世界的强烈欲望，也被称为“科学”。以此为出发点，尤瑞在布迪厄（Bourdieu）的帮助下，以许多令人惊异的方式对这个神话进行解构。此后，读者们发现，视觉获得了西方和资产阶级现代性过分的尊崇。虽然，进化心理学（Crawford and Krebs 2008）举出了强有力的实例：对于人类以及老鹰和猞猁那样的捕猎动物（也许后者正是动物界的资产阶级）来说，视觉的首领地位是其不断适应环境压力的进化之路上的一种赘生物；但对其他动物来说，情况则迥然不同（蝙蝠主要依赖听觉，狗依赖嗅觉）。这个以及其他类似的发现帮助尤瑞找到了研究现代凝视者的正确道路，引用南希·米特福德（Nancy Mitford）在其卷首的一句话对其予以形容就是：“昨日的野蛮人即是今日的旅游者。”

然而，尤瑞却为他的追随者预备了一份惊喜。几年后（2000），他的社会世界展现出较少的建构主义色彩（constructed），而具有了更多的结构主义特点（structured）。虽然，“结构主义”在此并非一个准确的说法，因为这个全新的世界并没有任何结构可言——它处于不断地运动之中，但是，人们需要以此来强调尤瑞的新世界因具有其自身的客观现实而并不需要之前建构主义及其附属品的帮助。从前的社会科学，即社会学如今已转变为流动性的科学——运动机能学（kinesiology），虽然这种提法有盗版的嫌疑。在与齐格蒙特·鲍曼（Zygmunt Bauman）（2000，2001）的一唱一和中，尤瑞说在我们生活的现代世界中，没有任何事物能够与其自身保持平衡。因为现代性是流动的，人们似乎在古希腊哲学家赫拉克利特（Heraclitus）和 11 世纪日本紫式部的《源氏物语》（*Tale of Genji*）那里听到过类似的说法，虽然那时现代性的轮廓还未曾被勾勒出来。然而，这种最早的提法却导致了今日学者的痴狂，或是在寻找比较优势的过程中，或是在追赶世界变化的步伐中，并且已催生出大量的相关书籍（Cwerner et al 2009;Lash and Urry 1987;Urry 2003,2007)和至少一种学术期刊,该期刊审时度势,命名为《流动》(*Mobilities*)。如此风风火火的运动机能学是否比其他转瞬即逝的潮流拥有更强的生命力?时间自会给出答案。

本书以对未来现代大众旅游的展望作为尾声。结论遵循了前文所述的主张。没有理由宣告现代性的死亡,只要它继续为越来越多的人履行承诺。然而,在作此引言的过程中所遭遇的问题是,从前的光芒已然暗淡,附带的条件也前路未卜。始于 2007 年的经济危机依旧悬而未决,朝着谜一般的未来走去。当熊彼特(Schumpeter)完成了他最知名的著作时(1942),也并未对未来的资本主义和现代性感到过度乐观。现代性远非神圣理性的产品,而仅仅是一个饱经磨难和错误才发展起来的社会结构。它改善了无数人的生活并为许多人所渴望。现代大众旅游则成为其中一名低调的贡献者。然而,在人类历史的漫漫长河中,这二者也许都只能是昙花一现。罗马帝国、西班牙、英国、苏联帝国、中国唐朝和宋代,这些曾经的灿烂如今都已淹没于历史的尘埃之中。而在它们最辉煌的时刻,又有谁敢预言其消亡呢?现代性和现代大众旅游亦然。

最后,请容许我再对那些打算继续阅读本书的读者说几句心怀忐忑而又敝帚自珍的话:当本书中的一系列概念首次被提出时,两位同事依惯例对其进行了单盲评审,他们的名字在此略去不提。其中一位开诚布公地予以批判,因为在我的书中未对培根所提出的、备受学术界推崇的"种族假象"(Bacon's *idola tribus*)表示出应有的尊重。他/她对此深感不快,言下之意是:你怎么敢?岂有此理!而另外一位则给予了热烈的支持,用他/她的话说,本书作出了创造性的贡献,几将旅游学理论从沉睡中唤醒。我完全理解反对者的愤怒以及直言不讳,同时我也因后者过高的赞誉而感到惭愧。纷争女神厄里斯①将诱发争端的金苹果扔在我面前的道路上,然而,我却无权决定其归属。因此,我只期望读者能够同样感受到愤怒抑或是欣喜。毕竟,人们宁愿与厄里斯邂逅,也不愿与漠然为伴。

---

① "纷争女神"厄里斯:希腊神话中专司不和的女神。在《神谱》和《工作与时日》中她是倪克斯和克洛诺斯的女儿,因为没有被邀请参加珀琉斯和忒提斯的婚礼而怀恨在心,抛下了一个刻有"献给最美的"的金苹果,引起了一连串的纷争。译者注。

第一章

旅游研究中的剪刀危机

一、在工程师与大宗师之间

在讨论旅游的时候，人们的语气往往亢奋而陈腐。人们常常会拿出一堆神奇的统计数字，借以展示旅游这种现代社会现象已经成为人类历史上规模最大的暂时性人口流动现象。世界旅游组织（UNWTO）每年都在其公报中披露全世界国际旅游接待人数及其消费额的增长。偶尔地，几片乌云也会悬垂在地平线上空。仅在21世纪刚刚开始之际，我们就已经目睹了全球性的恐怖袭击（“911”事件、巴厘岛恐怖袭击，等等）、两次重大的国际战争（阿富汗战争和伊拉克战争）、两次流行病的恐慌（SARS和猪流感）、2004年的大海啸，以及其他一些导致旅行和旅游发展环境恶化的重大事件，更遑论其他了。不过，即使是这样的一个艰难的世纪转换，对旅游的遏制也仅仅是短期性的，而且促发了旅游流从某些地区向另一些地区的转向。旅游者似乎总是对新的旅程跃跃欲试，不管他们是据守在家还是旅居国外。正如《经济学家》杂志在其2003年的开篇中所言：

> 对于富有的西方人来说，旅行也上瘾……经济和安全方面的威胁都只能让他们在很短的时间内暂时搁置一下这个习惯，尤其当其中有便宜可占的时候。（一旦威胁解除，）人们就会重整行囊再踏征程。这几乎无一例外（2003）。

旅游的这种社会习惯以及为它提供服务的产业,都在呈现一种颇具修复能力的事实(Aramberri and Butler 2005)。

也许,未来可能不会像世界旅游组织(UNWTO)和世界旅行和旅游理事会(WTTC,世界一些最大的旅游公司组成的协会性机构)所预期的那样充满阳光。2007—2008 年那场影响了大多数经济体而且至今仍余威犹在的经济危机,已经使旅游(包括国内旅游和国际旅游)那种踌躇满志的上升势头受到了遏制。不过,人们有理由期望,未来仍有一个持续的上升期,其动力来自具有巨大人口基数的中国和印度这些国家的加入和它们发育起的自身的旅游需要。毫无疑问,有很多理由让人们期待旅游的增长,这种增长已极大地丰富了旅游者的选择,也大大地提高了世界很多为旅游者提供服务的人的收入和生活水平。

不过,当对此进行理论的解释或诊断时,我们就会在离开四旬斋前的最后一天而进入圣灰星期三①。我们用"去"(go)这个词来阐释我们的观点。旅游研究的当前理论状态是不容乐观的。泛泛而言,学术性的生产活动有两种主要类型:解释"为什么"(why)的研究和解释"如何"(how)的研究。从表面上看,人们或许会认为,这种指派与当今已成经典的后库恩式区分基础科学和日用科学的方法别无二致(Lakatos 1970)。前者提供一些理论范式或坚实的理论架构,由此形成某个长期的知识领域。该范式拥有诸多具有划时代意义的科学发现,提出了一系列一般性的针对问题的、尖锐的研究假设。另一方面,日用科学欣然接受该范式,并在其自身的框架内发挥作用,解决一些微末的或者一定规模的问题,遵从某一种研究规划的方法论(Kuhn 1996; Lakatos 1970),从而进一步加强该已被接受的理论框架。它确立其研究目标,设计其实验程序。日用科学并不属于"为什么"的知识类型,但也不属于"如何"之类的知识。真正的"如何"类的知识或者谓之应用科学的知识是那种名为类工程或技术类的知识。

争论的关键在于,一方面,受商业管理研究传统的影响,在当代的旅游研究当中充斥着工程类的知识,其功能是对旅游产业(包括交通业、接待业、餐饮业、娱乐业、购物品经营业,以及其他供应部门)做零打碎敲式的传统工商管理类的研究。而且,与很多社会工程类知识一样,人们为了提高效率,依照国际

① 圣灰星期三:也称大斋首日,是基督教的教会年历节期大斋期的开始。当天教会会举行涂灰礼,要把去年棕枝主日祝圣过的棕枝烧成灰,涂在教友额头上。译者注。

官方机构的传统,一直在刻意寻找一些可以让当地的旅游供给者感到更加友好、更加公平的最佳实践。这两种介入旅游的途径,通常在现代性范式或当前的全球资本经济(及其社会经济规则)中发挥作用,强调改善其组织的不同方式,比如通过娴熟的技术或营销机制,或者通过强化对其工作方式的管制。大多数"如何"类的分析都属于此类。

另一方面,大量的文献热衷于对"为什么"之类的问题的探讨。此类研究始于胡塞尔的悬置(*epoché*:意为一种避开事物外在特性而直达其本质规定性的技术),它允许研究者将经验世界暂时放入括号之内,并进而提炼出旅游者的各种一般性特质,诸如本真性等,以此作为一种一般性的表述。无数的案例研究以及某些自命为理论著作的研究路数,都无非是让诸如组合旅游产品、机场、海滩和其他各类吸引物及设施淡出其视野。很多时候,此类研究会再次将注意力集中于胡塞尔有关各种本质的一致性之上,声称现代性范式因其所带有的多种理论缺陷及其偏颇的实践结果而应被搁置一边。但旅游实际上是这种社会范型扭曲安排的另类例子,该社会范型不断地生产、再生产乃至于鼓励那种在国内和国际竞技场上贫富国家之间、性别之间、种族之间以及民族和文化之间存在的不平等,而这几乎是现代性的精髓。后现代范式(Postmodern matrix)认为,另一个世界也是可能的,至少,很多事实表明,现代性范式并未践行其推崇者所提出的标准。不管旅游者以及旅游产业是否意识到其所应扮演的角色,但他们确实在那种通过北部控制南部(或者说,通过权力的剥夺者控制被剥夺者)的扩大再生产中扮演了关键的角色。

所以,各种用于回答"为什么"的方法只是对现代性进行理论化的诸多可能途径之一。主流的"为什么"一派认为,科技与市场以及被冠以现代性之名的开放社会的结合,完全可能是一个公然的假货。这也不是什么新观点。如果从系谱学的角度追溯北方地区发达国家和地区(如今也附带包含有日本、韩国、中国台湾、澳大利亚和新西兰,外加一些其他新兴国家如泰国和智利)的过去,那么,从19世纪初人们对现代性的浪漫批评开始,一直就是如此(Berlin 1999)。自各个工业化社会在第一次世界大战结束之后开始走向大众社会,直到二战结束开始了全球化过程,在这两种截然相反的看待世界的观点中,其间的摩擦已经越来越尖锐。这是当代旅游研究(以及其他很多社会科学领域)中存在的剪刀危机。

已经在社会科学领域持续了两个多世纪的这种摩擦在旅游研究中再次出现,这并不令人惊讶,因为旅游是社会科学的分支学科。不过,让人纠结的是,在旅游研究领域,前现代传统业已失势。在“如何”类研究将其能量倾注于对所谓的管理技术加以改进或罗列无数的最优产业和市场实践案例之际,“为什么”之类的研究已经谋得了霸主的地位。正如冷战时期的情况那样,冷战双方各个党派都相当乐意采纳和践行那种建立在“互谅式冷漠”(Mutually Accepted Disinterest)基础上的安排。这样,面向“如何”类问题的研究者,不需要再去证明其假设,不需要核实其所倡导的行动,只要面对问题勇敢前行就是了。模型和方程式是他们最为关心的。例如,你可以读到某位初生牛犊是如何放弃科恩(Cohen 1972,1979)对旅游者的分类,理由是这些分类并非建立在实证研究的基础上(Sharpley 1994),同时,还有人试图借助于某种建立在并不牢靠的经验数据基础上的心理变量分类法来构筑一种普适的旅游者概念(Swarbrooke and Horner 1992:22)。此类观点的最真确的例证,在两部最好的有关旅行与旅游的百科全书的大部分作者的观点中均可见到(Jafari 2000; Pizam 2005)。

就他们而言,文化批评可以直接占据理论的制高点(Eagleton 2003);而且,借助于此,无须担心没有证据,就可以抵达更高的道德高地。例如,麦肯奈尔(MacCannell 2001b)最近声言,除了他本人的专家意见之外,旅游在未来的消弭不会有任何前兆。按照他们的观点,大多数人都在试图对双方加以调和。甚至其中的一些人还依照西班牙的谚语,将我们圈里最有趣的作者们称为是将一支蜡烛给上帝而另一支则给撒旦的人。在工作日,他们浏览《康奈尔宾馆与餐馆管理季刊》上的批评文章;而在假日,他们借助于在某些印数可观的专业期刊上的最新说教来哀悼世界的存在方式。如果读者碰巧以某种方式感觉到对二者的怀疑,他们必须同时能够忍受后现代范式的那种近乎无礼的道德优越感,以及工匠们的那些令人难以接受的概念上的轻率。

大多数非后现代(non-*pomo*)同僚习惯于忘却此类问题从而避免产生我在此所表达的不适感。另一些人则认为,范式间的冲突不过是一个阶段性的现象,随着学科走向成熟就会被克服。贾法瑞(Jafari 1987,1990,1994,1997,1998,2001),有时是自己有时是与人一起,曾在不同的场合提出了一个很有趣且很具创新性的摆脱此陷溺的方案。在他的框架中,旅游研究已经以不断交叉融合的方式走过了若干个假设或他所说的“阶段”(platforms),这些阶段构成了旅游研究走向科学的必由之路。

其中的第一个阶段是首倡阶段(Advocacy Platform)。对旅游的各种倡导(主要是一些私人公司、公共部门以及产业协会)说明,当时对很多企业家和供应商而言,从经济的意义上来说,大众旅游并非什么值得青睐的好东西。紧跟这个阶段的是黑格尔式的对立面——警惕阶段(Caution Platform)。其后继者着实在努力提醒人们,旅游远未必是什么好东西,而可能是一个魔咒。它不仅难以践诺其持续的对经济增长的贡献,还可能诱发一系列社会的、文化的和环境的问题,由此表明,旅游未必是引导目的地社区走向富裕的康庄大道(Hall 2007b)。

不过,时光磨平了这两个初始阶段的粗糙。不管是在实践上还是在理论上,旅游所走过的路都更加曲折。在大众旅游及其批评之外,还有不同的形式(曾被冠以许多名称,如受控旅游、可替代旅游、社区中心式旅游、自然友好型旅游、生态旅游,等等,有些已经被人遗忘),以及更为精细的理论模型。这便是调整阶段(Adaptancy Platform)。

继续往下走,伴随着人们对这一领域越来越浓厚的学术兴趣,人们有关旅游的讨论已经日益显示出科学的取向——这就是基于知识的阶段(Knowledge-based Platform)。在这一阶段,旅游进而被视为一种由其结构和功能构成的一个体系,其复杂性远超过早期阶段那种仅限于正负面影响的观念,相关的研究也带着我们面向一个整体性的方案,这一方案的主要目标是构建一个旅游的科学知识体。这种整体性的考虑在贾法瑞有关旅游研究的综合性定义中体现得十分充分:旅游研究"是针对离开其常住地的人、旅游设施和网络、日常(家庭)与非日常(旅游的)世界及其相对关系的研究"(Jafari 2001:32)。

最近,贾法瑞(Jafari 2005)在其原有模型上又追加了一个阶段——公共利益阶段(Public Interest Platform)。这一最新修正并不仅仅是在一个理论上增加了一个阶段,它反映了知识阶段这样的普遍事实:在很多不同的社会层面,人们对旅游的公共利益越来越关切。对贾法瑞来说,恐怖主义危机以及一些难以逆料的灾害,如SARS或2004年的海啸及其对旅游发展的消极影响,已经唤起人们对这一主题的关注和公众对此的争论,而这些对未来的可持续发展不无裨益。

就贾法瑞作为一个顶尖的研究者来说,他的"阶段论"思想从历史的角度展示了旅游发展的路径。在某种程度上,这一思想是莫尔的计算能力法则(Moor's Law of Computing Power)的一种翻版。大约每隔10年左右,旅游的理论便经历一次基于过去所取得成果的内部重组,从而大大推进科学知识的积累。首倡阶段肇始于20世纪60年代,警惕阶段流行于70年代,而旅游理论的新的形式调整发生于80年代,而90年代所展现的则是科学知识的增长。在21世纪的头10年,公共利益受到极大关注,伴随着对旅游现象的更多的知识，人们可能会对旅游在社会中的地位进行重新定位，并从而提供更彻底的理论解释。旅游研究——进而有关结论的应用——正步入其整合过去一些矛盾的和局限性很大的范式的阶段，通过科学阐释而扬弃这些范式，并进而走向一个更为谐和的状态。

尽管贾法瑞的旅游序列性阶段论模型很有建设性，但他的塑性观念无法解释其在走向科学化进程中的一些另类事实。例如，每一次新的研究阶段的肇始时间都提供了某种出乎意料之外但却正中下怀的节奏感。其实，事情并非如此确定不疑。比如，贾法瑞认为学术界对旅游的反映始于 20 世纪 60 年代，就不是事实。到那个时候，瑞士的洛桑酒店学院（Lausanne Hotel School，始建于 1893 年）和康奈尔宾馆系（Cornell's Hotel Department，始建于 1922 年，现为 Cornell Hotel Administration，康奈尔宾馆管理学院）已经运行很长一段时间了，并为世界各地所仿效。确实，这两家机构在其早期主要还属于那种提供“怎么做”教育和研究的样板，相关项目紧密结合接待业的需要。它们的业务相当狭窄，无涉于旅游领域及其社会机制等方面。但是，这些并不能构成让我们对其历史记录视而不见的正当理由。将旅游学术研究的产生时间推迟至可由一些操持英语的人类学家（Cohen 2004；MacCannell 1999a；Smith 1989）在若干年后予以接纳的时间，这一点只能对那些热衷于“为什么”问题并声称旅游只有忽略或看低其经济和管理方面才能被全面理解的人增加一点点理性安慰而已。另外，近来有人一直主张，在欧陆的非英语国家中，旅游社会学和旅游人类学研究历史更为悠久，只是没有记录而已（Dann and Parrinello 2009）。

在次一级的水平上，也可以对贾法瑞的模型提出质疑。确实，随着大众旅游沿着一个日益分化的细分市场不断发展，旅游研究已日益成为更加复杂和更加精细化的工作。从这个意义上来说，我们谈论相关概念正日趋复杂，以及超越于大众旅游模型能更好地理解许多新的趋势，这些似乎都是合适的。不过，今天我们可能对旅游的其他方面了解得更多这一事实，并不意味着我们可以同时得到这样的结论：其他的范式都是多余的。就此而言，那种认为旅游研究已经在 20 世纪 90 年代达到了知识阶段的假定，也许过于乐观了，只要你考虑一下这样的事实：针对各种矛盾的最终解决方案，其张力不是处于潜伏状态，就是已然被有意忽略。似乎我们的工程师们正在遵循着商学院的某种古老传统，规避着任何可能的理论对话，汲汲于其日常事务，而将范式问题推诿至经济学的其他分支去。但你不能就此得出结论说，没有后现代范式他们照样会活得很好。即使他们很努力，我们这些“应该怎样”的和平主义者也会发现难以与所有那些反对商品化的后现代白噪音和平相处。没有商品,就没有市场;没有市场,那些考虑如何改善它们的人就会很快发现自己要失业。

在现代性和后现代性范式间的敌视可以被有意掩饰起来,但它们并不会消退,把它们掩藏在二者都会对知识增长有所贡献的伪装之下也不会带来什么好处。知识增长,不管它指的是什么,都并非一个只增不减的活期存款账户。这个精巧的机关——某篇正处于盲审阶段的文章对知识增长无贡献——在双盲审环节就会派上用场,只要某人不喜欢它,尤其是在社会科学领域更是如此。至今还没有谁发现有允许对此进行度量的设备。不过,资料的堆积并不能造就科学,这与砖头的堆积并不意味着能造就房子是一个道理。科学需要假设、理论和范式,而这些在社会和行为科学领域要比在物理学和生物学领域都更加难以获得。恰好由于这个缘故,前者也就更容易成为两个或多个现有范式相互争锋的战场,也会发现它们正置身于某种战争状态。

如前所述,有关一些基础理论问题的冲突已经由来已久,而且也不会因为我们选择不去面对它们而致其自动消失。不过,这种困窘只能吓唬一下胆小鬼而已。当前最为让人沮丧的倒是范式间虚假的和平共处状况。如果后现代范式已经声言胜利,那也并非因为其内在品质的优越,而是仅仅由于我们的工程师们不屑于投入一战。因此,本书的写作并非对后者不抱有同情。如果他们不愿意或不能够保护其正当权利,他们就被看低也就不足为奇了。人为什么能够容忍很多的内在冲突以及并不认同自以为是呢?我们需要出离现在关于工程师和领袖们的话题局限才能回答这一点。

二、游戏规则

在开始这场游戏之前,罗列一下游戏规则应该是合适的。就在后现代运动兴起之初,后现代主义者便往往采取先声夺人的策略来制服对手。他们喜欢提醒我们,我们的一切言行都是一种社会实践或社会建构。就其表面价值而言,这也没有多少值得反驳的。不过,如果细加审视,这句话显然是同义反复。从定义上看,如果语言与制度系由人的互动所构建,那么,这一定是某种社会性的建构。可是,在后现代建构主义者那里,观念胜过眼见。根据他们的看法,社会建构映射但同时也掩蔽着各种权力斗争。根据某人所采用的有关斗争的定义,这也许是对的。接着,我们被告知,在社会科学领域,这些权力斗争往往以某些共同认可的联合公报的形式出现,而实质上它们不外乎胜利一方的意志的具体体现而已。尽管对此难以认同,但你还是会被有所打动。而其他人却从这里跟着鱼贯而下。这些胜利者——通常被称为现代性或西方、北部——都是些从不想放弃其权力的危险伴侣。不过，对于那些受胁迫的大多数而言，幸运的是，后现代已经从道义上谋得了一个超级借口。但是，我们当中那些心怀疑虑的人倒是喜欢更具有内在一致性的东西。如果每一种理论都是一种既映射又掩藏权力的社会建构，就不会存在任何特例或文化例外了。这样，后现代观念也如其他观念一样，是一种社会建构，早应该停止向唱诗班的人进行说教了，也应该为自己的诉求谋得一个合法的场子，而不是如此自负地下断言。这样，我们又被扔回到一个古老的问题跟前——价值判断。社会科学离开价值判断行吗？我们已经了解了后现代的立场——不行。不过，这个问题可是有点复杂呢。

社会科学家对事实与伦理二者之间的关系的最初反应大致很相近。孔德在其《实证哲学教程》导言中曾以如下方式回答了某位夫人提出的问题：

> 实证主义教义涉及三个主要领域——哲学、诗学和政治学。但各种伦理始终会将其意愿强加于我们的知识发展、感觉形成或行动方向之上。伦理会无情地引导着我们对真、美、善的追求(1874:71)。

数年之后，在对法国哲学学会(French Society of Philosophy)其他成员发表于1906年的文章进行讨论时，涂尔干(Durkheim)依然坚持伦理“不能阻止我们对真实进行价值判断，这反倒为我们提供了达成*理性*(斜体字为原作者所加)判断的工具”(1970:62)。他毕生坚持这样的观点，而尤为谨慎的解释可见于其1911年与世界哲学大会(World Congress of Philosophy)的通信(《有关价值判断和对真实性的判断》)。

与此相反，在德国有些社会科学家据有完全不同的观点。马克斯·韦伯就是一个最好而且最煞费苦心的例子。1904年，《社会科学与社会政治学报》的未来几位主编(包括韦伯本人)通过撰写主编评论开创了新的时代，这些评论明确拒绝那种认为经验科学可纳入伦理考量或提供伦理判断的观念。“在我们看来，经验科学的任务永远不是提供既有的规范或典范以供直接指导实践的方向”(1973:197)。尽管在德国学术界还有其他一些踊跃的反对者，但一战前数年中轰轰烈烈的所谓“价值判断纷争”(Value Judgment Dispute)的结果却是韦伯范式的胜利。社会科学，如果人们想让它名副其实的话，就必须小心地维持价值中立的立场。价值观是政治家的事情，而科学家要的是事实。社会科学家不需要在两种互相冲突的价值观之间选边站。他们的工作就是详细描述不同行动方案的成本与效益分析的结果。另外，他们可以向决策者所作的决策的可预见后果提出警告,此外别无所为。这也是韦伯在有关职业政治学的演讲中将其问题予以通俗化表达时所持有的立场。

不幸地,即使就韦伯而言,其间的区别也并非一目了然。当他面临如何构建一门有特殊研究对象但却不像自然现象那样稳定和有规律的社会科学的时候,他不得不吃下几张软饼。人类的行动如果不将其意图或文化意义纳入到每一次具体的事件当中,你就不可能理解该行动。因果分析在物理学中是适当的,但社会行动必须借助于理解。因果关系和意义阐释或移入性理解(*Verstehen*)同等必要。所以,当我们研究历史的时候,期望完全如实描述无疑会使我们陷入困境,因为那本身就是一种不可能的梦想。为了理解历史和文化,科学家一定要先作出一个决策:采用什么观点来理解对象。此后,还要一以贯之地坚持这一观点。你不可能绕过这个选择环节,因为从这一点出发你才能使你的解释更有说服力。

韦伯是怎样协调他的移入性理解原则与科学的价值中立主张呢?在为构建理想模型而选择研究起点时那种无所羁绊的主观任意性(1973:190)会怎样成为社会科学的坚实基础呢?这些仍然是有待讨论的问题。不过,我们只是在这里先指出,在研究伊始,要想放弃价值判断是很难的。我们并没有多大兴趣在此解开韦伯的谜底。逻辑实证主义企图在发现的语境和判断的语境之间划出清晰的界限(Salmon 1970),而最终并没有如愿以偿。在某种程度上,波普尔(Popper 1980)以主体间性展示出来的主观意识,以及库恩(Kuhn 2001)提出的科学共同体范式变革中的科学革命的思想,都没有摆脱人的因素。库恩的观点尤其青睐于将研究共同体的社会学也当作科学的观念。在洞察历史和文化这个问题上,人类的心智恐怕不能渴求完全摆脱判决主义的影响,因此,也就难以避免要犯错误,要融入价值判断。有人认为,这一窘境也会困扰物理学和生物学,因为它们也是由人类构建的(Ziman 2000)。这样,后现代主义的登场看来就恰逢其时了。是这样的吗?

即使声称人类不可能获得完全客观的知识,但我们所面临的依然不是通衢大道。你可以向失败低头,甚至对其额手称庆,或者绕过险滩。后现代主义倒是很渴望能宣称解释社会真实的方法远非清一色的那种单一逻辑。这一页,也许还不为他们所知,在黑格尔针对康德的批评中已经写就了。逻辑的或科学的推理只能提供有限的知识,恰恰是理性(在黑格尔之后被以多种方式加以界定,如国民精神、地方文化、历史,等等)才提供了更广阔和更有前途的景象。只要我们稍稍忘掉并不完美的科学头脑中的各种幻象,那么,一个新的意义和行动世界就会展现在我们的眼前——这是今天在我们的旅游研究中反复被展现的景观。

例如，一些注重具身性(embodiment)研究的人发现，到目前为止，旅游者还没有获得一个“具身”。这并非意指旅游者具有什么超自然属性，而仅仅是指研究者们往往倾向于从宏观机制上对旅游者进行一般性的研究。对研究者而言，

> 在分析情境中的体验时，只有那种不受身体和社会主观性影响的纯粹心智才会在一般意义上发挥作用，其发生需要与所谓的科学的客观性保有一定的距离(Veijola and Jokinen 1994:149)。

这个距离并不理会每一种当下的状况都是一个时间、空间和权力关系的聚合这一事实，而该关系是通过处于其中的人的身体予以展示的。即使身体具有性别，它也依然不予理会，因为

> 男性想象的经济支配着西方的符号秩序：在有关想象的现有著作中，各种科学理论都建立在形象、幻象和认同的基础上，而其根源均出于潜意识上的男性经验(Jokinen and Veijola 1997)。

反映在斯万(Swain)有关中国的撒尼彝族的著作中，她强调：

> 尽管当时我并没有使用“具身性”这个词，但我实际上已经意识到，我的身体和他们的身体在我怎样展开我的研究、我可以从撒尼妇女的旅游经营者那里学到什么以及我能怎样影响他们的生活等诸方面已经有很大的差别了(2005)。

很难理解男性想象的经济(如前所引用的，似乎对所有男人在所有时候都适用)怎么能完全由历史上的西方符号秩序予以定义，但这并非关键所在。具身性这一新的词汇给人的印象是一只晦暗的瓶子，让人看不清里边的货色。一个可能性是，我们的作品可以按照以下方式阅读：

> 那种如果S则P的观念最先是由 Peregrine Testadiferro 提出的，这是一位单身汉，中年，都市玉男，五短身材，秃顶，饮食饕餮，烟酒俱好，赛车粉丝儿，棒球专家。这一观念显然与萨莉·曼德韦斯特(Sally Mindtwister)教授所提的更富内涵的观点相抵触，而这位教授则是一位年轻的、风华正茂的女同性恋教师，祖先为盎格鲁－泰－加勒比混血儿，喜欢素食和浪漫的夜晚、爵士乐，迷恋于海滩漫步和会议露脸儿。

根据这位读者的品位，泰斯塔迪费罗(Testadiferro)的个性可能比曼德韦斯特(Mindtwister)的更可爱——或者别的什么。不过，这些无聊话对前述各派

的争论都不会轻易有什么新的贡献，仅仅是不必要地增加了本书的页码而已。环境论者还可能很理性地抱怨说这会让人多伐木。

让我们再举一个例子。马克斯·韦伯的妻子玛丽安娜·韦伯(Marianne Weber)在其偶像化了的马克斯·韦伯传记中吐露了一个惊人的内情——他们的婚姻是未完婚的婚姻(Weber 1975)。如果这是真的，这种很“具身”的信息会对韦伯有关新教伦理与资本主义的命题有所贡献吗？按此线索，他在1905年所做关于苏俄革命或社会科学方法论或宗教在社会生活中的作用等作品的意义会有什么新的解读吗？毫无疑问，有些人会持肯定的答案，但其间的联系却实难发现。甚至即使确实有联系，也必须要对这些命题为什么会被另一些人所追捧作出解释，而这些人可能持有与马克斯·韦伯恰好不同的婚后性取向。

还有一个解读具身性倡议的方式，实际上这看起来可能更切近倡导者的意图。这是那句“个人的即政治的”口号的新发展，用以表示任何来自男性想象的假设或定理都特别值得信赖。以这种方式，不仅价值判断在理论构建中受到青睐，我们还能根据发声的是谁的身体来获知谁更应受到褒奖。不过，这一方法走的可是容易滑倒的斜坡，倘有不测，可别吃惊，滑倒的事儿可时有发生。

让我们拿旅游学术界之外的例子说话。正是由于此类具身性，美国最高法院大法官克拉伦斯·托马斯(Justice Clarence Thomas)才能够取代瑟古德·马歇尔(Thurgood Marshall)的位置。托马斯拥有一个时间不长但证据确凿的保守派任职记录，这与老布什总统当政期间任命他为大法官时的美国社会主流显然并不很协调。不过，作为一位出身贫贱的黑人，温和派和自由党显然都不愿意挑战他。最终，他受到的攻击是来自另一位“具身的”人，即指控他有性骚扰行为的黑人法学教授安妮塔·黑尔(Anita Hill)。这段轶事的结局众所周知，笔者在此不拟予以讨论。不过，让我们做一次与事实相反的假设。设想一下，由于这项指控，托马斯最终没有被任命，总统选了另一位拥有同样特征的黑人，是一位既自力更生又极端保守的完人。他或她能获得通过吗？他或她的极端主义是否应该像托马斯的复杂而又漫长的查证过程中实际发生的那样被压制吗？正是由于其非裔美国人的“具身”，才使托马斯免于受到数年前罗伯特·鲍克所遭受到的待遇，帮助他保住了任命，而借口就是那是对待非裔美国人的常规程序，而对美国人，则有针对美国人的程序。

三、隐喻

那些主张隐喻理论的人也可以说与此旗鼓相当。丹恩(Dann)提醒我们说,隐喻无所不在。“所有的科学,不管是软科学还是硬科学,都摆脱不了主观建构”(2002:2),诸如绝对零度、完全弹性、完全竞争、新教伦理,等等。而且,由于我们的知识总是相对的,所以隐喻便“提供文字以外的理解(2002:2)”。它们使我们得以在某种共同特征的基础上比较两种不同的事物。如果言者和听者均理解这种比较,那么,隐喻就是让人改变态度的最强有力工具,即使有时这种比较很难,因为许多隐喻具有多义性特征。根据现代性范式,“世界是一个有严格秩序,并由理性决策、均等和字面真理所构成的世界”(2002:5)。不过,由于后现代范式主张解构和碎片化,隐喻由此得到前所未有的青睐,被用以对付那些比以前任何时候都更加瞬息万变而又含混难辨的真实性。如果“此旅行者(the traveler)”是现代性的一个隐喻,传达着旅游是一种教育的观念、旅行是提升品德之途径的观念,以及旅行是对未知疆界的一种科学的和帝国主义的开发的观念,那么,“此旅游者(the tourist)”——如麦肯奈尔(MacCannell)和尤瑞(Urry)所定义的那样——就成了后现代时代不断变化着的人类状况的最高隐喻了。丹恩说,如果这两个早期范式可以予以批评,那只是因为它们在一定程度上无视社会的急剧变化。旅游者的隐喻有助于我们理解为什么研究应该

> 贡献出一些对以往那些科学和实证假设予以质疑的更具适应性的模型。这种心的理论架构在本质上更为灵活,更具相对性,更少有决定论色彩(2002:5)。

当今的研究有一部分对丹恩沿用胡塞尔的思想是认同的,那就是,人类的心智无法触及事物本身的深层本质。这只能在那种非凡的天赋极高的人那里才能存在。我们普通人的心智,受制于我们的感官和心理构造,看起来离开一些具体工具的协助是无法把握实在的本质的。这些工具包括感官数据、隐喻、意象、概念以及范型——后者最近已备受指责——以及逻辑证明等。所有这些,都对知识增长有所贡献,尤为重要的是,也对物种的存留有所贡献(Pinker 1997)。

不过,这并非断言所有这些对研究都同等重要。实际上,我们是遵从一个依照我们在每一种情况下所使用的语言或修辞类型的变化而形成的排序。就科学(不管是软科学还是硬科学)而言,各种传统、社会构造、礼仪、逻辑推理

（或不管我们怎么称呼它）、受控实验以及重复性观察，连同各种帮助我们对各种范式进行梳理和分类的批评性研究，都是我们更好地理解和改变世界的方式，例如，它们要比寓言或隐喻好，不管在某些人看来寓言或隐喻如何管用。社会变革的速度可能会使得人们获得科学资料的难度加大，但这改变不了传统、社会构造、习俗或科学知识（不管我们怎么称呼它）。

毫无疑问，用隐喻替代逻辑推理会允许更多的主观性存在，但它却难以理解这一变化对学术讨论有多大的推进，更遑论对日常生活的意义了。讨论旅游者是否一个朝圣者、一个浪荡子、一个无家可归的酒鬼、一个妓女或丹恩所搜罗的任何一个如此这般的隐喻（2002:5－6）也许是一种缓解那些有幽默感的学者俱乐部成员的无聊感的好药方，但并非所有的隐喻都是无毒的。当卢旺达的胡图族媒体将图西族描述为蟑螂，或者纳粹将犹太人描绘成寄生虫的时候，种族灭绝就跟着在一个社会变革比当今我们所处的后现代世界更激烈的社会里发生了。确实，你可以说在通常的环境当中，隐喻会被很负责地加以运用，自我审查机制会监督其“好的”和“坏的”使用。可是，很多事实表明，问题并不那么简单。

我们最好还是将隐喻限定在它原本所属的领域，比如宗教、艺术和一些深奥的语言。例如，借助于空海（Kukai）的传布，数个世纪以来人们已经接受了真言宗日本密宗的深言奥义。“那些古奥的经书若是不借助于艺术，其精义实在让人难以捉摸”（引自 Bary et al 2002:172）。另外，密宗需要的是更高的权威而不是一般的个人心智，比如上帝或一个先知尊者，借此来解说经书奥义。而这与传统的、历史悠久的科学所崇奉的自由思想是相悖的。要知道，有些隐喻是很有煽动性的，很多证据表明，即便其结果有时会欺骗我们的理性预期，但逻辑推理——更遑论一些美好意象——仍是让隐喻之火熄灭的有效手段。

价值判断会妨碍我们获取客观性的知识，这一点不管我们是否喜欢，都必须承认。即便是在确定我们的研究从何处开始和如何开始的环节上，主观性或个人决策在这一点上也是一样；主观性也会让我们的社会建构过程很容易出现偏差，受到操控，随心所欲，或自我蒙蔽；它也会造成各种范式间永无止境的冲突。所有这些也恰是让隐喻的日子不好过的原因，用不着别的什么理由了。如果警察就因为重刑犯们虽然犯下罪行但其良好意愿却并非如此就免于给他们治罪的话，你会怎么想呢？还有另外一个原因让人疏远隐喻范式，那就是它也很容易为那些政治宠物对知识领域发动攻击找到借口。其实我们可以做得更好。我们可以在坚持主观性的同时，寻找能够避免其不利方面的一些途径。实际上,这也是科学长久以来努力去做的事情。

这一想法听起来很令人鼓舞。它是否真的具有某些真理价值?随手就可以找到一个隐喻——现实生活的法庭脚本。你很难再找到一个比检察官或辩护律师更带有偏见的角色了。这两者都是受雇来证明被告无可救药或清白无瑕的。为达此目的,双方会不遗余力地辩解、攻击,甚至不惜利用一切手段和诡计。再也没有什么比这更主观、更情绪化、更慷慨激昂的了,完全不像是什么讨论。但是,律师不可以改变法庭的规则;审判由法官主持,并根据既有的规则认可或否决证据;要排除合理怀疑以说服陪审团。如此排场就发现真相了吗?这也未必尽然。有时,根据后来新的证据,之前作出的最终裁定显然是有偏差或错误的;这时,在多数情况下,败诉一方本是清白无罪的。不过,社会通常也会接受这种审判结果。司法并不干净,但我们宁愿接受这种不净,因为它似乎比掷硬币、看茶叶、刑讯逼供或任何别的类似做法要好些。

如果学术性的或科学的研究能够利用类似的工具以减少不确定性,那么,它也就会很有用。它也确实是这样。这里无须列出一个长长的单子,但有些还是可以回顾一下(Ziman 2000)。首先,最为重要的是,科学推论必须建立在事实的基础上。确实,事实是不容易建构的,当你想到它们的时候,你就可能被指责为循环论证。不过,在社会科学领域(更不用说在那些研究者的地位更为舒服一些的物理学和生物学领域)有大量明显的事实证据。比如,大量事实可以无可辩驳地证明哥伦布是在公元 1492 年开始其发现美洲大陆之旅的,好多独立的信息渠道都可以证实这一点。我们可能很难弄清楚西班牙卡斯提尔女王支持哥伦布的初衷是什么,我们也难以弄清楚海军上将的个人动机——尽管我们保有他的私人信件和其他档案材料,但并不能确定这些东西确实反映了他的个人意图、真实感受或他心外世界的实际状况。可是,历史学家们在过去的几个世纪里已经开发了一系列工具,借以甄别某些资料的真伪。逻辑实证主义者已经提出了一整套防御主观随意性的有效工具。这对大多数社会科学也适用。如果将事实和习俗的证据弃置一边,代之以灵巧的隐喻,情况会更好吗?

其次,一些假设一定要在某种适当的一般性水平上予以构建。将某个单一现象的某些特征推及全体是一种区域谬误。例如,用一个男性霸权社会中的符号体系标示各种社会关系中的族长地位的研究,就是一种失当的研究策略。此外,根据波普尔(Popperian)的理论,这些一般化的假设应该明示其可能有失真的可能性。如果相信殖民主义是国民社会中一切丑恶的原因,你就一定要解释清楚，这种依存关系是如何伴随着一个更为含糊的概念——西方文化霸权——而发生的。这一概念通常既适用于某些非西方社会中如此不同的或公开或隐蔽的事物，也适用于许多非西方人士对西方消费品和生活方式作出的自由选择。这样的一种模型构建并非一般性的。它是模棱两可的，也是不可证伪的。尽管我们可能不喜欢西方文化霸权，但作为科学家和研究者，我们应避免贸然闯入那些为专业人士业已经营多年并作为谋生手段的领地。

第三，应重视所获得的证据链的整体性，而一些特殊案例只能谨慎地予以接受。仅仅由于人们认定某些特殊人群在某个方面是例外，或由于他们出生、成长或教化之不同，就为他们寻求文化上的例外，这是不合适的，尤其是还以人类都有类似的逻辑能力这样的观点为根据（不包括某些特殊案例）。确实，通过正规教育，人类的推理能力可以很完美，而且你还可以讨论，为什么教育这种物品分配竟然如此不均，并提出改进的建议。但原则上，特殊案例在科学发现的逻辑当中是没有地位的。

最后，我们还要对我们自己的前提保持真诚。如果我们发现我们之前的范式没有用处，我们就应该舍弃它们。但只要我们接受它们，我们就必须承受对它们的逻辑非难。如果一个人接受了马克思主义的观点，他就不会忘记社会存在着阶级和阶级斗争，而且即使事实并不完全符合其理论模型，也是如此。科学研究，包括旅游研究，是一种独特的修辞学（见第八章）。所以，它要靠程序来调动其独特的语言及其内在规程。这些运行规则在一开始就应该明确地予以界定，而且人人都要共享这些规则；否则的话，我们就会被噪音弄成聋子。但一旦我们认同了这些运行规则，那么，要做的事情就是去证伪各种现有的解释，既然走到了这步，我们就要罄尽所能去战斗。

四、启发式指南

我们先从初步的决定论开始吧。我对物理学和生物学的知识，比起对人文学科的知识来，更为有限。有人认为，生物界（包括人类）似乎是被进化或在根本上是为生存所控制。不同生境为该物种的生存设定了特殊的边界。这样，各个物种便发展出一些应对此类不利环境的策略。此类策略即使说不上无穷无尽，也算得上千奇百怪。在这一点上，人类也不例外。作为一个物种，人类也由进化而来——正如达尔文所谓的“解读生命史的奥秘”，其驱动力则是复制我们自己，即尽可能多地再生产其他物种。更进一步说，你很难说人类的生存策略要比其他物种的更好或更成功。大多数的昆虫在人类出现在这个星球上之前的漫长岁月里便已经存在了，也很难猜想在未来的悠悠岁月里，到底会有哪个物种的生存时间更长。到目前为止，我们还不能详细解释其他很多物种的生存策略，因此，我们暂时假定我们人类的策略是最为复杂的。当然，我们没有人敢肯定这一点。

至少，我们可以说，人类在努力再生产自身这一点上是相当成功的，能够在这个星球最艰苦的环境中生存，到 2050 年，整个人口规模可能增长到大约 90 亿人。作为一个物种，人类凭借其智慧而谋求目的与手段相匹配的能力，以及通过不断进化的软件和媒介将其发现传播及转移到其他人类伙伴的能力，似乎已经成为最基本的禀赋。不过，这些技能并没有使人类摆脱与其他生物的联系。不管人类作为一个物种如何成功，但其个体的需要与其他生物的需要相当类似，同时我们在一个可预测的有限生命周期之内历经着出生、成长和死亡。最后，经过一个更长期的时间历程，我们可以推测，人类这个物种也可能会遭遇命运的劫难。从这种进化的角度说，人们期望可持续发展终归有一天会竹篮打水，尽管很难说这会在什么时候和以什么方式出现。

人类生存的关键策略是对稀缺资源的管理。人类，或者再具体一点来说，即所谓的各种人类社会，在历史上所遭受的资源稀缺性的限制一直是不均等的。在我们这种独特的农场里，有些动物一直而且依然比其他动物更为平等，且不论其生存基因和技能方面的禀赋。即使那些秉持狩猎和采集是一种幸福状态的人（他们认为新石器革命、工业化和通常所说的生产主义使得人类被可悲地异化了）也不否认，在不同的原始社会当中，依然存在着生产和资源利用方面的深刻差异（Clark 2007；Fernandez－Armesto 2001，2002；Harlan 1998）。尽管如此，产品的生产与分配一直而且还将是人类的主要职业，而其余的一切则无非围绕着这两个职业而展开。马克思的“不是人们的意识决定其存在，而是人们的社会存在决定人们的意识”的命题（Marx 1904：27）强调的就是这种人类困境。不过，它只是借助于其表面上的清晰性而蒙蔽人们的诸多命题之一。

这一法则就像一直以来那样引人瞩目并获得成功，它的系谱学可以追溯到早前好几代的英国哲学家那里，包括休谟和亚当·斯密；但在马克思那里却不然，因为这一法则不涉及任何阶级斗争的思想。大多数自由主义经济学家仍然认同这一法则。据此，管理稀缺资源已经引致一系列复杂的策略——其中有些显然固守其经济方面，其他一些则日益偏离经济，而代之以所谓文化或亚文化。不过，经济决定论不外乎是增进人们对问题的理解的一个启发式的原则或指南，不应把它解释成某种普遍有效的解决方案。然而，意义的解释也非易事。实际上，对于诸如艺术或文学作品以及其他类似事件来说，要想完全解释清楚似乎是不可能的。拿日本平安时代来说，在一个略微发达一点的经济体内部（Sansom 1999），确实出现了一种庭院文化，这种文化显然仅限于该社会一小部分上流阶层——占当时日本社会500万人口的百分之一当中的十分之一（Morris 1994），其居家的妇女享受着丰裕的私有财产和很高的性自由，同时还为全世界的文学界培养了一批极富天赋的作家（紫式部和清少纳言只是诸多作者当中的两位最著名的）。这种庭院文化对我们而言仍旧是有待解读的密码。

马克思的理论将意识对具体环境的从属地位转化为由经济基础和上层建筑构成的若干组合，借此可以将任何和全部社会现象与之相联系。举个例子来说，布尔迪尔（Bourdieu）毫不犹豫地将所有区别（文化资本和居住地）的表象都归为上层建筑，并通过这一策略将上层建筑分配到自己大脑中固有的各个阶级模块和亚模块中去（1979）。从理论的角度来说，这似乎并不难，但实际上并非如此。

不过，将此法则应用于实际事件的难度却不应鼓励我们为此而避重就轻。“谁将受益”的原则（The cui prodest principle）在惊悚小说和社会生活中也都还有价值。至少，有聊胜于无。文化人类学一直试图作逆向阐释，好像食物存在的唯一原因就是解除思想束缚。它是想把我们从进化的动物园挪向分析主义者的躺椅。从道格拉斯（Douglas 2003），或者从更早的鲍亚斯（Boas 1962）到列维－斯特劳斯和格尔兹（Levi－Strauss and Geertz 1973，2000），还有一长串别的人物，否认经济在调动人类行为方面的有意义的作用已经变成了一种趋势。文化人类学家们已经提醒我们，尚有很多站在决定论立场上所未能认知的领域。他们作这种提醒的代价则是常常创造了更多他们自己所不知的领域。正如我们在分析文化人类学家在旅游研究领域所作出的贡献的同时要尝试指出的那样，他们已经制造了大量的假象。

类似的理由也可以帮助我们避免折中的诱导。折中是很有问题的——大厨如果折中的话，便不是好大厨。即使伊壁鸠鲁学派的外行们都知道，美食不仅取决于若干种调味品，还要仰赖于一定的程序和礼仪，也就是说，食谱和技术会形成味道和口感上的差别。可是，折中主义的做法就如同最差劲的一锅乱炖，再也看不出原材料，将蜂蜜与粉屑不计比例地搅拌，并美其名曰有风味或有禅意。实际上，各种调味品都有其独特的味道，并非味道的任何一种混合都能迎合人的味蕾的需要。这一点十分重要而紧迫,因为目前在科学研究中的多学科取向已经变成了一种时尚。这值得警惕。沿用决定论的标准,经济学作为一种管理稀缺资源的科学,借助于社会史,应该在旅游研究中发挥更大的作用。我们对文化人类学也持欢迎的态度,但只把它作为偶尔一用的补充而已。

第二个启发式原则是谦虚一点。决定论具有一种强烈的去蔽取向。然而,文化对各种社会获取其各自的生存方式的从属地位是以很多意料不到的方式展示出来的。实际上,没有哪一种人类的足迹可以完全控制其所在的环境。总是有很多种力量,包括自然的和社会的力量,会对我们的期望施加干扰。正如共同基金营销人员很礼节性地告诉我们的那样,过去的业绩并不就决定未来的盈利性。随机性总是在让我们的美好愿望落空。有时,我们自己意在改变环境的行动,恰好促成了我们到目前为止一直在运用的某种行动方式的改变。我们大多数的行为后果都是出乎意料之外的。有时,有些力量所形成的影响,在其刚出现的时候,我们甚至都没有注意到。当出现这种情况的时候,我们的分析工具就失灵了,这时就必须选择别样的工具。

如今,随机性受到了极大的关注。例如,坚持认为周密计划的人类行为是难以奏效的格雷(Gray),一直努力要把我们从分析主义者的躺椅上送回到进化论的动物园中去(2002)。有人会欣赏他的提醒,也就是说,我们很难识别人类历史的任何意义,最终,也就没有什么意义。可是,正是由于人类以个体或以物种的身份参与到这个盲目的进化游戏,他们就必须赋予他们的行动以一定的意义,并保持行动的一致性。当我们以某种刻板的方式表达这一想法时,我们通常会说,我们的行动赋予历史以意义。但这只是修辞学上的表面真理。我们的行动常常是矛盾的,并不受某些意外后果的约束。可是,不管是在日常生活当中,还是在应对环境变化当中,我们通常遵循的原则便是趋利避害。

随机性无处不在。承认随机性的存在及其偶然的迸发,就可以纠正那种人类历史是由某些先知先觉预先设定的思想,包括来自上帝的、理性的、历史的、时代精神的、民族的思想或任何其他至今还困扰我们的思想。没有一种生存策略或文化可以自诩为先天注定的。戴尔芒德(Diamond 1997)已经为现代西方文化兴起当中机会所扮演的角色做了很好的例证。这种文化兴起的发生,仅仅是各种在古老社会中业已出现的不同趋势不期然而然地突然汇流到一起的偶然结果,是对西欧社会环境变化的一种回应,这种变化展示的是各种因素(包括科学与技术、市场经济、法制与民主)的汇合,一旦被采用,就具有强大的力量(Landes 1998)。这也可能发生在别处,在别的时间。很多世纪以来,中国,由于其技术上的领先以及在社会组织方面的娴熟,本来可以顺理成章地扮演此种角色,本来可以在唐代或明代就成为各种文化的样板(Ebrey 1999;Fernandez – Armesto 2001;Gascoigne 2003),但她没有。

但是,机会并不意味着什么都会发生。当新的技术和策略增加了我们的生存机会,我们就往往会依赖于它们。当它们改变了我们的环境之后,我们就很难再摆脱它们了。你可以感叹地说,开弓没有回头箭,哥伦布和瓦斯科·达伽马都是如此。被我们称为现代性的各种技术的汇合总有一天会不可避免地出现,也会被其他更有效率的模式替代。德赛曾引用马克思的观点,给出了一个很生动的关于资本主义灭亡的案例,尽管他也承认很难预测这一过程的确切方式(Desai 2002)。我们当今社会的很多重要特征,也会像它们曾熠熠生辉那样,有朝一日会黯然失色。可是,在这期间,一如既往地假设我们的明天会和今天一样并照常生活,恐怕还是比较明智的。

让我们完成这个神圣的启发式三位一体(婆罗门教的三大神,即创造神梵天、守护神毗瑟挐、毁灭神湿婆)。根据前文所述,任何头脑清醒的读者都可能立刻联想到下一步——我们并不十分赞赏多元文化论。正如已经指出过的,很多个世纪以前,中国的文化都优于其他文化。且不谈对未来生活的偏好和对幸福的定义,如果我们将自己限定于现实世界,那么,即使我们缺少精确的统计数字,我们也会看到,比起世界其他地方(包括地中海沿岸)的华裔人口来,中国人的寿命更长了,生活条件改善了(Mote 2003)。伊本·白图泰(Ibn Battuta)曾盛赞中国的丝绸和瓷器,并声称中国的母鸡都比家里的鹅个头儿大(1929)。马可·波罗是否真的到过华夏大地还是仅凭道听途说,但为他所艳羡不已的纸币、京杭大运河、煤炭的使用以及高效的帝国邮政,绝非他凭空捏造出来的。如果由他们来做评审团成员,那么,当时世界上的大多数人恐怕都会认为中华文化显然优越于其他文化类型。

类似的事情也会发生在我们称之为现代性的复杂的社会形态当中,这种社会是由科技、市场和法律构成的一个特殊混合物。有人可能会认为,以这样的方式来定义现代性,等于我们在偷偷地将西方文化奉为圭臬了。他们这样想那是他们的特权。不过,他们会发现,证明西方文化与现代性是同样的东西并不容易,同样,要想证明西方文化并非中国和亚洲在其地理上的向西拓展也并不容易。有人确实把西方文化视为由犹太教和基督教构成的统一体。但是,通常被称为西方科学的现代科学观念,却可上溯至穆斯林哲学家阿维洛伊

(Averroes,其阿拉伯名字为伊本·路西德,即 Abu al-Walid ibn Ahmad ibn Rushd)对亚里士多德著作的重新解读。另外,想让西方思想沿着宗教的指引也殊非易举。犹太-基督教文化的大规模社会建构也同样无视西方世界所产生的其他许多非一神论亚文化,无视启蒙主义者的理性观念。由勒南(Renan)、洛伊斯(Loisy)等人所做的基于《圣经》的批评也如宗教本身一样是西方的产物,你很难看出所有这些东西怎么会都属于同一种知识类型。而法律和民主又怎么样呢?西方文化的庞大体系或者更准确地说它的亚文化以及政治传统已经成了这两种东西的死敌。希特勒与斯大林也像丘吉尔以及他的英国挤奶工一样,都是西方的一部分。在现代社会,我们所称之为西方传统的东西,已经成为相互敌对的知识和伦理选择的战场。

与西方传统不同,现代性具有明晰的轮廓。正是由于它的这个明晰的轮廓,在过去三十多年当中,它才招致后现代主义的批评。后现代主义者通常将现代科学技术视为对可持续发展、消费主义、商品化的人类关系以及民主与法治的威胁,并且常常被用于歧视诸如妇女和少数种族之类的社会群体。在国际舞台上,现代性曾帮助各种类型的帝国主义企业合法化,现在依然如此。

令人好奇的是,这些批评往往来自于在过去两个多世纪以来已经接受了现代性的那些社会当中,而不是来自于所谓的主体社会(subject societies)。格雷(Gray 2002, 2003)作为其中的一员也认为,是当今的全球化浪潮引发了各种威胁。由于世界银行和国际货币基金的帮助,美国目前正在试图创造一个全世界的单一类型资本主义。他说,这种 19 世纪的美国理念构成了一种幻象:美国拥有一种普世的使命。他进而又及时地掉转过来。这一有关全球化的看法也不外乎另外一种一神论幻觉而已。他认为,科学与技术对全球化可以说是一种帮衬。它们虽然很有效率,但仍存在一个风险,那就是,它们的各种创造的应用足可以致命,因为最终可能无人能够掌控它们。实际上,一神论的全球化仅仅深化了人类所面临的危机而已。

正如西行的马克斯兄弟(Marx Brothers)那样,格雷把越来越多的木头扔进火车头以便让它奔跑不停——其中之一就是乡愁,那是对那些美好的狩猎和采集时代的怀念,当时人们生活在与自然的和谐关系当中;其次是由于人类足迹的光顾而不断消失的物种;还有灾难性的气候变化、新的致命传染病以及日益残酷的战争。他可能是对的,但也不能根据表面加以判断。马尔萨斯(Malthus)和他的追随者们已经用了 200 多年的时间来鼓吹他们的观点:好事从来不独行。有朝一日他们会是对的,正如我们这个世界早晚要消亡一样。可是,当他们试图确定这一事件发生的确切时间的时候，他们的成功程度就和马克思主义者预言资本主义的衰落一样，只能声称那会发生在世界末日的前一年，或前一年的前一年（Daniels 1999；Mclver 1999）。

现代性一如既往地存在，这既非偶然，也不是蓄谋已久。它仍能唤起许多人的想象和欲望。自由不受地理边界的约束，它总是能得到大多数人的认可和追求。在苏联解体之后，东欧国家的人民展示了强烈的实施市场经济改革的愿望。东南亚的青年总是喜欢将钱花在购买品牌商品上。到目前为止，市场仍是分配稀缺产品和服务的最不错的方法，而品牌则有助于消费者的市场购买行为。在此容许我“具身”一下。即使我目前已经是一位老年公民，但我生命中的大多数时间仍生活在独裁政体之下。在我出生前，佛朗哥将军（General Franco）就已经赢得了西班牙内战的胜利，直到我34岁的时候，他才去世。在那些年当中，越来越多的西班牙人渴望拥有现代经济以及西方式的多元政体。甚至那些像我这样的极左马克思主义者，也渴望社会主义能够被定义为类似于杰弗逊的民主那样的社会，同时还能有一根魔杖能使之拥有完美的平等。如此诸多人等都认为，与目前所有其他文化联合体相比，现代性给更多的人提供更多的选择。他们或我们都错了吗？我还是不能作出肯定的回答。

我们知道，有些同行持有与斯万（Swain）所谓的“群体殖民愧疚”相同的观点。实际上，很多罪行都被勉强归于现代性的名堂之下。她自己就自责“我的观看、闻听和行动到底算是什么。我就是帝国主义的许多符号化的‘具身’，这是我无法掩饰的：首先我是一个白人”（2005：33）。每个人都有权拥有自己的感受，但只有当这些感受被转化为公共政策的时候，问题才会变得模糊不清。并不存在令人信服的理由来支持你靠着联想去承认这种新型的愧疚。仅仅因为他或她是白人而被贴上帝国主义者的标签，或者只是因为他或她是异性恋者，或者因为他或她出现在一个否认逻辑的地方——这是生物学上的命运，折射出的是真正的帝国主义者对其统治不得不逐字予以阐明的立场。被统治者也是被集体联想所蔑视。这一推理也是与纳粹主义、斯大林主义等相伴而行的。仅仅看一眼最近有关此类政体的小说（Gao 2002；Ha 2004）和一些非小说之类的文字（Chang 1991；Overy 2004），就可以看出此类政体的主要问题是什么了。幸运的是，联想的愧疚不能轻易进入民主传统，这也是为什么很多并未从此类政体中受益的人还对此类政体怀有梦想的诸多原因之一吧。

后现代主义者喜欢站在天使的一边（Marwick 1998）。他们对上述任何一种情况都耿耿于怀，却认为在那些集权主义社会和建立在压抑的标准化基础上的现代性之间存在着更好的世界。正如康德所说,他们的 20 泰勒(thalers,德国的旧银币名)看上去恰如仅存的法定货币一样。你永远不能说清楚后现代主义范式的地盘在哪里,我们怎样才能到达那里。不过,我们的现代性政体已经显示出惊人的适应能力,去整合许多为主流社会所抛弃的各类群体所提出的各种诉求。没有理由认为这种能力已经枯竭。这种能力是一种智力禀赋,将有助于构建并解释现代性和现代大众旅游的理想模型。

最后附带回到旅游研究方面。由于前述各项原因,在我们自己这个领域,我们应该极为低调。不管旅游到底是不是地球上的一个主要产业,它都不具有什么宣泄功能。它是现代资本主义时代大众社会生活的重要组成部分。仅此而已。它向越来越多的人们提供自娱的选择,也帮助他们去追求某种"建构的"幸福。对于许多提供此类幸福品的人来说,旅游也是一个重要的目标,它提供了新的发展的舞台。许多当地供应商及其所在的社会也同样从旅游业当中获得利益,尽管其方式可能并不相同,也可能不公平,或者并非无可置疑。

作为一种国际现象,旅游业创造着不同文化之间的交流互动。即使是国内旅游者(通常为城市的富裕阶层)也会经常与当地人具有不同的生活方式。毫无疑问,旅游业在通过各种形式增进着文化的交流。好坏且不论,但这些并非全部,而且也不是决定性的。例如,全球化并非仅仅由于旅游使然。全球化的旅行速度更快,而且靠着自己特有的手段。经济力量、政治过程、大众媒体,以及现代形式的传播(从照片到 TV 到互联网)都对各个国家的富裕和贫穷有所贡献。甚至在国际旅游业并不存在的领域,广播、卫星电视以及互联网计算机系统都在以很多难以预见的方式影响着人们的生活。有关这个产业的重要性我们低调一点在旅游研究中是必须的,正如在其他大多数环境中一样。

第二章

全球旅游系统

一、引言

目前,我们对全球旅游系统的实际结构所知甚少,其程度令人惊讶。通常,我们承认存在一个系统之物,并理所当然地视其为一个巨系统。至于其规模究竟有多大,只需查阅联合国世界旅游组织(UNWTO)的数据库便会一目了然。由于缺乏其他数据来源,因此该数据库的统计便被奉为权威,然而它长久以来仅对国际接待人数和收入进行统计的传统却使我们误将国际旅游的部分当作旅游世界的全部。然而,细细想来,即使是这些数据,也无法赋予下面这个甚嚣尘上的观点更多的说服力,即蒸蒸日上的旅游业是唯一的全球产业,现代大众旅游已成为全球化的主要动力之一。

然而,无论是国际旅游流量还是国际旅游收入的数量都无力支持此结论。2009 年国际到达者的数量为 8.8 亿人次。以全球 67 亿人口为基础,大约每八人中便有一个(12%)进行国际之旅。若考虑到那些一年内多次旅行(travel)或在一次行程(trip)中跨越多个不同国界的人,该比例则又会下一个台阶。即使到 2020 年该数字翻一番的愿望能够实现——这看起来很有可能——国际旅游者人数也只会达到全球 70 亿人的 20%,即每五人中的一个。2008 年国际旅游收益共计 9 440 亿美元,不足当年全球 GDP 的 2%。面对如此事实,纵使能将国际旅游算作全球产业之一，也很难有理由称其为“唯一”（Leiper 2007）。

直观上人们知道，若将国内旅游也囊括在内，不但旅游者总数会显著增加，同时由国际和国内行程（trips）所共同创造的财富也会成倍增长。然而，将国际旅游这一部分作为旅游整体之近义词的传统却已积重难返。此类例子不胜枚举，一本书的容量也不足以尽数列出，在此，我只取其中之一。正如前文所述，国际社会学协会（International Sociological Association）仅有一个研究委员会负责旅游相关事宜，却冠名以国际旅游（International Tourism）（ISA 2006）。直到近日（Jaipur 2009），该委员会才着手探究国内旅游。而在此前，它从未对国内旅游抱有任何兴趣，亦从未激发任何持久性的动力。时至今日，旅游学研究已经为这种错误的借代手法付出了高昂的代价。

也许，这种做法的某些后果微不足道，然而，另一些却显得举足轻重。先看前者，谈及国际旅游，国家便是主体，而它们在国际目的地中的排名亦成为被国际到达者数量所决定的国家声誉的激情竞技场。一些国家试图膨胀其国际接待人数的努力已昭然于世。在20世纪60和70年代，处于佛朗哥将军独裁统治下的西班牙公开炫耀其庞大的外国到达者数量，企图以此替代它所缺乏的政治合法性（Pack 2004）。当这个国家建立起新的民主结构时，国际接待人数又如同高昂的支持率一样被拿来炫耀，同时，不断扩大该数量的欲望依旧强烈。法国是另一则典型的例子。1989年左右，作为对大革命200周年的献礼，法国决定重整其旅游统计数据，一夜之间，之前疲软的数字一举超过了各路竞争者，法国一跃成为世界旅游目的地之首。自此，法国便一直保持着此项殊荣。

虽然伴随华丽的国际到达者数量的是不断减少的相对收益，然而，这已被看作末节。根据联合国世界旅游组织（UNWTO）（2006b）的统计，2004年法国拥有7 140万国际入境游客，共获收益408亿美元，平均每位游客在法支出543美元。同年西班牙接待国际游客5 240人次，总收益达452亿美元，即每位游客平均支出863美元。对世界前10位旅游收入巨头国家进行比较（表2-1），法国从每位游客处获得的平均收益相对较少，西班牙则排名第七。

表 2-1 每位到达者平均支出:主要目的地(2004)

	总收益(十亿美元)	到达者(百万)	平均收益
澳大利亚	13.6	4.7	2 894
美国	74.5	46.1	1 616
德国	27.7	20.1	1 378
英国	28.2	27.8	1 014
意大利	35.7	37.1	962
土耳其	15.9	16.8	946
西班牙	45.2	52.4	863
奥地利	15.3	19.4	789
中国	25.7	41.8	615
法国	40.8	75.1	543

来源:作者对联合国世界旅游组织数据的整理(2006d)。

因此,若不以国际入境游客的数量,而是以经济回报(每位游客平均支出的美元数)来排序的话,两个国际入境游客数量占优的国家则会被美国、澳大利亚、意大利、柬埔寨、丹麦、巴拿马、印度以及其他一些较小的力量所超越。西班牙和法国,虽然是这幕剧中最主要的角色,但并非仅有的角色。

用国际的部分对整体进行的错误借代所导致的其他后果则更应引起警觉。以国际旅游的数据定义全球旅游常导致人们将其看作全球化的推动力量之一,甚至被奉为首要力量,以至于后者所谓的毒副作用也都被尽数归咎于它。以这样的观点看待全球化,在所有当代的旅游文献中,莫过于那本著名的百科全书了(Jafari zooo)。在该书中,一种观点认为,全球化是资本主义发展的一个新阶段,之后又与新殖民主义亦步亦趋。这一过程影响了经济活动的方方面面,并伴随着国有经济力量的衰退和跨国公司的兴起。还有一种观点,全球化也深刻地影响了旅游业。旅行(travel)很早就是一种全球性的需求(人们从无法追忆的遥远古代就开始交错穿梭于地球表面),新的发展又刺激了跨国公司遍及全球的旅游服务,从航空公司和旅行社到连锁酒店和快餐公司。伴随着经济政策的自由化和外汇交易控制的日渐宽松,新的供给链通过高经济漏损和低乘数效应从当地社区攫取了大多数的经济利益。在这些旅游著作中有一种观点认为,发展中国家的企业家缺少必要的资金和手段来支付该产业高额的进入成本,也没有能力来规避可能产生的不当后果(Wilkinson 2000)。总之,诸如此类的论断在我们的领域都被不加批判地全盘接受(Boniface and Cooper 2005;Hall 2006;Harrison 2001;Nash 1996;Oakes 1995,1996)。

然而,此类观点并不牢靠。诚然,旅游世界存在相当数量的跨国公司,但是那些现已超越它们的中小企业(Smith 2005)却宣告着前者并未成为旅游系统的主宰,进入成本对于当地人来说也并不像研究者所预测的那么高。更重要的是,跨国公司间的竞争异常激烈——你很难看到600家拥有国际航空运输协会代码(Travel Images 2009)的分散定期班机公司或者不可胜数的连锁酒店之间没有相互竞争。漏损不仅只是或主要影响处于所谓"愉快边缘(pleasure periphery)"(Aramberri 2005)的国家。因此,全球化并非一条由以中国为代表的亚洲国家的经济增长所证明的单行道(Bhagwati 2004)。它既未增加世界的贫穷,亦未减少它(Barro and Sala i Martín 1995)。

有趣的问题另有栖处。在这个拼图中,该把属于国内旅游的那一块,即按照定义来说,不包括国际交易的那一部分,置于何处?那些在国力不分伯仲、文化大体相同的国家之间往来穿梭的旅游者,哪里又是他们的一席之地?比如,异军突起的东亚旅游业已成为这个产业近来发展的代表。佩奇(Page)(2001:87)发现,由于来自日本、韩国、中国台湾以及最近的中国内地的旅游者的增长重塑了该区域的旅游图景,旧的东南亚与欧洲之间的东西空中旅游线已被一条南北轴线所替代。该地区许多国家中旅行社优先促销政策的变化也说明了这一点。虽然在过去,欧洲和美国是其主要市场,然而今天,许多旅行社却将日本、澳大利亚、新西兰、中国香港和中国台湾列于首位(Hall and Page 2000:24)。雷格劳曼(Raguraman)指出,印度在国际旅游业中的滞后表现也许归咎于错误的优先促销定位政策(1998)。类似的情况也存在于许多东欧国家,它们在旅游产业发展初期将国内和区域间旅游流当作中流砥柱。然而,这些问题却常常无人问津。

若缺乏经济上的约束,后浪漫主义的幻想便会恣意纵横,这也恰是将旅游系统缩减至其国际部分的借代幻想所带来的恶果。20世纪70年代旅游人类学领域备受推崇的著作(Smith 1977)的出版,造就了如今惯常的主流思维方式:旅游动态机制导致商品化(Berghoff 2002;Shaw and Williams 2002;Turner and Ash 1975)和当地文化认同的缺失(Burns 2006),同时威胁着当地权力(Butler and Hinch 2007;Higgins - Desbiolles 2007;Johnston 2006),煽动着西方霸权主义(Pussard 2005),加剧了全球化负面影响的恶化(Richter 2007),并已成为一股无法抗拒的全球力量(Morgan and Pritchard 1998)。现代大众旅游自此成为除弑父之外一切罪行和不端行为的嫌疑犯,大众旅游者的品位也因此而饱受质疑。

但是,人们不禁对此心存疑虑,在缺乏坚实的证据的情况下,这一切怎能像法定货币一样肯定?旅游业是否有力承受这许多争论?它真是诸多不幸的根源吗?事实上,若肯花点时间对它的内部构造略作打听,这些肆意飞扬的想象便会消失得无影无踪了。

二、摇摆的根基

我们对于全球旅游系统的理解主要依靠联合国世界旅游组织所拥有的两大数据库中的信息,尤其是其中关于国际入境游客的统计。因此,对此数据库的若干瑕疵我们也必须明了。首先,它依赖各成员国政府所收集的数据,而各个国家的统计技术却值得商榷。更重要的是,这些数据仅包括国际旅行(international travel),即穿越了国境的旅行,这与离开常住地进行大于24小时小于1年(公认的旅游统计定义)的旅行(travel)的真实人数相去甚远。结果,那些在一国境内由本国居民实现的旅行(travel),即国内旅游(domestic tourism),被联合国世界旅游组织数据库排除在外。然而,关于国内旅游的数据统计本就粗陋,如此做法似乎也无伤大雅,也正因如此,研究者便干脆将其忽略。如此一来,正如前文所述,国际旅行(international trips)摇身一变成为旅游的缩略词。

与此同时,由于大量的国际接待发生在人口密集的区域以及一系列中小国家,因此无论其居民是否拥有如今这般高水平的可支配收入,欧洲也毋庸置疑地统治着国际接待者的数据。一位在一周时间内从曼哈顿到华盛顿的自驾游者,并不能算作游客;而同一人在周末从荷兰海牙开车到法国巴黎,大约同样的距离,却可以算作四次到达——两次比利时,一次法国,一次荷兰。若该游客携带家人或三位兄妹,则会产生16次到达,与第一种情况的0次形成鲜明对比。因此,欧洲多年以来在全球旅游中所占份额高踞50%左右也就不足为奇了。

一个快速的思维实验能够进一步阐明此观点。在不久的将来,欧盟也许会成为一个单一政治实体,其国民跨越边境旅行(travel)时,比如从德国到希腊或从瑞士到法国时再不需要跨越国境。届时,旅游统计数据将会一落千丈。

若2009年的统计如此，当时国际旅游接待者的数量甚至可能缩水超过一半。我们是否可以就此断言，国际旅游系统正在日趋衰落？这个产业是否已遭到致命的一击？答案绝非如此。

然而，我们所面临的问题依旧严峻。将旅游等同于长距离国际旅游（long-haul）的习惯已变得如此根深蒂固，以至于将我们的理论视野局限于某些具有深层缺陷的假设，其中一些前文已有提及。若只看到前往波利尼西的美国人或者前往南非的欧洲人，即去往世界上那些几乎未有发展的落后区域的长距离旅游（long-haul tourism），人们或许会发现支离破碎的证据来证明那些认为旅游的本质是不平等的文化交换的假设。然而，这些目的地实际上并非大多数旅游者的流连之地，这些假设也不过是过度的炒作罢了。

循此踪迹，穿梭于各大洲（continent – hopping）之间的数以百万计的人注定要比2007年中国国内的17亿人次旅游者（CNTO 2010）或者2006年美国人在美国境内所进行的20亿人次休闲之旅（leisure trips）（US Census Bureau 2010）来得重要。尽管这两股人潮中任何一个对旅游者总数的贡献都大大超过其国际同伴，但是对旅游复杂动力学的理论研究却牢牢扎根于后者，对国内旅游者则不屑一顾。在评估旅游对全球化的贡献时，类似的假设毫无裨益，不是由于它们过于概括，而是它们根本不够概括。事实上，全球旅游系统拥有一个与通常设想截然不同的、更为纷繁复杂的结构。

如果想要预测今日或者未来几年现代大众旅游朝着全球化的发展趋势，我们则不得不对其整体图景进行重新定义。为此，关于重新分类目前全球旅游系统的主题，关于其内部结构或形状的讨论，对大众旅游能为一般全球化过程所作出的可预见的贡献的研究，都必须被纳入考虑的范围。

三、对全球旅游系统的分类

全球化本就是一个模糊的概念，随着对它的恣意使用，这种模糊性更是日益加深。下文将会以一种严格的方式对其进行定义。在经济术语里，全球化是指在日益增长的国际经济融合中通过减少自然和人为障碍而使得资本和劳动力的国际交换和融合不断增加的过程（Wolf 2006：15）。奔向融合的潮流永不停息，即达到一种零交易成本的状态，如同在太空中从事各种经济活动。事实上，全球化正在逐步击碎这些障碍，使人与国家间都更加互相依赖，同时降低了单边或独立经济增长的可能性。多个世纪前就已开始的贸易因此转变为一种总体性的布局，在这里，增长的世界劳动分工与国际商品和服务生产共同发展壮大。

因此，全球化的步伐会加快——人们应该坚定不移地相信——在那些国际流动逐步促进无形商品交换的部门，信息首当其冲。另外，当全球化要求实体的位移作为其组成部分时，例如旅游，它缓慢的步伐就只能跟在其他全球化部门身后亦步亦趋。旅游所激发的如动态机制、经济等其他重要事物，在其自身发展速度和对世界融合的贡献方面，都与那些产生于财政、银行、电影、电视以及网络的事物无法相提并论。

因此，在这里我们将要向一个传统观点发出挑战，即旅游是否已达到所谓的高水平全球化。即使它是一项整个世界都在实践的活动，也很难称之为全球性。世界旅游旅行理事会（WTTC）提供的旅游卫星账户（TSA）为此观点提供了强有力的支持（2006a）。然而，它们并未在旅游研究中被广泛使用，或许是因为它们还未达到统计学家所要求的高度准确性。事实上，世界旅游旅行理事会的数据常令人大跌眼镜。比如，缅甸竟被奉为现代大众旅游的明星。在 2004 年，世界旅游旅行理事会将在其境内的个人旅行（personal travel）消费排在 174 个国家的第 11 位（居民旅游的部分不包括商务旅行或者维持旅游吸引物的政府支出），总需求第 19 位，旅游产业规模第 12 位，这一切都令人瞠目结舌。

然而，这样的瑕疵并未给旅游卫星账户的权威性蒙灰，它依旧保持着较高的可信性。因此，当人们将整个机制等同于旅游世界中的大公司时（航空公司、连锁酒店、旅行社、金融服务、智囊团等），旅游研究者满不在乎的态度依旧令人震惊。事实上，世界旅游业理事会是一个吁请团，那些大公司每年面临数十亿的决策，人们也许认为它们的联合旅游卫星账户能够为这些公司提供切实的帮助。这看起来似乎是在学术研究中也为这些数据找到用武之地的好理由。如果可信，那么世界旅游业理事会的旅游卫星账户也许能够帮助我们在苍白的国际旅游之外拓宽眼界，同时避开借代陷阱，以此来实现我们对全球旅游系统运作的更深刻的透视。

旅游卫星账户并未仅限于个人的国际旅行（travel），而是测量旅游对全球经济或特定地区和国家的财政贡献。关于旅游卫星账户的信息可以在世界旅游旅行理事会的网站上获得（WTTC/OEF 2006），因此我们在这里暂不跟进这条线索。接下来，对旅游卫星账户的使用将会如同使用联合国世界旅游组织的数据库那样，经历一个信念上的跳跃，它将被视为一种自引进那天起就不断被完善的有效的工具。

在2004年,世界旅游旅行理事会的旅游卫星账户曾提供了174个国家和地区旅游经济活动的相关数据。显然,旅游业已在全球遍地开花。然而,仅靠一己之力似乎还不足以成为一个在先前所提及意义之上的全球活动——世界经济更广泛的融合。如果一国的居民能大多游于本国境内,如果这个产业多为当地产业,又如果大部分资本或劳力投资并非来自国外,那么,这个星球上的许多居民就在旅游并未成为全球事业的情况下依旧能够实践它。这也正是今日旅游的现实——旅游系统中的全球成分相对有限。至少,在我们考虑到整体GDP与该部分为旅游经济所作出的贡献的关系时,情况确实如此。

通览世界旅游旅行理事会和世界银行的数据,我们能够发现这一点。有两种途径能够实现,一是通过测量世界旅游旅行理事会所称的"旅行和旅游需求(T&T Demand)",即所有发生在东道主国经济中直接或间接的以旅游名义支出的总和,并与该国GDP进行比较;二是使用所谓的旅行和旅游消费(T&T Consumption)——仅包括在东道主国由消费者或代表消费者所产生的国内或国际支出。简而言之,"旅行和旅游消费"只考虑在特定经济体内直接的经济动态,而"旅行和旅游需求(T&T Demand)"则同时包括直接或间接的影响。二者都以百分比的形式显示类似的结果,但是我们却使用一种更有局限的测量方式,因为它更贴近人们的真实动态并令其他成分退居次要,比如基础设施投资、市场以及相关的出口——诚然,这些亦具有重大的意义,但是却在自身与真实的旅游行为之间划分了概念上的距离。

2004年,世界旅游旅行理事会和世界银行(World Bank 2006)可供查阅的155个国家和地区的GDP以市价计算,高达40.7万亿美元,当年的世界旅行和旅游消费共计3.9万亿美元,约占GDP的10%。旅游业对不同国家GDP的平均贡献为12.5%。该比例看似较高,它也名副其实,人们亦可在旅游卫星账户研究中重新找到一些数据。即使实际上稍低,但总体看来这些数据的确具有耐人寻味之处。同时人们可以尝试对全球旅游系统中的不同部分进行初步分类,对各国的经济发展阶段与旅游对GDP的影响进行综合研究(表2-2)。由此,能够发现三大类(即下文中列出的三个组)。

表 2-2　全球旅游系统分类

国家	数量	说明
顶级生产者	26	其中 18 个国家的旅行和旅游消费 > GDP 的 25%
成功的发展者	67	旅行和旅游消费占 GDP 的 8% 到 18% 之间
a. 发达国家	37	高 GDP，经济高度多样化
b. 新星国家	11	快速发展的经济
c. 无明显趋势	25	多变的经济
滞后者	62	旅行和旅游消费 < GDP 的 8%（其中 47 个国家 < GDP 的 6.5%）

来源：作者对世界旅游业理事会数据的整理(2006c)。

我们称第一组为“顶级生产者”。它包含了所有旅游业为 GDP 作出显著贡献的 26 个国家。余下的被划分为两个类别。第二类“成功的发展者”由 67 个国家组成，从排名中出现的第一个发达国家奥地利（以旅游业为 GDP 作出 18% 的贡献而排名 27）到日本（排名 94，旅游业贡献 8% 的 GDP）。第三类“滞后者”包括那些旅游业贡献出不足 8% 的 GDP 的国家，并且其中大部分国家（47 个）的比率等于或低于 6.5%。

在此分类中一些趋势逐渐明晰。在寻找第一个发达国家之前，让我们先观察 26 个顶级生产者（表 2-3）。其中，人们又一次注意到该群体中的另类国家：缅甸、约旦、叙利亚——直觉上它们似乎不应在此。而巴林岛，在另一方面，作为一个在过去几年中快速发展的岛屿，在此出现并无不妥。

该组别中的国家存在一些共同特征：

- 均为小岛、群岛或地区。
- 均被划分为“欠发达国家”。
- GDP 的绝对量很低。
- 经济多样化程度不高。
- 内需弱。
- 邻近大的客源市场或在这些市场非常有名（例如马尔代夫在德国和法国）。

第二组由我们所称的“成功的发展者”组成。几乎包括所有的发达国家——韩国除外，它的旅游业对 GDP 的贡献不足 6%。第二组群中国家的同质化远低于第一组。还可进一步分为三大块：32 个发达国家（表 2-3），5 个正在迈向发达国家欧盟成员国；11 个已成为首要国际旅游目的地的“新星（rising stars）”国家；最后 25 个国家并未显示出明显的趋势。

表 2－3　世界旅游系统(2006)

顶级生产者		成功的发展者						滞后者			
		发达国家		新星国家		无明显趋势		6.6% ~8%		<6.5%	
国家	%	国家	%	国家	%	国家	%	国家	%	国家	%
马尔代夫	62.1	奥地利	18.2	突尼斯	15.4	巴布亚新几内亚	15.8	萨尔瓦多	8.0	南非	6.5
安提瓜和巴布达	55.3	爱沙尼亚	17.1	泰国	14.2	基里巴斯	15.7	特立尼达和多巴哥	7.9	刚果共和国	6.4
塞舌尔群岛	53.8	冰岛	17.0	摩洛哥	13.6	黎巴嫩	15.7	尼加拉瓜	7.8	贝宁	6.4
巴哈马群岛	50.2	葡萄牙	16.9	哥斯达黎加	12.5	阿尔巴尼亚	14.4	菲律宾	7.8	阿曼	6.3
圣卢西亚岛	42.6	瑞士	16.0	马来西亚	12.1	乌克兰	14.3	白俄罗斯	7.8	危地马拉	6.3
瓦努阿图	41.2	西班牙	15.6	埃及	11.1	圭亚那	14.0	马拉维	7.7	厄瓜多尔	6.1
巴巴多斯	40.7	希腊	14.4	肯尼亚	10.4	科摩罗	12.0	埃塞俄比亚	7.7	伊朗	6.1
圣文森特和格林纳丁斯	30.7	中国香港	13.5	土耳其	9.1	加纳	12.0	俄罗斯联邦	7.7	中国	5.9
格林纳达	30.5	比利时	12.7	塞内加尔	8.9	苏里南	12.0	卢旺达	7.6	韩国	5.7
缅甸	28.7	新西兰	12.6	柬埔寨	8.8	乌干达	11.9	博茨瓦纳	7.5	阿根廷	5.7
牙买加	28.0	英国	12.3	印度尼西亚	8.0	卡塔尔	11.6	越南	7.5	尼日尔	5.6
佛得角	27.8	法国	12.1			所罗门群岛	11.3	莱索托	7.3	哥伦比亚	5.6
津巴布韦	27.7	意大利	12.1			洪都拉斯	10.8	中非共和国	7.2	海地	5.5
塞浦路斯	27.4	斯洛文尼亚	11.7			加蓬	10.7	秘鲁	7.2	巴拉圭	5.3
马耳他	27.1	丹麦	11.5			汤加	10.4	斯洛伐克共和国	7.1	巴西	5.3
斐济	26.4	新加坡	11.4			斯里兰卡	10.3	布隆迪	7.1	赞比亚	5.1
圣基茨和尼维斯	25.9	荷兰	11.3			纳米比亚	10.3	圣多美和普林西比	7.1	智利	5.1
冈比亚	25.4	澳大利亚	11.2			坦桑尼亚	10.2	拉脱维亚	6.8	刚果民主共和国	5.0
多米尼加岛	22.7	匈牙利	10.9	10.5		巴拿马	10.1	马里	6.8	多哥	4.9

续表

顶级生产者		成功的发展者						滞后者			
国家	%	发达国家		新星国家		无明显趋势		6.6% ~8%		<6.5%	
		国家	%	国家	%	国家	%	国家	%	国家	%
克罗地亚	22.5	卢森堡	10.7			科威特	9.8	科特迪瓦	6.7	委内瑞拉	4.9
多米尼加共和国	21.9	芬兰	10.6			尼泊尔	8.9	马其顿王国	6.7	几内亚	4.9
伯利兹城	20.3	瑞典	10.5			老挝	8.8	玻利维亚	6.7	塞拉利昂	4.8
巴林岛	19.7	捷克共和国	10.3			马达加斯加	8.7	斯威士兰	6.7	喀麦隆	4.7
约旦	19.6	德国	10.2			乌拉圭	8.6	墨西哥	6.6	布基纳法索	4.6
保加利亚	19.2	加拿大	10.1			阿联酋	8.0			前南斯拉夫	4.3
叙利亚共和国	18.9	挪威	9.4							也门	4.3
		美国	9.4							罗马尼亚	4.2
		以色列	9.3							巴基斯坦	4.1
		爱尔兰	9.3							波斯尼亚和黑塞哥维那	4.0
		立陶宛	8.2							印度	3.8
		波兰	8.1							沙特阿拉伯	3.4
		日本	8.0							利比亚	3.4
										孟加拉国	3.3
										尼日利亚	3.3
										乍得	3.0
										阿尔及利亚	2.7
										苏丹	2.4
										安哥拉	2.2

来源：作者对（2006c）和世界银行(2006）数据的整理。

百分比通过将世界旅游旅行理事会/剑桥经济预测(2006）中2004年旅行和旅游消费(包括个人以及商务旅行和旅游)与2004年世界银行GDP数据相除得到。世界旅游旅行理事会/剑桥经济预测类别包括诸如运输、膳宿、食品和饮料等。详细信息请参考相关文献。

此处发达国家组成的亚组群有如下主要共同特征：

- 均为大型或中型大陆国家（除中国香港和新加坡等国家和地区以外）。
- 均为发达或准发达国家。
- 高度多样化的经济能够与高水平的旅游业发展相兼容。
- 内需旺盛。
- 多数情况下，其旅游消费超过 GDP 的 10%。仅有 7 个国家低于该比例。
- 既是世界主要的客源国又是主要的目的地，享有大量的相互交流。

第二个亚组群即“新星”（表 2－3）也同样具有如下共同特征：

- 均为大陆国家。
- 经济发展迅速。
- 拥有高度多样化的经济并且旅游业已成为主要产业。
- 在过去的 20 年中均已成为知名旅游目的地。
- 大多邻近核心客源国（突尼斯、摩洛哥、埃及以及土耳其之于欧洲；哥斯达黎加之于美国和加拿大；泰国、马来西亚、柬埔寨以及印度尼西亚之于东亚和澳大利亚），仅肯尼亚和塞内加尔两国除外。

最后一个亚组群由 25 个无明显趋势的国家组成，它们拥有与之前三个组群和亚组群类似的特征。部分是非多样化经济的小岛国或者群岛国家和地区（基里巴斯、汤加王国、所罗门群岛、科摩罗、卡塔尔、科威特、阿联酋），部分是较为发达或毗邻主要客源市场的国家（乌克兰、乌拉圭），部分已建立起或正全力打造旅游目的地的优良声誉（纳米比亚、巴布亚新几内亚、坦桑尼亚、尼泊尔、老挝、马达加斯加）。它们的不稳定的流动状态既可能是稳固上升趋势的机遇，又可能令其坠入最后的组群——“滞后者”。

最后一个组群（表 2－2）由 62 个非发达国家组成，其旅游业对 GDP 的贡献均不足 8%。再一次，出现了难以解释的意外。墨西哥，作为美洲首要的旅游市场之一，其旅游业却只占据了非常低的 GDP 比例（6.6%）；中国（5.9%）在亚洲的情况亦然。此类别中的许多国家拥有以下共同点：

- 位于世界缓慢发展的地区（非洲、拉丁美洲、中东以及南亚）。
- 多为欠发达国家。
- 低 GDP。
- 接近非多样化经济。
- 远离核心客源地。

若以上数据可信，则无人能对发展水平与旅游业之间的关系作出定论。

事实上，所有 37 个发达或准发达国家，韩国除外，均有相当规模的旅游部门、高度多样化的旅游产品供给以及活跃的涉外区域。旅游是其经济部门的重要补充并且拥有旺盛的内外需求。另外，多数"滞后者"却是发达国家。能否拥有活跃的或者全球化的旅游经济的第二大决定性因素则归于当地政策。所有 11 颗"新星"都矢志不渝地推行发展和促销政策，并且大多都在吸引外国游客方面铆足了力气，但是在一些国家（泰国、马来西亚以及土耳其），其旅游设施中满足国内游客的部分正日益增长。最终，邻近核心客源国市场（欧洲、北美和东北亚）也是拥有活跃旅游业经济的重要因素。加勒比岛即是最典型的一例。

因此，纵观世界上成功发展旅游产业的那些地区的故事，人们必须牢记的是，大多数国家旅游业对其经济的贡献仍然较低。即使许多国家也确实从旅游业中获利良多，然而目前，全球化还并未真正登门造访。

四、难以置信的萎缩中的全球旅游系统

大体上，对所有的国家来说，在其发展阶段和旅游业对 GDP 的比重这二者外，第三大元素也悄然在此分类中独居一隅——与主要客源市场的相对距离。让我们尝试阐明这最后一个方面。联合国世界旅游组织为 2005 年国际接待者的市场份额提供了一幅高度结构化的图样（图 2－1）。

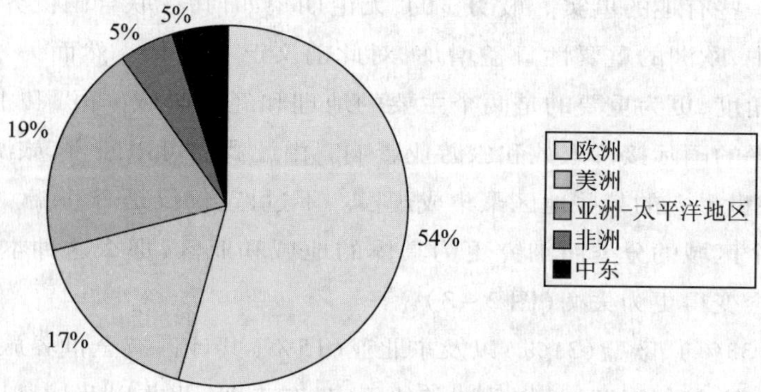

图 2－1 各地区国际到达（%）

来源：联合国世界旅游组织（2006b）。

欧洲以超过 54% 的份额独占鳌头，美洲和亚太地区以相近的份额（分别为

17%和19%）尾随其后，非洲和中东同时以5%的比例垫底。再一次重申，旅游卫星账户并未考虑人员的流动，而世界旅游旅行理事会却遵循另一条路径来衡量不同地区的旅游产出，并提供了另一幅图景（图2－2）。此处，美洲成了世界最大的客源地（占全世界的40%），接下来是欧洲（35%）和亚太地区（22%），非洲（2%）以及中东（1%）仍远落后于其他三个地区。

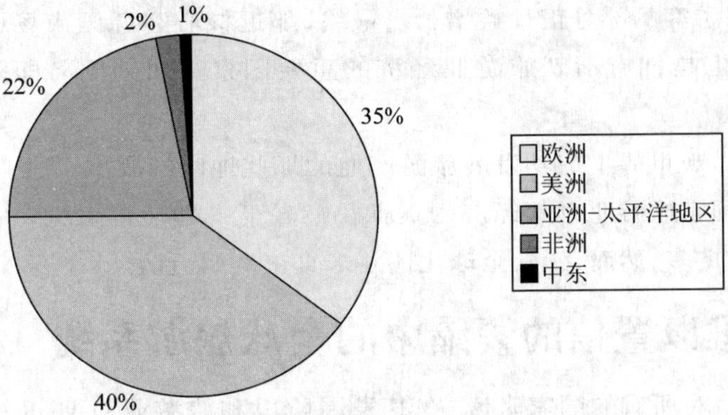

图2－2 世界市场份额(2006)

来源：世界旅游业理事会(2006c)。

意识到这两张图所蕴含的方法论差异以及二者所比较的项目有所不同，可以发现一些有趣的事实。最明显的，无论期望如何，在联合国世界旅游组织的数据库中，欧洲的重要性日益增加，对此前文已有解释。然而另一方面，站在我们的角度，更为重要的是两个主要的地理和经济区域（非洲和中东）所显示的低水平的国际接待人数和旅游业影响。由此我们可以断言，旅游（国际和国内）仅在世界上的某些地区聚集成规模。不过，这仅仅是个开端。如若人们打破此5个区域的分类而细究更为具体的地域和亚区，那么这种本就不均衡的图景则会变得更为失衡（图2－3）。

北美（33%）、欧盟（31%）以及东北亚（15%）共计占有全世界旅游产出的79%。若加上其邻近区域，如欧洲其他国家、东南亚、北非以及加勒比地区，此比例还要增加10%而达到世界产出的90%。另一方面，拉丁美洲、中东、南亚以及撒哈拉以南的非洲地区只占据了微不足道的7%。大洋洲（3%）亦如此例（图2－3）。

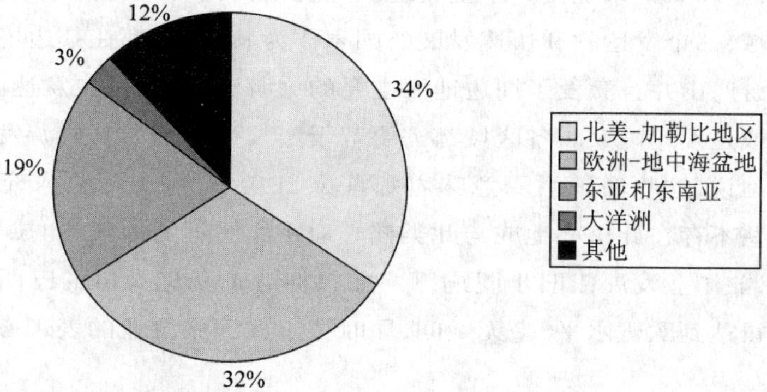

图 2-3　世界旅游市场亚区域分布(2006)

来源:作者对世界旅游业理事会数据的整理。

如此的区域分布印证了如下假设:世界旅游全球化的程度依旧有限。旅游看起来似乎越来越多地在某些区域内部融合,其中三大巨头分别为欧洲及北非地区、北美及加勒比海地区、东亚和东南亚,而远非所有组成部分的总体趋势。位于大洋洲的澳大利亚和新西兰作为包括南太平洋其他岛屿在内的区域亚系统的主心骨,如同广阔图景和其内部构造的缩影(图 2-4)。

图 2-4　全球旅游系统:主要分布区域

来源:作者整理(图片来源:http://en.wikipedia.org/wiki/File:Worldmap_LandAndPolitical.jpg)。

因此,全球旅游系统在 3 个主要地区呈现结构化,并各自有其腹地。在其中任一区域,一个发达的和快速发展的国家作为其核心,都在其边境内部生成高额的旅游产出并且激发了周边地区主要的旅游流,无论是欠发达国家、发展中国家抑或是发达国家。各区域都需要若干增长引擎来为其旅游发展保驾护航。通俗地说,这些增长引擎意味着那些人口众多、可支配收入充裕的核心地。在那些不存在此核心地或与此类核心地距离遥远的地区,如拉丁美洲、非洲或中东,旅游业发展依旧步履蹒跚。如果拥有 1.9 亿人口的巴西能使其个人平均所得达到欧盟水平,毫无疑问,届时拉丁美洲旅游业的表现必定更加振奋人心。

从经济学的角度看,核心发达国家及其边缘国家在联系上日趋紧密并且从旅游交换中获益匪浅。而其他国家却多被孤立在外。这些群组是否如新殖民主义分析的那般创造了不均衡的交换,或是如同后殖民主义假设的那样反映了这些区域中主要成员及其"愉悦边缘"(Turner and Ash 1975)的中心或支配关系,都非本章要讨论的核心问题。需要提醒读者的是——"愉悦边缘"是一个不具有其他经济意义的表达,仅代表若干提供大量娱乐和/或旅游服务的地区,同理亦可称某些地区为石油边缘、钢铁边缘或者其他任何边缘,只要该特定区域以生产某类产品或服务为主。对愉悦轻蔑的讽刺暴露了许多该词使用者清教徒式的基本思维(Butcher 2002;Turner and Ash 1975),似乎马斯洛需求金字塔中的某些区域具有更高的合理性。因此,该表达若还想保存些许意义的话,在使用时就必须慎之又慎。否则,"愉悦边缘"的踪迹可能出现在荷兰(Ashworth 2007)或者中国台湾(Lin 2004)任何令人愉悦的海岸线,又或者是任何人们能够乐在其中的地方。

无论如何,如果我们能够在区域间和长距离旅行(travel)的双维度上对国内和国际旅游(tourism)之间的关系有更多的了解,那么我们的讨论则会更加集中。不幸的是,这个话题却一直被掩盖在黑暗之中。而现在,让我们在透进一丝光芒之处试作探寻。根据联合国世界旅游组织(2006c)的数据,国际入境游客的多数却恰恰以压倒性的比例与其来源地处于同一大洲,或用术语来讲,由区域间入境游客组成,而长距离(haul)入境游客[再一次是跨越大洲(continent-hopping)的术语]只是次要部分。大多非洲旅游者仍在非洲游玩,大多亚洲旅游者仍徘徊在亚洲,如此这般。根据联合国世界旅游组织(表 2-4)的统计,世界 5 大区域中,超过 70% 的旅游者仍游于本大洲。可以想象,根据之前提到的特征(人口密度和中等规模的国家单元),欧洲的情况更是如此。

表 2 – 4 区域间到达比例

区域	%
非洲	71.4
美洲	71.3
亚洲 – 太平洋	78.4
欧洲	86.1
中东	77.3

数据来源：联合国世界旅游组织（2006c）。

在对 2020 年的旅游业分布进行预测时，联合国世界旅游组织（2006a）得出了类似的结论。然而在应用时，区域间和长距离旅游规模之间的差异却因对后者的过分强调而被放大了。实际上，若 1995 年二者拥有 80∶20 的比例，那么在 2020 年二者则依旧能保持 75∶25 的类似比例。

国际和国内旅游的相关性是一个棘手的问题。事实上，迄今为止对二者的相对量仍未有令人满意的结论。然而，世界旅游旅行理事会的旅游卫星账户提供了若干参考，以供我们对该问题进行推敲琢磨。属于实际旅行（physical travel）的旅游（tourism）支出，无论国内和国际，有三项指标可供参考："个人和商务旅行"以及"访客出口（Visitor Exports）"（WTTC/OEF 2006）。虽然在各国层面情况不尽如此，但谈及世界预测，前两项的总额接近国内旅行，而第三项则可视为国际旅游者的支出。

根据世界旅游旅行理事会的数据，2006 年花费在"个人旅行和旅游"以及"商务旅行"上的总额高达 3.51 万亿美元，然而"旅游出口"仅达到 8 960 亿美元，"个人旅行和旅游"（国内外花费）总额约为 4.4 万亿美元。这大体可以说明（图 2 – 5）与国际旅行（international travel）休戚相关的"旅游出口"，仅占总数的 1/5。

若我们按照联合国世界旅游组织划分的 75∶25 来区分区域间和长距离，则意味着国内旅游（domestic tourism）占据旅行和旅游总量的 80%，而区域间旅行（intraregional travel）[在同一大洲内进行的国际旅行（international travel）]只占有 15% 的份额，长距离旅行（long – haul travel）更是只有 5%。

如果这正是世界旅行和旅游系统的面孔，那它的国际性与平日的宣传相比就是少之又少的了。关于旅游者和旅游产品及服务供给者之间的社会文化

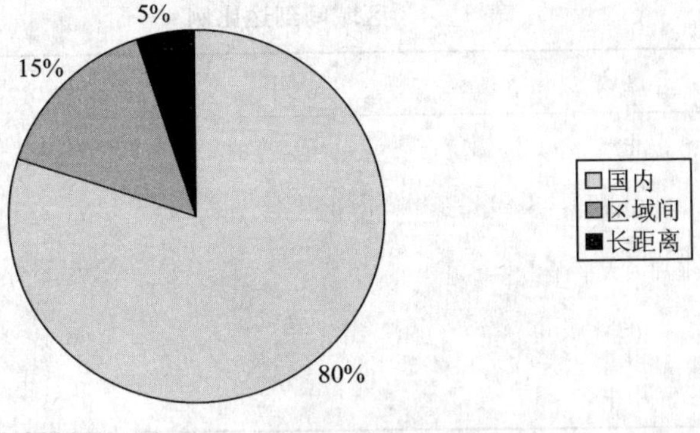

图 2-5　全球旅游系统(2006)

来源:作者对世界旅游业理事会数据的整理(2006c)。

差异的讨论甚嚣尘上,然而,其背后的经济关照之意义如何,我们亦需重新斟酌。因为事实上,这条夸张的文化鸿沟最多也不过属于那渺小的5%而已。更加普遍的是区域间的联系(因此缩小了文化鸿沟),它涵盖了旅行和旅游交往总量的15%。而国内旅游独占鳌头,因此也将旅游者和东道主之间产生文化分歧的可能性降至最低。

联合国世界旅游组织关于国际到达的数据支持了类似结论。长距离旅行(long-haul travel)共计1.395亿人次,这并非一个小数目。但若对数据稍作观察,那么国际旅游作为差异文化交换之旋风或"第三阶段的亲密接触"的传说便不攻自破了(表2-5)。

表 2-5　长距离旅游人数(Long-Haul Tourists)(2004)

来源洲	百万
世界	139.5
非洲	5.3
美洲	37.5
亚洲-太平洋	31.7
欧洲	60.4
中东	4.6

来源:联合国世界旅游组织(2006d)。

表 2-5 根据联合国世界旅游组织对区域间和长距离旅行(long-haul travel)的分类得出——79.8%的世界旅游发生在同一大洲,另有 20%属于长距离(18.3%)或其他(1.9%)。由此,2004 年长距离旅行(long-haul travel)达到 1.395 亿人次,包括 1 000 万来自非洲和中东的旅游者,剩余的 1.3 亿——占长距离旅游者的 90%以上——源自美洲、欧洲以及亚太地区。美洲与欧洲作为文化上的近邻,彼此间的旅游交往总数高达 4 750 万(2 580 万美洲人前往欧洲,2 170 万欧洲人奔赴美洲),只有在余下的 8 250 万长距离旅游者(long-haul tourists)中能够最终寻得新殖民主义或者后殖民主义思想家所描绘的文化动态。同时还应再减去来自亚太地区的 2 460 万前往欧美以及 710 万前往非洲和中东的游客——因为他们并非文化罪行通常的疑犯——最终该数字会降至 4 700 万。

因此,发达国家扮演了长距离旅行(long-haul travel)的主要角色,然而多数却局限于发达国家之间。若数据可靠,由发达国家前往世界他地的旅行,即使并非微不足道,但也只占据国际旅行的 6% ~7%。虽然这并不意味着在三大旅游地区的游客和东道主之间不会有跨文化邂逅,但人们在宣称所有的旅游都是某种形式的殖民主义(Gmelch 2003;Nash 1996),或西方向世界推行霸权的主要方式(Burns 2001a;Hall 2007a),又或者将其看作全球化最有力的来源(Mowforth 1997;Mowforth and Munt 2003;Weaver 2005)时,则必须三思,因为多半世界仍在国际旅游的势力之外。

观察联合国世界旅游组织所使用的旅游类别,会发现极其类似的图景。商务人士在旅程中会见同事,大多时间并不参与其他旅游活动。探亲访友者倾向于在能够融入的熟悉的文化环境中移动。健康和宗教旅游者致力于追求其他兴趣,不与当地文化寻求融合。因此,休闲旅游者成为文化动态的主要冲击力量。2004 年,50%的国际旅游动机为休闲,15.6%为商务,26%为探亲访友、健康、宗教及其他,8.4%无确定目的。若遵循已提及的区域间和长距离 80/20 的分配比例,则 1.5 亿的长距离旅行者(long-haulers)中只有 7 660 万休闲旅游者(表 2-6)。

表 2－6　长距离旅游者（long-haul tourists）的旅行动机（travel motivation）分类（2004）（百万）

	总计	休闲	商务	探亲访友及其他	未定
全球	152.8	76.6	23.9	39.5	12.7
非洲	6.7	3.7	1.0	1.6	0.4
美洲	25.1	11.2	2.9	4.0	7.0
亚洲－太平洋	29.1	13.4	4.3	6.1	5.3
欧洲	84.6	43.9	14.7	26.0	0.0
中东	7.3	4.5	0.9	1.8	0.0

来源：作者对联合国世界旅游组织数据的整理（2006d）。

五、怎样的未来

关于旅游者行为的假设必须考虑世界旅游的真实结构。力争对它进行更清晰的描绘是前文一直追求的目标。此刻，是为如下预言寻找证据的时候了：不出意外的话，中距离旅行和旅游（mid-run T&T）可能一直会保持今天的模样。答案是有所保留的肯定。该保留不仅来自对其发展趋势的疑虑，还有人们可能在未来由于对其结构的深刻理解而产生描述上的变化。

第一重疑虑直指国际入境旅游人数。除非欧盟转变为单一政治实体，那么根据联合国世界旅游组织的预测，即使目前陷入经济危机，它在 2020 年很可能将目前的游客规模再翻一番，直击 16 亿人次（UNWTO 2006a）。世界旅游旅行理事会的结论亦然。以目前的货币价值计算，世界旅行和旅游需求在 2006 至 2016 年间几乎会翻倍，从 6.5 万亿到 12.1 万亿。那么，它亦会变得如我们讨论的那般更加全球化吗？

再次重申：我们并无充分的确凿证据。然而，世界旅游旅行理事会的数据并非完全出人意料。在接下来的几年，各大洲的旅行和旅游市场份额（图 2－6）将会在美洲出现 3% 的下跌，欧洲则面临 6%，然而亚洲及太平洋地区则会上浮 8 个百分点（从 22% 到 30%），非洲和中东仍继续保持末位（各 2%）。

在亚区域方面（表 2－7），亚洲将会见证最快的增长，在东北、东南和南部三大区域 2006 年的美元现值都将翻一番。

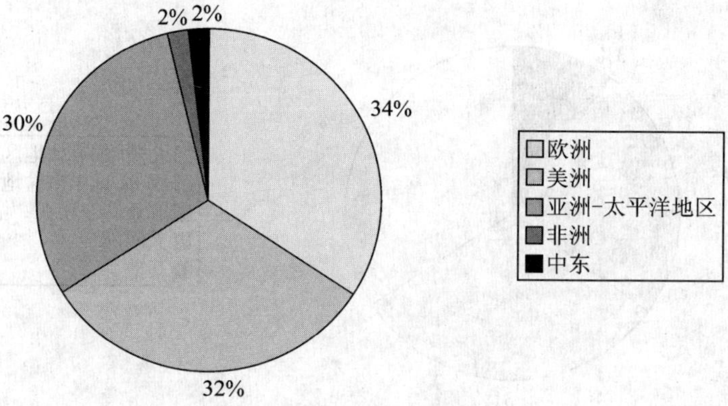

图 2－6　世界市场份额(2016)

来源:世界旅游业理事会(2006c)。

表 2－7　地区变化 2006—2016 年(10 亿美元)

地区	旅行和旅游业(2006)	旅行和旅游业(2016)	增长(%)	差值
北美	601.8	964.5	1.6	362.7
欧盟	437.5	676.4	1.5	238.9
东北亚	260.7	577.4	2.2	316.7
东南亚	75.4	151.6	2.0	76.2
其他西方国家	56.6	87.3	1.5	30.7
中欧和东欧	38.2	74.1	1.9	35.9
大洋洲	50.9	73.3	1.4	22.4
拉丁美洲	48.1	72.7	1.5	24.6
南亚	22.0	42.0	1.9	20.0
北非	19.4	35.9	1.9	16.5
撒哈拉以南非洲	16.9	33.1	2.0	16.2
加勒比地区	11.6	23.7	2.0	12.1

来源:作者对世界旅游业理事会数据的整理(2006c)。

根据预测,中东、撒哈拉以南的非洲以及加勒比地区在旅行和旅游产出方面也将翻倍。相比之下,北美、拉丁美洲、欧洲以及大洋洲等世界其他地区增长的步伐将会放缓。图 2－7 展示了 2016 年新的份额。

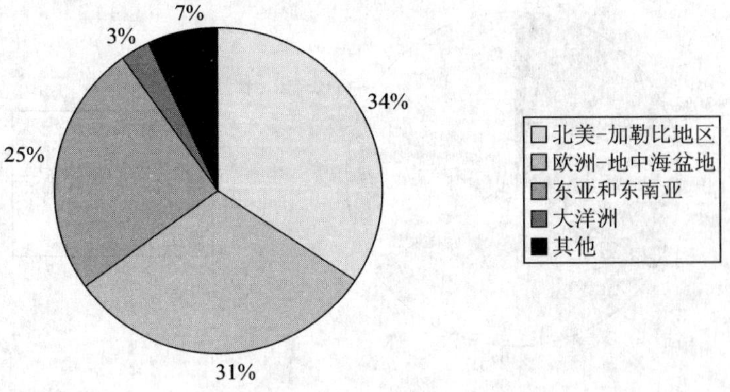

图 2－7　世界旅游市场亚区域分布(2016)

来源:作者对世界旅游业理事会数据的整理(2006c)。

然而,到 2016 年,世界旅游的宏观蓝图并无太大变化。北美及加勒比地区、欧洲以及地中海地区这三大巨头,以及东北/东南亚将继续控制世界旅游的 90%,大洋洲占据 3%,其他地区共计 7%,仿佛时光的变迁并未带来任何沧桑变幻(表 2－8)。

最终,整个旅游全球系统将保持今日的结构不变(图 2－8)。国内旅游将把若干百分点拱手让与区域间旅游,而长距离旅游仍将据守 2006 年的 5% 不变。

表 2－8　入境旅游者的来源地和目的地(2004)(%)

目的地	来源地						
	全球	非洲	美洲	亚洲－太平洋	欧洲	中东	未定
全球	100	100	100	100	100	100	100
非洲	4.4	71.4	0.8	0.7	2.7	8.3	33.1
美洲	16.5	2.1	71.3	5.7	5.0	1.0	14.9
亚洲－太平洋	19.0	4.5	7.3	78.4	4.0	4.3	14.8
欧洲	55.4	13.9	19.8	11.1	86.1	9.2	23.9
中东	4.7	8.1	0.8	4.2	2.2	77.3	13.4

来源:联合国世界旅游组织(2005)。

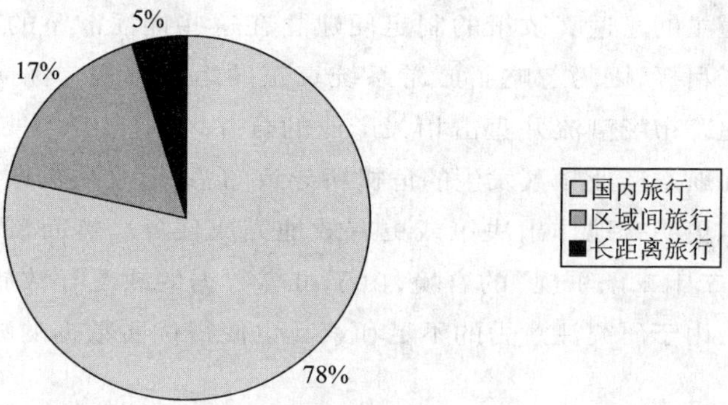

图 2-8　全球旅游系统(2016)

来源：作者对世界旅游业理事会数据的整理(2006c)。

旅游实际上是全球化在未来继续前行的路径之一。然而，它却并非其主干道。人们不轻易跨越自己的国境线；即使更进一步，也徘徊于自己的大洲之内，只有很少部分旅游者会迈向更加遥远的区域。而且这部分人群并非只奔赴最珍稀的异域。大部分的长距离旅行者依旧是因贸易往来而穿梭于欧洲、北美和东亚的商人。长距离旅行者(long - haulers)的数量或许会升高，因为更多的人拥有不断增长的可支配收入，但大多依旧发生于三大区域之间。因此，认为旅游已彻底全球化或者已成为世界富裕和贫穷地区“愉悦边缘”之间的连线的观点除了是后浪漫主义的臆想图景外别无其他，所以此观点在旅游研究中的统治地位终究只是无根之木罢了。

如果目前踏出一条坚实的大道仍有难度，那人们至少能为将来的研究提供些许参考。若要理解“这个最大的产业”如何运作，更高质量的统计数据不可或缺。然而，比起像联合国世界旅游组织为建立旅游卫星账户所努力做出的那般行动来说，立誓总要来得容易。即便如此，我们依旧没有足够的数据可资参考。问题的关键在于数据传播的广泛程度。除了一般的或系统化的数据库，许多国家也适度提供了信息账户。然而，这些数据并不容易获得，除非在其网页中仔细找寻，而结果又常令人沮丧。如果能够以更为集中的方式提供数据，则必定大有裨益。联合国世界旅游组织也提供大量数据分析以协助研究者。然而，作为一个依靠纳税人的财富而建立的公共部门组织，它却坚持从使用者身上牟利，自身有用性便因此大打折扣。

更高的学识通常意味着更完善的政策制定。因此，之前的肯定回答有所保留也有第二个原因。目前旅游研究的一个重头戏围绕着所谓的经验或自诩的游客与东道主的邂逅。政策的制定便建立在这些摇摇欲坠的基础之上，以致常常迷失了目标，因为忽略了旅游系统真正的运作方式。优良的数据来源能够准确地追踪市场潮流并直击相关产业的合并风潮（引人注目的酒店合并和收购或是在航空产业频繁发生的危机所导致的恶果）来协助政策制定者、投资者以及股东更明智地作出决策或更有效地完成任务。然而目前，我们只能受困于这种"二十二条军规"的窘境，由于可靠数据的缺乏导致旅游研究以偏概全；而同时，由于研究注意力的不足和紊乱也使得优质数据的缺乏显得名正言顺了。

最终，对该主题更全面的掌握将会在我们讨论诸如全球旅游系统的未来会在生命周期模式还是世界系统模式下共同发展之类的问题时有所裨益。前者倾向于为其发展提供一个进化上的展望，而后者则更关注广泛的经济和社会因素的相互作用，这也许会丰富我们对现代大众旅游所激发的动态机制的观察。然而，对旅游系统完善的理解和对旅游在全球化过程中地位更为清晰的认识都有益于上述以及类似的问题的研究。

不幸的是，以对全球旅游系统更为准确的了解为基础来研究旅游学并未引起太多关注。当工程点描法（engineering pointillism）及其常见的同伴［案例研究和最佳实践（best practices）］被弃之一旁时，该轮到研究者在现实面前闭上双眼而任由想象围绕"建构的"理论飞扬了。这就是后现代范型的基本窘境（第三章）以及它带给旅游研究范式主要的消极后果（第四和第五章）。

第三章

后现代范式

一、后现代主义

全球旅游系统的形态与众多研究者关于它的观点之间所存在的脱离现象，并不是由一些孤立于社会科学其他领域的人造就的。它的根源可以追溯到整个 1960 年代的文化革命。这场革命是社会科学中一种新的范式或者说框架的胜利，这种新的范式或者框架，其基本观点是文化因素几乎是唯一有解释价值的变量。这种新的范式促进了大范围的关于心灵的转向，影响了多个领域的社会研究，我们将其称之为后现代范式（postmodern matrix，缩写为 pomo matrix）。

今天后现代主义已经成为日常生活中一个相当常见的词语。但事实上，随着流行度的增加，这个词语丧失了它的精准度。在大多数情况下，这个词汇意味着一种生活方式：反对独占性的观念；嘲讽这些观念对世界的远距离凝视；赞同融合、杂糅或者持续地变易。总之，这一精神领域与苏珊·桑塔格（Susan Sontag 2001a，2001b）所谓的坎普（camp）——大众文化时代一个花花公子得体的举止——颇为契合。因此，我们会说后现代审美、爱情、建筑、音乐、旅行、烹调以及任何事物。在大部分出于自尊而追求个人在团体中的次序的行为中，后现代观念都是普遍存在的，这种追求行为是今天社会区隔的典型标志。

在社会科学中,后现代还有其他含义。它的理念指的是大规模生产、大规模消费的一系列关于生活、世界、社会、伦理的理论,即一整套哲学观点的分支。正如"后现代"这个单词所显示的那样,它是一种现代性之后看待世界的方式,有时它意味着对现代性的修正,但更多意味着对现代性的否定。这种连续/对立特征需要我们对现代性下一个定义。正如本书曾经讲过的,后现代对现代性关于大众社会的崛起所勾勒的理论和实践提出了针锋相对的观点。简而言之,它认为现代性的那些观点和实践是一种错误的世界观,它们关于人类心灵如何运作的观点是错误的,是历史决定论的偏见,是多种彼此缠绕的理论偏见的集合。因此,这必然导致错误的伦理取向。因此,后现代提出了一套方法论上的检验工具,而且它还探求社会的新结构,探求人类面对的道德任务的新观点。

需要注意的是,后现代范式并不是一种传统意义上的范式,它内部有不同的,甚至有时是截然相反的理论潮流。它的根源,往往要追溯到第二次世界大战后一群法国思想家的思想观点,这群思想家尽管知识背景不同,学术兴趣各异,但他们有着共同的理念。这群人包括拉康(Lacan)、列维-施特劳斯(Lévi-Strauss)、巴特(Barthes)、阿尔都塞(Althusser)、福柯(Foucault)、波德利亚(Baudrillard)、德勒兹(Deleuze)、德里达(Derrida)等。各种后现代主义,受到法兰克福学派、诺博特·埃利亚斯(Norbert Elias)、博阿斯(Boas)的文化相对主义或者历史特殊论(historical particularism Harris 1968)以及符号互动主义的观点的滋养。而这些理论都是符合伊格尔顿(Eagleton)所谓大写的理论(The Theory 2003)的主流理论。很明显,后现代之后,如果不是历史走向了终结,那么无疑是哲学走向了终结。

所谓的软社会科学,也就是说除了经济学之外的所有社会科学,都感受到了后现代沉甸甸的分量。在一些刚刚从学术兴趣制度化为学术界的领域,如公共关系、广告、消费和休闲社会学以及旅游研究领域,后现代观念都成为了众多替代性研究方法中的首选项。如果我们想要理解今日旅游研究中的主体和专业术语,我们就必须检验后现代性的理论根基。在接下来的段落中,以及随后的其他章节中,我们将尝试通过各种例子来说明后现代范式是如何被引入旅游研究的众多领域的。

二、心灵是如何工作的

按时间回溯,这些新观念最初的萌发要归功于克劳德·列维-施特劳斯

(Claude Levi - Strauss)。在其关于野蛮人的心灵的著作的开篇，他就比较了现代性的逻辑，也被称为科学逻辑，与野蛮人的思维逻辑：

> 新石器时期或者说历史上早期的人类(因为他以一种系统的方式实现目标的这种能力)乃是一个漫长的科学传统的继承者。(…)(野蛮人的心灵和现代科学)是两种不同的科学思维模式。这当然不是人类心智发展的不同阶段造就的，而是对自然进行科学探究的两种策略平面所造成的：一种大致对应着知觉和想象的平面；一种则是离开了知觉和想象的平面。似乎通过两条不同的途径都可以得到作为一切科学的——不论是新石器时代的或是近代的——对象的那些必要联系：这两条途径中的一条紧邻着感性直观，另一条则远离感性直观(1966a:15)。①

如果科学的定义是任何一种手段和目的的安排，那么野蛮人早在上千年前就产生了科学观念是很有可能的。为了进一步阐明自己的观点，列维 - 施特劳斯提醒我们，即便是在现代世界，科学逻辑依然与修补术(bricolage)共生。bricolage 是个法语单词，并不容易直译为某个英文单词，其大概意思是利用手头东西零敲碎打制成的物品：

> "修补匠"(bricoleur)善于完成大批的、各种各样的工作，但是与工程师不同，他并不是每种工作都依赖于获得按设计方案去设想和提供的原料与工具；"修补匠"的这套工具就不能按一种设计来任意确定其内容，它只应按其工具性确定，换言之，用"修补匠"的语言说，因为诸零件是根据"它们总归会有用的"原则被收集或保存的。(1966a,17~18)

科学和修补术是大脑两种可能的运作方式，它们的关系不能从梯度发展的角度来进行理解。

然而，依据这一直率的观点，列维 - 施特劳斯不仅威胁要废除现代科学观念，而且要废除自希腊以来关于知觉和想象与精确的知识之间的区分。当大部分哲学家和科学史学者都认为，建立在必要的或者说坚实的原则之上的观念与那些建立在看法、奇想之上的观念是存在着基本的差别时，一个人要想与这一观点决裂，就需要提供一些强有力的理由。

试图从列维 - 施特劳斯那里获得这些理由是毫无希望的。相反，他去论述完全不相关的问题了，他认为科学和野蛮人的心灵代表的是不同的推理。

---

① 本部分译文参考了《野性的思维》中译本，李幼蒸译。下文中所引有关列维 - 施特劳斯的段落也参考了该译本。译者注。

从这一点出发，他轻率地得出了结论：

> 相当于修补匠的神话思想，通过把事件，或更准确地说，把事件的碎屑拼合在一起来建立诸结构；而科学只有在其建立以后才能前进，它以事件的形式创造了其手段和结果，这是由于它不断地在创造结构，这些结构即是其假说和理论。但不要错误地认为在知识演化史中神话与科学是两个阶段或时期，因为两种方法都是同样正当的（1966a：22）。

不管是否是一种进化，当眼科医生提议用旧石器时代的斧子而不是激光束来进行眼科手术时，我们有充足的理由来对此保持警惕。但是依据列维－施特劳斯的逻辑，这两种方式之间并不存在任何不同。它们只是逻辑付诸行动的多种可能性的两种情形。列维－施特劳斯从他的学术生涯开始就视任何形式的历史相对论和进化论为不共戴天的仇敌，对他来说，生物进化学似乎只是一个极有可能为真的假设，而文化进化则仅仅是一个隐喻（1956：131）。人类生活并不是沿着一个单一的轴线不断发展的，它并没有取得任何进步。就算真的有进步，它也是由不连续和断裂构成的，除此之外，并无其他。

这岂不是功能主义学派不断地还魂吗？既是又不是。事实上，列维－施特劳斯借用了这一学派关于情境（context）的概念，但是与马林诺夫斯基（Malinowski）和他的追随者的用法并不一样。功能主义者视文化为事实的堆积，因此对它的分析应该用经验主义者的工具（民族志描述、参与观察、统计技术等）。对列维－施特劳斯来说，“这是结构主义的初级形式”（1948：357），但是功能主义者对经验主义方法的倚重，使得结构主义的初级形式存在着不足。当我们需要的是结构主义人类学时，功能主义就会推崇民族志（1958：19－25）。事实充满了概率。只描述一种亲属关系系统、一个仪式或者一个神话，而忽略了构建它们的心灵的总体逻辑的话，我们就会一无所获。最终，事实是符号，而且与符号一样，它们需要解释，而这反过来需要一套先于符号存在，并对之进行说明解释，使之为我们所理解的编码或者语法。人类学和其他社会科学需要更换自己的工具，就像在语言学中已经发生的事情一样。

在索绪尔（Saussure）、雅克布森（Jakobson）和布拉格学术圈（Prague Circle）发现通向理性主义的大门之前，词语看起来是一个变化无常的领域。对索绪尔来说，能指和所指、声音和意义之间长期以来存在的矛盾，可以经由语言这一领域中的音节的相互作用和互动来解决。人类学家也应该进行类似的变革。“*在另一个现实层面*（斜体为列维－施特劳斯所加），亲属现象与语言现象属同种类型”（1958：41）。同样，民族志记录的事实也应该被视作一个系统或者一套普适的符号学中众多符号的运作。功能主义正是抓住了与逻辑原子主义这点关键的不同。语法优先于事实,理性最终会驯服历史。这也正是巴特提出的 le structural(结构的)与 le structurel(结构性的)这两个法语单词的明显的不同(1957:119ff)。对于列维－施特劳斯来说,新出现的符号学使得语言学成了唯一能与精准的自然科学相匹敌的社会科学(1973:344),而且符号学能在社会科学其他领域也完成同样的任务。

因此,社会事实是符号,那么是什么符号呢?列维－施特劳斯已经有了现成的答案——无意识的符号。因此,弗洛伊德在此出现了。事实上,列维－施特劳斯不是将心理分析、马克思主义和地质学看作他的三大学术情人吗(1968a)?他关于无意识的观点与巴什拉(Bachelard)的观点很像,只在字面上与弗洛伊德相似。他的无意识并不是那个饱受俄狄浦斯情结折磨的无休止寻求快乐的本我。它与男人、女人所感受到的、真正的性驱力以及它们受压抑的历史毫无关系。它也不是马克思在其著名的对商品拜物教的分析中所指出的人们在他们的社会生活中所结成的不情愿的臣服于商品的关系总和。它也不是黑格尔所谓的精神,在黑格尔看来,精神的自我要求的是所有历史的真正本质。它相当于心灵的逻辑构成,不能将之看作是个体的一种特性,而是看成一种逻辑变量系统或者是各种子系统的组合。任何文化事件或者人造物都只是拥有无穷潜在组合的一个特定符号。"我们不会去试图揭示人类如何通过神话思考的,而是要揭示神话如何通过人类来自我思考的,即便人类不知道这点也不要紧"(1964:20)。

在随后的30年里,福柯变得比列维－施特劳斯更受欢迎。他拥有更多狂热的膜拜者,他的哲学著作试图表明,如果要彻底解释清楚理论的主要变革,那么就需要忘掉它们的历史谱系,而聚焦于在某个特定的时间点上使其成为可能的逻辑条件。在这一点上,他与列维－施特劳斯的观点是一致的。

从1970年12月2日作为法兰西学院(也许是法国最有特色的高等教育机构)的高级讲师、进行就职演讲开始,福柯(1971)就表达了对19世纪那些相信时间是累进型变革的一种开放的矢量的思想家的反对。历史相对主义传统不仅认为一些二元对立(理性/疯癫、真理/错误、正常/病态)是理所当然的,而且还排除了一些据说有着清晰定义的实践活动(研究者必须撇开政治、价值判断和道德问题)。恰好,当话语据说第一次自由地涌进历史时,它们似乎与卢梭所说的现代人类个体的境况——处在无所不在的枷锁中——很相似,因为自由的话语已经变成了词语的一种仪式(1971:47)。

但反过来，话语分析应该质疑这种田园牧歌式的全景介绍，“在思想自身的根源处，随机性、不连续性和物质性”（1971:67）生怕它迷恋于“感觉的无休止的泛滥或能指的独断”（1971:72）。这就是对其所谓的知识考古学（1972）的概括。

知识考古学这一名称，指涉的是研究者需要克服他们常用的材料——文档（其意义可以被解释）——的限制。但是，依据福柯的观点，这些文档应该被看作是遗迹，也就是说，看作是由不连续的，甚至在某种程度上无法预测的事件所构成的话语。他的结论是：“简言之，我们所要做的是排开‘事物’，不要使其现身。”（1972,47）这意味着要排除逻辑可能性，因为它是与经验事实或历史事件对立的；而在福柯看来，后边这二者代表了随机性、不连续性和物质性。

然而，福柯对随机性、不连续性和物质性的关注并没有持续太久。他只是捎带提到这些，浅尝辄止，因为他需要快速将关注点放在符号间的逻辑关系上，尤其是它们不变的结构更是优于其他关系而成为他思考的对象。事实上，话语或者可能的逻辑境况的集合，会随着时间而变化，但一旦它们具体化之后，它们就不再变化——或者就像福柯所赋予它们的笨拙的名称一样，它们变成历史性的、先验的积极性或者知识型。尽管这些历史性的、先验的构成是暂时性的，但它们是福柯所谓的“档案”（等同于列维－施特劳斯的无意识）的实例，或者是“能说的法则，统治着作为独特事件的外部声明的系统”（1972:129），是全部的先在的构成、积极性和知识型。在较早的一部著作中，福柯（1970）试图通过实例论证这一观点。在对医学话语（1973）和精神病学话语（1965）的形成进行探究之后，他力图阐明，通常所谓的科学史只是不同的理性积极性在语言学、生物学、经济学以及它们的水平层面不连续性的不同表现而已。

这是一个让人费解的立场。我们被告知，要关注逻辑构成是如何相互承接的，而且它们的承接是相继次序，而非因果顺序。但福柯这样做，就不得不拒绝解释知识型的变化是如何发生的。对他来说，这些变化已经在那里存在了。然而，不管我们如何称呼他的以及列维－施特劳斯的造物主，心灵也罢，无意识也罢，它们都没有真正的原动力。为什么隐喻、知识型或者心灵通过不同的换喻词来表达自我？为什么它不能像巴门尼德（Parmenide）所希望的那样，始终平等地对待自身呢？变化是如何成为可能的？如果不估量时间、历史以及人类物质利益的影响，我们能理解变化吗？用直白点的英语来讲，例如，我们不考虑使全球化成为可能的技术变革，我们能勾勒出全球化的趋势吗？

当面对这些问题时，结构主义者声称，与万花筒一样，心灵通过对它的基本要素的重新组织，可以创造出不同但又对称、有序的组合。然而，除非受到有意识的外力或者意外的推动，否则万花筒是不会改变它的形态的。依靠其自身的装置，它只会永远停留在先前的状态上。

通常认为，缺乏关于变化的解释，最终会需要将之前被遗忘的现实美化为更高一级的心灵的构造，这种构造要么是依据黑格尔的版本中前定的计划，要么是没有任何计划，因为它位于心灵无休止的前在组合中。然而，这并不准确。我们将看到这一大写的理论并不墨守成规，甚至有点激进。真正让人担忧的是，伴随着这一本体论而来的解构主义方法论使得它自身受到了各种操控。

三、沉默的声音

列维－施特劳斯也是这一新的方法论的源头活水。他当时并未将之称为解构主义，但提供了后来出现的解构主义的核心要素。这一新的方法论将发现语法的创立视为使混沌的文化物世界变得有序的先决条件，视为揭示每一个文化物在先在的逻辑顺序中如何占据一个位置，也就是常说的一个话语，或者借用最近常用的说法，一件叙事的先决条件。事实常常会漫不经心地忽略自我或者自我沉默，而语法将会填补这些空白。

这一新方法的根源可以在列维－施特劳斯的两本最重要的著作中找到：我们已经引述过的对野蛮人心灵的研究，以及同年（1962）出版的另一本更为技术性的关于图腾制度的著作。在这两本书中，读者都能看到他为了使每一个单独的事件、人造物或义素重新组合起来所花费的笔墨。列维－施特劳斯讲到，设想一下，一个部落（我们称之为 A 部落）曾经由三个氏族构成，每一个氏族都以一种代表某一自然元素的动物来命名。我们用图 3－1 来表示这一点。

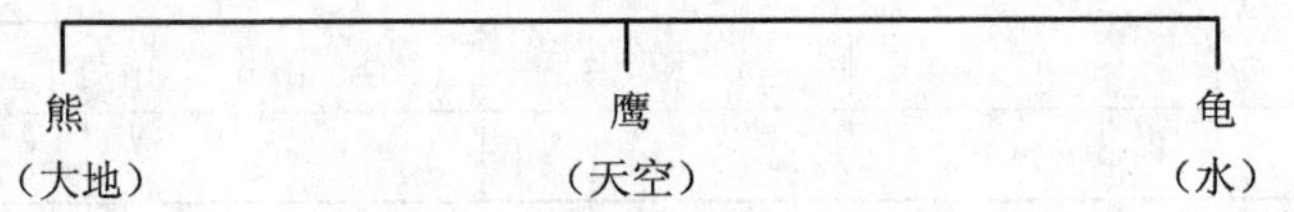

图 3－1　A 部落最初的结构

然而，人类学家通常接触到的并不是原始社会的初始形态。常常发生这样的情况，由于人口方面的变化，熊氏族消失了，而龟氏族则人丁兴旺，开枝散叶，衍生出两个分支：黄龟和灰龟，而且这两个分支随着时间的发展成为两个独立的单元或者正式的氏族。而且很有可能还会出现这样的情况，这些变化发生的年代距今如此久远，以至于部落的成员自己都忘记了。于是一个进入该部落进行田野工作的人类学家看到的该部落当前的社会结构如图 3－2 所示。

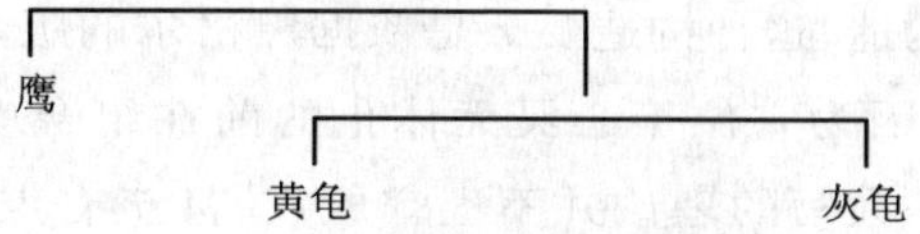

图 3－2　A 部落当前的结构

人类学家怎样才能重构或者解构这一造就了当下的情境但却被遗忘的过程呢？

> 现在在理论和实践的平面上，区分性差异特征的存在一事比起它的内容来说要远为重要。显然，一旦它们形成了一个系统，这个系统可被当作某种参照系用以译解一段本文，其最初的不可理解性使其表现为一种不易加以区分的流动现象。正是这个参照系使人们有可能引入切分和对比，换言之，即意指信息所必需的形成条件（列维－施特劳斯 1966a:75）。

借助于参照阅读的帮助，也就是说，选择那些相关的证据，而不是那些直接的、历史表象式的证据，我们就可以解决任何人类学家的谜题或者让材料中的沉默之物再次发声，这与能指的二元对立使得索绪尔——至少他本人是这么认为的——能够解决一套语言系统中词语的发音与它们的意义之间的分裂一样。

那么我们如何能听到笼罩在人类学事实之上的那些沉默的声音［这是西蒙和加芬克尔（Simon and Garfunkel's）的歌曲名字］呢？我们需要看一下表 3－1。

表 3－1　对 A 部落的参照阅读

时间 1	熊	鹰	龟	
时间 2		鹰	黄龟	灰龟

依据二元对立的一些规则——也就是说，依据对所研究的材料进行无限的切分和对比，而不是依据它的内容——我们可以照样行事，不仅能明白这些材料的初始状况已经发生了一系列的变化，而且还能弄清楚它们现在的情形。如果说这第一个结论看起来相当棘手——我们怎样才能估算变化的数量、变

化的密度和变化的持续时间呢？——那么，第二个结论则是不可能完成的任务。表 3－1 中的结果没有任何价值；事实上，我们事前已经被告知了时间 1 和时间 2 之间的变化是什么，已经知道了它们的变化方向。因此，基本上不可能会有另外一位人类学家或者观察者，能够仅仅依据（黄：灰）：：（白天：黑夜）：：（水：空气）这样的二元对立方式——先是对立/肯定龟氏族的两个分支，然后对立/肯定它们与鹰氏族的关系，然后还能让我们知道与大地相关的第三个元素（熊氏族）已经不存在了——以完全一模一样的方式追溯这种变化的次序。如果这是一个系统中发生的情况，即一个有着相当有限的四变量结构（熊/鹰/黄龟/灰龟）的系统只会发生一种变化，那么我们就能轻易地猜测出宇宙中将会发生什么，即便它内部有着无限多的随着时间发展而产生的对立。这样一来，被视作科学方法的基本特征的复制和可复制性，将会消失得无影无踪。

而这正是列维－施特劳斯关于神话的巨著中所存在的问题。让我们选择他的《神话学》（1964，1966b，1968b，1971）的第四卷《裸人》385 个神话中的一个，而且是随机选一个。我们从正中间打开这本书的法语版，发现距此最近的一个神话位于 322 和 323 页。这个神话中编号为 661a 和 661b 的两兄弟来自于内兹佩尔塞部落。这个故事中有一位神话人物被突然生长的一株植物或者一棵树木送到了天空中。

列维－施特劳斯对这个神话进行了长篇累牍的解读（1971：304－314），我们在此省去读者的麻烦。简言之，他的结论是这个故事起的是调节作用（1971：313），教导这个地区不同的人们如何避免战争，更多地寻求和平。结局当然一切都好。然而，读者可能会发现在这个故事的不同次序中有 16 处对称/ 不连续，因为列维－施特劳斯常常在不告知的情况下从一处跳跃到另外一处。事实上，换一位不知道列维－施特劳斯所做的分析的研究者来，用同样的材料得出同样的结论的可能性基本为零。

尽管福柯对民族志描述的细节并无兴趣，但他欣然加入了列维－施特劳斯的行列。他在主要观点上持相同看法，这并不奇怪。毕竟，列维－施特劳斯和福柯都是同样的学术环境的一部分，有着同样的学术传承关系以及同样的心灵框架。但福柯表现得更为直接，他走了一条捷径。用结构主义的行话来说就是，福柯更赞成症候阅读而非表现式阅读（Althusser and Balibar 1970：22），尽管他将二者糅合起来。他完全赞同参照阅读，但对于我们在列维－施特劳斯那里看到的二元对立的舞蹈/对面舞全无兴趣。他对此说不。他反对的是特定的文件或者文本似乎传递出的积极意义，他认为要读出它们所没有说出的东西。沉默（西蒙和加芬克尔的歌曲再次响起）是很能说明问题的，因为如果阐释学需要这么做的话，它能够将任何文本阐释到自我对立的地步。我们只需要将文本置于它的逻辑前提的参照框架中即可。这一技术几乎成了包括从文学批评到时尚分析在内的所有符号学领域进行后现代分析所选择的方法。但人们对它的效度并不是很确信。参照阅读要么导致无休止的回归，要么会受到任何心血来潮的观点的影响。

对文本，即有限的、积极的沟通的集合，必须要从沉默的视角来进行解释，也就是说，从它所不是的角度进行解释。我们在这里采用流行的观点，对由托马斯·杰斐逊起草、由大陆会议在1776年7月4号批准的美国独立宣言的如下内容进行参照阅读：

> 我们认为下面这些真理是不言而喻的：人人生而平等，造物者赋予他们若干不可剥夺的权利，其中包括生命权、自由权和追求幸福的权利。为了保障这些权利，人类才在他们之间建立政府，而政府之正当权利，是经被治理者的同意而产生的。当任何形式的政府对这些目标具破坏作用时，人们便有权力改变或者废除它，以建立一个新的政府；其赖以奠基的原则，其组织权力的方式，务使人民认为唯有这样才最可能获得他们的安全和幸福（USA 2003）。

采用表现式阅读的方法，那么这是一个革命宣言，它控诉英国，试图在一种任何人都能明白的哲学原理上建立一个独立、自由的国家。这一文本看起来是按照普适的理性写就的，但人们也可以用一种症候阅读的方式来对之进行解读。

有了这一工具在手，我们就可以说，围绕着宣言的是一系列明显的沉默。它是男性的宣言，而非女性，因此即便在美国独立之后，女性依然被当作二等公民看待，被剥夺了这些不可剥夺的权利。此外，大陆会议由许多乡绅构成，这些人无法接受奴隶也能享有这些权利的观点。此外，独立宣言看起来像是一个普适的、人本主义的宣言，然而，通过参照阅读，它揭示出自己实际上是一个隔离法令。宣言所宣扬的权利的普遍性，实际上只是某些特定利益的许可证而已。

但这些不是宣言中仅有的沉默之处。它还忽略了未来移民的后代的权利、同性恋如何也能追求他们的幸福的权利，或者如何对待行动不利人士的问题，以及堕胎或者同性婚姻的权利。还可以想一下，它丝毫没有提及乔治三世所列举的维持现状的理由，因此这会在事实上剥夺他的辩护权；或者它也没有提及它的那些签署者关于牛顿物理学的观点；它也没有提及7月4号的天气预报是如何影响这群建国之父的心情的；它也没有提及其他许多无限而又同样是沉默的可能性。为什么参照阅读只选择了这两点呢？

如果我们开始尝试这一任务，那么在面对任何可能的沉默时，我们都会不可避免地面对同样的追问，因此这将导致无休止的回归。除非我们受到蛊惑（你像上帝一样），相信自己能够实时理解任何事物以及它没有穷尽的演化（中世纪的经院哲学称之为未来之事）；否则，这项任务将会超出人类理性的能力范围（Saint - Victor 1961）。这可能存在于结构主义者设想的心灵的范围内，但绝不意味着存在于它所研究的人的身上。人们将依然需要忍受内容的不连续性所带来的碎碎念语，或者用直白的英语来说，就是话语的特异性。而这正是症候阅读或者参照阅读所极力想要回避的。但为什么我们应该认为福柯的观点预兆着新的启示呢？

然而，无休止的回归，至少是这种不可靠的阅读方式所释放出来的两个灾难中危害程度较小的一个。另一个，危害较大的那一个，使用这种危险的阅读方式，就像拿着詹姆斯·邦德的执照一样，任何与研究者的研究目标界定为正确的事物不太容易吻合的事物，都会被消除掉。后现代更多走的是这条路线。我们可以列举的众多例子中一个比较恰当的是德里达对马克思关于商品拜物教的叙事所作的注解（1994:110ff）。骤然间，马克思谈论的不是不同的生产模式，或者《资本论》不是要揭示资本主义完结的过程。商品拜物教变成了一个幽灵故事，依据德里达（Derrida）晦涩的修辞：

> 这一木质的、高密度之物（德里达指的是一张桌子，编者注）变成了一个超自然之物，一个感觉上非感觉之物，感觉但非感觉、感觉上超感觉之物。马克思用商品来阐述一般意义上的意识形态的角色，而不是通过工作合同结成的社会关系。拜物教的问题"也许需要另外一种方式来探究"……它们一直存在，作为幽灵存在，即便它们并不存在，甚至它们已经不再存在，甚至它们尚未存在（1994:104）。

这一结论将马克思本来的意思改变得面目全非。德里达认为，社会形式会在某一天随着资本主义的终结而消失，但意识形态会一直存在，我们甚至能从中学习到一些东西。他可能是对的，但我们想强调的是，他的参照阅读，他热切地倾听沉默的声音，使得他认为，马克思说的实际上是马克思所没有说的——或者是围绕在马克思的观点周围的东西[马克思在这里指的是卡尔·马克思，而不是格劳乔·马克思(Groucho),后者在《歌声俪影》(*A Night at the Opera*)中所扮演的奥的斯·德福特伍德(Otis B Driftwood)可能会提出和德里达一样的观点,甚至更多观点]。①

参照阅读使人想起另一项找出遗失的记忆痕迹的技术——所谓的唤醒疗法(regression therapy)或恢复记忆综合症(recovered memory syndrome)(Hunter 2000; Tebetts 1987)。这项技术据说能够帮人找回记忆中那些遗失的部分,也就是说,借助于催眠,记起他们的婴儿期或者儿童期那些被抹掉的片段。这项技术在1990年代流传甚广,美国(Prendergast 1996:283-321)、英国、加拿大都曾在性虐待或者乱伦类法律案件中使用这项技术,新闻媒介对之也异常关注。它很快受到了不同的科学机构的严厉的审核,结果发现它不足为信,因为这种所谓的症候,会给被告带来非常严重的法律保护方面的问题(Brandon et al 1998; Loftus and Ketehum 1996)。事实上,参照阅读并没有受到类似的探查,但是它所独有的、未曾经过检查的填补文件的空白的做法,不应得到那些认为怀疑主义是科学冒险中一种有益的思维转向的研究者的赞同。参照阅读看起来颇为让人怀疑它是通向过度杀戮的通行证。再前进一步,后现代主义将会开始扫射一切。

四、进入解构主义

仅仅依靠结构主义和参照阅读以及它们怪异的倾听沉默的声音的方式,就能使得后现代范式为大众所熟知,这一观点是很让人怀疑的。要想使得原本只是缘于几个知识精英的兴趣的社会理论和伦理法则最终引起普通大众的关注,就需要在参照系中再画一个草图。它就是解构主义。解构主义融合了不同理论的各种要素。法国的结构主义排在首位,但它与美国符号互动主义的各种观点,尤其是厄文·戈夫曼(Erving Goffman)的观点也容易契合。它也在某些方面与诺博特·埃利亚斯(Norbert Elias)的观点有相通之处。

福柯从他的《疯癫与文明》(*Madness and Civilization*)(2001)到后期的《性经验史》(*History of Sexuality*),都试图解读和解释现代性中所存在的各种压抑的不同的知识谱系。读者可能会问为什么他关注的沉默都是其他历史时期或者世界上其他地方的呢,但这个问题顷刻之间就会被解决。《疯癫和文明》讨

① 译者注:格劳乔·马克思,马克思三兄弟之一,美国喜剧演员,曾经在《歌声俪影》这部喜剧电影中饰演德福特伍德这个角色,极尽搞笑和无厘头之能,作者显然是以此来嘲讽德里达的分析。

论了现代性是如何在各个时期构建疯子的概念的。一方面,启蒙时期(15—16世纪)对疯子的看法是比较仁慈的,认为疯癫是一种获得(错误)智慧的意愿。这一时期出现在艺术形象中的疯人船描绘了一幅欲望占据主导地位的美妙场景。另一方面,启蒙又视疯癫为人类最大的疾病。正是这种特定的方式,使得人们可以理解疯癫。

在17世纪,萨勒贝特里埃总医院(Salpetriere General Hospital)成立了。在福柯看来,这个新机构并没有满足任何医学方面的需求。它是国王和资产阶级在这一时期将秩序引入到法国的一个例证。从那时起,疯子开始受到拘禁,这才是这家医院以及欧洲其他地方类似机构成立的真正原因。从此,疯子从正常世界中隔离出来,这具有两个方面的效果——吸纳那些无业者,或者至少减轻这些人所带来的社会影响。这种新的道德观不仅是要拘禁异常者(不仅有疯子,还有穷人、妓女、犯有轻微罪行者以及其他社会底层人士),它还要求这些人要为他们自身的异常行为负责。疯癫成了道德失败者的红字。

伴随着心理学与道德的既结盟又竞争,19世纪的"科学精神病学"登场了。它需要给疯癫下一个更为严格的定义。因为18世纪的许多经济学家都声称,可观数量的、充满活力的人口能促进国民财富的增长。而监禁限制了劳动力的增长,因此应该被废除。另一方面,传统上,被用来解决贫穷问题的慈善基金会,也积累了一定的资本,可以被用来促进劳动力的增长。穷人,尤其是那些活该受穷的,需要将之与其他类型的异常者区分开来。但让一部分以前受到监视的人释放出来,这需要新的控制类型。这种新型的精神病院,比如威廉姆·图克的约克静养院(Tuke's The Retreat),就不再依靠肉体惩罚,它们更倾向于将疯子当作未成年人看待。未成年人需要父母,新的精神病院已经做好了扮演资产阶级家庭中父母角色的准备。疯癫过去被看作是个人的过错;现在则是因为颓废的家庭无力撑起资产阶级的道德标准,助长了孕育疯癫行为的反面道德秩序所致。在福柯看来,这使得关于疯癫的批判概念和医学概念完成了最终的统一,这方面的理论最终是由弗洛伊德提出的。有了弗洛伊德的观点,疯癫得以从监禁和暴力中解放出来,但代价是,医生被赋予了接近于神的地位。它也揭示了一种新的关于疯癫的定义,即将之视为未能适应社会建构的常态的产物。

厄文·戈夫曼也在同时期(1961)提出了类似的观点。在研究精神病人的道德之路时,他宣布了一个类似的发现:

> 精神病院的学生可以发现，精神病人被诊断出的癫狂或者“病态行为”基本上是诊断者与病人所处境况的社会距离的产物，而主要不是精神疾病的产物(1961:130)。

精神病机构是以“监护”系统的方式运行的，它的主要目的是揭示“一个病人自身所做出的任何事情都可以被定义为他是处于紊乱或者逐步康复的症状”(1961:206)。他也在某种程度上预见到了《飞越疯人院》(*One Flew over the Cuckoo's Nest*)(Kesey 1973)中兰德尔·帕特里克·麦克墨菲(Randle Patrick McMurphy)的痛苦经历。这里存在的第二十二条军规(Catch 22)是如果一个人屈从于精神病机构，那么这个人就证实了他有接受治疗的需要；如果一个人拒绝，那么他需要的就是进一步的治疗。

后来在讨论污名(stigma)时，戈夫曼将类似的方法用到了对更广泛的社会问题和社会机构的分析上。社会是通过预期每种类型的个体所拥有的特性来对人们进行类型划分的。当我们遇到陌生人时，我们预期能以同样的方式对之进行分类。如果这种预期落空，那么我们就倾向于认为这个人带有污名，一种我们不喜欢的差异：

> 当然，依照定义，我们相信一个带有污名的人不是一个完全意义上的人……我们构建出一种污名理论，一种意识形态，有时是用来解释他的低劣之处，说明他所代表的危险性；有时是对建立在其他差异，如社会阶层方面的差异之上的敌视的一种合理化(1963:5)。

污名是一种应对那些偏离社会所定义的常态的行为的方法，因此，它是认知互动紊乱的具体产物。因此，它不是个体或者群体所应得的一项标签，也不是由个人或者群体的本质所决定的；它是其他群体或者共同体强加在他们身上的贬低其身份的标签。

然而，戈夫曼在探讨精神病和污名时非常谨慎。他并未完全将这二者视为主观建构的扭曲的社会实践。所有的社会契约都有一些常常是建立在暗含的假定之上的限制条款(1961:174)，当这些契约遭到践踏、忽视或者不被承认时，这些条款就会启动惩罚措施。虽然他没有大胆地进行解释，但是他承认污名已经陪伴了人类许多世纪。因此，他似乎有点怀疑永远废弃污名的可能性。然而，他留下了一个尚未解决的问题，即事实上是否存在像精神疾病这样超越了它的社会构成的事情。我们可以大胆认为，人类之间的沟通出现实质性的崩坏是有一定规律的，其中的许多崩坏(精神分裂症、唐氏综合症、老年痴呆症、某些类型的孤独症等)看起来是难以治愈的。即便我们能够经受住任何理性的质疑，证明它们只是社会建构的产物，核心家庭或者社会要对它们的发生负责，但被贴上这一标签的个人依然需要一些形式的特殊关注，即精神治疗。他们的创伤，也许是由他人造成的，但却一直存在，并损害他们的社会技能。

这些观点可能会与莱恩(Laing)(译者注：全称为 R D. Laing，著名心理学家、精神病学家，写有多部畅销书)的反精神病学以及他的观点有着很大的不同。莱恩认为，所有的精神疾病，即便是最严重的沟通能力崩坏的疾病，例如唐氏综合症，都是社会建构的产物(1998a)。它们的发病根源不在病人身上，而在塑造他们的行为反应的机构以及(资产阶级)核心家庭以及整个(现代)社会(1998c，1998d)。肯·洛奇(Ken Loach)在他的电影《家庭生活》(*Family Life*)中对此有生动的反映。

在莱恩看来，对待精神失常者唯一理智的方法就是承认他们的内心是清楚的，甚至要让他们离开精神病机构，因为在那里，他们的情况会变得更糟(1998b)。事实上，现代精神病学在诊断和治疗疯癫方面已经提出了太多的技术，其中一些手段比较激进(从肉体暴力到精神类药物到电击到前脑叶白质切除术)。这些技术，许多都不再使用了，但是很难从这些技术的使用中得出结论说，精神病学就是一种江湖医术，最好全部加以禁止。有人可能会说要提供好的理论而不是驱鬼降魔术。但全面鼓吹反精神病学，所带来的麻烦可能要比它所能解决的问题还要多。例如，它成了罗纳德·里根(Ronald Reagan)大量削减对地方政府的财政帮助的托词。"在 1980 年，联邦政府的拨款占到了地方政府预算的 22%。而到了里根第二个任期快结束时，联邦政府的财政扶持仅占 6%"(Dreier 2004)。财政拨款的急剧下滑，极大地削弱了学校、图书馆、消防部门以及其他市政设施。随之而来的许多公立医院和门诊的关闭，使得城市内的无家可归者出现了显著的增加，但需要精神病治疗的人数却并没有减少，他们只是无法接受治疗。

福柯的兴趣并非仅仅局限在对精神病学的批评。他从对精神疾病的评价开始，最终延伸到对现代性的全面控诉。他对疯癫的批判，呼吁的是对整个社会进行彻底的检查。他的故事接下来的部分是人所共知的。在社会生活的所有领域都可以发现统治叙事的存在。他在《规训和惩罚》(*Discipline and Punish*)(1995)一书中提出，现代监狱系统可以在以前的拷打和处死等社会惩罚实践中找到其根源(Hay et al 1977)。现代监狱系统以一种更为柔和的方式使得行为异常者接受社会秩序，但它并没有消除压制。事实上，在福柯看来，这种新的惩戒方式已经成了所有现代形式的社会控制的标准。通过远处的监视,从而确保监狱系统的稳定性,边沁(Bentham)提出的这种“全景敞视”目的普遍存在于今天大多数的社会活动中,而且确保了权力的统治,使得权力不为人所见,甚至使得被统治者感觉颇为惬意。

他说,可能有一种跳出这一陷阱的方法。在疯子的历史中,在19世纪的时候,一种新型的疯癫出现了——洞彻事理的疯癫。这种新型的疯癫的洞彻事理,使得人类能够与他们在西方社会中的自身的疏远达到最大限度。历史上第一次,疯癫逼迫世界站在了被告席上,而不是控告席上。通过这些新类型的疯癫,虽然就像戴着墨镜一样,但人类可以设计出新的克服之前那种定义狭隘的规范的道路,因为以前的规范总是需要不断压制。福柯不仅提供了关于这些原因的分析——他还写了一本书来摆脱它们的束缚。

他的观点的第一部分是与一般人的直觉相反的,这就需要对之进行进一步的探究。在《规训与惩罚》的开篇,福柯对拷打、处死进行了血淋淋的描述,但我们很容易看出,在拷打、处死和现代惩罚系统之间还是存在一定程度的差异的。例如,现代欧洲社会,就非常自豪于它们的法典中已经废弃了死刑。福柯并没有忽视这点,但是他注意到,古典时期能够激起观看者敬畏和恐惧之心的鲜活的惩罚景象[他称之为景观性展示,就像伦敦新门(Newgate)监狱的犯人被押送到泰伯恩(Tyburn)断头台这个过程一样],为一种新的建立在行为矫正基础上的惩罚秩序所取代。“这种新的惩罚干预,并不是建立在展示艺术上,而是一种建立在对个体进行研究基础之上的操控术”(福柯 1995:128)。

为什么这样讲?规训机制寻求的是在一个规范系统,通常是法律规则之内进行惩罚。因此个体或者身体必须变得标准化,也就是说,齐常化。在这样对待他们的社会里,个体丧失了他们的存在目的。这创造了一个规训的连续体,在一端是封闭起来的监禁机构,在另一端是使得权力更加轻微、精巧、柔和,因此也就更加有效的功能机制(Allen 2004)。借助于对科学技术的使用而建立起来的统治,也进入了他在《性经验史》(*History of Sexuality*)中所叙述的对性态的控制和对身体的规训的范围。在大部分的社会活动中,当性或者对待生活的反向势头为所谓的新社会科学(精神分析学、性科学、营销学、广告学等)的扩散所驯服时,权力的最后阶段就到来了。其他一些法国学者也都在此之后提出了类似的观点,呼应了福柯的看法(Bourdieu 1984; Derrida 1994, 2002; Deleuze and Guattari 1977,1987)。

读者可能头脑中还会有疑问。古典时期通过强迫或者压制进行的统治,与民主社会中对法律规则的有意识地接受(不管这种接受多么消极被动),二者之间没有本质上的差别吗？从霍布斯到洛克到穆勒（Mill）到马克斯·韦伯到奈（Nye 2004）的软实力（soft power）的概念，西方思想史中长期以来的传统都是认为二者是有差别的。韦伯在他的著作中不止一次解释了权力和统治的冲突，或者非法统治和合法统治的区别（1971:16,122－176,541－550）。后来蒂莉（Tilly）强调指出，民主社会中对法律规则的有意识地接受的主要特征是违背这一信念是如何造成社会动乱的（1978），而对这一信念的强化则会使得统治稳定和持久（2001）。另一个肇始于康斯坦特（Constant 1980）和托克维尔（De Tocqueville 1866）的传统，恰恰认为法律规则或者规范体系是古代政体和现代民主、古代自由和现代自由的根本区别。然而，福柯无法承认自己属于这两种传统中的任何一种。不管合法与否，统治就是统治，权力就是权力。即便公共选择是通过自由选举进行的也是如此；即便那样，也还是如此。

这种视权力和现代性为无所不包的方法留下了一个严重的亟待解决的问题。如果我们按照福柯的逻辑，民主和独裁之间的区分是没有意义的。二者都是权力的实践，二者都将自身强加于它们的统治对象之上。阅读福柯的著作时，读者不可避免地会产生前后不一的感觉。在他的著作中，存在着一种未能解决的张力：一方面是权力斗争的不可避免性，这是任何话语、任何社会实践的本质；另一方面是需要断定权力斗争的不对称性。如果我们接受这一两难的前一部分，就会面临希特勒谬论。掩盖不同政体之间的差异，会进入死胡同，将希特勒看作和其他统治者一样的合法（或者不合法）领袖。他与其他领导人一样，也操弄权力。泛泛地说，他对权力的极力追逐，与其他人在任何社会互动中的行为是一样的，只不过他更为成功。

在惩罚领域，读者也会进入一个同样的死胡同。我们无法对拷打和监禁作出区分，因为二者只是压制的不同形式而已。在实践中，依据福柯关于压制的逻辑，读者对于乔治·布什任总统时期阿布哈里（Abu Ghraib）监狱和关塔那摩（Guantanamo）监狱中的虐囚事件不应该作出判断。如果依照法定诉讼程序对罪犯进行司法审查或者由陪审团进行审判，也是压制的一种公开表现形式，那么虐囚事件与它们的区别在哪里呢？因此，福柯将读者带到了一种类似于霍布斯式的自然状态的情形中，在这种情形中，会永远面对权力、行为和抵制，以及相反的文化和反主流文化，但却没有道德判断的立足点。

福柯知道均等原则会揭示出他对现代性的批判中所存在的问题。为什么当权力是匀称的时候，也就是说，权力在所有的社会实践中都存在时，要批评身体的主体化或者要批评对性态或者疯子的所谓规训呢？我们如何才能让他者免除这副沉重而又无可避免的负担呢？如果任何认同、地位或者话语或者叙事或者任何类似的关于权力的符码都与下一社会时期的一样好，为什么要改变当下的状态呢？也许所有的原因都是压制，但是我们为什么要相信福柯的承诺：将疯癫解放出来，不会像西班牙人说的那样，只是换了狗的项圈而没有换狗呢？也许任何事情都失败了，但这并不意味着福柯的承诺必须要遵守。怀疑者有权利对福柯的美丽新世界保持警惕。布瓦尔和佩库歇（Bouvard and Pecuchet，译者注：法国小说家福楼拜的同名小说中的两位主人公，一门一门地研究学问，但最终却一事无成）不断开始新的项目，每一个都比前一个更加多灾多难。福柯对伊朗霍梅尼革命的同情，使他的政治智慧蒙上了一层阴影（Afary and Anderson 2005）。

实际上，他只能通过命令继续前进，也就是说，用说教代替推理。他感兴趣的不是解释事情是怎么发生的，他只关心它们应该是怎么样的。福柯时不时地从马克思的著作中进行借鉴，但他对经济学的兴趣不大。他将不列颠接二连三出台的济贫法令所针对的人群与被认为是疯子的人群混为一谈。他并没有提供严肃的数据，说明存在着疯子充当劳动力的现象。在1685年，英格兰的人口大约在500万，其中有325万是农民、劳工、仆人和穷人。游民（大部分疯子都属于这个群体）的人数是3万（Trevelyan 2000），不超过劳动者和穷人总数的1%——这一比例相当低，不足以成为有影响力的经济力量。他认为是国王和资产阶级结盟开始了对疯癫的压制，但在17世纪的法国，很难说资产阶级是处于支配地位的。古典经济学家认为慈善基金、修道院、不可让渡的土地财产所有权是经济发展的主要阻碍力量，福柯对这一观点的优点不予理睬。当然，福柯对资本主义生产模式的犄角旮旯不感兴趣。他对阶层分化的细节和政治游戏理论并不感兴趣。实际问题打动不了他——这并不奇怪，因为福柯在他的认识论著作中花了相当大的力气才将它们从结构主义者的视域中抹去。这可能也解释了他为何在非现代或者非西方社会的压制历史问题上持沉默态度的原因。他对进化历史观的嘲弄似乎表明，福柯相信在权力的发展中存在一根红线——这是一种打到底线的竞争，西方现代性的诞生意味着它也跌到了最低点。为什么不关注这种灾难自身的历史传记而要大费周章去关注别的呢？

这种叙事与当下许多其他的思想潮流颇多契合之处，并非只有福柯和法国解构主义者才挑选了现代性作为研究对象。事实上，这也是法兰克福学派获誉最多的领域。虽然他们从人类交往的领域来定位西方文化的衰败，但他们的结论与福柯的颇为相似。霍克海默和阿多诺(Horkheimer and Adorno)谴责技术和降伏自然的意志,称之为现代性的资本原罪(1972),造就了独裁型的人格(Adorno et al 1964)。发达资本主义对爱欲(Eros)的否定(1955)以及随之而来的单向度的人类生活(1966)激发了马尔库塞(Marcuse)关于文明的思考(1955,1966)。因为资本主义、大众社会以及保守文化,在西方社会已经到了糟糕得不能再糟糕的程度。

诺伯特·埃利亚斯(Norbert Elias)的观点可能最接近福柯的逻辑。文明,即造就了我们现代的、资产阶级社会的这一过程,激发了对情感和情感经济的彻底检查。在欧洲,从中世纪的早期开始,到启蒙时期,再到19和20世纪的资本主义专制时期,文明的发生,始终伴随着通过各种新式的控制所实施的对自然驱动力的越来越多的压制:

> 今天,标准和规则的分量已经超过了人的分量;人类习俗中对社会交往的控制以及对它施加的压力是如此顽固,以至于只有一种解决办法……要么遵守社会期待的行为规则,要么被驱逐出文明生活的领域(1997:Ⅰ,283)。

新的行为控制的子系统往往缘起于高一级的社会阶层,然后才内化于低一层的社会阶层的行为规范。埃利亚斯提供了大量的通常被排除在学术研究之外的例子,如对肉类的消费、饮食、餐桌礼仪、家庭隐私、性爱习惯、对公开裸露的容忍等来说明这点(1997:Ⅱ,379~392)。

变化是随着越来越多的无意识的自我控制而发生的;这些变化要求冲动情感要服从于延迟满足的机械规范;它们鼓动个体学会掌握超我,使之随身而行,当然这个超我更加丰富,但也更加僵化。最终,现代"文明"社会急剧扩展了不安全感和羞耻感在个体控制方面所扮演的角色。埃利亚斯的结论源于这样的一些前提假设:学术研究领域中"自然"生活和"文明"生活的对立,以及这一对立的核心观念,即后一种生活更为优越,是说不通的。就算勉强承认,那么人们在现代性之前的文明社会中与自我的关系也是要比现代社会中好很多。

真是这样?杜尔(Duerr)发现,埃利亚斯用来支撑自己论断的证据最起码可以认为是不足为凭的。大部分未开化社会都会使用羞耻、尴尬、丢脸等机制,这与文明社会所用来控制情感的公开表达的机制基本上是一致的。即便是在那些裸体或者接近裸体的部落群体中这种机制也是普遍存在的,在这种群体中,成员之间彼此打量对方的方式是有着严格限定的(Duerr 1992)。此外,埃利亚斯认为在西方情感经济学中,对裸体和性行为的压制是不断增加的,这一观点也没有经受住时间的考验。抛开春假(spring break)、肥美星期二(Mardi Gras,译者注:最早为宗教节日,现已成为美国最大的狂欢节)、德国狂欢节(Fashing)以及类似的情境不提,在大部分欧洲海滩上,裸体日光浴的女性以及裸浴区都已成为司空见惯之事,旁观者或者大众媒体对此视若无睹。类似的事情还发生在游泳俱乐部以及其他成人娱乐场所。在埃利亚斯提出性不断受到压制这一论断 25 年之后,这一文明进程的趋势,即超我不断增加对本能的压制的趋势,由于一些说不清的原因,突然为所谓的性革命所取代。在 1969 年旧金山出现所谓的"爱之夏"(Summer of Love)后,已经很难再坚持他的观点。

因此,后现代范式,从毫无限制的相对主义的一项事业转向了构建虽含糊但却立场坚定的道德和政治原则,当然后现代并没有给出路线图。前一方面指的是对客观性的否定,是参照阅读,是所有权力的非法性;后一方面指的是解放他者,抵制现代性的一切诱惑,以及对逝去的前现代的乡愁。埃利亚斯以及福柯,对由后现代激发的新浪漫主义形象有着重大影响。我们现在所处的这个世界,已经误入歧途,我们失去了纯真,权力的滥用肆无忌惮。肯定存在一个事情还没有糟糕到这种地步的时代。至少,可以想象得出有这么一个时代。从帕索里尼(Passolini)①关于不受任何现代情感经济束缚的中世纪共同体的梦想[《十日谈》(*Decameron*),《坎特伯雷故事集》(*The Canterbury Tales*)]到《达・芬奇密码》(*The Vinci Code*)(Brown 2003)对逝去的异教信仰、前基督信仰或者前犹太 - 基督信仰或者前一神论信仰或者前家长制或者前现代任何事情的招魂,我们的大众文化中有很大一块反映出了后现代对逝去时光的乡愁,那时候菲力克斯的世外桃源(Arcadia Felix)并不仅仅是一家新开张的主题公园的名字。实际上,人类历史上有许多造反者,这些人都认为他们有造反的理由;然而,我们需要质疑的一点是,即便这有点后见之明,这些反叛最终可曾带来什么影响?接下来我们就要对这些影响进行探讨。

五、后现代、后殖民与解构主义

20 世纪的下半叶是一个不寻常的时期。它见证了包括苏联在内的老旧

---

① 译者注:全称为皮埃尔・保罗・帕索里尼,意大利著名导演。《十日谈》和《坎特伯雷故事集》既是两部书的名字,也是帕索里尼导演的两部电影的名字。

的西方帝国的崩塌，它见证了艰难的摆脱殖民化的过程，以及一些以前接受自己低人一等身份的社会群体的觉醒，尤其是在西方社会，妇女、少数民族、同性恋、双性恋以及行动不便人士——所有这些人都加入到了反对歧视的战斗中。

正如我们曾经看到的，后现代为所有这些人提供了一种批判的方法论——这被称为新的阅读方式或者解构主义。后现代也提供了一个明确的批判对象——现代性。但这一目标太过抽象。当福柯聚焦于细节时，他大谈特谈的是权力、压制和同样模糊的分类，在他看来，这些束缚了身体，使得它们接受社会的定义，而社会定义永远框定着对它们的最佳期待。谁能从这些活动中获益，获益程度几何？如何用一种最佳的方法来克服这些活动的弊病？用何种战略、战术？这些都是尚未解决的问题。然而，观念和理论需要对具体的经验和明确的目标进行分析，以洞察那些人数众多的群体的心灵。解构主义（缩写为 deco）由此进入了中心舞台。

在过去，马克思主义对西方的政治系统，尤其是资本主义经济提出了尖锐的批评。在近一个世纪的时间里，马克思主义是西方主导性的意识形态之外唯一获得全球知识界认可的替代方案。它有一套关于历史的理论，有一套政治经济学理论，它倡导建立一套公平的被称为社会主义的秩序。因此，一些最早尝试对资本主义世界里其他社会群体是如何被征服的作出解释的研究者会首先使用马克思主义的概念和方法，这并不是什么巧合。德·波伏娃（De Beauvoir）将对女性的剥削与对无产阶级的剥削联系起来（1949），而随后的一些构建女性主义理论的研究者则试图探索所谓的驯服的生产模式（Rowbotham 1973; Rowbotham et al 1981; Hartsock 1983）。甚至在此之前，一些美国的黑人作家已经进行了类似的探索。杜波伊斯（W. E. B. DuBois）、兰斯顿·休斯（Langston Hughes）、克劳德·麦凯（Claude McKay）以及其他一些作家，都在不同程度上试图从马克思主义和社会主义中寻找能够解释那些在美国先是深受种族隔离之苦，后又被冠以 Negro 蔑称的黑人的境况的理论工具。然而，很快，人们发现种族、性别和阶级并不能轻易地等量齐观。越来越多的人认为，马克思主义弱化了批评的锋芒，容易让人想起民族中心主义和家长制。毕竟，工业工人阶级是西方白人男性工作者的总称，在世界上其他地方并不容易见到这一群体。工人与人类中的其他男性常常拥有同样的行为模式。很快，许多美国黑人转向了种族民族主义，而女性主义叙事将会召唤精神分析登台亮相（Mitchell 1974,1984）。

人们也能发现去殖民化理论家们对西方模式的态度变化。许多前殖民地的马克思主义者对列宁的帝国主义是资本主义的衰老阶段的论断深信不疑。新一代的研究者完全掉转了方向。塞泽尔(Cesaire)、敏米(Memmi)、法侬(Fanon)都是殖民地居民。很快,他们的激进主义就抛弃了经济学分析,而代之以文化分析。这一转变在弗朗兹·法侬(Franz Fanon)身上有着明显的体现。他最著名的理论著作(1968)中马克思的术语随处可见,但与此同时,这部著作又表现出了提供一种不同的去殖民化的理论基础的坚决意图(1988,1991)。

按照法侬的观点,殖民地世界是一个摩尼教实体。殖民化的开始往往伴随着对当地人土地、财富和文化传统的强力剥夺,从而创造出两个对立的人类群体——殖民者和被殖民者。只要殖民主义存在,这两个群体就会继续隔离和互相排斥。然而,外部势力和被征服民族之间的不对等关系,并不仅仅是赤裸裸的权力的问题。毫无疑问,殖民者在他们的秩序受到威胁时会使用警察和军队。但在此之外,还存在着一个充斥着对立文化的世界。殖民者的文化目标是很清晰的——剥夺被殖民者的人性。在殖民者的眼中,殖民地社会是一个没有价值观的世界,因此是一个不足道的世界。应该将这个世界摧毁,并用殖民者所带来的高级文明取而代之。

民族解放是与殖民者的这一战略完全相反的。殖民地秩序,就其本质而言是残忍、残暴的,应该被一种更为优秀的力量所推翻,这种优秀的力量,不仅要在政治水平上进行彻底的检查,也要在文化水平上进行清算。得到解放的前殖民地国家不需要以前的强权者的观念和文化制度。外国带来的文化结构,应该被连根拔起,就像彻底清除殖民主义对当地人的生活所造成的影响一样。即便法侬偶尔注意到了大都市资本不同部分的不同利益,注意到了殖民者和他们的中央政府之间的张力以及大都市的工人与殖民地的一定程度的团结,他常常忽视了这些现实是如何使得殖民契约往往不像他所认为的那么铁板一块。对他来说,反殖民主义斗士不应该与殖民权力和它们的文化有任何的通融,因为它们会带来致命的影响。他警惕地盯着刚刚摆脱殖民统治的国家的那些更容易受到大都市资本主义影响的部门,认为它们可能更容易与旧秩序在文化上和政治上达成妥协。解放运动不应该信任民族资产阶级、知识分子甚至本国的城市工人,因为他们太容易受到外国势力的腐朽影响。在其内心,法侬——与毛泽东、波尔布特一样——只相信农民以及他们在城市的同命兄弟——无业城市游民,因为二者都不会受到殖民主义文化魔咒的影响。

对法依来说，后殖民社会所面临的最大的威胁，不是来自于西方在经济上的主导地位，而是来自于它在文化上的支配优势。

1970 年代和 1980 年代，最有影响力的新殖民主义理论并没有追随他的脚步。依附学派采用了一种更为马克思的方法，重点关注的是第三世界在国家经济秩序中所扮演的角色（Baran 1957；Baran and Sweezy 1966）、在中心和边缘所进行的交换（Amin 1973，1976；Emmanuel 1972；Frank 1975，1981；Wallerstein 1974，1980）或者是世界经济中政治统治的稳定性（Bettelheim 1975；Dos Santos 1991）。然而，法依关于殖民主义的概念，即殖民主义主要是一种文化力量，这种力量既包含又取代经济领域成为最主要的殖民力量，将会再次流行。

萨义德（Said）将法依的思想结构引入到对学术环境的研究。对萨义德来说（1996，2000），在西方知识界，关于帝国主义的经济和政治现实长期以来一直存在着争议，但"几乎没有学者注意到文化在现代帝国主义经验中所扮演的特权角色"（1994：5）。萨义德毫不奇怪地赞同后现代的填补空白的技术，他称之为对位阅读（contrapuntal reading）。依照这一技术，他认为自己可以找出大部分西方观察者观察非西方世界的著作中的沉默声音（1994）。它们的沉默揭示出了一种思维上的帝国主义，它是西方优越性这一概念的基石，而这正是他在《东方学》（*Orientalism*）中所要批判的（1979）：

> 如果在分析观念、文化和历史时，不分析推动它们的力量，或者更准确地说，不分析它们的权力结构，那么，就无法对它们进行严肃的理解和研究……西方和东方的关系是一种权力关系，一种统治关系，一种程度不一的复杂的霸权关系（1979：5）。

西方在凝视东方时，只会盯着那些它想看的东西看，即只盯着能证明西方文化比其他文化优越的符号看。在萨义德看来，依据这一方式，帝国主义不只是或者不主要是经济力量的相互影响，它是西方思维的一种属性。

对萨义德来说，新左派比旧左派高明的地方在于前者能够熟练地探测出文化的牢固统治。经济学导向的研究者往往需要痛苦地上天入地寻找事实以证明他们的论点。不管能否证实，他们都需要依据客观事实进行解释。萨义德和他的追随者走了一条捷径。他们只需分析这个或者那个作家或者这个或那个文化趋势是西方的，还是西方化的，这使得他们的生活轻松了许多。最终，萨义德分享了法依的二元方法，认为要想从殖民思想结构中解放出来，就需要与整个西方文化彻底决裂，创造出一个全新的来。

如何做到随处都可以发现阴险的西方正不断准备着剥夺世界其他地方的文化重要性，萨义德有诀窍。当然，为了做到这一点，他需要借助于一些非常模糊的概念。东方学本身就非清晰的历史概念。在他的两本主要著作的不同章节，萨义德在解释东方学时，提到了16世纪以及后来的旅行者（1979：随处可见）、1312年的维尼大公会议（Council of Vienne）（1979：49～50）、欧里庇得斯（Euripides）的《酒神的伴侣》（*The Bacchae*）（1979：56～57）甚至荷马（Homer）（1979：85）。有时候又将之解释为对来自于阿拉伯和奥斯曼帝国的征服萌生的恐惧（1979：58～63；1994：111～114）；有时又将之解释为西方面对不如自己的人群或者种族时的傲慢和轻蔑（1994：132～169）。在这一处，它指的是西方对伊斯兰文化的印象（1979：282～283；1994：286～291）；在那一处，它又指的是对世界上所有非西方国家的印象（1979：224～229；1994：286～291）。东方学，就像冰激凌广告的奶油一样，可以四处涂开，因而也就不怎么可信了。而且，在内心里，萨义德并没有对这一过程进行解释。就像他笔下的东方学家的东方一样，就像法依的大都市一样，这个西方没有什么真正的内在多样性、没有冲突、没有暗流涌动、没有分歧。

后来的《文化与帝国主义》（*Culture and Imperialism*）得出了《东方学》（*Orientalism*）本应提出的政治结论。新的文化必须拒绝任何以及所有的心灵上的殖民。对统治的抵制是新商标的名称，新商标有它自己的营销组合。最重要的是，人们有权将自己的历史看作是一个连续的整体，同样地，一系列丰富的认同也需要构建出来。"当地奴隶的叙事、神话传记、对监狱的记忆，这些都是与西方强权者高大的历史、官方的话语以及全景式的准科学观念截然相反的"（1994：215）。

萨义德不仅把文化物化——他还误解了文化互动的精妙之处。政治只是一场权力斗争，葛兰西的霸权概念在他那里扮演的角色就像权力在福柯那里扮演的角色。他混淆了权力和统治的区别，导致了同样的结果。另一方面，有许多理由把他看作是亨廷顿的反面，进行对照阅读。认同不仅会随着时间的流逝而保持稳定——它们还会变得难以用语言形容，而且注定彼此要发生碰撞。不管我们接受帝国主义的观点（Huntington 1996，2004）还是被殖民者的观点（Said），最终结论都差不多。二者都仇视跨文化沟通，都轻率地自作主张地提出论断。当然，二者也都知道在没有扰动的情况下如何明辨是非。

后殖民研究（缩写为poco）进一步拓展了萨义德的教诲。正如这一领域的一位著名的研究者所言：

> 后殖民主义,现在有着广泛而又多样的分析用途,它的研究和分析领域包括欧洲的强占领土行为、欧洲殖民主义的各种制度、帝国的话语运作、殖民话语中自我建构的精巧性以及这些主体的抵制。也许,最重要的是对这些侵犯以及它们当前在独立前以及独立后的国家和地区的殖民合法性的不同反应(Achcroft et al 1998:187)。

因此,与依附学派的观点不同,后殖民主义相信,社会、国家或者民族之间的冲突在很大程度上源于文化。因此,与马克思主义者不同,他们认为经济在诱发冲突方面的作用微乎其微,因此,经济不应成为研究和行动的首要目标。因此,他们倾向于对后殖民世界中真正发生的过程视而不见。对他们来说,今天的中国,或者19世纪的中国都同样受到西方霸权的征服。不管这种霸权是通过不平等条约和殖民干涉实现的,还是通过今天不断增加的消费主义实现的,两种境况都一样。为什么要大费周章地去问中国人怎么想呢?有趣的是,他们好像无法理解他们的消费主义困境,因为他们的祖先是依据帝国叙事来治理这个国家的。文化帝国主义——如此强有力,甚至有可能会潜伏在后殖民的管理体系中。

这种潜藏在所有的帝国主义权力游戏之下的不变的结构,与拉康(Lacan)在他的关于心理分析的著作中所描述的很相像(1966)。在拉康那里,认同的构建需要从一开始就有他者(小写的他者)的在场。这个他者可以是自我之外的任何事物、身体之外的任何事物,一个人在镜子中的影像也可以是他者。镜像阶段创造了自我和世界的其他部分的分裂。非我领域的出现打碎了主体最开始的未分化状态,同时又强化了自我,还意味着与母亲的身体相联系所带来的令人安慰的整体性的丧失。这种整体性的丧失或者缺乏,再加上返回母亲子宫的欲望,将会在这个个体随后的生命中纠缠着他。然而,还有另外一种类型的他者(这次是大写的他者)——拉康称之为大写的他者(Grand Other)。虽然拉康对之的描述拐弯抹角,但这个大写的他者是一个符号实体,取代了母亲以及她的欲望法则(Law of Desire),约束着个体使其遵守理性秩序的要求。虽然这个大写的他者获得了父亲的法则(Law of Father)的称号,但是这种属性就像是在母亲的规则下运行一样,并没有反映出个体的或者历史的困境。它是无意识的不变的结构位置,就像列维－施特劳斯(Lévi-Strauss)所理解的组合的心灵一样。个体可以接受它,或者也可以尽力去挣脱它,但最终仍是无法避开父亲之名(Name of the Father)。任何符号秩序都会被另一套符号秩序所取代,但每一个都与它所取代的那个一样充满压制。

虽然拉康关于认同的理论中充斥着本体论方面的消极主义，这为他所宣传的解放目标蒙上了一层阴影，但后殖民主义兴高采烈地借鉴了这一概念，并将之用到他们自己的研究领域。个体自我认同的建构与被殖民者的自我认同的建构并没有太大差别（Bhabha 1990，1994；Burns 2001a；Hall 2007a；Spivak 1988，1999）。被殖民者受到帝国主义语言的隔离和边缘化，比如用“他者”或“世界”（就像“在第三世界”这个短语中的用法一样）这样的词汇来否定他们，这使得他们成为被征服的对象。他们面临的选项与个体所面临的选项很相似。他们要么遵守欲望法则，接受他们的帝国主义母亲，即大都市的培育；要么他们明白殖民秩序是符号化了的父亲法则，即外来权力的法则，当然被殖民者可以推翻这一外来权力。通常，后殖民者会停留在镜像阶段，也就是说，他们倾向于停留在对帝国主义曾经的统治的责难上，倾向于揭露这种统治是如何在世界的每一个角落进行的。其他的一些后女性主义、酷儿理论（queer theory）以及另外一些后现代主义都采用了类似的关于理性、欲望和权力的框架来对现代文化进行批判。所有上述这些理论研究的都是认同构建的复杂性，并将认同的构建与不同的情景，帝国主义社会和殖民地社会中的女性、同性恋结合起来。虽然这些研究呈现指数增长的态势，但这些研究的主题却不可避免地呈现碎片化的趋势，而令人眩晕的新术语以及在各种情境的最为常见处无休止地探究出更深层次的意义的技术无疑强化了这一趋势。后现代越来越表现得像是双眼紧闭在充满岔路的花园里闲逛，弥漫着过于独特的风格。后现代未能免俗地变成了几个术语。

最终，后现代范式披上了一套令人生畏的自欺欺人的盔甲。作为后现代的出发点的对现实的定义，主要是为了方便使用那套关于心灵的规则，而这套规则却无法解释变化，这就造成了历史和人类的自我利益都消失不见。然后，后现代建构——或者说解构——了一种由着自己性子来的方法论。后现代忽视了它的出发点是如何容易变成循环论证的，它在毫无证据的情况下宣称自己关于现实的定义要优于科学方法的定义。现实由此变成了一个文化领域，充斥其中的是好的或者坏的叙事，而这种好坏又是依据后现代自己的口味来决定的。依照这种方式，从自我说服中获得的洞察与对现实的扭曲描述就结合在一起。然而，最终后现代也为自己的缺乏自我控制而付出了高昂的代价。被弃之不用的事实以扭曲的现实的形式再次回来了。

第四章

不期而至的旅游研究者

一、最后的社会学家和最后的官僚主义者的勇气

在旅游这个缺乏雄心壮志的理论的研究领域，麦肯奈尔（MacCannell）的旅游研究取向是最接近一般性理论的。因此，一点也不意外，他的研究受到了极大的尊崇，也获得了大量的引用。这种成功并不必然意味着他的研究是一个不可更改的标杆，需要毫不犹疑地拥抱它。事实上，许多直到今天依然在折磨旅游研究领域的带有误导性的假设都源出麦肯奈尔的研究。对他的研究进行重新评估，看起来早就应该进行了。

正如我们所知道的，麦肯奈尔的研究强有力地停止了关于旅游本质的一般性争论。然而，他在多个地方都清晰地表明，《旅游者》（*The Tourist*）并不是一本关于旅游的书。如果能有什么事情让他感到吃惊，那无疑是他被视作旅游专家。用他在自我介绍中的话来讲，他所有的职业生涯都是在别的研究领域度过的（1990b），或者我们可以大胆地将之更正为，在他的职业生涯中横跨多个领域，呈现出一主多从的特点。虽然他表现出对人类学的特别偏爱，但他在职业生涯初期也部分地进行了农村社会学方面的研究。然而，无论是人类学还是社会学，对他来说都过于狭窄了，因此，他转向了符号学。按照他在自己的网站上的说法（MacCannell 2008），他依然在探寻其他领域，比如景观学、

无意识以及城市的未来。

旅游是如何嵌入这张让人印象深刻而又错综复杂的学术生涯自描图的呢？我们只能追随他来寻求答案。他感兴趣的不是旅游研究可能会给社会学领域的某些一般性理论带来什么贡献，恰恰相反，他寻求的（或者，在找到结构主义符号学之后，他想告诉每个人的）是通过一些具体的视角来提出一种关于现代性的一般理论。他最为出名的研究是关于旅游的，但文化研究中许多其他领域，他也有所涉足——电影明星崇拜（1987a），政治（1984；MacCannell and MacCnnell 1993b），色情文学（1989a），景观（1992b），黑色电影流派（1993），都市化（1999b），符号学（1989b；MacCannell and MacCnnell 1982），市场营销（2002），结构主义和符号互动主义（1986，1990a；MacCannell and MacCnnell 1993a）以及《旅游者》（1976，1999a）和《空无一人的聚集地》（*Empty Meeting Grounds*）（1992a），其中最后一本书是所有这些主题的合集。

但是，麦肯奈尔并不仅仅是想成为许多领域的专家。虽然他的研究明显缺乏聚焦，但就像阿尔吉洛克斯（Archilochus）笔下的刺猬一样，他想弄明白的只是一个重大问题——现代性的结构以及它所有的复杂关系和陷阱。就像中世纪的行吟诗人一样，更多的是对爱情本身感兴趣，而不是某个具体的爱人（De Rougemont 1983）。麦肯奈尔之所以关注旅游者，是因为旅游者"是最为典型的一般意义上的现代人"（1999a：1）。

虽然自我介绍并不一定反映了它们的主人公的心理，但它们确实能显示出它们的作者想让别人如何看待自己。如果我们幼稚到了相信解构主义者的大吹大擂的地步，即认为艺术作品或者文学作品通过遮蔽（或者其他类似的方法）来达到揭示的目的，那么我们就可以将自我介绍看作是对作品的一个概括。聆听这些作者如何自我介绍，总是值得的。麦肯奈尔在加利福尼亚大学资助的一本合集中作了自我介绍。在那本书中，他讲述了自己学术生涯中一些有趣的故事，以及他看待生活的方式。然而，出于本文的目的，我们将重点放在他的研究策略上。

他的赌注很大，足以吓坏那些胆怯者。他将赌注下在对现代社会结构的彻底理解，而不是其他任何事情。虽然旅游是现代经验的一部分，但他并没有为旅游研究的任何领域提供更多新见解。他试图卷入到从马克思到列维－施特劳斯这些最伟大的社会理论家的争论之中，尤其是对涂尔干、韦伯、戈夫曼和福柯的观点的辩驳中。甚至这样说也不足以涵盖其研究领域的宽泛程度，因为在他这里，理论仅仅是行动的休息室而已。

正如他在别的地方所明确指出的，他的工作的基础便是旅游（正如刚提到的，旅游只是一般意义上的现代性的一个隐喻）和革命这“现代意识的两极——一极是接受甚至尊敬事物现状的意愿，一极是改变事物的欲望”（1999a：3）。给旅游者，这个一般意义上的现代人，一个可靠的主线，他可能就会离开他所陷入的迷宫。然而，由于某些原因，正如麦肯奈尔自己所承认的那样，他说的第二个问题被押后了（我们稍后将会对此进行讨论）。因此，让我们用麦肯奈尔自己的话来描述他，让我们陪着他一起踏上冒险之旅，让我们来看看他是否证明了自己的勇气。最后，即便这趟旅行的成本有点过高，但是随着他一起前行，要比阅读大部分学术刊物上今天所刊发的那些各式各样的旅游研究方面枯燥无味的案例研究有趣得多。

当麦肯奈尔谈论现代性时，他指的是什么？一个历史时期的变换，以及一种关于社会生活的整体性的新组织形式，这种社会生活与之前的工业社会是相反的，在工业社会中，工作在生活中占有突出地位，居于所有人类活动的中心。在现代性社会，工作为休闲所取代。马克思是工业社会最好的解释者，这是一个由物质商品构成的世界。而现代性社会放弃了这一论断。虽然在生产世界，商品依然存在，但这一领域越来越多地披上了文化的外衣。今天，产品大部分情况下意味着文化产品，就像“《印度往事》（*Lagaan*）（2001 年宝莱坞的一部大片）是一件很好的文化产品”这句中的用法一样。

这两个领域是存在着明显不同的。麦肯奈尔从不同的角度对之下过定义，但都归结为所有权问题。经典意义上的商品是个人所有的，但在现代性情境下，并不需要这样。

> 旅游目的地，如自然名胜地、城市、文化、遗产地、传统、种族和民族差异的最典型特征是，它们没法进行交换。旅游者可以参观这些，但他们不能购买它们，将它们带回家，或者再次出售它们（2002：147）。

依照这种方式，我们现在对他将要研究什么有了一个清晰的概念——休闲和商品，或者更好的说法是，现代商品的社会角色——用双管齐下的方式来进行研究。

当情形合适时，麦肯奈尔并不畏惧提出雄心勃勃的论断，但这两个论断看起来确实有点过于夸大其词了。在现代性情境下，工作真的走向了终结？休闲真的在这个星球的 67 亿人口（截止到 2008 年 7 月）的生活中扮演着决定性的角色？很明显，麦肯奈尔没有考虑那些由于失业而被迫享受休闲的数百万人的情形，或者欠发达国家那些从日出忙到日落的农业工人的情形，或者中国和东南亚工厂中那些每周工作超过 50 小时的工人的情形,或者那些为了完成工作任务而被迫放弃带薪休假权利的人(当他们拥有这项权利时)的情形。

即便是在发达国家,他关于工作让位于休闲的论断也太过夸张。在 OECD 国家中,韩国人每年工作 2 357 小时,希腊人 2 052 小时,意大利人 1 800 小时,美国人 1 979 小时(福布斯杂志,2008)。这意味着 1 年 52 周,韩国人要工作 45.3 周,希腊人 39.4 周,墨西哥人 36.2 周,意大利人 34.6 周,美国人 34.5 周。如果我们除去带薪假期、周末、国家法定假日,他们工作时间的密集程度达到了令人吃惊的程度。因此,休闲取代工作成为一般意义上的现代人的主要职业,这一假设是很难获得支撑的。这个观点如此粗暴,以至于说它是种族中心主义都有点高看它了。就算这个假设具有某些现实性,它也只是适用于这个世界上一小部分有钱人——按照麦肯奈尔的说法是新休闲阶级——基本上和一般意义上的现代人不搭边。麦肯奈尔以自己的统计技术为荣(1990b)。是什么让他没有做这道简单的数学题呢?

在文化生产时代,商品已经发生了巨大的改变,以至于无法对之进行购买和出售?毋庸置疑,在过去 150 年的时间,包括旅游吸引物在内的文化产品的边界急剧扩张。然而,它们失去了和它们的生产者和所有者的关系了吗?一般情形下,交易它们不是出于金钱的目的吗?

今天,在地球表面,很难发现古代罗马法理学家所谓的无主财产(res nullius)。除了公海和南极洲,所有的事物都各有其主。梵·高的《鸢尾花》、《蒙娜丽莎》、喀喇昆仑山脉或者纽约城,均归属于明确的个人或者实体。《鸢尾花》是纽约现代艺术博物馆(NYC Museum of Modern Art)的一件藏品,该馆是一家创立于 1929 年的非营利性机构。阿黛尔·列维(Adele Levy)在 1958 年将这幅画捐赠给了这家博物馆。她或者她的祖先肯定是从某处把这幅画买到手的。喀喇昆仑山脉为巴基斯坦、印度和中国所有。这三个国家每个都对依据国际条约为自己所有的那部分领土行使主权。通常,现代宪法和国内法会认为这些事物,或者类似的自然区域,是属于个人或者属于它们所在的这个国家。在后一种情形下,政府的某一个特定部门会承担起管理这些事物的责任。《蒙娜丽莎》(据说 16 世纪法国国王弗朗索瓦一世花了 400 埃居把它买下)长期以来一直属于法国,在卢浮宫展出,并由这一政府组织看护。纽约城建立于 1613 年,并在 1898 年并入纽约州和美利坚合众国的法律框架下。这一延伸的地理区域,部分为公共机构所有,部分为私人地主所有。通过这种方式,今天的任何有形物体都确确实实归属于某人。如果这是商品的定义,那么我们今天所看到的、接触到的,包括旅游吸引物在内的大部分物品都是商品。就这方面而言,旅游吸引物与一辆汽车、一块丝绸或者一磅牛肉或者一个品牌并没有什么差别。

那么为什么旅游者不能出售或者购买它们呢?答案很简单:因为其中的一些,从它们的法律地位看,是非交易物,古代的罗马法律明确指出了这一点。然而,它们的法律地位可能会发生变化,而且这种情况经常发生。它们可以也确实会转手。如果它们是可移动的物体,那么它们就可能被查抄或者被窃取,一旦它们被带到另外一国,那么它们就会再次被出售。可以想一下在曼谷的石龙军路(Charoen Krung)上的那些黑店画商那里所看到的数量稀少,但特别有价值的柬埔寨古文物。就纳粹而言,戈林可以跻身史上最大的劫掠者之列。他不遗余力地掠夺了大量的欧洲艺术品。

如果它们是不可移动的,那么一些地区和吸引物可能会被纳入另外一国的主权管辖范围。希特勒吞并了奥地利、苏台德地区以及捷克斯洛伐克。他和斯大林,他一度的合作者,在1939年瓜分了波兰。在战后,波兰和其他许多国家重新调整了它们的边界,一些吸引物发现了它们新的所有者。如果它们是完全无形的——比如一种文化或者一种宗教信仰或者一种特定的传统——那么人们就有可能通过消灭它的实践者或者抹去它们的物质文化遗存的方式来消除它们。纳粹的大屠杀就是一种试图通过根除犹太文化的追随者从而一劳永逸地消灭犹太文化的尝试。事实上,这是一个极端而且失败的例子。但它表明,文化产品和旅游吸引物,即便是那些无法进行商品交换的,事实上也是有所有者的。

另一方面,许多吸引物或者艺术品是可以进行自由买卖的。出售艺术品和其他独特事物正是苏富比、佳士得和其他较小的艺术商赖以谋生的手段。当学术研究者写完了一本书,他们将很有希望与一个出版社签订一份版权合同,这本书将与其他任何商品一样进行买卖。1990年,熊取谷稔(Minuro Isutani),一个日本的投资者,购买了美国圆石滩公司(Pebble Beach Company),后者拥有位于加利福尼亚州蒙特雷县的几个高尔夫球场。对于那些有钱的游客来说,这些球场过去是,现在(更换了新的所有者)依然是一个著名的吸引物。我们甚至可以设想即便是迪斯尼,有一天也会被转手。

然而,事实上,旅游者通常都不会尝试购买或者出售吸引物。正如麦肯奈尔自己多次所注意到的那样,他们满足于自身对吸引物的“体验”(不管这个词是什么意思)。他们想观看吴哥窟(Angkor Wat)或者伦敦的新塔特(New

Tate Gallery)艺术馆,或者聆听布鲁斯·斯普林斯汀(Bruce Springsteen),或者他们属于“风雅”一派,他们甚至会买票去大都会剧院欣赏一下歌剧《弄臣》(*Rigoletto*)。许多人可能会欣赏《热情如火》(*Some Like it Hot*)这样的文化产品(有的人甚至会在一个周末看三遍)。这并不意味着电影本身(或者更准确的说法,播放和复制它的权利)没有所有者。该片的制作方米雷奇公司(Mirisch Company)以及该片的法定继承者拥有这些权利。购买了该电影的DVD的消费者,拥有一张光盘,可以在一定条件下观看这部影片,而这一条件隐藏在他购买该光盘时暗含的合同中。即便是一场没有录像、录音的现场音乐会也有它的所有者——音乐家拥有他们创作的歌曲以及由此衍生的价值,而演奏者拥有一定额度的收益。

事实上,大多数人都不属于上述任何类别。他们对吸引物所期许的,以及通常他们所为之付出成本的,都是一些以服务(当然,这可能需要定义)的形式存在的收益,而不是别的,就像他们期许他们在酒店的客房会有人打扫一样。同样地,就吸引物或者目的地而言,麦肯奈尔回顾了1975年数百万人涌向罗马的情景。“数百万美元流入了酒店、餐厅、纪念品专柜以及旅游团。罗马是吸引物,但罗马本身会收费吗?不会”(1999a:195)。真是这样?这取决于你怎么看待这件事?如果我们认为罗马指的是一个地理空间的名称,在这一空间发生了许多历史事件,那么这一论断就是对的,因为罗马什么也不是。罗马就是一个声息,是空气通过人的声音韧带的产物。如果我们认为罗马指的是许多罗马人居住的地方,那就是另外一回事了。当地政府不向旅游者征收酒店入住税吗?它不在停车场收费吗?旅游者不向许多为“罗马”所拥有的吸引物支付费用吗?同样的道理,也适用于那些旅游交通方面的产品和服务提供者,即便是麦肯奈尔也承认,这些商家挣了数百万美元。

即便是在一些欧洲国家,人们可以免费进入海滩或者公共建筑甚至是博物馆,但是为了“获得”这种体验,他们也需要支付一些交通费。旅游者需要支付交通费、停车费以及可能的导游费等。观赏《最后的晚餐》可没有免费的午餐吃。与统计学不同,麦肯奈尔并不以自己在法律方面的技能而自豪,但对他来说咨询一些专家以获取最全面的法律知识是再简单不过的事情,但为什么他会怕这个麻烦呢?这并不是要打破沙锅问到底,而是因为这个问题属于麦肯奈尔的研究方法论的核心。如果我们同意麦肯奈尔的观点,认为休闲已经成为现代性情境下社会生活的主要特点,认为吸引物并没有所有者,认为欣赏吸引物的时候旅游者并没有支付费用,那么他接下来的推理我们基本上也都可以推出。

他的分析中的很多细节都让读者惊诧莫名，而且这些细节也是没有根据的。我们被告知，他是通过民族志方法的混杂来得出结论的。他对旅游者行为进行远距离观察或者参与观察，他从不同的印刷媒体来收集、甄选旅游者发布的关于吸引物的通告和评论，他解构了自20世纪之末以来出版的多本关于巴黎的旅游指南（*the Anglo-American Practical Guide to Exhibition Paris*：1900以及Karl Baedeker著名的*Paris and Environs with Routes from London to Paris*：*Handbook for Travelers of the Baedeker*旅游指南系列）。这些方法，没有一种能够轻易地独立地重复进行。他的解释是"每一份报告其特定的呈现形式都预设了一套方法，有其自己的信度、效度和完整性"（MacCannell 1999a：135），这在大部分情况下意味着研究者可以想到什么就说什么。例如，观光"通常发生在关系亲密的小团体内部"；旅游和大众休闲造就了现代世界的结构，这一共识是有史以来最强烈的、最广泛的共识（1999a：136，139）；旅游者常常置身于未被注意的历史上的犯罪场所或者奇妙之地，虽然并不是每个人都这样——但它是"一种中上层阶级旅游者旅游的典型模式"（1999a：194）；"阿兹特克人是印度－希腊－欧洲帝国之外最强大的建筑者"（1992a：54）。听说过高门（Sublime Porte，译者注，1923年之前奥斯曼帝国政府的正式称谓）或者中王国（Middle Kingdom，译者注：埃及古王国的一段历史时期）吗？在他的著作中，读者可以看到许多其他类似的卖弄学问。当麦肯奈尔觉得需要提出一个对于他特定的研究兴趣非常关键的论据时，他是什么科学标准都不管不顾的。但这些小瑕疵在他的下一个方法论——对符号学差强人意的使用——面前就显得不算什么了，因为符号学将会使得先前文字处理方面的过失错误不再成为问题。

对麦肯奈尔来说，符号学意味着什么呢？最重要的是，它提供了一幅逃离社会科学——人类学、社会学，尤其是经济学的那些名声扫地的方法的地图。这使得读者发现在他的著作中，首先给他带来冲击的是他阅读涂尔干（Durkheim）的《社会学方法的准则》（*Rules of the Sociological Method*）的感受：

> 当我读到"用一个社会事实来解释另外一个社会事实"时，我真实地感觉到了一种旧世界观的萎缩，感受到了一种思想和信念的新方向。经过这样的一种表达方式，我认为，我们清除心理学的表达方式的最后残存，以及与之相关联的资产阶级个人主义的政治信念，将只是一个时间问题（1990b：173）。

社会科学并不必然导致一种关于现实的扭曲的观点。当它们扭曲现实时——它们经常这样——这是由于它们的方法论的局限性，或者从更深层次讲，是它们的阶级局限性。它们常常背负着“资产阶级”的观点，认为社会是由个体而非其他构成的，由此推测出应该优先考虑从个体的角度来对社会互动进行解释。

他由此痛斥那些在所有社会科学领域大行其道的观点。他痛斥城市规划：

> 总之，X 和 Y 之间的任何的因果联系，与统计显著性是不相关的。因此，从统计学上讲，我们有一些在几个社会经济方面都与我们很相像的邻居——皮肤颜色、收入水平、生命周期、家庭规模等——但我们不需要通过陈词滥调的礼貌寒暄来和它们建立关系。因此，只要没有什么事物打破后现代邻里生活的平衡，那么，居住在这种生活情境下的人们可以假装，邻里之间的这种具有统计显著性的关系也具有实实在在的社会意义（1991b;121，1992b）。

他痛斥市场营销，因为它滋养了我们个性中的自恋本能（1987a，1987b，2002）。他痛斥现代人类学，因为它回避了对第三世界人们对发达国家的依赖关系和不利处境的研究。他痛斥主流社会学对西方都市－工业社会工人阶级的过度关注，认为这将会放弃社会学在研究贫穷、压迫和错误意识方面的关键角色（1990b）。但重中之重，他批评的是经济学。当越南战争接近尾声的时候：

> 我还知道，美国政府将会对大学进行报复，它将会实施学术压迫，这一行为将会至少持续 10 年，或者至少持续到知识分子、西方社会科学家、第三世界的人民以及国内的边缘群体所结成的联盟被拆散为止……我甚至能事前想象到压迫的精确形式，即用完全的商业、经济和技术词汇来重新定义学术发展，而将任何严肃的文化思考或者社会意识弃之不顾，甚至将之视为要克服的阻碍（1990b：183～184）。

因此，市场经济不仅暴露了它在认知策略上的局限性，它还成了美国政府所计划实施的学术压迫项目的帮凶。如果这听起来有点像妄想症，那是因为它还真是这样。事实上，那些在当时处在比美国更为独裁的社会的学者，将会很乐意拿他们所受到的真正的压迫与麦肯奈尔所受到的困扰相交换，因为麦肯奈尔所受到的压迫使得他依然保留自己的教职而没有什么大问题。

1968 年 5 月的那些太平日子里，麦肯奈尔恰逢其时地待在法国，这使得他认为自己踏上了一条通向新型社会学的正确道路，这种新型社会学具有国际性的影响力，试图挽救学院派人类学和社会学所发明出来的用来分析它们自己领域的正在改变的根基的那些卓越的工具，但最终还是放弃了这一努力。在戈夫曼的影响下，他已经有点茅塞顿开：

> 如果我们追随戈夫曼的观点，注意到表达和社会形式之间的脱节，注意到原因和结果之间的不一致；如果我们追随他进入一个空间，不得不将我们的自我抛在脑后，无须决定主义这根拐杖就能发现他者，那么社会学就变成了符号学的一个分支（1990a:34，1992b）。

但真正让他大彻大悟的是巴特（Barthes）的著作。从此，符号学成了他的新科学之树的根脉。

他的符号学是我们早就熟悉的那种类型——由列维·施特劳斯所发起的一般的沟通科学，作为一项伟大的发明，它将席卷所有社会科学。麦肯奈尔带来的主要转折依然是巴特式的。符号学必须要打破理论牢笼的束缚，它将弥补长期以来所存在的理论和实践的脱节问题。从这个意义上，他属于又不属于主流的结构主义模式。只有在符号学为它自身的研究项目带来革命时，他才会接受它。一旦我们拥有了所有类型方法论的汇总表，那么就到了绞死带有最后的官僚主义者勇气的最后的社会学家的时间，或者到了绞死那些使现代社会处于当下这种悲惨境地的最后的社会学家的时间。用他的话来说：

> 解构使得我们接触到了理论和想象以及解构所置身其中的生活的绝对可能性。但是一种作为同盟的互动社会学或者对话社会学依然是很有必要的，它们可以使得我们接触到权变和决定主义，尤其是使得我们能够抵制和反抗决定主义（MacCannell 1992a:3）。

令人遗憾的是，这样一种令人沮丧的前景并不会很快变成现实，因此让我们先将它放在一边，在我们后边对他的其他方法进行探索时，我们再来看看它是如何与这些方法相吻合的。

沟通领域有什么事物使得麦肯奈尔和其他许多人抱有如此高的期许？事实上，沟通在很大程度上是一种人类独有的现象，虽然人类也会与其他物种进行沟通。无论如何，除非有新的证据出现，否则我们可以认为人类享有最大程度的沟通。《韦氏词典》（*Merriam-Webster*）（2002）对它的定义是“个体通过一套共同的符号系统（比如语言、符号，或者动作）进行意义交流的过程”，或者简短一点的定义是，通过书写、说话或者其他方式所传递的信息。言说和书写的符号，再加上它们的语法，通常构成了我们所说的语言。

然而,到现在为止并没有一个统一的关于语言和它们在人类经验中所占地位的理论。给麦肯奈尔带来如此大灵感激发的法国结构主义学派,在这方面并没有太多原创。说到究地,它们属于历史谜题,使得我们将注意力不再放在那些有价值的方面——符号的随机性,也就是说帮助我们构建我们的经验的词语和句子的随机性,以及它们是如何与它们指代的物体分离的。我现在正在写的这张纸在英语中被称为“sheet”,在德语中被称为“Blatt”,在西班牙语中被称为“pagina”。中国人说话的时候,他们组织语句的方式与法国人是有很大区别的。然而,随机的符号,由于有了将它们捏合在一起的语法,从而成了必需的沟通工具,从而对它们的使用者来说就有了意义。关于所有语法的语法,使得我们一方面能够解释符号的任何可能的组合,另一方面,又使得我们能够将组合起来的符号分拆开来。这是一种典型的心理结构,历史不应涉足此间。这也是麦肯奈尔构建理论的第一部分,即便他的心思并不全在这里。

在语言出现之前的沟通是什么样的?它依赖于完全主观的符号吗?麦肯奈尔通过对色情照片中的面部表情的研究来探讨这一问题。在书写出现之前,甚至在掌握言说能力之前,我们的祖先毫无疑问会有性行为。一旦语言被发明出来,他们就需要作一个重要的决定——在做爱时交谈还是不交谈。正如我们所知道的,答案是彻彻底底的“No”。由此,性伙伴之间的沟通交流要么从技术的角度来说是毫无意义的,要么是完全依赖一些无用的文本(MacCannell 1989b)。这似乎与弗洛伊德的观点一致,我们的祖先是由拥有共同的基因纽带或者性爱关系而对乱伦禁忌不太注意的亲密群体构成的小型集合体。这些群体之间的个体的交换,往往是通过劫掠、偷盗婴儿、强奸或者是不满原有群体的个体流浪者为新的群体所接受的形式进行的。所有这些可能的交换都并不有利于语言的生成。但它们就是发生了。当异族通婚成为婚姻同盟的常态、异族交换成为贸易的常态时,言说才有可能出现,因为,这些活动都需要复杂的谈判,也就是说需要清晰地沟通(Levi-Strauss 1969)。乱伦禁忌现在强制性地使得性交换只能发生在群体之间。

> 初婚情境下的性关系有点类似于与一个陌生人发生性关系。异族通婚下的性是人们为了构建语言共同体而作出的一种牺牲,而且,似乎人类从来没有完全适应由语言构建出的性关系(1989b:158)。

这使得俄狄浦斯情结成为人类心理的中心,这可不是一个小变化。原始游牧部落的前俄狄浦斯(pre-Oedipal)性行为在某种程度上可以由色情描写中的后俄狄浦斯情结(post-Oedipal)映射出来:

> 色情描写和日常社会生活之间最为明显的差别在于,色情描写刻画的行为都是在日常的公共行为中受到特别压制的(1989b:158)。

色情描写因此提供了一条线索,使得我们可以理解原始社会里边狂野的性自由,理解自新石器时代以来困扰家庭生活的那些责难。它映射出来伴随着语言的发明而产生的对性的损伤,以及对不符合婚姻这一新规范的所有性行为的驱逐所带来的性损伤。

由此形成的结论是:正如我们知道的,社会生活完全是"围绕着一个强制的、扭曲的、非卷入性的原则而组织起来的"(MacCannell 1989b:171)。语言将我们先前本真的、直接的性行为的表现形式,从我们"所容忍"的性行为的多种表现形式(包括言说的主体间权力以及建立在性基础上的团结一致)中分离出来,从而形成了异族通婚。

> 从技术的角度来说,所有这些都是对语言这种发明作出的一个反应,但这一反应影响巨大,它形成了日常的社会制度,以及超过30 000年的社会无意识(1989b:173)。

人类不再容忍性行为的多种表现形式的时间,似乎不仅包括现代性,而且还包括原始的狩猎-采集社会消亡后的任何时间。

因此,麦肯奈尔聚合了一个野心勃勃的研究方法论,但代价巨大。正如我们将要看到的,一方面,他无法摆脱反人本主义的结构主义者所面临的责难(这类结构主义者面临的一个困境就是先验的假定符号的随机性,剥夺了意义的社会历史性);另一方面,他又无法放弃自己与所谓的非人性的现代性斗争到底的决心。这种对立,源于他对经济发展和消费的看法,最终使得他走向了反乌托邦。

二、(旅游)发展理论

正如我们早就注意到的,很容易犯的一个错误就是认为麦肯奈尔只是想对这种被称作旅游的社会行为进行更好的理解。事实上,他确实非常关注旅游,但是他从来都没有打算仅仅停留在对旅游的关注上。旅游是一种很特别的、能够指代一般意义上的现代生活的事物。在他看来,吸引物是旅游发展的推动者。他认为,一个吸引物就是一个景观和一个观景者——通常是一名旅游者——之间的一种关系。景观和旅游者通过能够承担一系列功能的标志或者符号产生关联。如果这就是全部内容的话,麦肯奈尔的立场就不值得关注,大部分人也会很容易赞同他的观点。然而,他的著作中有太多别的东西,而且这些东西并不总是容易让人理解。对于人类,以及对于动物王国的其他生灵来说,找到自己的道路曾经是、现在依然是一项复杂的工作。对于生存以及与之相关的复杂行为来说,定位往往是非常关键的。因此,在古时,能够找到猎场、建立安全的藏身处、建立贸易路线、找到行军线路,都会使得一些群体相对于其他群体来说居于优势地位。

今天的情形依然如此。从地平线上出现龙卷风时找到避风港,到旅馆选址时的精确寻找(区位、区位、区位),我们需要同样的指引。最开始,定位系统可能相当粗糙,但随着时间的发展,不同的文化发展出数不清的更优的技术。波利尼西亚人和维京人知道如何确定维度,也就是说,相对于一个固定的地点(后来我们是用赤道来作为基点)来说,一个人当下的位置。库克船长在他的航行中的观测,使得他对于经度(在东西方这个轴线上,一个地点相对于另一个固定地点在时间上的差异)的测量更为精准(Richardson 2005)。在 1884 年,一个国际子午线会议同意将英格兰的格林尼治作为公认的固定地点,将格林尼治子午线上的午夜作为全球统一时间的开始。从那以后,地球上的每一个地方,都有一个经纬度坐标。

因此,方位似乎成了一个很简单的问题,但并不必然如此。标志并不总是那么容易读懂,尤其是当你第一次访问国外的一个地方时。如果一个中国游客独自游罗马,而且不认识拉丁字母,那么尽管有很多关于罗马万神殿的指示,但是他依然找不到路。几年前,只有东京都地铁站才有西文字母标识,因此对于那些不熟悉日本文字的人来说,乘坐东京的地铁系统将会成为一场噩梦。然而,今天全球定位系统(GPS)借助于经度和纬度使得准确地找到地球上任何一个地方变得异常容易。如果一个人想去罗马的纳傅纳广场(Piazza Navona),他只需要将它的坐标(北纬 41°53′56.66″,东经 12°28′22.60″)输入一个导航系统,那么该系统将会准确地为他指引方向。今天,地球上的每一处地方都可以被精确地定位。

对于精准定位的需求,创造出了旅游者和吸引物之间的一系列关系。最明显的一种,就是刚才描述的,认知——一个标志成了一个地方的导航符号。在认知模式下,一个标志很快变得不是一个场所,而是一个景观。新来者见到了他以前从来没有体验过或者居住过(狄尔泰 Diltheyan 意义上的体验),只是通过照片、旅游指南、叙述或者口碑而知晓的一处景观,而老居民依然保留着他与这个熟悉的地方的联系。然而,有时候,一个景观可能没有标志,或者观景者可能没有关于它的信息。麦肯奈尔混淆了这一点,将这称为景观涉入

(sight involvement),而实际上更为准确的说法是,当认知变得愚钝时,就会缺乏对景观的涉入。

标志,按照麦肯奈尔的说法,还有一层身份。它们还是符号或者符码。当一个人在谷歌地图(Google Earth)上搜索旧金山时,他寻找的是加利福尼亚的旧金山半岛北部顶角的地点标志。只要他愿意,一个人可以很容易找到它精确的地理坐标。但这不足以理解这个地方。旧金山县覆盖面积为46.69平方英里,按照2000年美国人口普查的结果,共有776 733个人在此安家。任何人想在一个特定的时间、掌握这样一片广大的区域发生的任何事情,都是不可能的。

当旅游者说他们去年夏天是在旧金山度过的时候,如果他们指的是在这46.69平方英里的地域内待了一段时间,那么他们说的是真的;如果他们指的是这使得他们对旧金山这个地方有了彻彻底底的了解,那么他们是在含糊其词。旅游者可能觉得他们已经了解了这个地方,他们参观了渔夫码头、唐人街、联合广场、嬉皮区(Haight - Ashbury)、九曲花街(Lombard Street)、卡斯特罗区(Castro),但事实上,与其他任何地方(即便是小很多的纳傅纳广场)一样,作为总体的旧金山是不可能为我们所理解的,我们有限的感觉和心灵不足以让我们吹嘘能够完全掌握它,甚至是那些终生在此居住的人们也不能说他们对这个地方完全了解。

由于他们有限的时间和有限的金钱预算,旅游者只能欣赏某些地方,体验众多可能的地方中的一些地点。他们——与很多当地人一样——他们必须要选择看什么,做什么。从这一点来讲,对于旧金山的体验,每一个旅游者都与其他旅游者不同;同样,每一个当地人的体验也都与其他当地人不同。旧金山就变成了一幅素描,记录的是我个人的体验与我借助有限的观察所试图掌握的关于旧金山的整体性之间的一种关系。有多少个去过或者打算去旧金山的人,就有多少个旧金山。因此,标志不仅帮助旅游者定位他们的景观,还作为一个整体框定着我对这个地方的体验。从这个角度来说,旧金山是一种我在其中待了一段时间得到的知识符号,是一种如果我去游览我将会渴望体验的一种符号。这座城市的标志成了一种提喻,我可以用之来组织和表达我对这个地方的真实的或者预期的体验,使得我可以就它们与其他人,短暂停留者或居民、死人和活人进行对比。

从这里开始,麦肯奈尔开始不再关注作为一种空间指示的标志,而是强调标志是景观的符号性重复。他认为,这种关系有多种形态。当某些人利用明信片作为家庭装饰、明信片成了个人生活的一部分的时候，明信片就成了关于一个地方的积极的符号认同，即便是这些人并没有去过明信片上的这个地方也是如此。然而，有时候，标志也会使得它们指代的景观声誉受损（例如，当埃菲尔铁塔被说成是一堆废铁的堆砌，威尼斯大运河被说成是一个臭水塘时），这种认同就变成了消极的。在某些情景下，参与事件的人们会变成既是标志又是景观。在里约热内卢的桑巴大道上狂欢的人们，与桑巴学院的游行队伍一样成为了展示的一部分。在这种情境下，景观和标志达到了它们最高程度的符号认同。

现在，他的想象力不见了。我们被告知，在某种程度上，标志自身不仅强化了吸引物，它还创造吸引物。一块小石头通常无法吸引路人的注意，然而，当它被放在博物馆，并注明它是阿波罗 11 号的宇航员从月球上采集的样本，那么这一标志就使得它与其他的石头有了明显的不同。在这种情形下，标志变得比物体本身更重要。旅游者可能会将这块石头看作是与其他石头一样无趣的，但是当被告知，这块石头来自于月球，因此，要抱着欣赏的态度来看待它。“即便有可看的内容，一个旅游者也有可能会选择通过标志而不是通过景观来产生愉悦”（1999a：115）。接着麦肯奈尔很快得出结论说，标志造就了吸引物或者符号，造就了景观。通过这种方式，他使得符号不再指涉任何具体的地理或者历史。标志由此变得不再仅仅是一种指示，它们还是符号。一个旧金山的标志，往往是以一个具体物事的简略形式来表现的（例如，一个金门大桥的微缩模型或者一张金门大桥的明信片），从而指代了一种我们只能唤起而不是抓取的整体感。对麦肯奈尔来说，标志所具有的这一符号层面，塑造了旅游者的观赏行为。

然而，麦肯奈尔的符号分析并没有太多的原创性。我们被告知，作为符号，旅游标志有其自己的语法，或者更准确的说法是，它们的语法与符号的普遍语法是一致的。由此，他走上了由索绪尔、雅各布森、皮尔斯、列维－施特劳斯、福柯开辟的道路，他尤其关注巴特（Barthes）对神话的分析（1957）。对于巴特来说，一个神话同时也是一个沟通系统，不管它是一个句子、一部作品、一个图标、一个民族舞蹈、一个传说、一个广告、一幅画——事实上，可以是任何的人类行为或者人类创造。一个神话拥有与一种语言同样的结构，也就是说，它由能指和意义构成。在语言中，能指是物质性的结构（声音、书写符号、图形，等等），通过它，一些意义，即所指，从一个沟通者传递给另外一个。能指和所指是按照随意的方式结合起来的，但一旦这种关系建立起来，为大家所接受，它就变成了一个固定的符号。一个漂浮在水上的交通工具，不管它被称作 ship、bateau、buque，还是 con tau，这些名称都与这一交通工具的功能或者本质无关，都与它们指代的物体无关，但是一个对该语言的特定意义结构熟悉的聆听者，将会很容易捕捉到这些名称传递的信息。

但分析神话的话，绝不能停留在表面。神话从语言世界中获取自己的能指，并将之重新加工成新的沟通材料，从而创造出一个符号。按照巴特的说法，通过这种方式，神话通过我们所谓的意识形态技术来向它的听众解释事实和事件。依照巴特的逻辑，神话剥夺了叙事的政治锋芒，将历史转换成自然，或者将当下转变成永恒。在一个为资本主义和资产阶级政治霸权所定义的世界，神话成了隐藏自由受到束缚这一事实的帮凶，成了隐藏平等之下存在着不公平这一事实的帮凶，成了隐藏友爱实际意味着自利这一事实的帮凶。像看不见的手或者市场的智慧或者顾客的自由选择这样的神话，在解释当前的秩序方面扮演着完美的角色，这些神话将当前的秩序解释为不变的人性所带来的必然结果，从而取消了任何积极的行动者用一种更为积极的联系取代它们的努力。资产阶级社会（不管这个词指代的是什么，因为巴特从来没有对它的含义作出过明确的界定）需要隐藏其本质，不然的话，那些经常受到它不公正、不平等对待的人将会轻易地对之提出诘难。符号和神话愚弄我们，使我们认为它们都是不变的，而这些事物从理性的角度来看都是无法证明其正当性的。资产阶级社会利用一种错误的意识来使其大部分成员不再关注自身的根本问题，而神话就是这种错误意识的补充。

巴特的方法留下了一系列他自己不愿去探究的问题，其中一个就是人类历史。对神话的过于狭隘的定义——将之视为资本主义的壁垒——无法解释它们在其他社会形式中也存在这一事实。在波兰尼（Polanyi 1957，1968）所谓的古代经济或者原始经济中，神话发挥着怎样的功能？又是如何发挥它的功能的呢？或者如果资本主义真的衰亡的话，神话还存在吗？尽管巴特对神话本质的漠视简直令人惊讶，但这并不妨碍他在一篇生动的散文中尽情地展示了自己的乐观主义，认为神话将会早衰。他确实曾经期望所谓的后资本主义社会，比如苏联和毛主义下的中国，将会是没有神话的。但不幸的是，他死得太早，没有看到他的希望是如何破灭的。

另一个巴特没有探究的问题是方法论问题。巴特相当确信地认为，阅读和解释神话只有一种正确的方法。这一观点是很让人惊讶的，因为他的符号学基本上是不支持这一点的。在对什么构成了神话作出定义之前，他怎么能区分出哪些符号是神话，哪一些则是错误的意识呢？之所以重点指出这些局限性，是因为麦肯奈尔原封不动、全盘接受了这些观点。他关于旅游体验中标志、景观和景观转换之间的神话迭代关系的观点，仅仅是对巴特符号学的简单照搬。

一个景观（如埃菲尔铁塔）是巴黎的一个标志或者符号，不管这种顺序是存在于旅游者的脑海中，还是经由图片形象传递的。一点一点的，从景观和标志之间的可互换性出发，麦肯奈尔在巴特之后，有了同样的自信，他认为尽管标志具有可变性，但只要我们掌握了神话或者标志形成的程序，那么对标志的解释就有一种，而且只有一种方式。这是一个毫无根据的结论。即便将外部世界化约为一套符号语法是很难做到的，但语言学家们在这方面要比巴特或者麦肯奈尔做得好。由于语言的掌握和使用方面有太多的尚待解开的谜题，因此，这就使得无数的对立假设都有存在的空间，使得宣称自己偏爱的某一学派具有极大的学术勇气这样的论调也能有存在的空间。

语言（从乔姆斯基的普遍生成语法的意义上来讲，1975）所具有的有限意义，与关于外部世界的无限多的心理状态（Chomsky 2002）的表述之间是有差异的，由于忘了这一点，语言学家——以及随后的解构主义者——可以自称剥除了每一个语言符号所具有的无限多层次的意义，甚至在某种程度上剥除了其他符号的无限多层次的意义。就旅游而言，相关的证据更为难以收集。我们或多或少知道吸引物是如何生成的，这一过程并不是从标志和符号的语法开始的——而是以其他方式开始的。

事实上，旅游者需要关于他所找寻的景观的地图、旅游指南、小册子以及其他一些指示物。这些指示物可以将任何我们想要的事物符号化（自由女神可以让人觉得美国是一个自由的国度或者相反；温布尔登可以被视为网球的代名词或者不是），但最重要的一点是它们是具体场所或者特定目的的指示物。伦敦戈尔德斯格林（Golders Green）街区的居民可能在自己的区域畅行无阻，但是当他们试图寻找坐落在温布尔登的全英草地网球和门球俱乐部（All England Lawn Tennis and Croquet Club）时，却常常陷入茫然之中。如果他们购买了一场网球赛的门票，那么他们亟须的就是找到比赛场地，而不是关注温布尔登是否是网球的代名词。如果他们没有找到这家俱乐部，他们的时间和金钱将会白白浪费。他们需要的是一个位置指示物，而不是讨论作为网球代名词的温布尔登有多少层符号意义。

麦肯奈尔在作分析时，可能急切地想撇下这些物质层面，但标志紧紧地缠绕着我们。它们的主要用途并不是用来符号化（“这是吉隆坡的双子塔，欢迎来到马来西亚”），而是用来指引旅游者到达他们想要观赏或者享受的地方（“这里——而不是那边——是上海金茂大厦。你已经到了，亲爱的”）。标志，尤其是一些经典遗址或者景观，事实上还有其他一些功能。前往这些地方旅游可能能够彰显出旅游者的财务和文化资本，从而强化他们与其他旅游者的区隔（“这里是台北 101 大厦，世界上最高的建筑之一。来过这个地方的美国人并不多。在这张全景照片上，入口处的那个小黑点就是我”）。或者它们代表着想象的世界或者渴望的物事（“这是一张长城的明信片，总有一天我会站在长城上”）。标志不可能无中生有地创作出吸引物。毫无特点的月球岩石背后是具有跨时代意义的阿波罗 11 号的空间飞行。这件事，而不是什么标志物，使得这块毫不起眼的石头与其他石头区分开来。如果不是怀亚特·厄普（Wyatt Earp）、他的兄弟们以及多克·哈利迪（Doc Halliday）一方与迈克拉里（McLaurys）及克兰登（Clantons）团伙在 1881 年 10 月 26 日的决斗，那么亚利桑那州墓碑镇（Tombstone）的艾伦街 326 号（326 Allen St.）（OK 牲畜栏 OK Corral 所在地，译者注：此处为枪战发生地），将不会对那么多的游客产生吸引。正是这场美国西部历史上最有名的枪战（每天下午 2 点都会如期上演模拟演出），而不是标志，吸引了众多的游客。否则的话，墓碑镇就会与这一地区其他以采掘业为主的小镇一样毫不起眼。因此，标志是吸引物的支撑。它们从来不会生成吸引物，从本体论的角度来看，它始终扮演的是第二小提琴的角色。

虽然标志处于从属地位，但并不意味着它不能唤起我们的符号想象。一张 OK 牲畜栏的明信片，或者一趟实地探访会激发出一系列不同的符号。在不同的人眼中，牛仔有着不同的形象。“在过去的数十年中，我们美国人赋予了马背上的这群人如此多的品质，他已经成了一个完整的角色”（Erickson 1999：64）。对一些人来说，厄普和哈利迪代表的是执法的阴暗面，是在驯服狂野的西部时不应提倡但又必需的步骤（Anderson and Hill 2004）。或者迈克拉里与克兰登一伙代表的是现实中的企业家，带有典型的牛仔式的对法律条文的漠视（Wright 2001）。进一步讲，还可以将所有这些人看成是强调个人主义的狂野西部的典型代表（Aquila 1996），或者控诉他们典型的鲁莽行为背后所隐藏的白种人对美国土著的暴力（Limerick 1987）。由于符号的可塑性，所有这些符号以及其他一些符号都具有可互换性，而事实是不具有可互换性的。但如果标志所指示的场所或者在该场所发生的行为不存在，那么符号主义的妙思将不会泉涌。它们先于意义，而且几乎无法只用一种方式进行解释。许多天主教徒、新教徒、犹太教徒、穆斯林信徒以及其他宗教信仰和不信仰任何宗教的人,都喜欢去菲利普二世(Philip Ⅱ)为了纪念1557年西班牙在圣昆汀(St. Quentin)的大捷而建立的埃尔埃斯科瑞尔修道院(El Escorial Monastery)。一些人会将之视为西班牙偏执狭隘的象征,而另一些则认为它代表了捍卫真理的正确决定。埃尔埃斯科瑞尔镇的标志,以及旅游者对这一景观的态度,并不能互相包含,它们的产生都不是随意的。

麦肯奈尔似乎注意到了这种困难,因此他转向了标志生成吸引物这一僵化的困境。最开始,上文提到的月球岩石之所以变得有意义是因为有一个标志来标记它。现在,他的弧光灯转向了另一个区域。一旦他丢弃了这一诡计——标志可以主观任意地创造吸引物——麦肯奈尔就开始宣称建构主义是接下来最佳的选择。依照这种方式,他唱起了随着时间推移越来越流行的歌曲——所有类型的现实(包括旅游吸引物)都仅仅是一种社会建构。现在的任务是找到标志制作者(那些制作标志者,而不是标志本身)与他们的潜在观众之间的共识。现象学来搭救符号学了。

乍看起来,他的观点没有什么好反对的:

> 我的日常生活世界并不是我个人的世界,而是从一开始就是主体间的世界,我与我的同伴共享它,他者也对之进行体验和解释。简而言之,它是一个我们所有人都常见的世界。我所发现的自己在任意时间在这个世界的独特的个人情景,仅仅在很微小的程度上是由我自己造就的(Schutz 1973:312)。

这种主体间的世界,是完全可能由不同的语言,如姿态、表情动作和模仿动作构成的(Snell 1952)。由语言符号构成的言说与书写,是所有语言符号中最有效率的,这也是我们通常只将此二者称为语言的原因。事实上,大部分人类的互动,都是从某些类型的语言开始的,这使得我们不再是单一的个体。它使得沟通、经验分享,实际上更准确的说法是学习,成为可能。即便当我们在自己的脑海中反思我们自己的经验时,我们通常都是用我们的母语来和自己交谈。语言是最主要的社会建构。社会建构主义从这个意义上来讲,是一种不言而喻的真理。但问题的症结在别处——解释社会建构是如何形成的,就旅游而言,解释为什么旅游吸引物在大部分的人类群体中都有类似的排名。

在麦肯奈尔开始撰写他那本受到广泛引用的最主要的书籍时,古尔德纳(Gouldner)正在大力倡导他所谓的关于社会学的社会学(1977)。在社会学家(古尔德纳在这里指的是所有的社会科学领域的专家)所提出的表面上看起来

简练一致的假设背后,也就是说,在他们明确提炼出的假设背后,还存在:

> 未被提出、未被标识的第二套假设……这套假设也位于理论家所关注的对象的背景之中……从头到尾,它们都影响着一个理论的形成,影响着一个研究者去研究什么(1973:29)。

通过这种方式,古尔德纳对所有理论最神圣的核心部分进行了检验,即研究发现应该只反映出研究对象的特点,而不带有观察者的价值偏见。古尔德纳非常谨慎地将他的品评对象限定为单个的研究者或者一些思想流派(基本上是他所谓的美国功能主义),但麦肯奈尔并没有进行此种限定:

> 在一个更为复杂的层面上,社会学知识领域开始发现,科学理论,除了是对经验事实的反映之外,它们自身也反映出提出这些理论者的群体和阶级结构(1999a:118)。

虽然这一观点听起来像传统的马克思主义,但"群体"这个概念包含了阶级之外的类型划分,比如性别、种族、国别、性取向等。这是一种极端的建构主义,会带来严重的问题。首先,这使得理论领域看起来变成了一个充斥着对立的战场,而且这种对立无法被理性地解决。我们都是杜撰词义之人(Humpty - Dumpties),可以决定在每一种情境下词语的含义。其次,它自我矛盾。是的,我们可以将稻米从谷壳中区分出来,但有所得,必有所失。

这一立场有点道理。许多人试图抨击人类的偏见倾向,但是这些善意的努力还没有哪一个取得了特别的成功。大部分古典哲学和中世纪哲学所宣称的客观主义,并不比幼稚地相信我们的感官经验或者宗教权威高明多少。离我们近一点的,黑格尔发起的运动试图设计出一种客观的新装置。在它的左翼,黑格尔本人以及许多追随者,试图将这种装置放置在国家官僚机器中,或者像曼海姆(Mannheim)那样,将它放置在无偏见的学术共同体领域。在它的左翼,马克思主义,以及它的名义领袖卢卡奇(Lukacs),认为随着无产阶级成为统治阶级,它将会摆脱偏见的束缚。这两派都无可避免地遭遇了巨大的失败。

不幸的是,我们不可能摆脱纯粹的逻辑方法的陷阱。如果所有的观点都是有偏见的,那么我们自己的怎么可能不是带有倾向性的呢?最终,研究,甚至沟通,将会变成徒劳无益的追求,我们将面临艰巨的挑战,因为我们甚至要决定"徒劳无益"和"追求"是什么意思。试图动摇怀疑论者,注定是白费力气,因此,倍感挫败的亚里士多德所能提供的最好的答案就是一种实践性的答案(1952:BookⅣ,SectionⅣ)。为什么怀疑论者要走路去美格拉(Megara,雅典附近的一座城市)，而不是待在原地，想象着他们正在往那里走呢？如果他们不知道掉进井里是好是坏，他们为什么要避开呢？最近，诺齐克(Nozick)依据类似的逻辑线条用更为现代的术语表达了他的观点。很有可能，寻找一个不变的客观世界仅仅是一种狂想。我们知道的世界的那些层面会随着时间的推移而发生变化，或者随着新的研究方法的出现，我们对之进行解释的方式也会发生改变。对此，最佳的应对之道依然是依据我们选择的信念而展开行动，即相信与其他所有的事物一样，我们所知晓的关于这个世界的结构，将依然是不变的，除非有新的知识出现。这可能看起来不足为信，但并不是异想天开。“进化使得我们的祖先拥有了一种稳定的(大脑中生来就有)能力，使得我们能够对最近某些类型的细节变化进行思考……人类行为能够对环境进行弹性适应，意识在这方面发挥了某些作用”(Nozick 2001:179)。因此，意识使得我们有可能学会区分判断，从而改进个体和群体的生存。如亚里士多德举的例子，避免掉进井里，或者，不让小孩子在遍布鳄鱼的河边玩耍。

由此，客观性的假面具被拆穿后，吸引物的社会建构看起来就成了退而求其次的最佳选择。吸引物事实上反映出了利益的多样性，因此，无法对它们进行等级排序。对这个群体来说是最佳的，对另外一个群体来说可能就是一个二流的或者三流的吸引物。与此同时，在大部分社会里，吸引物都会有一个等级次序。在我们现代社会是这样，在过去或者在非西方的文化环境里也是这样。

这一明显的矛盾不仅存在于吸引物的排名中，还存在于我们所有的社会行为中，我们该如何解决它呢？在我看来，解决方案——不太牢靠的、临时性的——需要一个基本上都能接受的对问题的定义，以及最少两个后续的条件和一套基本的游戏规则。基本的规则需要排除掉循环论证，应该起到基础作用，没有它理性的讨论就无法进行。

基本上都能接受的定义不是别的，正是我们到目前为止所讨论的。是的，任何我们认为是确定的事物事实上都是一种社会建构。很有可能出现这样一种情况，一个个体对某个或者多个特定问题的思考，比流行的社会建构论或者其他主流的观点都好；但如果他自娱自乐，将这个秘密带到坟墓，那么这将不会帮到任何人。没有公开的沟通和讨论，社会建构将不会存在。正如波普尔(Popper)所指出的，对于硬科学来说，客观性实际上就是主体间性，也就是说，一个特定的科学家共同体在某个特定时间点上所共同持有的信念。在对真理的寻求不那么强烈的社会群体中，这或多或少意味着我们日常的政治世界、我们的味觉世界以及道德世界，都是由公共意见建构（在蒙昧的时代，它们都仅仅被称为观点）起来的。换句话说，如果我们每个人每天早晨都要重构一遍我们的生活所必须的物事，那么这将是极其无效率的，我们相信我们在过去被证明为成功的建构。依照这种方式，我们大部分的观点或者建构都是建立在这样一种观点上：我们相信今天的世界与昨天的世界是一样的，我们相信在从事我们的事情时，它的规律依然是以前成功的社会建构中所表现出的规律。

这种初始的限制性定义，如果没有两个基本的条件，那么将不会显现出它的理论勇气。我们要接受的第一点是，社会建构、理论取向或者任何我们所赋予它的名称，其存在形态有多种，有时甚至是截然相反的。即便是在最好的时代，即便是在最为硬实的科学领域里，而不用说在那些软科学或者日常事物领域，一个社会建构群体，或者说理论群体，都是很难获得普遍的接受的。即便是最为高级的理论或者假设建构（在库恩之后，我们称之为范式）都是临时性的——是很好，但相反的证据的出现将会贬低它的重要性，从而带来范式的转换。社会建构的不存在，这一不幸形成了一种独特的正当性，因为所有的社会建构都是很难被接受的，因为这意味着我们最为珍惜的可能对大多数人来说是毫无价值的。毫不奇怪，在我们的内心深处会潜藏着一种诱惑，即打着宗教权威或者世俗权威的幌子，或者是依托自我陶醉的唯我论，来庇护我们自己拼凑的建构，从而避开它们那种麻烦的多样性。在这两种情形下，不管我们的行为多么具有英雄主义，我们都不能接受那种排除掉我们认为比较麻烦的存在的做法。不管我们怎么看待，总是有一些社会建构比另一些更为成功，这可能是因为它帮助大部分人以一种更为满意的方式来组织他们的生活。

第二个条件依然是很严格的。社会建构要想获得成功，就必须要满足证据方面的要求。只有在它们相对于其他社会建构来说能够更好地解释一系列事实时，才能获得接受。事实上，有些人可能会指出事实也是需要解释的，从而试图建立一种规则之外的例外情形。然而，依据基本的游戏规则，这是一种循环论证，需要加以禁止。不管是在硬科学还是在软科学领域，以及在日常生活智慧中，我们已经随着时间的发展学会如何判断不同类型的证据的真实价值。

有了这些条件，我们现在可以回到吸引物这个不大不小的话题上。麦肯奈尔的错误之处在于他认为所有的事物都可以成为一种事物，“不管它是从地上捡起给小孩子看的小花、树叶，还是鞋油、沙坑”（MacCannell 1999a：192）。所有这些粗陋的事物都可以让小孩子或者一小群人产生兴趣，然而，很让人怀疑的是这些事物能够带来这样的效果。当科瑞玛(Kramer),《宋飞正传》(*Seinfeld*)系列电视剧(20世纪90年代以来一部成功的美国电视幽默喜剧)中的一个角色,试图让自己成为一个标志,向旅游者推销自己所生活的地区时,他很快发现这个吸引物并没有多少人买账。被他忽悠来的旅游者寥寥无几,而且这些人还抱怨这个吸引物相当无趣,午餐质量低劣,服务糟糕,导游不称职,他们对科瑞玛的历史一无所知,而事实上,导游正是科瑞玛本人。

这种任何事物都可以成为吸引物的观点是相当要不得的,现实中有太多的目的地眼睁睁地看着自己的金钱和营销努力打了水漂。事实上,这些目的地中的大多数都有吸引物。问题在于许多竞争对手也有吸引物。由于每个目的地都有一些有吸引力的旅游产品,因此,我们不能幼稚地认为在消费者眼中,它们具有同样的价值,值得一游。巴黎、伦敦、纽约或者东京的魅力,不是随便哪个目的地都能比得上的,即便是在古典时代人们都会关注这些地方。在我们的时代,确实有不少机构(New Open World Corporation、USA Today、CNN、American Society of Civil Engineers)尝试推出新的世界七大奇迹(New Seven Wonders),但以前的七大奇迹并不是昨天诞生的。排名的存在是生活中的一个事实,不仅仅只是在现代性情境下存在,不仅仅只是在西方存在。没有哪一个品牌,没有哪一个标志,能够像麦肯奈尔所暗示的那样,能够无中生有地创造出这些吸引物来。

许多文化中都会对吸引物进行排名,而且不同的文化情境下这些吸引物的排名还有很强的一致性,这在许多旅游指南的星级评价系统中体现得很明显。希罗多德(Herodotus)写的不是一本《孤独的星球》(*Lonely Planet*)旅游指南,但他的《历史》(*History*)(1987)一书收集了那些可能成为希腊的敌人的邻国(埃及、锡西厄、阿拉伯、利比亚、波斯等)的人类学信息,它们的风俗、富裕程度、治理模式、社会习惯,也就是说,他对数据进行了精心的搜集整理,试图将重要因素与常见因素区分开来。

在中国,4世纪和5世纪之交的这段时间,是一段政治混乱期。也许是这个原因,这个时期出现了用我们今天的话来说可以称之为旅行作家的人,因为许多人开始寻找更为安全的场所。这些人中最有名的一位是法显(Faxian)(2005)。在公元399年,他带着一群弟子离开了长安(今天的西安),开始了为期15年的佛教圣地、佛教寺院的朝圣之旅,他穿越帕米尔高原、克什米尔地区、喀布尔、印度河流域,辗转斯里兰卡、苏门答腊,最后回到广州。在他的旅行记事中,他详述了他个人最感兴趣的东西:佛教寺庙和它们的活动,但我们也发现了关于城市、遗迹、外国风俗、政府等的描述。法显在众多对外国世界进行社会建构的中国读书人中作出的贡献是相当大的，他向这些人展示了他们应该要考虑的、并作出应对的重要问题是什么。

伊本·白图泰（Ibn Battuta）可能是最为典型的旅游者，比今天的旅游者都要见多识广。在记录他在穆斯林世界广泛游历（1325—1354）的书中，他并没有详细解释是什么驱使他进行如此丰富的游历。我们知道，他的旅行源起他的麦加朝圣之旅，这是一个虔诚的穆斯林所必须完成的职责。然而，他并没有就他选择目的地的原因作出太多解释，或者说他没有告诉我们，为什么他记住了某些地方和遗迹，而忘记了另外一些。我们知道最多的是伊本·犹札（Ibn Juzayy）（他向此人口述了自己的游历）的观点。即：

> 我们所知晓的、学问渊博的、最诚实的旅行家，伊本·白图泰，他曾经周游世界，细心留意他造访的城市，看到了不同的国家，见识了阿拉伯和非阿拉伯国家的风俗，放弃了旅行到这座高贵的大城市（格拉纳达 Granada JA）时所获得的权杖。仁慈的君王命令他应该讲述他在游历中所到过的那些城市，依然停留在他脑海中的那些有趣的事情，他所遇到的这些国家的统治者、学问家以及虔诚的圣人（Ibn Battuta 1929:41）。

伊本·白图泰忠实地遵循了哈里发的意志，描绘了许多的城市、遗迹，描述了风俗和传统，以及一些著名的人物，也就是说，他为自己也为他的观众们，就值得注意的和不值得注意的进行了区分。

按照弗兰西斯·培根（Francis Bacon）的观点：

> 远游者在所游国度应观其王府宫廷，尤其当遇到君王们接见各国使节的时候；应观其讼庭法院，尤其当遇到法官开庭审案之时；还应观各派教会举行的宗教会议；观各教堂寺院及其中的历史古迹；观各城镇之墙垣及堡垒要塞；观码头和海港、遗迹和废墟；观书楼和学校以及偶遇的答辩和演讲；观该国的航运船舶和海军舰队；观都市近郊壮美的建筑和花园；观军械库、大仓房、交易所和基金会；观马术、击剑、兵训及诸如此类的操演；观当地上流人士趋之若鹜的戏剧；观珠宝服饰和各类珍奇标本。一言以蔽之，应观看所到之处一切值得记忆的风光名胜和礼仪习俗，反正打探上述去处应是随行的那名私家教师或贴身随从的事。至于庆祝大典、化装舞会、琼筵盛宴、婚礼葬礼以及行刑等热闹场面，游者倒不必过分注意，但也不应视而不见（1951:21～22）。

这些作者，还有其他许多作者，没有一位偏离今天的导游、旅游作家和旅游者所认为的“值得一游”的地方。因此,问题很大程度上不是在于吸引物是社会建构这一事实,而是为什么它们的建构者在建构它们时表现出了相同的兴趣。麦肯奈尔《旅游者》这本书的第三章都在探讨“异化休闲”(alienated leisure),即访问那些带有工作场所(休闲这个词本来是作为工作的对立面的)意味的吸引物是如何变得流行的。但事实是,这些吸引物并不能够像圣母大学、埃菲尔铁塔或者罗浮宫那样吸引到众多的旅游者。所有这些都是社会建构出来的,但是有一些比另外一些更为成功。我可以尝试去将我在 1960 年夏天大部分时间里所居住的巴黎大学城(Cite Universitaire)的宿舍建构成吸引物,或者将我以及我的女朋友过去所生活的巴黎的街道建构成吸引物,但除了我最亲近的朋友和亲戚之外,它们可能很难对其他人产生吸引力。

三、(旅游者)需求理论

不管好坏,麦肯奈尔为旅游研究带来的贡献,都会被贴上本真性这一标签。不管这个概念是什么意思,这个领域的每个人都知道,在麦肯奈尔看来,本真性是旅游者出行的主要动机,许多人都采纳了这一观点,认为它是解释旅游动机的一个比较令人满意的答案。因此,毫不奇怪,这个概念被赋予了如此多层的色彩,以至于它常常变得让我们无法辨认,或者是被研究者以对立的方式来使用。然而,科恩怀疑探究本真性的深层意义是否是麦肯奈尔的本意,他的怀疑是有道理的(Cohen 2007)。

通过对《旅游者》的细读,可以发现科恩的观点是很有道理的。在这本书名为“舞台化的本真性”的第 5 章里,麦肯奈尔想当然地使用这一概念,也就是说,他并没有觉得有必要对它下一个定义。在又一次快速地尝试将工业人(这类人与世界最主要的联系是工作和场所)和现代人(丢弃了他与工作的联系,变得注重休闲,对他人的“真实生活”更为感兴趣)区分开来后,他并没有花费笔墨去界定本真性,而是接着去解释现代人深入了解吸引物的兴趣,也就是说,对本真性的兴趣,是如何使得本真性变成了一个遥不可及的梦想。为了陈述这一问题,他转向了戈夫曼(Goffman)的理论以寻求帮助。

戈夫曼在对自我的舞台化呈现进行分析时的基本意义之一涉及日常生活的前台和后台的区分。虽然个体和社会机构(包括旅游吸引物)允许他人窥看它们生活的某些区域,但是它们会细心地关闭其他区域,避开公众的目光。通过这种方式,一个人可以宣称,所有的社会现实,包括我们将自己展现在他人面前的方式,都需要一定程度的神秘化。对本真性的寻找会招致欺骗行为。

这种困境只是一个程度问题？我们还是有可能将本真性与欺骗区分开来，我们还是有可能比较准确地知道它们在任何特定的情境下是如何混杂的？或者这是荣格所谓的永远无法治愈的伤口的另外一种说法？神秘化是我们心理和社会安排的一种结构性特征，我们只能适应它？还是说神秘化只是涉及某种程度的发明创造，是可以对之进行研究和表达的？

前台和后台的存在是我们与他人所有麻烦的根源。对自我和你来说，想知道前台和后台的边界在哪里，知道一个人准备对你开放多少后台，他准备呈现自己的何种形象，以及他会将别人窥探他后台的欲望推回去多远，是非常困难的。冒犯打扰既是对自我的一个持续不断的威胁，同时又会激起你永不满足的求知的欲望。后台区域会激起好奇心，它们所隐含的秘密，对旁观者来说是莫大的诱惑。它们将人们区别开来。另一方面，当由于某些原因，后台区域的墙崩塌了，或者至少说后退了一些，那么这一新的开放区域会带来一种愉悦的融合的感觉，因为它将各方都带到了一种未曾经历过的亲近程度。后台和前台也可以完美融合。因此，它们无情的隔阂在某种程度上能够通过调和而解决？正如我们将要看到的，麦肯奈尔在这个问题上犹豫徘徊，最终他认为他可以脱离这一谜题。

乍看起来，是有调和的可能性的。即便不是所有的旅游者都表现出同样的兴趣，但许多旅游者确实愿意努力去寻找一些神秘的物事，确实愿意分享他们将去的目的地当地人的真实生活，从而进入后台区域。正是这些游客，让麦肯奈尔产生了兴趣，因为他们接触到的是“一种几乎本真的体验”，使得他们重新获得了发现所带来的最原始的快感。但与此比较接近的是，调和只是一种短暂的幻象：

> 旅游意识是由旅游者寻求本真体验的渴望所驱动的，旅游者可能会认为他正在寻求本真的途中，但是经常面临的情况是，旅游者很难知道他们的体验是否是本真性的。总是存在这样的一种可能性，即旅游者觉得进入的是后台区域，但实际上进入的却是在旅游者到访之前就完全建立起来的前台区域（1999a：101）。

并没有一种确定的方式，将前台与后台区分开来，麦肯奈尔的旅游者发现自己处在与《美丽与哀愁》（*Beauty and Sadness*）的读者一样的绝望的位置，这本书是日本作家、诺贝尔文学奖获得者川端康成的作品，可以用来说明这一问题。我们将对之进行比较详细的归纳。

当我们第一次见到他时，大木年雄（Oki Toshio），一位上年纪的家住镰仓的文质彬彬的作家,正打算去京都聆听新年的午夜钟声。这是他在家的时候讲的理由,但事实上,他内心深处另有想法。也许他能够再次遇见音子(Otoko),他从前的恋人。当音子为大木生下一个孩子时,她才16岁,这个女婴出生后不久就去世了。那时,即24年前,大木比音子大15岁,已婚,已经有一个孩子。如果大木在音子分娩的时候能够带她去一家更好的医院,那么这个女婴可能就不会死去,但大木没有这么做,而他实际上是有这个支付能力的。

这件事发生后不久,音子试图自杀,大木回到她的身边,但拒绝了她母亲提出的娶其为妻的建议,在音子恢复过来之后,他们就分开了。音子,今天已经是一个名气越来越大的画家,她住在京都的一家寺庙边上,与一位名叫庆子(Keiko)的年轻的女艺术家住在一起,我们很快将会知道,庆子同时还是音子的爱人。现在,大木邀请她们两个和他一起聆听新年的钟声。当他第二天返回家乡时,他希望音子能够来火车站送他,但来的却是庆子。她散发出鬼魅的诱惑,依旧穿着前一天晚上那件大木曾经大加夸奖的美丽的和服。几天后,她带着自己的两幅画去了大木家。由于大木不在,她将这两幅画作为礼物留在那里,并由大木的儿子太一郎陪同去了火车站。太一郎很晚才回家,按照他的说法这是因为他带着庆子在镰仓逛了逛。

返回京都后,庆子告诉音子,她想为她复仇。她有一个计划——她将会引诱大木年雄,或者他的儿子,或者一起引诱。她想毁掉大木全家。这是个有点扭曲的计划,按照庆子的说法,之所以这么做,并不想如此地伤害大木,而是因为音子内心还爱着大木。在吃了那么多苦,经受了那么多磨难之后,她依然无法忘记他。

后来过了一些时间,庆子突然造访大木,并且依据计划,对他实施引诱。当庆子不让大木抚摸她的左乳时,大木脑子闪过的念头是:"她表现得像一个有多次云雨经验的人。"后来,在拥抱的过程中,他听到了她悲伤的哭泣:"音子,音子。"他松开了手,庆子一把推开他。

当庆子告诉音子这个故事时,音子吓了一跳。大木唤起了庆子,她的爱人对他的情感?就像当年她自己对他的情感(这份情感今天依然存在)一样?现在轮到音子开始嫉妒了——这种嫉妒在故事的另一端是有对应的。大木回想起自己与庆子在一起的那个夜晚,他忽然意识到——他不能让太一郎接近庆子。但太晚了,太一郎正在去京都的飞机上。他在那里有一些工作需要完成,但自从和庆子在镰仓见过后,他们就保持联系,而现在庆子正在机场准备迎接他。正是从这一刻起,庆子掌控了整个事件,使得太一郎改变计划以与她的计划相吻合,极力主张第二天去附近的琵琶(Biwa)湖开摩托艇,以满足她的这一爱好。当他们将要坐在河边的一座茶室时,读者也就知道了,这两个人都没有让他的父母或者音子知道他们的亲密关系。然后他们的谈话很快就涉及了他们自身的关系。她表明了自己想让他为她报仇的迫切心理,因为音子还在爱着那个老家伙。随着复仇的展开,没有什么能够击败被迷昏了头的大木的儿子,真是这样吗?但也许她真的爱上了他,她有过这样的暗示。当晚,音子听到庆子在黎明时分才返回住所。当她第二天一早醒来时,庆子透露说她将再次去见太一郎,即便音子恳求她不要和他在一起也不行。她大喊大叫,威胁说那样的话就永远不要回来,但庆子甚至没有坐下来吃早饭就离开了。音子记起来,这个女孩说过她恨男人,但这不足为信。

再次回到茶室后,庆子告诉太一郎,她觉得她生活中的一个段落好像结束了。"没有结束,而是开始了。"他驳回了她的话。然后,两个人乘坐一辆出租车,去探访古老的石孝墓,因为太一郎的专业是中古时期的日本文学,这也是他最初来京都的原因。在环绕这座墓地的僻静的树林里,她对他的诱惑进一步升级。但是当他抚弄她的右乳时,他觉得她好像不是第一次让男人抚摸她。后来,他们去了一家餐馆,然后依据庆子的指点,他们去了琵琶湖边的一家宾馆。当进入房间时,她低声说:"一个女人把自己完全交付给男人是很害怕的。"这个房间对太一郎来说是完全陌生的,但对于庆子来说却是很安全的。当他正在换装准备去湖里游泳时,她拨通了太一郎母亲的电话,并且让他过来向他母亲证实他们在一起。在他们短暂的交谈中,太一郎的母亲告诉儿子,她怀疑庆子和大木有过幽会,并恳请他不要和她搅在一起。如果他不马上回家,那么他的父母就会坐飞机去京都把他带回家。

但是太一郎停在原地。他想要知道究竟。庆子是否引诱过他的父亲,他请求她给出解释。但她的回答却是另外一个答案("我引诱过你吗?引诱过吗?"),同时还呜呜咽咽哭了起来。在她哭的过程中,她的泳衣的一个袖子滑落到他的手中。他将它扯了下来,亲吻她暴露出来的左胸。过了一会儿,他们去湖上开摩托艇了。

在故事的最后一章,音子和大木夫妇前后脚到了湖边的一家医院。他们接到电话说湖上出事了。太一郎不见了,但庆子被救了起来,现在静静地躺在病床上。当她醒来,看到音子无动于衷地看着她时,她的眼泪涌了出来。

些许笨拙的词汇是无法替代川端康成的迷人的散文的,但是可以帮助我们讨论麦肯奈尔关于前台、后台关系的第一个观点。我们可能会认为,由于川端康成向读者所作的暗示很精致，所以很难知道，小说中的这些主人公中，谁将自己隐藏的东西也展现了出来；然而，它们实际上需要进一步深挖。

以庆子为例，她看起来是这些人中最容易读懂的。她的计划很邪恶，她的决心很合理，但如果不进行一系列的欺骗，她的计划就无法实施，但看起来她好像没有欺骗任何人。她欺骗了大木，让他以为他俘获了她的芳心，而事实上，正是他那容易受骗的雄性自我使得他吞下了诱饵。她以一种不那么阴暗的方式欺骗了太一郎。当她说由于音子对大木持久的爱，她才会想让他为她本人复仇的时候，她是否在说谎呢？或者，当她告诉太一郎音子和大木绝交的时候，她想把自己“完全”交给他时，她是否是在说谎呢？她为什么让他亲吻她的左乳，却不让他的父亲亲吻呢？即便她知道太一郎从来没有开过汽艇，她依然坚持要去琵琶湖上开汽艇——这是故意的还是命运作弄？她也欺骗了音子。在她们故事的开头，庆子对音子说：“我不再想对你隐藏任何东西了。我不会再有什么秘密瞒着你”，但正是这个庆子，却向音子隐瞒了她和太一郎不断发展的关系。她甚至欺骗了自己。故事结尾处，她眼中的泪水是为她的复仇所具有的美感而流还是为太一郎的去世所带来的哀愁而流？我们永远也不知道答案。

那么音子呢？这是个令人为之抱不平的角色，她是一个长期的受害者。但她真的是毫无心机吗？让庆子去火车站送别大木，只是无心之举还是暗藏玄机呢？这是暗示大木，即便让他拥有她的爱人，她对他一直以来的爱意也不会停歇？还是想告诉庆子她应该到大木家实施复仇？由于川端康成的艺术将生活转化得如此美好，因此，很有可能，让音子和庆子说明她们的真实动机是很困难的。读者也无法期待有更好的方式。所有这些看起来都是强化了麦肯奈尔最开始的立场。本真性和神秘性（就像中国结一样）彼此都离不开对方，就像牙齿需要嘴唇。但是这个九头怪蛇又露出另外一个脑袋。如果本真性，不管是舞台化的还是真实的，都无法达到所需要的结构化的透明度，那么它就成了矛盾修辞法，或者说是一个纵横字谜。它将无法具有真正的真理价值。本真性就会变成一种直觉预感，不仅很难解释清楚，而且从本体论上说还是一种幻象。一般意义上的现代人带着想要搞清楚本真性的含义的目的上路，突然却发现真理变成了不同的经验的混杂，或者用更为技术的术语来表述，现代人发现本真性只能是一个存在主义命题。本真性的这一初始概念使得真理变成了一个关于信任的问题。为了得到本真性，我们只能要么借助我们个人的经验、要么借助于我们依据他人的话语所采取的行动——这样一来，本真性的获得方式就多种多样,或者甚至以相反的方式获得,这是无法满足麦肯奈尔笔下现代人的好奇心的。

可能正是出于这种原因,一个游客在接触过爆心投影点(Ground Zero,译者注:这是位于华盛顿的一家组织,宣传核爆炸的毁灭性)组织的宣传展示后,他可能会觉得他并不看重这一测试,因此他的本真性概念是合乎要求的。本真性和神秘化有没有可能并不是一种不同的安排,并不是总是呈现这样的结构?它们的关系只是一定时间条件下的关系,只适合现代社会的行为安排,而在过去和将来并不是这样的呢?

> 在原始人那里,他们的生活是完全暴露在他们的"相关他者"面前,因此他们并不为他们生活的本真性这一问题而苦恼……反过来,一种弱化了的现实感,会通过将社会区分为前台和后台,从而使自己得以出现。这种区分一旦建立,就无法回到自然状态。本真性就会位于神秘化之中(1999a:93)。

无论如何,麦肯奈尔需要这种放弃,他是有正当理由的。消散了神秘化的本真性的存在,即便是在我们不甚了解的古代,也会带来双重赔偿问题。首先一点,它提供了一个急需的标杆,从而区分每个旅游设施是如何设计或者舞台化的。好像在这个时候,他觉得将关于本真性的一点现象学东西分门别类是非常合适的,他的分类是这样的,即依据旅游者所被允许能够进入当地社会空间的程度,将之从前台区划分到第六阶段,在最后这一阶段,他认为旅游者到达了戈夫曼所谓的真正的后台区域。在这两个阶段之间,存在着一系列的排列,从有限的真正对旅游者开放的后台区域到人为造作的看起来好像是真的后台区域的设置。解释这些不同层次之间的转换,成了围绕着本真性这一概念成长起来的学术手工业的价值不大的消遣娱乐。

第二点,它扮演着指向标量场最大增长率的梯度的角色,或者用直白的英语来说,它指向最高程度的集中。从新石器时代比较粗糙的雏形开始,舞台化的本真性在现代性情境下达到了它的最高程度。这是对诺伯特·埃利亚斯(Norbert Elias)的文明给人类带来严酷的考验的观点的呼应吗?埃利亚斯认为,西方文明之浪越高,被它所击碎的人类生活就越悲惨。但在某种程度上,与埃利亚斯所描述的压抑不断增加的世界不同,麦肯奈尔描绘的世界还是充满希望的。凡是人类创造的,人类也都能改变它。我们稍后将会对这一点进行探讨。

在这条推理线条上,有一系列未曾解释的转换。读者可能会有疑惑,麦肯奈尔是如何得出结论说，他的一般原始人是能够得到这样一种愉悦的天道的？是什么让他们彼此完全暴露？他们以小群体的方式生存，彼此面对面相遇的次数要远远超过现代人？如果这是事实，那么他们所谓的本真性就只是可见性比较高而已，但就此而言，我们的视觉并不能看到表象之下的事物。我们可以看到他人，但是他们的本真性的精髓（不管这个词是什么意思），依然是我们无法看到的。

让我们举一个例子，比麦肯奈尔的建立在不太准确资料之上的原始人更为具体的例子——圣西门公爵（Duc de Saint-Simon）所描述的法国国王路易十四的宫廷礼仪。在他的记述中，随处可见对宫廷礼节的严苛性的描述，就国王的行为是如何以一种僵化的方式组织起来的也提供了许多细节描写（Saint－Simon 2000）。其中一个超出今天的读者的想象力的礼节是梳洗打扮（la toilette du roi），国王自己梳洗，让别人伺候他梳洗，然后开始一天的生活。按照圣西门的说法，对于那些得到允许参与国王实施的这一礼节的人来说，这是莫大的荣幸。

在早上 8 点，第一位男仆将会唤醒国王。一旦通往国王的卧室的门被打开，门口站着的一位侍童将会放行一些人进入卧室。这些人需要依次进入，而且只有国王最亲近的人才会获得允许参与整个仪式。只要国王不是在开会，那么这个令人羡慕的小圈子就可以通过后门随时进入卧室，当国王做弥撒或者当国王生病时，这些人可以继续停留在这里（Elias 1998）。整个洗漱过程包括，看着仆人如何伺候国王洗手洗脸、剃胡子、穿衣服；在做弥撒时陪着他；看着他吃早晨的第一餐；甚至看着他排大便。看起来好像很难想象，可以如此深入地进入一个人的后台区域。对这些获得邀请的人来说，他们可以目睹这个过程中的一切事情。

能够看得见国王的行为，并不必然意味着国王就是透明的。当国王看着朝臣时，许多臣子会不予理会，不管他们是受宠或者失宠的；许多臣子不被允许接触最重要的王朝事物，如政务会；而且事实上，大部分臣子是无法看到国王去幽会他的一些情人时的丑态的。也许在他们的想象中，他们分享了国王的最深层次的隐私，但这只是他们的错觉。真正的透明性或者本真性依然是在人类的能力界限之外的，全知全能是属于超人类的实体的，不是凡人所能拥有的。即便是有一个仁慈的超人类的实体，使得这些朝臣们能够彼此完全接触到对方的前台和后台，要想达到对他人的完全暴露依然是不可能的。宫廷那些层级较低的人，以及法国的平民依然是受到排斥、无法接触这些的。很难理解麦肯奈尔的原始人是如何发现他们被没有身处这种困境的。

这可能为读者提供了一种方法，可以消除麦肯奈尔关于透明性/本真性的梦想所带来的焦虑。事实上，可以猜想出的一点是，在寻求本真性的过程中，旅游者或者说一般意义上的现代人有权利去窥探任何人的后台区，或者一个等价的说法是，隐私的消退是本真性的社会交往的必要条件。麦肯奈尔将透明性和可见性混为一谈，自然会带来焦虑感。

第一点，也是最重要的是，完全暴露后台区域，这种想法是值得怀疑的。对隐私的侵犯是极权社会的特征。这种不可抑制的对全景敞视的渴望，并不是一个打破学术俱乐部的枯燥氛围的合适的幽灵，它闪烁着太多福柯式的观点，在民主社会很难能够得以实施。没有人在暴露后台区域方面有权利比其他人所期望的还要多。第二点，依然是很重要的是，即便是在极权体制下，接触到每个人的后台区域也被证实是很困难的。许多个体即便是面临极度残酷的压力，也不同意他们的隐私遭到侵犯，这样的例子证明，在社会交换过程中总是伴随着一定程度的不确定性。

因此，现代人背弃了原始人所获得的本真性，这样骗人的说法是无法帮助麦肯奈尔从他自己创建的迷宫中解脱出来的。他想让我们轻信，本真性总是伴随着一定的神秘化，但与此同时，如果我们拥有正确的历史知识，那么我们可以消除神秘化。因此，本真性和神秘化就成了任何社会的结构安排中的一对连体双生子，与此同时，它们对某些社会的结构安排来说又是不那么重要的。另一方面，他在介绍自己的话题时所用的唯一证据又不那么讲究，波普尔（Popper）可能称之为局部独立主义——它只是一个关于美好的原始人的都市传说，在那些最容易上当受骗的人类学家那里最受欢迎，毫无实质内容（Barley 1984，1986）。

那么，我为什么说麦肯奈尔能够提供一种大胆的希望？像齐格弗里德（Siegfried，译者注：德国民间史诗《尼贝龙根之歌》中的英雄人物）、女武神（Walsung，《尼贝龙根之歌》中的英雄人物）一样，所有美好的浪漫故事都相信，总是有办法将诺顿（Notung）这把折断的剑进行重新铸造，从而斩杀恶龙，让瓦尔基里（Valkyrie，译者注：北欧神话中奥丁神的婢女之一）复活。

四、关于（旅游者）现代性的一般理论

让我们总结一下到目前为止的争论。麦肯奈尔只是阴差阳错地被看成了一个旅游研究者。虽然他的主要工作都是研究这种特殊的社会行为，但对他

来说，只是因为旅游者代表的是一般意义上的现代人，所以他才热心这方面的研究。不管我们对旅游者如何定义，都并不妨碍他的研究。为了理解现代人，我们需要一种雄心勃勃的研究方法，从而使得我们能够挣脱备受自我拆台的资本主义个人价值观折磨的社会科学的局限，因为这种社会科学往往受到狭隘的政治利益的驱使。社会科学只有将自身定位成服务于全世界那些受压迫的大多数人的科学，才能够兑现自己的承诺。

从这一点出发，麦肯奈尔将关注的焦点放在随着吸引物的不断增加，旅游是如何发展的这一问题上。吸引物反映的不是人们对特定事物表现出的兴趣。它们之所以成为吸引物，是因为它们在社会建构的过程中，被打上了这样的标志。通过这种方式，吸引物的标志创造出吸引物。事实上，在这些标志的背后必然存在着某些事物，某些人出于某种原因为它们命名。这些人是谁？旅游者为何要按照他们的节拍起舞？然而，麦肯奈尔并没有进行这方面的探索。

为什么旅游者追逐吸引物，并愿意为之花费时间和金钱？新休闲阶层有一种迫切的需求。现代性创造出这些人之后，剥夺了他们的生活之锚。在埃里亚德（Eliade）之后，科恩（Cohen）喜欢称之为一个中心，一种概念上的空间，“个体可以将最终的意义赋予其上”（2004a:67）。不管是锚还是中心，旅游者需要将它们定位在麦肯奈尔的本真性上。由于他并没有为之下过定义，我们依据他的论述，可以认为这个词指的是彻底深入地了解他们所体验的吸引物的愿望。依据戈夫曼的观点，麦肯奈尔暗示说，本真性意味着进入吸引物最深层次的后台区域，但是他很快又怀疑这是否可能。本真性往往是与神秘化交织在一起的。如果这就是真实的现代性的结构，那么现代性对本真性的寻求就是毫无希望的激情。在论述完这点之后，他又保留了一线希望。在某些特殊情境下（比如原始生活，不管这个词是什么意思）本真性就是完美存在的。那个充满魔力的空间不是存在复活的可能吗？

通过回顾他的思想脉络，我已经强调指出，他试图摆脱许多经验事实的束缚，但并没有获得成功。在某些情形下，他的证据是不足为信的；在另一些情形下，他试图编造证据。他如此了解的原始人都是些什么人？他们在哪里生活？他们依然存在还是已经灭绝？他谈到他们时，就像他们是我们在散步或者在酒吧里碰到的同事；他对他们的生活方式如此熟悉，因此，他知道他们彼此是完全暴露的。但是，用一种海德格尔式（Heideggerian）的说法，从本体论的角度看这些都属于小事，不应让我们的讨论偏离他所提出的基本问题或者说结构问题。

不幸的是，他在这一点上表现不佳。虽然带有高贵的结构主义血统，但标志创造出吸引物，这样的观点已经接近魔法。因为这一点，他无法解释，为什么吸引物能够跨越年龄、跨越文化以持续的类似的方式被建构出来；为什么有些吸引物获得成功，而其他的却没有？他关于本真性的观点也遇到了类似的困境。他不是第一个，肯定也不会是最后一个，通过引入卢梭的高贵的野蛮人（Noble Savage）这一好玩的幽灵来打破学术界的枯燥单调的学者，卢梭提出高贵的野蛮人的概念，是想将我们人类从当下的堕落状态中挽救出来，重返古时的黄金时代，这是一种真正意义上的巴特所谓的神话，可以追溯到塔索尼（Tassoni）的《被盗的桶》（*La Secchia Rapita*）（Bury 1920）。

还需要指出的一点是，如果麦肯奈尔放弃这两个概念（由标志创造出的吸引物以及去神秘化的本真性），那么他的境况会变得更好一些。他并没有必要死守这两点。他本可以选择一种不同的关于建构主义的定义，一种不同的本真性的定义，将本真性视为结果而不是条件，但他没有这么做。因此，让我们来看看他的双胞胎带着他得出了什么结论，为什么他不得不遵从它们为他选择的命运。毕竟，麦肯奈尔想的是在绝望中保留一点希望。在这一点上，我们在对麦肯奈尔进行评估之初，暂时搁置起来没有讨论的革命的概念，将会给我们留下深刻的印象。因此，让我们回到开头。

当一个人的目标如麦肯奈尔的目标那样充满雄心壮志时，他不会轻易与那些不太重要的召唤相妥协，他会暴露它们。他关于旅游和其他主题的研究，充满着思想的斗争，而且都是有着很好的理由。在《旅游者》这本书中，他瞄准的第一个目标是布尔斯廷（Boorstin）的虚构事件（pseudo - event）的概念。布尔斯廷的《形象》（*The Image* 1961）一书，以一个比喻开始。为了改善业绩，一家酒店的老板雇佣了一个公关顾问来帮助自己。按照布尔斯廷的说法，在以前，一个顾问可能会为老板提出雇佣一个新厨师、改进水管装置、对房间进行装饰之类的建议。但这次公关顾问提出的建议并不是这些，他的建议是搞一场酒店 30 周年的庆典活动。当地名流组成了一个组委会，庆典是高度公开的，当地的媒体都播报了为这场庆典举办的宴会情况。这就是虚构事件的建构——无中生有。它们并不是自然而然产生的；它们通过播报产生；它们在模糊中发展壮大——它们是否是真实发生的，或者它们的动机都是模糊不清的；它们是自我实现的。图像代替了实体。“形象刺穿人心，形象麻痹心灵。通过图像为人们所知晓的事件，变得比那些人们从来没有相关图片的事件更为真实”(Sontag 2001b:22)。表征遮蔽了它们指代的现实。虚构事件缺乏意义。布尔斯廷对美国生活方式中的许多例子进行了评论和分类,其中一个例子恰好就是旅游。为什么它们成了现代性的主要构成部分呢?

在20世纪的两次世界大战之间,在一些知识分子的圈子中,可以感受到一种很明显的不适感。下边就是奥尔特加·加塞特(Ortega y Gasset)对这件事情的看法:

> 不管是好是坏,对于今天的欧洲公众生活来说,有一个事实是最最重要的。那就是大众全方位地取代了传统的社会精英。依照定义,大众不应该也不能引导自身的生存,更不用说去领导社会了。我们可以认为今天的欧洲面临着人类、国家、文化所能面临的最严重的危机的困扰。在历史上并不是第一次出现这样一种表露得如此明显的危机。它的形态、它的结构,我们是知道的,它的名字我们也是知道的。它就是大众的革命(Ortega y Gasset1957:49)。

突然,大众跃入了人们的视野,变得随处可见。当然,不仅仅是随处可见。他们充斥着“最好的地方,这些人类文化最精美的创造,在以前曾经是一小部分人的专有领域,总之——就是少数人”(Ortega y Gasset1957:52)。仅仅将他们看作乌合之众或者是工人阶级,无疑是错误的;他们不仅仅是这些人——他们是平均人,或者用今天的说法,他们是消费者。

接下来的观点在今天已经广为人知了。社会过去一直被划分成作为领导者的精英和其他人。在新时期,就像在过去的那些动荡时期一样,处于底层的普通人试图消解这样一种自然秩序。然而,他们并没有带来任何让自己感到舒服的东西——只是对古老的、更为公正的世界的拒斥。一旦大众被推回到他们以前的、正确的身份,一旦有知识的贵族重返他们正确的位置,那么政治、文化生活和经济将会有更好的发展。

奥尔特加的观点,最开始体现在一篇刊登在西班牙的《太阳报》(El Sol1926)上的文章中,很快得到了魏玛共和国(Weimar Republic)立法机关的回应。我们一般会将德国历史上的这一段时期看作是一段愉快的、充满活力的平静时期,因为它位于一场可怕的战争结束之后和恐怖的纳粹政权登台之前,但实际上,情况并非如此。魏玛共和国,就像何西·布拉(Josep Pla 2006)所描述的1931—1936年的西班牙共和国一样,是一个没有共和主义者的共和国,它们就像一对难兄难弟一样。事实上,知识精英们很快就对它失望了,尤其是那些对它的未来寄予厚望的人们更是失望透顶。那些理性的共和主义者

(Vernunftrepublikaner),即那些基于利益的结合,而不是爱情的结合,与魏玛共和国签订契约的人们,也看到了他们脚下的大地在摇晃。不管是他们中的左翼还是右翼,都有不少人在试图摆脱这一体制(Gay 2001)。不管是穿上纳粹冲锋队的棕色衬衫还是与社会主义者、共产主义者并肩游行,大众开始登上舞台。

今天我们称之为法兰克福学派的那些左翼知识分子,急切地想用马克思的观点来对这一现象进行解释。然而,他们的解释只是一种特定类型的马克思主义的解释,这种马克思主义与无产阶级保持着一定的距离。人们从来不知道这些散发着臭味的英雄们[这是福楼拜在《情感教育》(*L' Education Sentimentale*)这本小说中对他们的称呼]今天早晨是否洗了澡,喷了除臭剂。要想将人类从资本主义的绝路上解救出来,是需要一种启蒙性的反启蒙运动还是一种批判的观点,阿多诺、霍克海默、本杰明或者马尔库塞一直尝试后一种方法但却从未成功对其(指阿、霍、本、马所用)进行明确界定。有时候,这一观点偏向于对苏联进行美好的解释;有时候,又成了阿多诺所创立的消极辩证法。许多美国的自由主义者,信奉这一左翼的精英主义观点,很快就追随法兰克福学派的观点。我们只需要想一下莱昂内尔·特里林(Lionel Trilling2000,2008)以及《宗派评论》(*Partisan Review*)的大部分撰稿人的例子就会明白这一点。

这是布尔斯廷所为之奋斗的知识传统,也是麦肯奈尔憎恨的对象。为什么这么说?最明显的原因是精英主义或者是他所谓的"知识分子态度",在他看来,它们代表的是资产阶级的个人主义。在布尔斯廷看来,虚构事件之所以能够获得成功,在于它给那些幼稚的头脑造成这样一种印象,真正的或者本真的事物可以直接表征自我。你看到的,就是你获得的。然而,知识分子知道得更多,因此,他们有权利来引领大众。麦肯奈尔用一种特别笨拙的方式来表达自己的见解,对于知识分子来说"旅游者对旅游设施的体验是建立在非本真性基础之上的,因此这种体验与仔细的研究相比是肤浅的"(MacCannell 1999a:102)。总之,相对于其他人(当然,包括旅游者,一般意义上的现代人)来说,知识分子可以用一种更好的方式理解社会安排。他们相信自己有能力直接看到前台和后台的互动,而平民大众是无法看透事物的表面的。让布尔斯廷和他的同党恼火的是旅游者的肤浅。他们愚昧、粗俗、愚钝。而知识分子,用一种胡塞尔式的表达方式来说,则是能够本能地超越表面抓住本质——只需要看到这个事物就行。

对麦肯奈尔来说,真理在别处——知识分子可能会力求对现实有最大程度的洞察,但是他们与旅游者一样,也会受到前台和后台的最基本的神秘化的遮蔽。他们认为因为他们是知识分子，所以他们肯定能够发现真理，但是他们无法避开现代生活的局限性以及它神秘的现实。

> 布尔斯廷只是表达了一种长期以来一直存在的对旅游者的态度，一种明显的厌恶，接近憎恨对其他旅游者来说，这种态度会形成"'他们是旅游者，我们不是'的认识，从而造成人与人的对立"(1990a:107)。

科恩将这一争论归结为代际之间的冲突。早期的社会批判学家们倾向于将旅游看成一种轻浮的行为，"而后一代的社会科学家，基本上是受结构主义方法指引，倾向于从完全相反的角度来看待这种行为——将旅游者看作是现代性的朝圣者，严肃地追求本真性"(Cohen 2004b:88)。科恩批评麦肯奈尔过于谨守这一原则，但是他未能看到这一点在麦肯奈尔的研究工作中是居于中心地位的。对于麦肯奈尔来说，旅游者不仅仅是在严肃地追求本真性，而且他还处在一种非常糟糕的困境之中，因为这一追求总是受到现代性的结构性的无可避免的神秘性的欺骗。麦肯奈尔不是在无因地反抗，像詹姆斯・迪恩(James Dean)在同名电影中所表现的那样，认为勇敢就是最后一个投降。就像电影《末路狂花》(*Thelma and Louise*)的结尾，麦肯奈尔驾车来到悬崖边，然后跳了下去。"一旦旅游者进入旅游空间，只要他们去寻找本真性，那么他们肯定会找不到出路。在每一处旅游设施附近，都会有一些别的与上一处一样的本真性"(1999a:106)。否定现实，将会一无所获。

如果科恩的解释是正确的，那么麦肯奈尔与尤瑞(Urry)近乎失礼的争吵将是毫无意义的。两个人都属于同一代，在以建构主义为方法论这方面也有类似的观点。然而，麦肯奈尔将尤瑞的观点看成是资产阶级自由主义传统的扩展(2001a)。为什么这么说？在麦肯奈尔看来，尤瑞的观点，即旅游研究过于偏向于生产而忽视消费，无疑是对的。旅游凝视的概念就是试图克服这一冲突。一开始，凝视这个概念提醒我们，不同的主体以不同的方式观看它们的客体——主体以多种方式来解读客体。刚说完这一点，尤瑞就突然转向了。他将旅游定义为一种源于日常生活和不同寻常生活的分离而产生的活动，认为吸引物的角色，就在于它们强化了这两个彼此独立的领域：

> 尤瑞的旅游者凝视的概念，他以一种精准的方式来构建的概念，只是一张将全球吸引物系统转化为一系列镜像的蓝图，其目的是为了满足愚钝的自我对自恋的需求……旅游凝视已经制度化为对旅游者的安排中，以旅游的名义建构的，只是渺小的自我的叠合，是空洞的社会表征，是自恋的决定主义的铁环(2001a:26)。

总之,尤瑞获得了一定的赞美,因为他尝试用建构主义的方法,但是他不够激进。他只是一个次生根。在福柯所引领的潮流中畅游,他毫不令人奇怪地沉迷其中了。与福柯一样,他的凝视,虽然是社会建构的,但依然是停留在表面。对于不同的凝视者来说,会有不同的表面,但是他们还是看穿了这些表象。尤瑞的观点,依然是与《孤独的星球》一样肤浅。

很让人怀疑的一点是,这种凝视会暴露出麦肯奈尔所谓的决定主义问题,即所谓的获得真正的本真性或者真正自由的不可能性。尤瑞的旅游者事实上是在一个结构化的空间移动,这种结构是以社会层级的形式体现的,而且这种结构的受益者会警惕地捍卫着它。然而,虽然他们是这样的结构的囚徒,但他们与福柯的主体一样,是有选择的自由的。他们的自由,就变成了仅仅是主观上的自由。这就需要第二次凝视:

> 这种第二次凝视知道,眼见并不为实。有些事情依然是看不到的……这种第二次凝视,折回到凝视的主体,赋予他一种道德责任,以构建它自身的存在。它拒绝将这种建构交给公司、国家以及旅游表征装置……它寻求的是意料之外的而不是异常非凡的客体和事件,从而打开洞察结构的窗口,从而有机会一瞥真实(2001a:36)。

这种表达,依然不够刺激,过于模糊(当我们被告知结构是存在的,我们怎样才能打开洞察结构的窗口呢?),但是让我们不要急着下结论。

据说,麦肯奈尔的结构主义主要来源于激进的巴特,而不是温吞的福柯,他本人也从不羞于承认这点。就刚才提到的他对福柯的批评来说,他还有一些更让人不快的话要说。在一本他与朱丽叶·福勒·麦肯奈尔(Juliet Flower MacCannell)合写的书籍中,他们表达了对这位大师的失望之情。福柯将权力看作是一种中性的机制,也就是说,任何人都可以运作这一机制。

> 福柯并不关心谁发动权力、运作它、运作多长时间:它成了伟大的均衡器。通过将所有主体的被征服的知识刻画为"本地性"知识,他无意中将他们消减为少数主义者,不仅割断了他们与特定的压迫者的关系,而且从一般意义上说,与一种理想化的权力的关系(MacCannell and MacCannell 1993a:231)。

他在批评自由主义的社会科学家时,几乎用了同样的词语。这很让人痛心。

这两位麦肯奈尔在贬斥波德里亚(Baudrillard)时更为无情。仅凭几句话,而且不是失望之情就是一时兴起,波德里亚就得出结论说,本真性和人类求知的意志之间的失谐是永远也无法矫正的。对后现代主义者来说，现代世界暴露出了它的虚空。没有后台区域，只有层出不穷的前台区域，它会抵制住所有看穿它的企图。幻影从现实的每一个角落涌向我们，因此，揭示这种幻象本身就变成了一个不可能的梦想，因此，我们应该接受它们。这里有点问题。波德里亚指出，新的资本主义剥削形式将阶级结构融合成了后现代性，他也因此获得了盛赞，但他并没有对这些新的剥削形式进行认真的检验。因此，这种不确定性，可能会使得他的研究工作成为新的剥削形式的帮凶，而不是最终颠覆这些剥削形式：

> 最终，波德里亚和米老鼠秉持的都不是小写的符码的存在，因为它具有颠覆性，而是一种一般意义上的大写的符码的存在，一种单一的框架，早已作为万事万物的框架而存在（MacCannell and MacCannell 1993b: 141）。

对任何自尊的解构主义者来说，将他与米老鼠相提并论，而不是将他看成是压榨人民的美国政府的帮凶，肯定是一种更大的侮辱。这种伤害甚至可能更大。

读者可能看到，与麦肯奈尔早期的观点——符号学和符号互动主义可以通过互相借鉴从而实现双方的进一步进步——相比，他在这里的立场有些转变。在当时（20 世纪 80 年代晚期），麦肯奈尔与莱斯利·哈曼（Lesley Harman）有过勇敢的争论，后者坚持认为，符号学和符号互动主义是彼此独立的。然而，麦肯奈尔对一些解构主义者（他特别提到了波德里亚）抱有更为乐观的看法的原因，恰恰在后边成了他批判他们的武器：

> 有充足的证据表明，新资本主义确实通过符号来自我复制，不仅是在明确的符码性符号层面，而且还体现在对话和意识之中。正是资本主义的成功，使得它可以通过欲望的制造，来使意向性和符号主义适应它的扩张，甚至可以使得我们的对话重新变成它自身的影像（1986：167）。

这里的引用，并不是说要证明麦肯奈尔是个反复无常之徒；相反，这段引用清晰地表明了，他对解构主义的价值的看法的演变，始终是围绕着同一个核心进行的——资本主义，尤其是晚期资本主义固有的罪恶。但是在我们结束对他的评论之前，我们需要继续跟随他，看看他是如何拧紧最后一圈螺丝的。

备受煎熬的知识旅程到了得出结论的时候了。麦肯奈尔又一次需要提醒我们现代性和其他社会安排之间的不同。这次他的广告不算太浮夸：

> 现代世界最独特的一点是它将物质关系转化成符号表达以及将符号表达转化成物质关系的能力，在这个过程中，它还能不断地区分和衍生出各种结构（MacCannell 1999a：145）。

读者可能会怀疑，智人以及他的一些祖先是否缺乏区分生肉和熟肉的符号技能，会怀疑我们最亲爱的朋友——原始人并没有衍生出社会结构（可能意味着劳动分工，虽然这并不是很清楚）。但是让我们排除过度的文字处理，不要被它们五颜六色的外观引入歧途；如果这些是存在的，那么这会使随之而来的争论更加有理有据，正是这点，我们应该坚持。

对本真性的追求是否有一丝可能，这种怀疑现在有了好的结局。麦肯奈尔并没有被戈夫曼式的前台和后台理论，以及它们不可避免的分离所吓倒，他转向了经济学那令人怀疑的舒适感。“结构的真实性与虚假性的分界线在商业领域”（MacCannell 1999a：155）。围绕着本真性和真实性概念成长起来的学术手工作坊，将这一神谕解释为对商业化、商品化或者一般意义上的消费主义的拒斥。虽然关于这几个概念通常都没有定义，但是它们通常的含义，可以参照《韦氏词典》“商业化”这个词第三种和第四种含义“出于赢利方面的目的而不是出于精神上的或者娱乐方面的或者其他非金钱方面的目的的行为活动”，或者“为了更大或者更为确定的利益，从而降低质量，使商品更为传统、更不具有原创性，或者放弃高尚的目的”（Merriam – Webster 2002）。

然而，正如我们所看到的，这种平淡的定义是无法让麦肯奈尔满意的。虽然有时候贬低货币，但他是一个坚持己见的激进分子。当他说“行为的核心，即旅游者和一个真正的吸引物，比如白宫或者大峡谷的最终的接触，可以是纯粹的”（1999a：156 – 157）这样的话时，他并不是自我背叛。这种苍白的新柏拉图主义式的表述，要比通常的那种对粗劣的产品或者低质的服务的谴责（布尔斯廷可能会这么做）更为严厉。麦肯奈尔强调的不仅是金钱的消亡，而且还包括任何由金钱激发的人类关系的消亡——这种激进的研究取向在他的那些自封的追随者那里很少得到严肃对待。

麦肯奈尔知道，在游览景观时，旅游者无法让交易成本消失。旅游者必须要为旅行、饮食、装备、住宿以及所有与他们的活动相关的费用支付金钱。通常这部分成本还包括接近吸引物的费用。但所有这些都是与真正的景观无关的。这部分费用不能被曲解为愉悦的费用。“这是一个非常好的区分，从常识的角度来看这种区分可能不重要，但是像许多重要的区分一样，它是非常有必要的”（1999a：157）。从太空针塔观看整个西雅图，就像万事达卡的广告中所说的那样,是无价的。

这并不会让所谓的火箭科学家坚持认为这种良好的区分是有效的。如果不为太空针塔的运行支付一定的费用,那么它很快就会陷入失修状态,也就很难享受它所提供的西雅图的景观了。即便像去参观白宫那样,没有发生费用,但是这个地方的维护费用出自美国纳税人所认可的公共预算。否则的话,观景者想获得无价的体验将是不可能的。那种认为体验是无价的,或者真正的吸引物是存在于经济交换之外的观点,是无法轻易让人信服的。

事实上,麦肯奈尔确实构思了一种金钱联系的替代品。在他 1999 年版的《旅游者》这本书的后记结尾,他提到了他的舅舅,埃尔伍德·梅斯基曼(Elwood Meskimen),此人一生都经营着一家严格恪守以物易物原则的废品站,以及艺术家安·张伯伦(Ann Chamberlain),此人在制作纽约一个行政区的纪实照片时,并没有自己拍摄,而是用邻居们的旧照片完成的。在他看来,这样的一些东西,可以为超越商业纽带的旅游提供借鉴。“有数不清的类似的例子,我们都能看得到”(1999a:202)。读者可以再一次要求他列举一下他所谓的数不清的例子;或者怀疑可敬的梅斯基曼先生可能会以次充好,把废品卖给最近的杂货店;或者无法发现,张伯伦女士照片展览的新方法是否得到了一些慈善基金的资助。

让我们原谅麦肯奈尔对这些本体论上的琐屑事物的漠视,跟着他的逻辑前行。甚至让我们拿起魔术师的法杖,彻底地废除金钱。他对法国社会学很精通,读过马塞尔·莫斯(Marcel Mauss)关于礼物的论述。举例来说,莫斯肯定不会喜欢这样的观点:在自然经济中,有一些事物的交换不是受到商品和服务之间的对称法则的支配,提供产品时可以不向他们的同伴收费。我们的祖先没有市场,但明显的是他们通过物品和礼物来进行交换。社会群体,通常是由他们的首领出面,交换产品和其他经济价值,管理诸如礼节、娱乐、妇女、小孩、舞蹈和宴席之类的事务。对于莫斯来说,这只是交换的外表。因为他认为:

> 虽然馈赠和回赠披着自愿的外衣,但从本质上说它们是带有严格的强制性的,不遵守的话,就会引起个人之间或者群体之间的战争(Mauss 1970:4)。

用现代的说法就是,没有免费午餐这回事。不管涉及金钱还是不涉及金钱,使得人类社会成为可能的多种形式的交换,都是建立在信任的基础之上的,即相信人们交换的是等价价值。那些布尔什维克,在俄国内战(1917—

1921）的中期，曾经以为由国家分配作为代替衡量价值尺度的金钱，这样的好日子终于来了，但是他们很快意识到，如果他们想要避免革命的彻底失败的话，他们就需要回归过去的货币秩序，即实施所谓的新经济政策。

在社会哲学中，认为可以出现一个社会，在那里不仅金钱而且任何等价交换都将不存在，这样的反面乌托邦并不是第一次出现了。比如，托马斯·摩尔（Thomas More）在他对乌托邦岛国的首都亚马乌罗提（Amaurote）的描述中就探讨了这种可能性：

> 每个人都可以进入房内，因为房子内没有一件东西是私人的，或者是属于任何人的。每 10 年，人们就会通过抽签来调换他们的房子。他们的花园里物产丰富。在里边有葡萄园、各种各样的水果、香草以及鲜花，令人如此地心情舒畅，装饰得如此漂亮，养护得如此美好，我从来没有在任何地方见过如此物产丰富、如此整洁的场所。因此，这里的人们对这些事物的研究和付出的辛勤劳动，不仅源自于愉快，而且也源自于街道与街道之间围绕着花园的修剪、整饰而展开的一定程度的争奇斗胜：每个人都有自己的观点。一看就知道，花园是对全城人民最富于实惠及娱乐性的事物（More 2001：48）。

这种只可能出现在超人世界的情况是截止到 19 世纪的乌托邦文学的一部分，但在浪漫思潮（Romantic wave）（Berlin 1997）的影响下，这将会发生变化。1808 年，费希特（Fichte）在法国占领的柏林发表了他的《对德意志民族的演讲》，事情开始发生变化。在他那激起大部分中欧和东欧国家狂热的民族主义的演说中，费希特敦促未来德国的公民，不要相信任何与外国的商业交易：

> 但愿我们终于认识到，所有那些关于世界贸易和外贸生产的骗人理论体系虽然很适合于外国人，并且恰恰是他们一直用来打我们的一个武器，但是，这些理论体系在德意志人这里却毫无用处；除了德意志人自己的统一，德意志人内部的独立和贸易的独立是他们得救的第二个手段，并通过他们成为欧洲得救的第二个手段（Fichte 1922：231～232）。

这些观点相对于 18 世纪重商主义者的那些观点来说，并无太多创新之处，但是它们与国家认同结合起来了，因此，直到今天，在全世界各地的社会运动中经常还能看到它们的影子。因此，贸易、商业主义、货币，可能形成了一个虽未定义、但却很有威胁的圈套，可能会使得一个国家的人民，或者用麦肯奈尔的话来说，就是一般意义上的现代人的本质在其中迷失。

与这种本体论上的威胁相比，麦肯奈尔在随后展开的对公司持续的抨击就显得有点虚假。在他看来,公司是现代社会神秘化的主要推手。麦肯奈尔认为,在他首次出版《旅游者》的1976年到他为之加了一个后记的1999年之间,影响旅游世界的最大变化是,娱乐公司的利益对旅游领域的入侵。麦肯奈尔警告说,公司对目的地的商业化、包装和营销推广,已经使得观赏行为与一个地方的特殊性之间的联系消失了,这种观点后来已经变成了一种陈词滥调式的谩骂。如果由公司主导的这种驱动获得成功,那么人们就会怀疑这"最终会毁了出去旅游的动机"(2001b:380)。然而,问题在很大程度上不是公司犯下的经济罪行,而是在于这样一种事实:不管这些公司如何努力,它们从来都解决不了观光经济最终要依赖一种非经济关系这样一种困境。

读者可能会觉得有必要问一句,为什么公司和它们对旅游的定义,或者说它们对一般意义上的现代人的定义,能够获得如此巨大的成功,即便是麦肯奈尔也不敢否定这点?他的回答虽然很少被引用,但涉及了文化商品和消费它们的主体之间的关系的核心。"商业上获得成功的吸引物是以自我的结构为模型建造起来的,能够在自我和吸引物之间建立起自恋的关系"(2002:147)。比如,像迪斯尼公司所建立的那些成功的主题公园或者像佛罗里达州的庆祝社区(Celebration)这样的居住社区,都是对自我的各种品性的反映:

> 这些地方界限清晰,组织良好,很有娱乐性、整洁、强调自己动手、自给自足、有趣。它们就是那个非凡的自我想成为的事物,是一个自我想去度假的完美之地。它们反馈给自我的都是那些使其自傲的事物。它们有效地构建出了一个可以满足不受限制的自我陶醉需求的场所(MacCannell 2002:149)。

自我是滋养公司各种罪行的沃土。在天堂有这么一种联姻。

什么是自我?到现在为止,我们应该明白了——它就是一种建构,同时它还是每一个个体身份的基石。它需要一个坚实的身份,这反映出自我们出生之日起就伴随着我们的惧怕。不是对黑暗的惧怕,或者是在森林深处迷失时的惧怕,而是对失去身份的惧怕。读者应该好好看看这里,从而明白人们为什么要如此牢牢地抓住它。然而,这个基石又很不牢固。在过去,超我以道德约束的形式为我们的自我筑起了一道防火墙。超我对过度的自我的约束,确保了社会符号秩序的稳定性。然而,在过去的150年中,这一基本的安排发生了剧烈的变动。超我为自我所消融,道德秩序退化为每个自我的意志或者欲求。在一个品牌消除了任何有意义的差别的世界里,消费已经吞噬了道德。

然而,并非是所有的信仰都可以丢弃的。我们依然可以勇敢地追求希望。

公司建构的不受限制的自我面临着一系列的障碍。首先,我们自身依然需要直面一些难题,如可持续性、未来、人类的繁衍等。此外,毫无意义的比拼消费,也会使得消费者的预算难以承受,从而使得其想逃出公司所创造的这种环境。最后一点,自我也正在走出时尚的陷阱。对对话、简单生活以及类似的运动的渴求,正在给自我和它的需求施加限制。总之,自我只是个体的个性塑造的众多方式中的一种(其他包括无意识、神经症、精神病、性欲倒错以及愉悦伦理)。对个性的塑造并没有一个确定的模式。

又一次,麦肯奈尔一发现正确的机会窗口就无可避免地开始大吹大擂:

> 西方社会所不断推进的公司化的21世纪的典型人类,过于"强调身份"、浅薄、贪婪、毫无批判力、追求快乐主义、盲目爱国、自私、平庸。这与亚洲典型的领导者的形象完全不同,这类人强调的是要在古典哲学、诗歌或者绘画上有所建树(2002:151)。

如果对本真性的追求只会让现代人解决这一谜题的尝试变成白费力气,那么我们现在知道原因了——150年前在西方社会发生的新变化造成了这一局面,我们应该谴责这种变化。让我们来厘清与麦肯奈尔观点相关事件的时间线。我们刚才提到的文章是2002年的,那么我们应该回到19世纪中期来追踪这一变化。在这个时期,畸形的自我伴随着工业革命而产生;然而,就色情描写和语言起源而言,我们需要追溯到30 000年前;或者就劳动分工而言,需要追溯到新石器时代;当人类思想和语言联系起来之时,正是现代智人起源之日。不管怎么说,在今天资本主义经济发展中居于核心地位的公司,在150年前是不存在的。它们肯定无法为麦肯奈尔深感遗憾的那些事情负责。但事实上,萦绕在他心头的并不是公司或者被公司化了的身份。他只是对任何的西方现代性都深恶痛绝,只是想找到任何有可能对之进行抨击的事物,其中就包括关于毛泽东(亚洲的领导人)的描述,当然,这种描述在伟大舵手自己的国内可能都会觉得有点过于谄媚。

现在,争论接近尾声。对理论的批评需要革命,也就是说,需要完全改变以前建立的优先次序以及自我的建构。这就是旅游者,或者一般意义上的现代人,想告诉任何想要专注地、耐心地聆听的读者的故事,这就是理论和革命的冲突一天不停歇、麦肯奈尔一天也不停歇的故事。我们只能祝福在他完成这项不可能的、超越尘世的任务时好运,要知道这项任务可能只有少数几个死硬的"六八"一代人(Soixante-Huitards,译者注:法国六八年学潮后思想特别开放的一批近似嬉皮的青年)才赞同。

第五章

解放神学

一、生命的惊喜休憩

在当今普遍的人类学、社会学，尤其是旅游学研究中，一股强大的思潮裹挟着这样一种假设席卷而来：因为研究对象的经济状况各不相同，因而能够从此出发对其分别加以研究。然而事实上，无论是在功能主义或是现象学的传统中，在有关经济以及经济之重要性的问题上人们通常都缄口不言。因此，现代社会学思维便沉溺于幻想之中，认为所有社会群体创造其生活的方式都可以通过其成员共有的思维方式和文化得以充分解释。由于“文化”一词包罗万象，因此现代社会科学并未对其内涵再进行具体的定义。这种对古典经济学的突破（Adam Smith；David Hume；David Ricardo；John Stuart Mill）正是浪漫主义运动后续的一部分。从那时起，经济学便放弃了成为政治经济学的远大抱负，而社会学和人类学却把精力投入到诸如权力、精神力（mentalities）、大众思维模式、符号学以及其他本是政治经济学发展之阻碍的研究对象之中。这正是困扰包括旅游研究在内的现代社会科学的剪刀危机之核心（第一章）。

然而，以现代性为最新人类交往方式的各个社会在其自身被四分五裂时并没有选择忍气吞声。这些社会以一种或另一种方式建立了一个整体，即使从不同的角度进行合理分析，这些社会最终也利用了一种整体性的运作方式——虽然研究者认为这样做大可不必。无论是在旅游学之中或是其他地方，我们目睹了在麦肯奈尔（MacCannell）所断言的对真实性的探寻之下，潜伏着对现代性自身生产和再生产方式进行彻底变革的需求。然而，只要金钱仍作为首要的社会联结并居于主导地位，只要人类交往依然通过商品交换而发生，真实性终究也只是痴人说梦罢了。人类既无法实践自身的自由，也无法为他人全力以赴，除非贸易和重商主义被一种更为完整的理性模式所替代。麦肯奈尔将这种替代变化称为"革命"，一旦发生，便是强而有力的。想要达到最佳状态，人类需要远离资本主义。不仅仅是资本主义，这股旋风还要刮向农业和工业。因为说到底，它们不过是劳动分工的副产品，即一切罪恶的根源。从麦肯奈尔在模糊的野性思维上所展现出的狂热可以看出，他企图再现石器时代以替代工业革命和新石器革命。然而，麦肯奈尔的观点只是解释旅游中现代性的两个范式之一。虽然二者有时明显重叠，有时又相互矛盾，但是却缺一不可。第二种理论拥有众多可供追溯的根源，但它在旅游学研究中的应用始于维克多·特纳（Victor Turner）。

人们对特纳的引用量并不及麦肯奈尔。毕竟，他与旅游的关系至多只能算作在外围徘徊。同时，那些应用其范式的人们未尝知道的是，正是他激发了大量的解放神学——重点在于这句话的后半部分。这组理论共享着神学智慧，其对象超越常人的思维；因此这些理论可以通过许多，甚至是自相矛盾的方式得以解释；它们为人类思维所遭遇到的最棘手的问题提供虚无缥缈的解答；因此，它们既不能被证伪，亦无法被证实。神学关乎信仰——而非理性的探讨。解放神学的提出即是现存的神奇思维的众多分支之一。

这条思路在试图解释现代性和旅游这对古怪组合之间的关系时走向了与麦肯奈尔观点对立的一边。现代性意味着真实自身的消亡或减少，因此永不满足的消费者已无法与其同伴建立起可靠的联系。现代性在自由和具有创造力的沃土中茁壮成长。然而，对于受特纳启发的各色研究者来说，结论却截然相反。他们认为正是现代性开启了个人的自由和解放之窗，或至少为社会融合提供了机会。我们不必急于将这些理论丢进历史的废墟——只需要学会理性地使用它们即可。一言以蔽之，与麦肯奈尔对真实性的全情投入相比，特纳的主要思想为人类生活的惊喜休憩（surprising recesses）提供了更好的理解方式。

在 1909 年，范甘内普（Arnold van Gennep）出版了关于通过仪式（The rites of passage）的著作（1961）。该书旨在更好地理解属于各社会群体的个人生命中某些特殊时刻的结构。生命无非是由出生、青春期、婚姻、为人父母以及最终的死亡等各种不同阶段的活动所组成的一系列过渡。到达每一个阶段，人们都要经历若干仪式作为进入新阶段的标志。如此，人类生命便与自然相类似，因为整个宇宙也处于循环和重复、阶段和过渡、快速活动和相对平静的统治之下。自然循环常常在社会生活中刻上标记，比如社会群体会庆祝中秋节或者新年的到来，也以此在自然和社会之间创造出某种连续性。

类似的阶段渐变存在于大多数社会之中。然而，其重要性则随着范甘内普所称的文明化发展程度的减小而增加。这也许可以归结于生命中宗教观点对世俗生活的支配程度。在最简单的社区中，每一个变化都包含圣者和凡人之间的行为和反馈，任何行为都无法打破神圣的藩篱。每个新阶段的进入都与一系列仪式紧密相连，以便社会能清晰地为个人定位其位置或角色。虽然目的不尽相同，但这些仪式都拥有互相类似的结构。

实质上，过渡仪式可分为三类——分离、过渡和融合。前者意味着个人或由个人组成的群组离开其先前社会生活的亚类，比如葬礼，或者婚姻——这二者都是典型的对新类属的融入。过渡是一个标记，意味着从一个既有状态出发，比如童年，通往另一个状态，比如青春期或老年的通道。在不同的社会中，所有这些仪式具有不同的重要性和复杂程度。范甘内普也曾武断地对不同的仪式进行分类，然而在现代思维里，这样的分类已完全过时（例如动力学的/万物有灵的、共鸣的/传染的，或者积极的/消极的）。另外他也列举了所处时代人类学文献中关于地域过渡（territorial passages）、妊娠期以及童年、启蒙、葬礼等的大量实例。然而，他作品中吸引人类学家目光的地方却并不在此处。

真正吸引维克多·特纳（Victor Turner）及其追随者的是范甘内普对复杂仪式的初步简化归纳，他将复杂仪式简化为明确的类型和阶段，将经验的多样性予以统一，以便人们理解。在分类的最初阶段，范甘内普在理论上列出了一个完整的通过仪式的目录，包括前阈限仪式（分离仪式），阈限仪式（转变仪式），以及后阈限仪式（融入仪式）。然而，这些观点仅仅被附带提及，书中的其他地方也并未对其详尽阐述。他倾向于坚持对分离、转变和融合①仪式的三重分类，但同样只在结尾章节一带而过，“转变时期的存在有时会获得特定的自主权”（1961：191）。然而正是后者，在解放论学派中引起了轩然大波。

---

① 分离、转变和融合：seperation，transition and incorporation. 虽然在很多翻译中，将 transition 译为过渡，但是为了和前面的三个仪式的翻译保持一致，也为了和 rites of passage（过渡礼仪）中的“过渡”区别开来，且译为“转变”。译者注。

因此，让我们以其最主要的代表为开端。特纳最初的人类学田野工作集中于恩丹布人(the Ndembu)——一个生活在非洲的民族部落，位于今天横跨现代赞比亚和加丹加区域的刚果民主共和国：

> 在我初次来到恩丹布人中时曾应邀参加一个常规的女孩成人礼仪式(Nkang'a)。我试图尽可能详尽地描绘目之所见，然而，观察人们表演程式化的手势、聆听颂唱仪式表演中神秘的歌谣是一回事，试图充分理解这些行为对于他们的含义却是另外一回事(Turner 1969:7)。

如果我们揭示出不同的过渡庆典对其参与者所具有的含义，便可发现它们代表了一些在所有社会中都会存在的永恒特征，由此或许我们能够更好地理解社会组合或变更的方式。这是描述在位(*emic*)立场的另一个途径。

如果说《仪式过程》[*The Ritual Process* (1969)]不是特纳的主要作品，至少也是他最佳结构化的作品。在书中，他首先描绘了一些恩丹布人的重要仪式，继而转向范甘内普，并概括了他的主要发现：

> 范甘内普指出，所有的通过仪式或"转变"都由三个阶段组成：分离(separation)、边界(margin)["阈"(limen)，在拉丁语中表示临界值之意]以及凝聚(aggregation)。[…] 中间的"阈限(liminal)"时期对于仪式主体("通过者")来说是模糊的：他通过的是一个仅有少量或根本没有已过去或即将到来的状态的属性的文化王国(Turner 1969:94－95)。

在重聚(reaggregation)和再融合(reincorporation)的阶段后，过渡得以完成。

然而，这并非对范甘内普思想的真实再现。正如我们已提及的，令他感兴趣的是关于各种不同类型的通道或过渡的描述，这是因为首先这些通道或过渡帮助主体离开或到达特纳所称的固态阶段，即阶段一和三。对于特纳来说，通过仪式既由那些自始至终都在等待的固定元素所定义，更由处于固定元素之间灵活的有着开放式结尾的阶段所决定。虽然范甘内普仅为这个阶段贴上转瞬即逝的标签，即阈限，但在特纳眼中，它已成为整个过程的关键点。阈限是另一种日常生活，或按照他的叫法，是日常生活刚性的反结构：

> 阈限或阈限人(liminal *personae*/"threshold people")的这种特点必然是模糊不清的，因为该状态以及这些人已逃避或滑过文化空间中通常的定位状态和位置。阈限实体(Liminal entities)并非在此处也并非在彼处，它们在法则、习俗、惯例和仪式所指定和部署好的位置之间游离不定(1969:95)。

阈限是一块块白板,等待着各种技艺来蚀刻题字。它们是潜在的,是行动,是自由。同时,正是这种驱逐状态(this state of dispossession)反过来在新入者之间发展起紧密的连接关系。正如席勒(Schiller)在他的《欢乐颂》(*Ode to Joy*)中所描绘的:

> 欢乐(或自由或阈限)是将所有被分化的习俗重新融合为一体的神奇力量,是人人皆兄弟的天堂(原文如此)。

阈限的特殊力量在此处大放异彩。它是一个剥夺和赋予、卑微和神圣同在的时刻,它的民众品尝着独特的、忽略了地位和角色之边界而融为一体的结合。伴随着整个阈限,众人无一例外地融合为一。通过这种方式,每一个群组、社区或社会都由分离和联合、多种状态以及特纳所称的"交融"(*communitas*)共同组成。此处,在"交融"中,一种以模糊的方式造就人类的通用链闪闪发光。这是从平淡无奇中解放的时刻,此刻,自由激发出被我们称为爱的深沉邂逅。这也是平等的时刻。恩丹布人的高层统治者被任命之前必须经历一系列羞辱仪式(rites of humiliation)。他穿上褴褛的衣衫,住进远离村庄的简陋屋舍,忍受未来子民粗暴的呵斥(质问强权)。他必须要完成若干卑贱的工作,而一旦坐上统治者的宝座,这些工作他将不再染指。事实上,这些仪式一经结束,他便会威风凛凛地进入新的角色。在其他仪式中,这些初入者或新手不得不接受这一被支配的地位,直到他们通过这条门槛——这一刻他们不具有掠夺者的面貌,而是他人权力的臣民。这种被支配的时刻"说明了高者因低者的存在才能身居高位,他们必须体验低者的生活以感其所感"(1967:97)。

"交融"展示了我们所共享的统一(unity),这种统一让人摆脱疏离,摆脱最初和最终分离人类的阶段。它将人的本质变得高贵。精神状态(morale)随之而来。社会生活并非二者择一的分离状态,恰恰相反,它是一种辩证法,展示着神圣与世俗、同质和区别、"交融"和地位差别、平等和不平等。任何从一个到另一个固定状态的通道都需要一种无状态的状态,并追求与对立面的调和。"每个个人的生活经验都交替着向结构和'交融'发展,固定状态和转变过程暴露着自身"(1969:97)。要避开巴门尼德(Parmenidean)永恒稳态的陷阱,人们应该认识到是变化填满了生活。这便是黑格尔和马克思学派哲学家所称的辩证法。然而,今天的一种思潮则更加偏爱对移动(mobilities)的讨论(Urry 2000)。

特纳长久以来寄情于描绘社会生活的不同阶段之间的区别:

> 在大多数类型的阈限中，伴随人性之善的是一个神秘角色；在大多数文化中，该转变阶段被紧密地与那些对拥有保护或惩罚之力的神圣力量、超人的生命存在，或者权力的信仰联系起来（1969：105）。

以此，阈限得以和社会生活各个方面的多样性即对立面相一致。这是生命存在相融合的时刻，是人类的平等而无他。为何阈限在大多数群体中闪耀着神秘的光环并令人感到危险或不安呢？答案似乎并不复杂。“交融”展现着弱者的力量，它是抛弃那些脆弱的或者暂时看似有力的结构的反结构。请看看宫廷小丑、神圣的乞丐[①]（holy beggars）以及愚人们的力量吧！他们代表着本身即是融合或作为融合之例证的力量的界限。在特纳的书中，古往今来的众多例子都展示着这种反结构的元素。众多千禧年运动便是强有力的范例，它们通常拒绝差别、不平等、所有权以及性爱的社会限制，同时要求其追随者具有相反的品德：无等级排序、普遍谦卑、慷慨无私、对领导者绝对服从以及自由的爱。“‘交融’与‘开放的社会’在结构方面有所不同，而相比‘封闭的社会’，它有潜力或在理想化的状态中能够扩展至人类的极限”（1969：112）。在特纳开始他最初的研究工作时，正值20世纪70年代强而有力的潮流，他在手边的嬉皮士运动中找到了“交融”的例子。“比起社会义务，他们（嬉皮士）更看重关系，同时倾向于将性看作直接的‘交融’的多态工具而非一种持久的结构化的社会纽带的基础”（1969：112－113）。

特纳的基本机制并未包含太多元素。其核心著作的其余部分只是提供了该主题的若干变型。然而，转变却开始孕育其中。逐渐地，他转向一个与自己初始观点大相径庭的“交融”的概念。通过研究不同的非洲种族社区，他不仅仅强调这些社区都拥有类似的过渡礼仪，甚至更进了一步。不只是他的研究对象，所有处于阈限状态的人都拥有共同的特点：他们或落入社会结构的缝隙，或处于其边缘，或占据其较低的层级。因此，当我们初次发现“交融”时，它扮演着消灭角色或地位的次要特征的角色，并以此来展示至少在一定时间内所有社会成员的共同人性。即使是掌权者，例如恩丹布人的统治者，也不得不承受羞辱以证明自己与他人之共性。

如今这样的情况已经无处寻觅。真正的“交融”是力量弱小者、体质羸弱

---

① 神圣的乞丐：holy beggars. 1967年由Rabbi Shlomo Carlebach所提出的一个犹太教中的概念，描述那些并非乞讨生存物品，而是祈求改变世界、带给人们希望和救赎的人，他们如饥似渴地试图为世界带来爱与和平。译者注。

者以及遭受压迫的人们对解放的呼号。或许它也包含社会其他成员，但他们必须作出明确的抉择。在这里他引用了马丁·布伯的观点（Martin Buber）。社区，并非只是一个人人可体验的人类共享的工具，它已成为一种仅面向特定人群的非结构化的精神邂逅之地。这些人决定抛弃“我们”或“他们”这般分类的结构严格性，享受“我”和“你”的独特邂逅。

> “交融”，与其非结构化的特征一起，代表着人类相互联系的“快速性（quick）”，即布伯所称的“Zwishenmenschliche（人际交往的）”。虽然它可能经由中心的虚无得以表现，但对于结构的运作，这依旧是不可或缺的（Turner 1969:127）。

为避免我们犯错，特纳提醒道，“交融”不仅仅是一种生物冲动，而是人类才华的产成品，如理性、意志、记忆等。同时由于我们所具有的根深蒂固的品质，“交融”在一定程度上是一种选择，因此也成为一个自由的契机。

然而，特纳并未走向极端。在此方向上开路后他选择了适可而止。他认为，最终结构和“交融”会相互依存来保证社会的和谐发展。一方面，过度的结构可能导致不安和动荡，甚至引起受压迫群体的革命；另一方面，过度的“交融”可能会带来专制、高度官僚主义，或是结构的僵化。

因此，大多数千禧年运动试图消除贫穷或将所有事物变为共有：

> 但这通常只在短期可能——直到千禧年或是祖灵船货①到来的日子。当预言失败，贫穷和结构化回归，这些运动变得制度化，甚至分崩离析，其成员便会再度融入周边环境的社会秩序之中（1969:129）。

通过仪式（rites of passage）被定义为社会经验的时刻，由此我们到达了一个社会变化的理论。社会和社区在结构与反结构的二进制中循环前进。在每一个特定的时刻，它们由不同的角色和地位所组成，并且作为一种独特的存在而出现。然而，若持久观察便可发现它们的稳定只是昙花一现。突然出现的内部失衡会将它们推往不同的方向。反结构的力量开始发挥作用。一旦若干变化（这些变换也许具有从小范围到部分再到全部的不同程度）自发出现或被有意设计，一个新的结构便会发展起来。稳定的力量被变化击败；然而结构会回归以对抗“交融”，并在一段时间后再一次凝固为新的结构。如此循环往复，

---

① 祖灵船货：ancestral cargos. 货船崇拜是19—20世纪中期在大洋洲的许多土著社会中兴起的一种文化复兴运动。船货（cargo）这个词指的是由欧洲人占有的外国货物。船货崇拜信仰者认为，这些船货本是属于他们自己的，千禧年那一天，祖灵（ancestral spirits）会携带大量的船货归来。译者注。

永不停歇,即是永动模式(perpetuum mobile)。虽然流动性看似反复无常,但是特纳依旧发现了深刻的变化或者运行中的反结构,但是在运动(movement)方面他采取了一种消极的态度。为何千禧年运动在为其成员消灭贫穷或推行自由性爱的进程中不断暴露着自身的无能?为何他们如扑火的飞蛾般定期重复仪式之舞?人们能否从往昔的错误中吸取教训?事实上,特纳并未对这些社会变化作出真正的解释。

作为二进制的结构划分(结构和反结构)的对立面,韦伯式的连续谱展示着传统通过神授力(charisma)过渡到官僚主义的过程,或者普遍说法中的现状通过神授力向程序化的转变。然而,韦伯所称的神授力和特纳口中的"交融"或阈限仅仅对事物进行了描述性的解释。韦伯从未仔细阐释过神秘的神授力。对他而言这无非是一种非同寻常的特征或被超自然或超人力量所赋予的人格魅力,或至少是一种超越日常平凡的力量(Weber 1971)。神授论者说:"你被告知做 X 或 Y,而我告诉你去做 Q 或 R。"无关命令本身的内容如何,重要的是在追随者或信徒眼中它是非同寻常的。他们为何能够如此地死心塌地?他们为何选择这个志向高远的神授的领导者而非另一个?特纳的"交融"概念同样未作说明。我们知道它(交融)将会在某处(多数是贫困之地)繁荣昌盛,人们摆脱其他一切特点,享受着共同人性(common humanity)中"我"(I)与"你"(thou)的邂逅,然而,其他改进便是不可求的了。反结构的风刮得不分时间、不分地点、随心所欲。我们能否预测它的运动?很不幸,我们只能是后知后觉。

最初的"交融"代表着一个无形的振奋人心的时刻,容许其参与者在没有结构渗入的情况下相互凝视并了解对方的本质。另外,与汉斯・卡斯托普(Hans Castorp)①在山庄疗养院中获得的理解相同,当他初次凝望克拉夫蒂娅(Clavdia Chauchat)②时(Mann 1996),在社交中对她"您"(Sie)(标志着社交距离)的称谓消失不见,而转变成一个更加亲密和真实的"你"(Du)(亲密的象征)。特纳称这种体验为"存在主义的"(*existential*)或者"自发的交融"(*spontaneous communitas*),正如前文所提及,这成为社会变化的第一阶段。然而,这种笼罩主体的瞬间时光本质上却如同空中的闪电般转瞬即逝。若想要超越人际间的局限而成为变化的中介,"交融"需要采取一种具有较少过渡色彩,而具

① 汉斯・卡斯托普:Hans Castorp. 德国作家托马斯・曼的小说《魔山》中的人物。译者注。
② 克拉夫蒂娅:Clavdia Chauchat. 德国作家托马斯・曼的小说《魔山》中的人物。译者注。

有更多稳定性的形式。持久的“交融”需要及时和规范，此二者的融入能够保证“交融”在持久的运动中抓住其参与者并成为真正的反结构。因此，交融的第二个方面——标准结构便登场了：

> 在时间、调动和组织资源的需求、对群组成员在追求目标的过程中进行社会控制的必要性这三者的影响下，存在主义的社区被组织成一个持久的社会系统（1969：132）。

一切真正的反结构都在某种程度上模仿着它所尝试替代的结构，并且面对着那些试图保持结构存在的力量的诱惑。如上文所提及，这正是韦伯所称的程序化。要成为一个教堂，那些耶稣身旁的使徒和发展中的基督社区（存在主义的“交融”）不得不等待保罗（Paul）的组织和营销技巧以使之成为一个规范的“交融”。任何成功的转型运动都会在其自身中产生社会结构的方式。特纳亦提到第三种“交融”并称之为“意识形态的”，然而，对于那些以存在主义“交融”为基础的各类乌托邦社会模式来说，它也只有成为其标签这样辅助性的任务。

方济会（Franciscan order）的历史正是这种动态机制的范例。阿西西的方济各（Francis of Assisi）以及他最初的信徒则代表着融合的（fusional）或者阈限的阶段。他们赞颂贫穷，即通过摆脱对物质的臣服以专注于人类灵魂的真实本质——对与自然和上帝进行交流的渴望。然而，当新秩序的数量和影响力与日俱增时，它便开始将誓言和神职发展成一种技术体系并建立起吸食金钱和权力的政治结构。方济各口中的修道士或许热爱脚下的热土甚于货币和财富，然而事实上，以艰苦劳作和低度消费为运作方式的修道院注定会积累起资本，甚至早在清点来自信徒的捐款和遗赠之前。因此不久后，原本的秩序在属灵派（the Spirituals）（忠于其创始者固守贫穷的意愿）和住院会士（the Conventuals）（更开放地与新得到的财富达成妥协）之间分崩离析。双方均声称自己忠于方济各，毕竟他也承认修道士有权使用物质商品来维持生存。虽然在属灵派的观念中，使用意味着微不足道的消费，但住院会士却决定采用一种更为宽松的定义。一些属灵派人士死于严格的禁欲主义，另一些也指责住院会士生活在道德的罪恶之中。双方的冲突如箭在弦般一触即发，不久后的事实也证明了确实如此。

同样的动态机制存在大量实例。特纳列举了16到17世纪在孟加拉盛极一时的印度教克利须那（Krishnaic）中一个名为“Sahayiha”的教派的例子。他们将男女性交作为行为的核心，模仿克利须那（Krishna）和罗陀（Radha）的爱之行为。在初级阶段中，信徒们发展出自发性，陶醉于融合之中；之后，一些规范性的约束则会被引入，以避免来自社会的惩罚；这种运动很快又会在相对立的派别之间分裂开来，它们各自发展出特有的结构并对自己的追随者施加不同的规范。

长久以来韦伯所称的对个人信念的追随或“存心伦理学”（*Gesinnungsethik*）和理性地对环境作出回应的需要或称“责任伦理学”（*Verantwortungsethik*）共同占据着历史（Weber 1973）。对于特纳来说，意志力闪闪发光。方济会和萨哈伊哈（Sahayiha）教派似乎在完全不同的层面上活动。“方济会拒绝财富——这个社会结构的支柱之一，而萨哈伊哈（Sahayiha）教徒则拒绝了结婚和组建家庭—社会结构的另一主要支柱”（1969:164）。然而，二者都遵循了从反结构和存在主义的“交融”通往接受世界的规范阶段的相似道路。“无结构的‘交融’只能暂时约束人们或使人们相结合”（1969:153）。持久的社会变化则依靠对法规和制度的遵守，在近似儒家（sub-Confucian）的智慧中，这便是唇齿相依的道理。这里甚至展示着理性的狡狯——阈限激发了“交融”以发展出更高水平的结构化。

特纳坚持，“我”（*I*）和“你”（*thou*）融合成一个本质上的“我们”（*we*）必须是阈限的，即边际（marginal）的，因为随着时间的流逝，永恒意味着制度化和重复性。因此，一切反结构都注定带有一些它所力图推翻的结构的特征。不同于麦肯奈尔，特纳并不幻想重现那些据称标志着黄金时代（Golden Age）的纯洁的社会性。任何浮现出的未来都会追求标准的安排。“自发的‘交融’是一个阶段，一个时刻，而非一个永续的状态”（1969:140）。此后，规范和法律随之而来。然而，特纳并未将其看作可恶的背叛，而是认为“特有的文化意味着尊严和自由得以保存，同样，每个男人、女人以及孩子的身体也同样得以存在”（1969:140）。不论在未来还是在理想化的过去，无政府状态都未向真正的特纳派学派指出通往人类尊严和自由的道路。特纳相信社会契约中文明的力量大于自然状态中补偿性的美德。

特纳的处女之行漫长而曲折。他的起步源于一个宏伟的抱负——揭示社会变化或历史的基本规则。在特定的时间下以及大多数社会中，社会动态机制沿着一条介于稳态和变化之间的断层线变动。根据范甘内普关于通过仪式的研究，特纳发现了社会在连续谱上变化的机制，其最初阶段始于稳态，紧随其后的是不确定性或被他称为阈限的自由，继而到达一个力量均衡的新阶段。然而，并非所有的阶段都同等重要。阈限是该机制的灵魂，是变化能够自我证明的唯一实例。它向社会生活的刚性证明了一个反结构的存在，帮助心灵之火将一切阻碍变革的力量化为灰烬。它在其成员之间创造了一个深刻的共同体（community）——在平等基础上奔涌着自发“交融”的激流。这样的“交融”通常包含弱势者、受压制者，以及那些虽然来自其他社会阶层但却决意与这些人为伍者。然而，永恒的阈限和共同体无法永远地持续下去。兄弟姐妹和其他信徒所组成的存在主义共同体不久便演变出规范，激发出一个新的结构，继而又被一个公认的新阈限所挑战，从而生成另一轮新的结构，新的阈限以及新的结构转变，循环往复，永不停歇。

理论的精妙机制试图解释社会变化以及人类历史的基本结构。它的确完成了该任务，但却付出了高昂的代价：它将其简单地均分为一个两步舞，人们可以不断地庆祝依靠阈限而实现的返老还童。这一切显得有些匪夷所思。我们不禁要问，在这些神秘的阈限之后又是什么呢？然而，由于它是一个阶段（phase）而非一种状态（state），是运动而非静止，由于它已然开始而尚不知其所终，由于它既非在此处也并非在彼处，而是处在之间和之中（betwixt and between）状态的某处，因此特纳便索性不再解释。它在自由和变化出现的地方繁荣昌盛。如此，它自身并无历史；于是，它可以在任何生命的惊喜休憩中任意寻得。总而言之，社会过程已退出舞台，同时最初声势浩大的变化社会学转变为解放神学，并如同所有神学一样，它用信仰的力量遮蔽了理性的光芒。

特纳似乎也意识到自己的解释有些乏力，如同一个承认变化却不加解释的机制。或许正是此原因最终促使他对理论进行了精化，认为在偏离状态（status deviation）和逆转状态（status reversal）的通道中发现的阈限是有所区别的。在前者中，初入者以制度化的顺序从低位向高位完成了一劳永逸的跳跃。这是无法回头的决定性时刻。第二种类型的阈限在季节循环的某些节点所举行的仪式中显示出更多的循环和周期模式。一些地位低下的人或组群获得授权，甚至被鼓励在掌权者身上施加仪式权力。这些仪式通常伴随着残酷的行为，言语上或非言语上的，上层人则会大度地将一切责难全盘接受。“强者变为弱者，弱者佯装强者”（1969：168）。然而，特纳并没有忘记，这些颠倒的仪式无非是结构优势的幻想罢了。

与他的许多追随者相比，特纳并未对这种逆转仪式展示出太多的热情。仪式以及后续行为的许可很快便消散殆尽。时光荏苒，已存的结构依旧完整无缺：

> 弱者戴着侵略力量的面具,强者藏身于谦逊和被动之中,这是帮助社会洗清其自身招致的“罪恶”的一种策略(……)这样的舞台专为“交融”的狂喜经历而设计。曲终人散,一切终将回归到已被净化和鼓舞的现实结构之中(1969:188)。

逆转的仪式仅仅奉献了一个飘忽不定的游戏,并不曾带来真正的变化(Caro Baroja 1979a,1979b):

> 逆转状态的阈限也许提供了一个逃离必然的“交融”(因此是不真实的)的机会,进入一个容许一切放肆行为的伪结构(pseudo-structure)之中。然而[……]余下的是一种社会平均,或是如同齿轮中心的某物,从这里出发,它可以在新的回合中以不同的速度向着不同的方向前进(1969:202)。

这样的解释难以令人满意。偏离和逆转仪式(rites of deviation and of reversal)自古有之。其中一些转变为公开运动继而激发出新的结构。为何它们能够获得成功而其他的却走向失败?是否有任何特征能允许我们以更为具体的方式理解此过程?特纳提出,他所称的阈限(liminal)和类阈界(liminoid)在这里存在着区别。阈限刻画出循环的、重复的、忽略革新和技术变化的社会。后两个特征仅仅在一定程度上属于现代性(modernity)。现代性在遍及社会生活的工作和玩耍之间建立了明确的界限。前者属于必要性的领土,而后者则归于自由的管辖。

体验“交融”或反结构时刻两种途径的历史分水岭与工业革命同步出现。此处特纳似乎要对自己先前的观点作出一些修整:

> 对属于工业革命之前和之后文化的标志性系统和流派进行区别的失败会导致诸多困惑,不仅在理论处理的层面,也在操作的方法论的层面(1982:30)。

如此严肃的警告提醒着他的读者:在这两种社会形式的任何一个里,工作、玩耍和休闲的内部关系都存在基本的分歧。特纳因此抛弃了自己最初关于变化是同一故事无止境之重复的观点,转而接受了另一个展现出更多发展性或螺旋式特点的解释。

它们的全部差异在于,工业革命之前的社会将工作视为上帝的作品,即人们以这种方式参与由超人力事件决定的宇宙秩序。无关细节,重要的是人类和上帝工作之间的协调,因此神圣与世俗的关系便成为决定性的象征结构。仪式以一种和谐的或者辩证的方式将二者拧在一起。一个形式糟糕的仪式或许是圣者不悦的标志，通过农业歉收、干旱或其他天灾人祸表现出来，然而生产的成功则印证了人们所执行的是上帝的工作。此外还有另一个特点——工作遍及整个社区。所有成员都肩负责任，他们无法选择在工作/仪式外袖手旁观。

另一方面，工业社会却以不同的逻辑运作；工作和玩耍是它的两极。特纳回忆起传统社会中工作所展现出的类似游戏的面貌，但却立即对其合理性加以证明。我们眼中的戏耍实质上却意味着严肃性。特纳最初在田野工作中遇到的恩丹布人在他们的仪式中采用了大量放肆的、攻击性的性行为以控制双胞胎的降生。对他们来说，双胞胎的出生是一种冒犯神圣秩序的异象，因此需要被消灭。太多的双胞胎可能在资源有限的社会中导致经济的不平衡，他们也会扰乱长幼之序——因为无法判断二者中谁更优先。然而，无论该仪式多么幽默或别出心裁，恩丹布人在仪式的全过程中都不会忘记此情此景的严肃性：

> 玩笑能带来乐趣，但同时也是一种社会惩罚。即使玩笑也必须遵守“中庸之道”，这正是“循环的、重复的社会”的伦理特征，尚未因创新观点和技术变化而失衡(1982:32)。

这是远离现代社会潮流的语言，此处通道所具有的阈限的一面转化为类阈界规范化的对立面。在工业或资本主义秩序中，主要的分割线并非被刻在神与人的工作之间，而是将付出劳力的工作和带来愉悦的玩耍区别开来。

何为玩耍？若工作描绘了一片以正规理性为纽带连接起手段和目的的工具行动的田地，玩耍则指向与此理性截然相反的行动的理想类型。玩耍是一个主观的行为，它的内容无须遵循条理清晰的理性或演算。若后者回归到经济学的利润或心理学自利驱动的概念，玩耍则选择忽略它们(Dumazedier 1962; Dumazedier and Rippert 1966)。因此，工作和玩耍之间的区别成为彻头彻尾的现代概念，在前现代社会中也不存在有闲阶级(Veblen 2001)之说了。

这似乎与历史证据背道而驰(Aranguren 1961, 1976; De Grazia 1964)，在杜马兹迪埃(Dumazedier)的启发下，特纳坚定不移地追随他所提出的概念，因它并非无聊时的奇思妙想。休闲(leisure)意味着以赛亚·伯林(Isaiah Berlin)所强调的两种自由：一是工厂或办公室节奏中的自由；一是能够产生新的符号世界并且能参与一切休闲娱乐的自由。这样的分类在资本主义之前的社会中并不存在，因为只有在近代工业社会，迪尔凯姆(Durkheim)的有机团结(organic solidarity)理论——一种详尽复杂的劳动分工，才得以枝繁叶茂。

现代社会为讨论、批判,甚至激进主义提供了传统社会所无法想象的广阔空间:

> 部落社会的阈限阶段会反转(invert)社会的现状和结构形式,但并不会使之颠覆(subvert);逆转(reversal)向社区成员强调了混乱是秩序的替代品,所以他们最好坚守秩序,即传统的文化规则,虽然他们也可以短暂地享受混乱所带来的美妙时光(1982:41;原文如是)。

现代性并非只承认了多样性或自由——它还赋予其永恒的神圣光环。阈限无非是一个瞬间的幻觉,类阈界却在此扎根。当传统的阈限如同一道亮光转瞬即逝,自由便成为现代配方不可分割的部分。作为对麦肯奈尔又一次沉重的打击,特纳断定,潜伏在传统阈限中那些文化转型的、不满意的以及社会批判的种子已转变成为现代性永久的、制度化的特征。这些类阈界的特征并非只在社会层面发挥作用——它们为个人创造性提供了传统社会所无法想象的广阔空间。随着工业革命的发展,类阈界在欧洲生根发芽,并在20世纪赋予人们民主和自由的欧美社会的契约环境中日趋成熟。至少,特纳认为:

> 对于多数人来说,类阈界仍旧比阈限更令人感到自由,它是一种选择而非义务。类阈界更像一种商品——实际上常常也确实是一种商品,人们进行挑选并最终支付购买——而阈限,则激发着忠诚与在高度合作的组织中人们的成员资格或渴望的成员资格紧密相连(1982:55;特纳的斜体字)。

距离麦肯奈尔,我们已经太过遥远。

在特纳将这些思绪付诸文字时,他心知肚明自己在践行一条全新的道路。然而,当他尚未在这项探索中取得巨大成就时,死亡便将他席卷而去。他并未在细节上完成旅游和旅行,但他已设计出新的方式用现代性的苦痛来理解它们之间的关系。关于后者,他似乎得出了正确的结论。然而,他得出结论的理由是否正当,人们却不得而知。甚至在作品的结尾,他依旧信奉工作和玩耍矛盾对立的逻辑,并认为只有后者才能成就完整的人。因此,他打开了一扇通往平凡和超凡之间同样矛盾对立的大门,自马克思·韦伯(Max Weber)开始,这个矛盾就已经开始困扰着西方社会学家。

二、韦伯的窘境

虽然并未明确地引用韦伯,但是在特纳对玩耍和工作的划分中人们不难发现蛛丝马迹。工作不过是对形式理性(formal rationality)的贯彻实施,是最终获取经济利益的恰当手段。另一方面,特纳虽未明确定义玩耍,但认为它打破了这些约束的桎梏。要试图理解这些争论的含义,不得不追根溯源,而这根源正是备受推崇的马克思·韦伯关于新教徒为资本主义奠基的假说。它不仅为资本主义的出现提供了最可信的解释,同时也集中体现了文化是历史和变化基本动力的观点。

该论点成为传统智慧的一部分已达到了规范化的阶段,得到了大众虔诚的信奉。本质上它所阐述的是加尔文主义神学对通过工具或形式逻辑追求经济成就合理性的证明。随后,此类形式逻辑将会褪去神学外皮,徒留赤裸裸的关系演算(relational calculus)作为成熟资本主义决定性的终结。韦伯对创造现代世界的大爆炸的理想(韦伯原文;今天我们可能会使用"文化"一词)维度的坚持意味着对他所处时代历史唯物主义观点的激烈对抗。新教徒的观点充满争议性,在反唯物主义的标签下,它不仅反对马克思主义者,同时也反对所有将经济视为人类行为原动力的经济学家。

然而,这并非韦伯的初衷。在他生涯的早期阶段,即在1898到1904年间他的神经性抑郁发作之前,韦伯遵循着一条近似唯物主义的道路,又在后来将此观点抛弃。这并非因为他是所处时代彻底的实证主义者,而是因为他在寻找两位伟大的德国大师的思想在罗马历史上不同观点的中间地带——卡尔·布赫(Karl Bücher)和爱德华·迈尔(Edouard Meyer),此二者分别代表着经济和文化史学。1896年,韦伯在弗莱堡的"学术社会"组织(Academic Society/Akademishe Gesellschaft)中发表的一篇文章分析了罗马衰落的原因。一方面,他坚持迈尔知名的历史观点,即历史是复杂的单元,不可恣意比较。每一个都必须以自身的价值观,或更专业地说,以在位的方式(an emic approach)来理解。然而,另一方面,韦伯也采用了布赫的观点。要理解罗马帝国的衰亡,必须理解其主要的社会机制,尤其是作为经济动力的奴隶制的逐渐衰落。

这个独特的历史循环的结尾被我们称作古典时代(Classical Antiquity),此刻的奴隶制已无力在激烈动荡的环境中输送经济利益。整个古典时代,奴隶制源源不断地为庞大的农业庄园提供廉价的劳动力,阻碍着另一种经济形式——城市商业的发展。然而,久而久之,帝国边境的稳定却带来奴隶供给的瓶颈。由于奴隶多为战争囚犯,因此在相对稳定的时期,劳动力市场便遭受打击。奴隶不再像上几个世纪一样廉价,因此农业的盈利日趋艰难。即使当奴隶转化为自由的承租人,将维持生计和繁衍生息所用的成本支付给他们,情况也并未改观。只要大量的庄园依旧被划分为小型单元,想要为城市市场进行生产便毫无可能，在古老年代里纤弱的商业网络便会面临四分五裂，继而销声匿迹的危险。先前欣欣向荣的城市生活逐渐衰落，军队由雇佣军组成并且醉心于政治工作和政治技巧。

韦伯总结道：

> 罗马帝国的瓦解是基本经济事实不可避免的结果：贸易的萎缩和易货经济的扩张。本质上，这样的衰变引起的仅仅是行政货币体系和帝国上层政治建筑的崩溃，因为它们无法适应自然经济的基础结构（1973：235）。

韦伯对这段历史过程的解释并未背负任何马克思主义的包袱。事实上，韦伯的解释保持了对政治经济学中古典思维的认同（Gibbon 1909；Smith 2002，2007）。当马克思坚持阶级斗争作为社会变化的首要动力时，古典经济学强调社会变化通常源自对面前的经济选项所作出的选择，这种选择甚至是不知不觉的。然而，是否能作出正确的选择便毫无保障了。

1904 年，作为新晋编辑部成员之一，韦伯发表于《社会科学与社会政策文库》（*Archiv für Sozialwissenschaft und Sozialpolitik/Archive for Social Science and Sociopolitics*）的两篇关于新教伦理的文章，则采取了全然不同的立场。在此后，他一直对经济学解释保持着戏谑挑逗的姿态。接下来的 16 年中，他试图理解为何在形式理性遭受全世界其他宗教（印度教、佛教以及儒家思想）反对的情况下，新教主义却成功地向它打开了大门。

众所周知的解释不外乎一些关于自由、慈悲或者命运的深奥神学概念。罗马天主教和路德教认为救赎能够通过善行和对它们坚定的信念来积累获得，但对于加尔文主义的上帝来说，这却是全能的他无法接受的挑战。只有他，由于拥有最为高深莫测的智慧，才有权授予或收回他的恩惠之礼。他从永恒中抉择，谁将被救赎，谁又将被诅咒。

加尔文主义者如何适应这般严酷的命运？人们会认为他们已陷入绝望。明知即使正直体面的生活也无法提高自身被救赎的概率，为何还要劳心费力地维持它？为何要对一个如此冷酷无情的上帝心怀尊重？从未有过如此冷血的神学体系，新教徒也在努力寻找一丝解释。他们在上帝计划中盲目的角色也许正是朝圣者的自然环境，他们不应在这一点上流连徘徊。信徒们应该将其忽略，如同它不曾存在一般保持举止行为。善行（good deeds）对于救赎来说或许无济于事，但它至少能够驱逐痛苦。虽然没有生命在会见造物主之前能够知晓自身命运，但尘世间的高尚行为却能够提供一丝窥视的亮光。生活越是严酷，便越是接近他们信仰的道德，加尔文主义者便拥有更多的机会揣度上帝的恩惠。成功地追随自我的召唤与清教徒对于世内道德（intraworldly morals）的需求相互一致。

这正是真正清教徒的勇气之源——以一种有秩序的、系统化的方式与救赎计划①（economy of salvation）相协调的意愿。不在于行为的多少，而在于其完成的方式。秩序、规则和系统应成为善良的替代品。遵纪守法，信守合同，公平交易，以及正直的行为因此成为显然无法实现的加尔文主义道德的最高规范。更为广泛地，加尔文主义也一视同仁地接受那些有条不紊的、以利益为导向的行为类型，即韦伯所称的资本主义的基础。为何转化为道德的系统化的恐惧能够建立起历史上如此重要的里程碑？对过量状态的厌恶和对有条理的工作的热爱有着双重意义，在其中，它无非是生产力的另一个名字而已。新贵的大量出现是看重天赋和以荣誉为先的骑士般高洁的品质所不能接受的。对于韦伯来说，清教徒的道德取得了胜利，因为它采用了条理化的辛劳努力之方法，因为它在手段和目的之间进行了理性的分配，也因为它对节约的大力推崇。

在圣人眼中，一切社会关系中的非效率行为都应该受到排斥。然而，这种劳动排序并不客观，因为所有的使命具有同等的尊严。重要的是在追求自我目标的过程中，采取一种成本有效（cost-effective）的方式，既不需大费周章地付出多余的努力，也不能缺乏勤勉的精神。如此一来，传统社会中对纯正的和非纯正工作之间的区分就变得毫无意义了。正是这样的区分，长久以来阻碍着营利活动对社会的贡献。在神的计划中，休闲和娱乐（leisure and recreation）有资格享有一席之地；而休息或嬉戏（rest or merriment）若违背了有序行为，则应该被禁止。例如，只有以繁衍生息为目的的性行为才具有合理性，若是出于其他目的则会遭受指责。行为本身并不重要，实现它们的方式才举足轻重。因此，个人自我救赎的内心笃定（inner conviction）便轻易地转变成为了资本主义思想。

清教主义的决定性力量来自对规则和系统的痴迷。朝圣者将会为摧毁传统中那种忽略手段和结果关系的习惯贡献一臂之力。清教主义唯一信奉的是结果，因此当祖先的行为与理性的逻辑相抵触时，它也并不在乎。例如高利贷，长久以来钱能生钱的逻辑并未被大众轻易接受，同时多数的信仰体系仍将

① 救赎计划：economy of salvation．基督教中的概念。“经世”（economy）一词来自希腊文 oikonomia，原为“安排”和“计划”的意思。译者注。

它看作一种道德失范的表现，然而对于清教主义来说却并非如此。带利借款在此褪去罪恶的外衣，成为一个与传教、经营商铺或在土地上辛勤劳作一样值得尊重的职业。以这种方式，清教主义力图粉碎一切经济理性的障碍，毁灭一切不能接受它的先前社会形式。不包含任何个人情感，若为了生产而不得不牺牲传统，那便请顺其自然。

如同大多数普遍的历史解释，新教的论点也遭受多方的批评。一些批评将它比喻为危险的速记。它将所有前资本主义社会融为一个轮廓模糊的混杂物。实际上，比起在维多利亚时代的英国，形式理性并未在古典时代，或者在印度和中国扮演同样的角色，但是它有限的出场也并未暗示后者的文明只是不完美的形式。若想获得这样的结论，必须将工具理性（instrumental reason）转变为人类的最高成就，尽管这带有讨好所谓的西方霸权的嫌疑。虽然做足了准备（Polanyi 1957，1968；Tönnies 2001），但是反对的声音依旧有些不得要领。它们拘于寻找对历史演变更好的理解，却对另一个事实置若罔闻：为何资本积累能够在16—17世纪的宗教战争之后的欧洲取得成功，而不是在其他时间或是世界上的其他地方？

而另一个重要方法却认为新教伦理的假设在实际上具有毋庸置疑的正确性，并且早已产生了源远流长的文化后果。显而易见，清教徒将理性简单归纳为工具理性（instrumental reason）。若在工具逻辑与资本主义或者现代性之间画上等号，人们自然会认为，在他们的世界中，那些无法进行计算的事物是难以寻得立足之地的。现代性的逻各斯（logos）不知激情为何物，不知诗人在何处，不知想象的力量，亦不知厄洛斯（eros）的存在——不知以上所有的一切。然而，这些却是人类经历所不可或缺的组成部分。现代性打了一场败仗，因为总是存在一个海丝特·白兰（Hester Prynne）甘愿抛弃利益，只为追随心之所往，最终，即使是她怯懦的爱人亚瑟·丁梅斯代尔（Arthur Dimmesade），也明白罪恶的力量远大于美德所带来的宽慰。然而，现代性是一场残酷的战争，正像阿兹特克人（the Aztec）的战神维齐洛波奇特利（Huitzilopochtli）一般，只要能为大众谋福祉，即使将个人肢解祭祀也在所不惜。

该论点既有激进的版本，也可以用一种温和的方式进行表达。韦伯本人保持着对现代性魅力的高度警惕。一味地追求形式理性（formal rationality）最终可能将人们束缚于官僚主义同一性的牢笼。在弗洛伊德（Freud）那里，个人目标总会战胜被文明化所压抑的那一面，然而这种解释只能建立在精神病理学的基础之上 。诺贝特·埃利亚斯（Norbert Elias）将现代文明的每一次胜利都看作力比多机制(libidinal economy)自身的失败。另外如赫伊津哈(Huizinga)(1966,2005)和上文提及的维克多·特纳,都构建出一种离心力、玩耍,或者阈限,也许能够对现代人因为改变理性而付出的巨大代价补偿一二。然而,无论表达的方式激进或是温和,对于逻各斯/厄洛斯简单的二分法似乎依旧无法解释为何该进程只在特定的历史节点以及特定的地点发生。

韦伯主张现代资本主义的有序精神(methodic spirit),但这并未解开资本积累的谜团。事实上,现代资本主义早已逃离了几个世纪以来困扰人类的马尔萨斯陷阱(Clark 2007)。它使得其他社会形式闻所未闻的经济增长成为可能,并且承蒙不平等交换理论家的指引,将经济福利扩展至远离在发源地之外的广大地区。当韦伯将资本积累列为职业生活中禁欲主义理性化(ascetic rationalization)的配角,或是认为清教主义的影响力来源于行为理性模式的实现,而非其自身扩展商品和服务生产的能力的时候,他主张的是保持资本主义的神秘色彩,然而他却由此陷入了错误的泥潭。对于韦伯来说,经济发展归根结底无非是劳动和节约的自然结果,即一种未来的形式理性——这正是资本主义繁荣之花的肥沃养料。

然而,这样的推论不仅疑点重重,也从未得到事实的印证。在基督教或者佛教传统中,僧侣和修道士的生活强调禁欲和节俭。但是随着时间的推移,节俭的生活却带来了一种恶性循环。僧人们和修道士的产出大于自身的消费,寺院和修道院日益富裕,恪守贫穷的诺言早已被抛之脑后,过度成为常态。女修道院繁荣发展,然而它们并未将自己的富庶施惠于他人。积累的资本从未流出修道院的高墙之外,修道院成为社会广袤的贫穷之漠中充满财富的绿洲。终有一日,改革者涌现出来,要求回归古老的禁欲主义,于是新的修道士秩序开始萌芽,新的循环又一次开始运作。因此,禁欲主义并未在社会层面上引起资本的积累。

显然,清教主义试图通过对财富新的理解模式为自己找到逃离第七狱的出路。发财致富并非罪大恶极,而是一种无上的荣耀,正如几个世纪后邓小平的宣言。对于清教主义者来说,富裕是完成上帝神圣计划(divine plan)的一种形式,因此,他们因富裕而自豪。数个世纪以来,朝圣者只知财富是铺就地狱之路的基石,这样的信念或许能为他们带来精神上的平静。然而,资本积累却与个人精神并无太大关系。真正重要的是藏匿于一种经济机制中的无形力量,能将闲置的牧师财富转化为一种为大众提供高回报的全新经济形式。如此巨大的力量难道仅仅是清教徒禁欲主义的瞬间爆发吗?

事实可能未必如此。至少,在韦伯之前和之后的其他人如是说。试图为禁欲主义的储蓄是资本积累之捷径的观点作辩护,尚缺乏严肃的根基。该论点已陷入凯恩斯(Keynes)所说的“节约悖论”(paradox of thrift),储蓄有利于个人,却危害着社会:

> 虽然个人的储蓄对自身收入的影响微乎其微,然而个人对他人收入的反应会影响自身的消费,因此所有人不可能同时储蓄任何一个定量的数额。即使是通过减少消费来增加储蓄的努力也会影响收入,最终,该企图便会不攻自破(1936:84)。

韦伯并未对该异议提出真正的解答,他仅仅给出了一个“事实如此”的姿态作为回应。

若像韦伯一样认真思考,新教的观点反而解释了财富的停滞而非财富的积累。设想一个自给自足的社区,每年的产出大于上一年,因此也就提高了社区成员的福利水平。让我们穿越时空隧道,想象许多法国胡格诺派成员因南特赦令的废止而流亡至此,并成功地改变了原住民的信仰。工具理性和禁欲苦行成为新的经济潮流,当地人民一方面加倍工作,另一方面却减少消费。产出看似源源不断,而生产者却只能站在庞大的货堆之间手足无措。消费者甚至进一步减少消费。秩序和系统将主宰经济生活,但是却以更多的贫穷为代价。禁欲主义和储蓄并非经济的好拍档。

伯纳德·曼德维尔(De Mandeville)在《蜜蜂的寓言》(1997)一书中便切中了这个问题的要害。书中描绘了一个繁荣兴旺的蜜蜂国度,那里的蜜蜂们过着浮华奢侈,虽然不尽完美,但是逍遥自在的生活。所有的行业、所有的地方都懂得欺诈的伎俩,所有职业中都离不开诡计的陪伴。律师付出少量的劳动却收取高额的费用;医生热衷于名誉和金钱胜于关心患者的健康;传教士愚昧无知;一些军官骁勇善战,但另一些却怯于战斗,游荡于朝堂之上,贪污受贿;大臣们腐化堕落;法官的双手沾满铜臭。然而,贪婪的恶习源于富饶生活中高贵者的慷慨和挥霍,正是他们奢靡的生活为千百万穷苦大众创造了工作的机会。因此恶习带来了精美,人们辛勤工作,将这里打造成一片欣欣向荣的乐土,生活日益舒适,即使那些贫困的人也比从前的富裕者生活得更加美好。

不幸的是,蜜蜂们忘记了现实生活的完美是上帝所无法恩赐的。他们开始强烈地痛斥对方的恶习,揭发欺诈和贪污的行为,以至于生气的丘比特决定将充满哭号之声的蜂巢从欺诈和恶习中解放出来。此后,无人再会欺诈,律师和法官因此成为多余之物;医生失去了寻找昂贵的新疗法的动力,导致病人迅速走向死亡；懊恼不已的政府官员如今靠微薄的薪水勉强度日，再也无法提高生产力。蜂巢重获了古老的道德品行，然而灾难却接踵而至。土地和房产价格暴跌；失业的大军成千上万；遵循新道德律的人们只赚不花；饭店、酒吧、时装店和夜总会通通关门大吉；没有了金钱的流通，银行失去了客户，也无法贷款给新来的企业家，展现出一幅人们再熟悉不过的经济危机之景象。伯纳德·曼德维尔的道义如是说：

因此不必抱怨：傻瓜只会竭力
去使一个伟大而诚实的蜂国
享有世上最多的便利，既赢得
战争的荣誉，且要生活得安逸，
不存在重大的恶德，但这不过
是他们头脑里的一个理想国。
每当我们享受各种益处便利，
亦必定见到欺诈、奢侈和骄傲；
[……]
纯粹的美德无法将各国变得
繁荣昌盛；各国若是希望复活
黄金时代，就必须同样地悦纳
正直诚实和坚硬苦涩的橡果。①

伯纳德·曼德维尔依旧倾向于一种传统观点，将奢侈看作欺骗的另一张脸，因此他并未在二者之间作出区分。然而，在第一批拒绝承认奢侈为罪的人中，却活跃着他的身影(Berry 1994)。不仅因为奢侈并非懒惰和娇气(在他的时代，该词常用以责备软弱的性格，这种性格被看作是怯懦并且令人厌恶的)的后盾——它也无助于提高雇佣率。

伯纳德·曼德维尔的观点激起了18世纪关于奢侈的激烈争论。亚当·斯密(Adam Smith)和大卫·休谟(David Hume)紧随他的脚步，相信奢侈能够造就经济利益(大众消费，即大众奢侈的概念，在他们的时代还未曾广泛传播)，并对该观点进行完善。在伯纳德·曼德维尔的时代还难以确定奢侈是否只是上流阶级的特权，时至休谟，他的观点则更加全面和激进，即使下层人民

① 中文翻译摘自《蜜蜂的寓言：私人的恶德，公众的利益》.(荷兰)伯纳德·曼德维尔著，肖聿译.北京：中国社会科学出版社，2002.5：28.译者注。

也能够享受奢侈所带来的经济增长之福利(Shovlin 2008)。斯密歌颂着在教育和科技中的生产性投资,称其为经济增长的发动机。此外,他与同时代的其他作者一起,称赞消费在提高社会普遍文化水平上的重要作用,它不仅能够推动艺术的进步,也使生活更加精致。由此,他开辟了一条重要的新思路——必需品或工资品(即我们所称的必需支出和生存支出)与“奢侈”品(就可支配收入而言)之间的界限并非是一成不变的。斯密与其他启蒙经济学家相信,一个时代的奢侈品可能成为下个时代的家居品甚至必需品(Perrotta 2004)。

沿着这样的思路,维尔纳·桑巴特(Werner Sombart)对韦伯的论证发起了双重挑战。他将工具理性视为清教的遗产。系统化的储蓄和禁欲主义的血统可追溯至许多古老的其他信仰。若这便是资本主义的全部意义之所在,那就可以说资本主义早在宗教改革之前便已经存在了。资本家精神早在犹太教中就已经发扬光大(2001),一些经院派神学家(scholastic theologians)亦在中世纪晚期已经明确提出(1913)。该问题萦绕在桑巴特心头久久不能散去,以至于他在韦伯所追寻的资本主义之外,在那些最不可能的时代、最不可能的地点,亦寻得了资本主义的身影。这是他论证中最为苍白的部分。如果说对储蓄的钟爱能够成为资本主义的唯一定义,那么甚至在冬季赠礼节①中人们也可窥得资本主义了。

第二种批评则显得更加有理有据。若能为伯纳德·曼德维尔蜜蜂世界的商品和服务找到更多的消费者,市场便不至于分崩离析。消费,而非储蓄,才能成为资本主义社会的动力(1997)。若要追求长久,现代性需要不断增长的消费,这便引出下一个问题:何种力量使这样的消费在 18 世纪末的欧洲成为可能?桑巴特首先指出西方妇女地位的变化(1967)。在中世纪和古典时代,婚姻关系以生产性的性行为为其自然轨迹,严格地以再生产作为自身的明确目的。在此认可的边界之外,一切性行为都缺乏合理性,正派的人必须避免此种罪孽。然而,自文艺复兴伊始,情色和欲望却找到了婚姻之外的宣泄口,并常常与婚姻相抵触。婚姻和爱分别属于两个世界,并且常常处于互相对立的位置。从前,人们进行经济计算,产生繁衍后代的需求,并在此驱动下走向婚姻。优秀的结婚对象不该苛求爱的存在,只需尽享友谊所带来的愉悦。将爱

① 冬季赠礼节:potlatch. 西北太平洋沿岸的某些美洲印第安人的庆祝宴会,是冬季的重大盛典,又称夸富宴。由部落酋长主持,庆祝生命周期的生生不息,同时也利用该节日赐予继承人特别的物品、名称及荣誉。译者注。

带入婚姻似乎会亵渎婚姻本身的使命。同时,从宫廷到全社会,妓女被广为接受。许多人不与妻子,而是同情妇们一起生活,为了吸引和保持情妇的热情,这些人不得不出手阔绰,进行相当可观的消费。因此,不断增长的支出造就了越来越多的财富;反过来,这些财富又创造了资本主义企业家阶层。

为何在这些必需支出之外不断增长的消费面前,圣西蒙公爵(Duke of Saint Simon)关于对一切事物富丽堂皇的幻想会导致"普遍毁灭(general ruin)"的预言并未应验呢(1857:143)? 桑巴特给出了一个简单的答案。贵族的奢侈摆设为不断增长的工匠和画师提供了工作。他们造就了最初的小资产阶级,反过来,小资产阶级亦能够享受消费的乐趣。这一切最初的力量来自于那些一掷千金、对储蓄毫无概念的人。他们对奢华生活的追求恰恰解释了资本积累的开端。

桑巴特非常坚定地将奢侈品定义为"一切非必需的物品"(1987:23),也因此走进直接反对韦伯观点的阵营中。资本主义源自一种充满非理性和混乱色彩的理想型(ideal-typical)行为。若必要,桑巴特则会强调对奢侈的无序欲望和对情色的激情之间所存在的联系——或许出于个人原因,韦伯对该问题鲜有提及。个人的奢侈生活受到声色犬马和感官享受的驱动,反过来,又以追求性的满足为核心。资本主义和现代性对于桑巴特来说,并非与逻各斯,而是与厄洛斯不可分割的。

然而,桑巴特却在距离揭开资本积累之谜仅有一步之遥的时刻偏离了正轨。他试图将现代性从资本主义与科技、生产力、竞争、相对优势、所有权以及雇佣劳动那里受到的恩泽一笔勾销,因此对它们所带来的生产效率的提高绝口不提。他认为资本主义无非是另一种生性而已——即大脑的本能反应。然而,和储蓄一样,奢侈的生活也在许多现代欧洲以外的其他文化中相当繁荣。虽然如同储蓄,在马克思(Marx)所称的原始积累的漫长过程之前,奢侈的生活也并未导致资本主义的产生,但正是这样的原始积累,在自己扭曲和痛苦的漫长历程中席卷着数百万的大众,而非只是有限的王公大臣以及他们的情妇们。

在1906年桑巴特曾经自问,为何在美国不曾有社会主义? 作为一名当时的社会主义运动的支持者,令他百思不得其解的是为何与马克思的预期相反,社会主义并未出现在最发达的资本主义国家?

> 若在美国的大地上存在着对追逐利益的躁动不安,那么贸易驱动和商业激情的全面实现便能够在本土发生,它存在于工人之中,他们尽可能打破一切限制,倾尽全力挣取报酬(1976:20)。

然而，他却以一种索然无味的、扭曲的方式表达了这种观点，使得该问题至今悬而未决。

为何美国工人的反应如此的出人意料？在1908年，即桑巴特的论文发表两年之后，亨利·福特开始了T型车的生产。福特很可能从未读过韦伯的书，但是韦伯可能将福特作为资本主义企业家的模范。与许多同时代的人相同，福特认为只有工作才能赋予生命以意义；他系统化地追求事业；他厌恶烟草；"闲暇本身，或者更糟糕的闲暇文化对于他来说是一种诅咒"（Halberstam 1986:60）；他生活节俭，乐于储蓄；他甚至认为酒精是第二次世界大战的原因——喜欢啤酒的德国人挑战钟爱红酒的法国人。虽然他有另一面相当冷静的人格，但在生命的最后阶段也留下了许多疯言疯语般的俏皮话。他因为创造了生产线和传送带而名传千古。这两项创造，与泰勒的科学管理一起，造就了福特汽车低廉的价格。福特主义也通常被定义为以标准化输出和最小化成本为基础的批量生产的高利润产出类型，然而，事实要更加复杂。也许正因为他并非加尔文主义者（事实上，他遵循着主教派的教义），福特不久便明白正直不能离开罪孽而存在，正如在经济学术语中，批量生产与不断增长的消费者相依相存。而这些消费者又该在何处寻觅？在1914年，福特将自己工人的工资翻倍至五美元一天。很快，这些工人摇身一变，成为最好的消费者。批量生产的奇迹自此开始，它延伸至世界最遥远的地区，触及所有的经济活动。离开它，现代大众旅游也只能是遥不可及的梦想。短暂或永远——关于这个问题的探讨将会一直持续下去——桑巴特的社会主义只能等到来日再实现了。

现在，我们可以稍作回顾。即使特纳并未意识到自己的影响力，他所激发的现代性观点已深刻地影响了旅游学研究。最终，现代文化允许人们将自己从以工作为中心的日常生活中解放出来，同时强化了闲暇和玩耍的积极驱动力。特纳因此创造了一个非此即彼的两极，在配得上自身名号的社会构造中剥夺了劳动的一切意义。其实该提法在韦伯关于现代性（韦伯通常称之为资本主义）和新教伦理关系的观点中就已生根发芽。前者恰恰在后者对物质世界的禁欲主义中茁壮成长。通过强调系统化工作的需要和以营利为目的的储蓄（与其他诸如复式记账等发明创新一起），新教精神使得资本主义成为可能。同时，它也激发了一个略微苦涩的朝向程序化和官僚主义的驱动力，最终，人们被束缚于巨大的铁笼之中。

在旅游学研究中，麦肯奈尔用后一种观点来说明只有抛弃利润逻辑才能使旅游者或者一般现代人建立一个真正的人类环境成为可能。与他不同，特纳及其追随者不同程度地信奉全部或者部分的现代性分配为解放所提供的机会。但是他们亦付出了相应的代价——忽略了市场的,或者更专业地说,现代性的错综复杂性。工作依旧被视为圣经中带来痛苦的邪恶诅咒。它是闲暇或玩耍,或者超凡生活的对立面。只有抛弃它才能够享受生命快乐的价值。无论是稍纵即逝的瞬间还是细水长流的享受,快乐必须将工作拒之门外。

这与古典经济学家的观点大相径庭。生产性劳动是逃离马尔萨斯陷阱的原动力或者必经之路,但若消费没有上升,一切也只是徒劳。工作和消费可以互不干扰地各自为政,但是少了对方,它们都无法走得太远。这正是我们已提到的福特主义的基本原则和成功秘诀。少了罪人的存在,正直者亦无法赚钱;少了正人君子和他们的辛勤工作,作恶者也没有机会挥金如土。用经济学的理论来讲,供给促进需求;反过来,增加的需求促进更多的更好的供给。只有紧紧地叩其两端,人们才能更好地理解资本积累,无论是原始的或是成熟的。

要追随这种资本主义行为并非易事,因为它似乎有悖直觉。一方面,人们或许会认为劳动和储蓄会将消费排斥在外;另一方面,消费却令储蓄和劳动看起来愚蠢不堪。然而,现代性的历史却说明,为追求成功,这二者在易碎的、不断的平衡行为中相互依存。过多的储蓄可能带来过量的生产,过多的需求也许会导致通货膨胀和财政危机。尽管如此,依赖这种平衡行为而存在的现代性,时至今日已成功地将这两种对立的力量结合起来,即使在严重的危机面前也能收放自如。

现代性是否能够成为永恒?这是一个棘手的问题。也许某天它赖以生存的均衡将失去其稳定性,也许它会寻得重塑自身的新道路。然而目前,后一种情况似乎更为可能。所以,我们应关注的是它的持久力究竟对理解现代大众旅游具有何种意义。

三、解放神学。第一幕:贾法瑞之环

特纳的理论并非一个范式,而是一个矩阵。范式将许多假设和理论结合起来,综合成为某个问题或主题的一般解释。给定的分析对象应符合预期的行为模式,库恩(Kuhn)曾说,只有当科学家发现研究对象的一些或者全部组成部分无法相协调时,他们才会着手寻找其他替代的解释或者以更好的方式来理解它。矩阵更具有灵活性。它是各种知识领域观点的堆砌,这些观点也许并不适合所有的事件,至少不是百分之百互相吻合。矩阵好似架起了一个巨大的帐篷,各种不同的研究思路不但能在其中寻得灵感,也能求得庇护。

概括说来,特纳试图提供一个解释社会变化或者历史发展的工具(但是失败了)。阈限的概念作为它的支点,即人们决定转向自由以期实现新的结构安排或者改变他们从前的生活方式的时刻。阈限将自由付诸行动。这是一个超凡的、转瞬即逝的时刻,一些群体依靠公共联结(communal ties)得以摆脱曾经的镣铐。现代化之前,它会以两种形式呈现自身。首先,作为偏离仪式(deviation rituals),在它之后的新秩序或新地位能够持续地存在下去。另一种形式由逆转仪式(reversal rituals)构成,只在短期内动摇权力的基础结构,人们心知肚明的是,只要这短暂的突变走向尾声,事物的旧秩序则会重归常态。

随着第一次工业革命和现代性的出现,这种古老的规则也发生了改变。阈限早已不是自由稍纵即逝的火花,而以一种制度化的方式持续发生,或用特纳的语言来说,它已经在类阈界中被接纳和编排。反对、评判,以及提出不同行动方案的机会变成了现代社会永恒的支柱,这亦是实践自由的机会,并且为自身寻得了多种表达渠道(政党、独立传媒、公共意见调查)。这标志着与前现代社会中强制性的伟大分离。然而,它却未能治疗社会生活根源上的伤口——人类生活中,一些被视为平凡无奇的、无甚意义的部分(如工作)与那些被奉为超凡和解放的部分是有所不同的。它们如何被概念化的问题已在特纳派中造成了巨大的分歧,之后我们会予以详述。

在继续之前也许有必要求证,在工作和玩耍、平凡和超凡的生活、顺从和自由之间的这条鸿沟是否能够得到事实的支撑?我们已然领教到在概念上对其进行区分所存在的困难。现实的世界中情况又如何?只有在最夸张的想象中,我们才敢说工作霸占了大部分的日常生活,而假期中的休闲才是人们体验颠覆的时光。一个由经济发展与合作组织(OECD)在其成员国中所做的关于休闲趋势的研究(2009)向我们呈现了更为复杂的情况。该研究将最大休闲时间(maximum leisure time)定义为带薪工作之外的所有时间之和。即便如此,该定义依旧带有明显的局限性(无偿工作和往返时间被不加区别地包含在休闲时间中),以小时计数的工作时间数据为众多经合组织成员国提供了相互比较的基础。以 2006 年为基准年,25 个 OECD 成员国全年的工作时间平均为 1 595 个小时,剩余休闲时间为 7 165 个小时。多年以来,带薪工作占据总时间的 18.2%,剩余休闲时间为 81.8%(必须重申的是,无偿工作和往来时间被记入休闲时间,因此使该比例过度膨胀)。此外,一些 OECD 的主要成员国在 1970 年之后的年工作时间显著下降。日本减少了 300 多个小时,挪威减少了 400 个小时,法国甚至减少了 450 个小时以上。即使是下降相对缓慢的美国,

2006年也比1970年减少了100个小时。这也许能让那些认为工作是现代性之下人类生活绝对霸主的人思考一二,因为至少在发达的OECD成员国中,情况并非如他们所想。工作时间的显著下降,虽然其中一些源于欧洲不断攀升的失业率,但也给了那些在现代社会秩序中将工作置于统治地位的观点一记响亮的耳光。然而无论该论点如何站不住脚,人们始终无法否认在非假期时间中工作的重要性。这种情况是否会持续?若要进一步探寻,则时间分配(time - budget)研究便是必不可少的了。在研究的第二部分,OECD提供了18个成员国的可比较数据。

OECD标准的一日可分为五种主要时间段:休闲(leisure)、个人护理(personal care)、带薪工作(paid work)、无偿工作(unpaid work)和无特定目的时间(unspecified)。其中,"个人护理"(包括睡觉、进食、饮水、医疗和个人服务)以45.3%占据了OECD成员国居民日常生活的绝大部分时间。"休闲"包括兴趣爱好、游戏、看电视、使用电脑、娱乐性园艺活动、运动、与亲友交际以及参加活动等,该比例达到21.6%。"带薪工作"即全职和兼职工作的所有时间、在工作地点的小憩、上下班往返时间、寻找工作的时间、在学校和往返于学校的时间,以及在家进行带薪工作的时间之和,这一部分占用了全天时间的16.5%。"无偿工作"(家务杂项,如烹饪、清洁、照顾小孩以及其他家庭或非家庭成员、志愿服务、购物等)比例达到15.3%。余下的1.4%属于"无特定目的时间"。

因此,标准的OECD一天中分配给"个人护理"的时间大约为10小时50分钟,"休闲"5小时10分钟,"带薪工作"4小时,"无偿工作"3小时40分钟,最后剩余20分钟为"无特定目的时间"。需要注意的是,这样的分配方式将所有15岁以上的人口的时间分配都考虑在内,包括那些没有带薪工作的人,例如家庭主妇和退休者。事实上,不同的社会群体在时间分配上也截然不同。对于从业人口来说,无论男性或是女性,都在工作上分配了更多的时间。而通常"无偿工作"的部分都属于那些已婚的女性。

在普通工作日和假期中一天内时间划分的区别对于全体居民来说也许并无明显不同,虽然工作者可能会在他们的日常活动中发现一些区别。其余的人却或多或少地依旧保持着相同的时间分配方式。因此,在OECD成员国中,特纳派所提出的时间结构难以站稳脚跟。即使在高雇佣率的时期,工作也并非多数人生活的主宰,何况在过去的35年中,工作时间在OECD成员国中已大幅下降。由于缺乏其他国家的数据,所以很难在某种或其他意义上义正词严地进行争辩。虽然在直觉上,工作在欠发达国家中占据了更大的时间比例,但这并不足以动摇该论证。特纳的假说以工作和休闲的分割作为基础,恰恰需要在那些有自由时间和玩耍占用日常生活大块时间的国家才能成立。无论如何,越是仔细研究人们的实际行为,这种将工作和休闲之间的对立作为现代性结构原件的夸张做法便越是黯然失色。

然而,特纳在人类生活普通和疏离的部分与自由闪亮登场的超凡部分之间所作的区分在学术界依旧拥有坚实的地位。即使科恩对麦肯奈尔为旅游研究所作出的关键贡献赞不绝口,不久之后,他也转向了特纳的观点:

> 麦肯奈尔的方法必然留下了一个关键的在旅游情境中的人类行为难以解释的方面:日常责任的搁置、旅游者享受的自由以及他们获得的嬉戏的、"不严肃"行为的许可(……)这些行为见证了旅游情境中的"松弛性",这在特纳关于阈限的和一部分关于类阈界的概念中都有所涵盖(Cohen 2004a:125)。

科恩不应该感到惊讶。正如在第四章中曾作过的解释,这正是麦肯奈尔与大部分严肃的旅游研究所争论的焦点。在结构上具有严格约束和不自由的社会安排中,"松弛性"或者自由是无法存在的,因为社会交往需要以金钱交换和劳动分工作为基础。并且在任何情况下,他都无意改变此观点。在与尤瑞的争执中,他进一步发展了该论点(第四章)。特纳派——在这一点上科恩似乎表示同意——将旅游看作一种特殊类型的社会行为,松弛、不同寻常、更多的自由、研究者必须对这些特点加以注意才能抓住旅游的实质。旅游和自由之间的联系是特纳派带来的大礼,却与麦肯奈尔的观点相对立。

然而,特纳的追随者们在关于旅游本质的问题上却各持己见。沿着他留下的矩阵,人们可以用至少四种不同的方式来观察旅游。称其为解放神学并非因为它们与神学劝导有任何特殊的关系,并非因为它们将基督教的号召视为对人类从不公正中解放自身的参与以及对阶级斗争的支持(Boff 1997,1978;Küng 2008)。冠以此名是因为真正的解放神学家和稍后我们将讨论到的一些学者都相信他们肩负着领会某些本质和概念的重要使命,这些在他们的定义中早已超越了常人的视野。

第一种劝导采取了一种近乎功能主义的态度。旅游的超凡之处在于它能够使人们以全新的精神重新投入日常生活之中。这便是解放,第一幕。解放,第二幕,采取了一个更为乐观的态度,认为旅游是人们可以用来享受自由并"解放"自身的大好机会。第三种思潮将工作和休闲/玩耍之间的分割看作充满矛盾(ambivalent)的现实社会的一个基本特点,又将其视为一个克服它的机会。解放既非在此处也非在彼处;它不应越出雷池一步;不完全的解放,也强于没有解放——解放,第三幕。最后,解放的第四幕,对旅游所能创造的神奇的可能性采取了一种不可知论的观点,但它并未放弃特纳派会有所转变的希望,也许这样的转变有助于更好地理解在现代性的约束面前人们所采取的不同反应方式。然而,非凡的生活应该坚持保护非凡的人类。尽管解放具有多种面孔,但所有的这些理论似乎都不足以为现代大众旅游提供一个恰当的全面的理解。

解放,第一幕,可以在一篇贾法瑞(Jafari)的论文(1987)中得到最好的例证,虽然论文来自旧日,但它并未被时代淘汰。事实上,在接下来的1/4个世纪中,它已成为孕育大量文献的温床。贾法瑞在这篇文章中野心勃勃地表示,他不仅要解释个体旅游者行为的基本要素,同时还要为旅游系统的社会文化研究提供一个框架。贾法瑞充满热忱地提出,旅游先将人们带离日常情境,之后再将他们带回,如此形成的运动轨迹人们可称之为一个环。

进入贾法瑞之环、环绕着环运动一周正是旅游者通常度过假期的方式。首先,他们跳出日常的生活,那里滋生着逃逸的欲望。因为某种原因,他们便选择直接从中逃离。这种向上的冲动带来了摆脱日常生活限制的自由意义上的解放。一旦他们到达了巡航高度,便在这个"明显非惯常的外时间和外空间"中进入一个新的角色。接下来,他们将从这个"暂时的"位置"不可避免地"回到基地"永恒的"现实当中去。最后,当他们回到家中,开始处理在他们离开基地这段时间中这里所积攒的各项杂事时,这一切便宣告结束。在这个航天学的比喻中,旅游者体验了一系列变化,标志着他们进入专属于假期结构的、非惯常的空间和时间。因此,对于贾法瑞来说,旅游拥有神圣的一面,因为神性和宗教也是通过超凡性而定义的(extraordinariness)(1987:*passim*)。

旅游者经过了起飞阶段,如今到达一个巡航的高度,便是进入了一个解放的(emancipatory)状态。他不但让自己远离常住地,更重要的是,他同时也逃离了自己的社会文化环境。作为非惯常空间新的进入者,他很容易就被他人所识别出来。在这里,他浮游在新的旅游文化中,如同演员一般定义和再定义自己的规则、角色以及期望。新的旅游空间是一个反结构的空间。在进入时他便感到自身被赋予了定义新身份和分享旅游文化的权利,但与此同时,他也感受到有权忘记目的地的种种规范。新文化变成了一个逆世界(Bizarro World)(如同超级英雄漫画中上下颠倒的世界),此刻,旅游者既不在此处,也不在彼处，而是如特纳所言，处于二者之间和之中的位置。他好似浮于半空之中，又好似立于波浪之端。这个被贾法瑞称为动机阶段（animation stage）的幻想空间就如同：

> 旅游者用来书写其剧本和描绘旅游之魅力的墨水。在这种旅游所带来的恍惚状态（touristic trance）中，人们的双脚虽然立于大地之上，却似乎进入了一个圣经中的"应许（promised）"天堂——有些许时刻，人们甚至感到腾空而飞，远离了尘世喧嚣（1987：153）。

哎！时光飞逝，顽固的现实又执著地扣响了心门。我们的旅游者不得不重归家中。过去的终将归来。回家的渴望开始撩动旅游者的心弦。他（她）明白自己终会归来，将自己再次束缚于曾有的规范。往日的自我走出临时的墓穴，家乡的文化召唤出昔日的镣铐，他温顺地将这镣铐套上脖颈，一如既往。如此这般，他不偏不倚地稳稳降落在旧世界的中央。是时候去阅读那些过期的报纸，打开堆积在邮箱里的信件，或是重新打开电脑，去支付那些离开前不知为何忘记支付的账单了。因为在离家的日子里，墙上的挂钟并未因他（她）停摆，人们也不会等他（她）归来再定夺那些可能影响他（她）生活的决策。是时候该重新管理日常生活了。

这便是一个旅游环（tourist loop）。然而，为何旅游者依环而游？又是什么力量促使他们离开？旅游者行为与旅游环发生的系统关系如何？这些问题的答案将会带有浓重的实用主义色彩。正常社会系统还不足以完成"特定的内生性纠葛的化解"，因此，其成员不得不重新平衡自身需求，以保证其健全发展。尽管社会系统的预期作用是为那些在它之中工作的人提供服务，然而，它却反客为主，最终迫使人们为它而工作。这使得他们无论在身体还是心理上都精疲力竭。因此他们若想要持续工作，便需要走出日常生活的枯燥乏味而对个体自我进行润滑。他们需要 1/8 盎司的超凡药剂来保证自己能够再次良好地运转：

> 这种针对一些它（译注：指社会系统）的成员所制定的非惯常疗法包括为疲惫的体格提供休息（recreation）的机会。（……）对于另一些成员，治疗方法或许是让他们体验失范的滋味——成为暂时的君王或女皇（一天），成为声名显赫或者默默无闻的某人，这能为他们带来一种振奋的自我实现之感。（……）当该过程圆满结束时，这些被重塑（re-created）的工人便能够"准备好"，来重拾他们在主系统中的地位（1987：157）。

因此，旅游似乎是一个保证生成系统（generating system）功能高效运作的调节剂。然而,接待旅游者的目的地又将面临什么呢?它无法保持“当地”文化的完整性,因为它经历着新输入的多样性——度假者为自己创造的“旅游”文化以及他们从家乡带来的“常住地”文化。要应付这样的融合并非易事,旅游地在驾驭这种局面时难免有些力不从心。

然而不管怎样,旅游的经历并没有让旅游客源地(generating)与目的地(receiving)的文化互相免疫,而是不容分辩地让二者在一种不平等的关系中相互了解。客源地将它的成员送上旅游之路,客源地文化期待重塑(re-created)后的劳动力能利用新的能量来维持系统的运转,当然,这样的重塑多亏了东道主对他们的款待。相应地,客源地的市场也因此欠了他们一笔债务,并且应该本着公平交易的原则作出偿还:

> 这需要一个系统层面的合作以及财政参与,而不仅仅依靠客源地旅游者的直接支出以及目的地经营者的投资(1987:158)。

从平凡/超凡、神圣/世俗、工作/休闲、屈从/自由这些二分体出发,我们因此从研究个体转向研究它的系统以及这些系统之间的构造方式。旅游者颠倒的小宇宙随着他的归来而告终,作为个体的旅游者不得不在两个极端之间进行选择。最终,即使是通过变幻莫测的国际贸易所实现的迂回之路也并不能必然超越这些界限。它仅仅为基本模式演奏了实践的终曲罢了。

对旅游的需求,因此回归到对R&R的需求,同时R&R也因为系统置于个体身上的需要而成为一种对个体的需求。然而,“系统”的含义并非完全清晰。一方面,它可能意味着遗传型(genotype)和表型(phenotype)之间的相互作用。任何动物,包括受到教化的人类,都无法永恒不停歇地持续运作。天性,换句话说,我们的基因限制会强迫我们在一段能量的耗竭后休息片刻。但是在贾法瑞的模型中,系统的运作超越了生物性的限制,因为它是工作,是一项社会活动,这使得总“客源地”某一部分只得提交了一份低水平的绩效表现。人们假定“系统”就是相应的社会关系的基本结构,即我们所称的现代性或资本主义,这是一个要求甚高的系统,它不仅强制性地要求成员突破自身,同时还为他们提供了相应的方法(通常以带薪假期的形式出现)。它如何得以如此超凡?或者说,它是否真的如此超凡?

让我们从第二个问题开始——游客在动机阶段揉进旅游文化的那些玩耍的或者解放的成分:

> 现在,游客可以用任何他(她)希望的方式扮演任何他(她)选择的角色,从儿童游戏到酒店里中年与会者的恶作剧,到保守的银行行长身上那

件花哨的夏威夷衬衫，到体验各种旅游之乐趣（例如祖母和孙孩一起在神奇王国兜风），到"一无所有者"高傲地扮演有钱人或者"有钱人"佯装布衣，到拥有幸福婚姻的人在性的诱惑面前自我放任或者女性游客所遭遇到的"黑色体验（black experience）"。然而，他们对自己偏离日常边界的程度都心知肚明——"想象在皮奥里亚（Peoria）的无忧无虑"或者"如果我在得梅因（Des Moines）这么做一定会被驱逐出来"（Jafari 1987:153）。

然而，这种"旅游文化"是对"系统"的一种挑战吗？或者说，它是特纳所称的偏离仪式吗？它能够在个体或者个体的社会发展轨迹中制造一个不可回头的节点吗？

这也许很难证实。一些人可能将极端或者战区旅游（extreme or combat - zone tourism）视为一种享受，所有日常的安全规范，以及实际上所有的一切都在他们的脑中颠倒过来。他们前往那些充满混乱的地方参观，甚至也会参与其中。许多人也许永远不会踏入这些地方，因为这些地方狰狞的面目早已令人望而却步；其他人也许会置身其中，但是这部分人寥寥可数，因此很难将这种旅游算作一种普遍的旅游行为。无论如何，在这些标志性的例子中，正如约翰·里德（John Reed）和1917年的十月革命，并非是旅游开辟了一条路径以帮助其打破日常生活，而是恰恰相反。因为对原有社会不再抱有幻想或者感受到其中的重重矛盾（ambivalent），人们决定来一场通往革命高点的旅行。功能主义的范式在他们身上并不适用。

然而，当出乎意料地发现自己处于动荡的中心时，大部分旅游者通常会决定以最快的速度离开目的地，收拾行囊打道回府。正如2007—2008年的肯尼亚和2009—2010年的泰国，当时这两个国家的政治动荡就令许多游客仓皇而逃。对于目的地来说，旅游文化在安全方面要求甚高。尤其在泰国的例子中（2009年4—7月），国际机场在一系列示威活动后关闭了数日，又适逢国际经济速度减缓，这一切令当年的泰国旅游业遭受重创。游客们固然期待一些日常规范的小小骚动，但却绝不希望遭遇任何根基上的动荡。

那么，对于哪些日常规则的触犯是度假中的旅游者所希望的呢？他们会迫切地要求与他们社会中那些普遍规则完全决裂吗？在度假无度（vacation excess）方面有着大量的文献。一些旅游者超额消费，作息古怪，暴饮暴食，把酒纵饮，或者在性行为上放纵自我。然而，这种颠覆式的行为特点却很难一般化。在许多情况下，一些新的亚文化也采用了同样的表达方式，无论在度假中或是在家中。一些球迷饮酒过度，纵情于不端行为，与警察发生冲突，互相攻击，在国际比赛中使用沙文主义的标志和语言；当一场比赛让两个当地酒吧互相对立时，此刻的他们虽然身处家园，却也会疯狂行事。他们不需远行便可以自找麻烦。一些年轻人的行为甚至能让某些目的地（比如在伊比沙岛、克里特岛、果阿、坎昆或者劳德代尔堡）的旅游者大跌眼镜，他们公然暴露身体，公开进行性行为（Andriotis 2010），过度饮酒（Sönmez et al 2006），滥用毒品，或者行为粗暴；所有的这一切在他们常住社区的某些地方、在"正常的"时间里也并非鲜为人知。并且这些行为的主体通常是同一批人。

这样的行为是否破坏了基本的社会准则呢？特纳有一个更为清晰的观点，即这些都是逆转仪式，如里约热内卢的嘉年华、罗马的酒神节、印度胡里节。许多其他文化也会为人们提供暂时改变某些行为规则的机会，允许享乐主义的性行为、暴食纵饮、蔑视权威、言语粗野或者装腔作势，然而仅此而已。其他的基本规则，比如对生命、财产、合约的尊重，有序的交通，都始终保持正常状态。人们可以就这些行为的意义一直讨论下去，但是却难以证实此种情形代表了对日常生活的挣脱，更不用说是日常生活的停滞了。

另一方面，旅游者常常举家出发，在这些旅游者中很难出现上文中谈到的行为。此时，父母和孩子遵循着与在家度过周末时相类似的行为模式。事实上，他们都享受着一个比家中的周末更为休闲的时光，但是也同样遵守着目的地的法律和习俗，无论在国内还是国外，都与在家时别无二致。因此很难轻易断言饮食过量，或者更多的性行为，或者身着夏威夷衬衫嬉戏会导致失范，会增加旅游者与自己所属社会的矛盾（ambivalent），更谈不上打开了通往法外生活的大门。它们只是一种扩展，是来自许多国家的外来者对自己"正常的"生活感到满意的原因之一。因为他们自己是这种生活的一部分。在旅游中所表现出的过度行为与他们身处家中时在每年的特定时间容许自己做的那些行为没有太大区别。周末，尤其是大周末，或者在一些特别的时刻，比如美国的感恩节、基督世界中的圣诞节或者复活节、中国的春节，或者越南的新年，都可以找到因为兴之所至而导致过量消费的例子。

令人惊诧的是如此多的人类学家竟然看不出在现代社会中，工作和玩耍在日常生活的距离并非太过遥远。事实上，这会促使他们不得不重新审视自己曾有的许多观点，工作日真的如同束缚囚犯的镣铐吗？即便是在资本原始积累那段最黑暗的时光中（左拉的《萌芽》很好地介绍了这段历史），即便是在福特主义传送带的约束中，工作和玩耍、禁欲和过度、屈从和自由都共同演奏着多数人日常生活的一般旋律。我们不能粗暴地将它们强行分开，却不去解释为何所谓工作场所的残酷性非但没有带来“系统”的爆裂粉碎，反而令它更加繁荣昌盛，深得人心？它的居民们为工作和休闲的另一种组合，即我们所称的为假期做着准备，因为“系统”提高了他们的可支配收入，增加了他们的带薪假期，为他们提供了价格合理的旅行机会（travel opportunities）。总而言之——在一方面，自由无法摆脱责任的束缚，无论是个人的还是社会的；另一方面，若非市场、资本主义和现代性在经济上的成功，假期也无法被百万大众所享有。

四、解放神学。第二幕：绝路桥

在一些过分乐观的幻想家眼里，进食、饮酒、购物以及性爱狂欢，尤其是后者，拥有将个人从镣铐中解放出来以及/或者将社会秩序击为碎片的巨大潜力。这将带我们进入解放，第二幕。旅游不仅与功能主义或悲观主义者对贾法瑞之环挥之不去的低吟抱怨相去甚远，甚至可能成为社会，尤其是个人解放中一个活跃的角色。这个观点由瑞恩（Ryan）大胆地提出并且获得了相当的成功。这也正是他的观点在众多解放“神学”中脱颖而出的原因。

对于瑞恩来说，旅游不仅打开了暂时的、边际的逆转之门，它也具有些许改变生活的潜力。甚至，它可能会改变社会。借用1986年由威利·拉塞尔编剧的影片《第二春》中主要角色的名字，瑞恩称之为雪莉·瓦伦丁综合征（Shirley Valentine syndrome）。这部影片的主角——一个下层中产阶级的家庭主妇因为厌倦日复一日的灶边生活和乏味的婚姻，因而接受了一个女性朋友前往希腊度假的邀请，在那里她重拾了自我并与一个当地人陷入爱河，最终决定留在希腊——从此开始了新的家庭生活——直到永远。

这样的事情并不仅仅出现在故事里。瑞恩将自己的假设建立在亲眼所见的类似事实之上。许多度假公司的广告这样开头：度假中的人爱上了目的地，爱上了当地的人们，爱上了他们当中的某一个，或者爱上了那里所有的一切并决定改变自己的生活。作者甚至能够回忆起他在为研究工作做田野调查时所目睹的一个大事件。他所采访的一位女性宣称自己就是一个体会着相同症状的雪莉·瓦伦丁。“10年前她在马略卡岛度假后，回到英国的家中，离开了她的丈夫，最后返回小岛开始了新的生活”（2002：2）。由此引出一个有趣的问题：度假如何能够引发如此重大的事件？然而，即便有如此的事实存在，这个世界上所存在的雪莉·瓦伦丁也不能被看作一般度假者的常态。瑞恩警告说，从正常生活中离开拥有维持或者改变人们生活方式的巨大潜力。在瑞恩和豪尔有关性旅游(Ryan and Hall 2001)的研究中,我们进行着自我参照,凝视着类阈界的力量,在瑞恩眼里,这种性旅游已遍及旅游世界。

为何旅游是类阈界的? 即:①它是个体的,也是契约性的。②它的发生远离自然和社会过程的正常流动。③它与完整的社会过程共存并依赖于它,代表着完整社会过程的主观性和否定性。④它是世俗的,由角色的逆转构成;它是集体的对立面,但是拥有自身的集体表征。⑤它是异质的、古怪的、嬉戏的以及⑥它的符号不再是功能正常的并因此而成为一种社会批判,揭露不公正、无效率以及主流经济和政治结构的非道德。如果不是这一系列冗长的特性,读者依旧难以明白类阈界意味着什么,这并不奇怪。作者如何能将所有的一切毫无矛盾地塞进单独的一段话中本身就令人难以理解。①和③互相排斥。④并不能解释为何角色的逆转应该是世俗的,并因此是集体的对立面。②暗示着在现实的真实存在之外还有某种事物的存在(人们更愿意相信在自然和社会的真是世界之外不存在任何有形实体)。⑤和⑥之间毫无关联。为何旅游处于⑥的状态而非它的对立面,即许多批评声称的促进一致性(conformity - enhancing)的社会活动,这也依旧是一个谜题。

瑞恩关于类阈界的定义可能缺少了如斯芬克斯向俄狄浦斯提出的谜语所具有的那种令人印象深刻的严肃性,但却因为到目前为止十足的晦涩而略胜一筹。然而,最后的分析也只是重复了我们过去的已知。类阈界是挑战,或者是"个人有序结构的另一种方式,既是个人的(individually)(原文如此),也是全社会的"(Ryan and Hall 2001:5)。在通俗英语中,类阈界是一个非常难以理解的概念,因此瑞恩索性不再费心去进行解释,而是将杂乱无章的成分杂糅一处而作为其定义了。

人们或许可以对瑞恩大量混乱的表达表示理解,或是原谅他对语法规则的频繁突破,比如"米尔(Mill)、莫里斯(Morrison)(……)以及雷珀(Leiper)(……),二者(原文如此)都有关于旅游系统的著作(……)"(2002:20),甚至是对旅游角色转换潜力的过分夸大。比如:

> 工作场所开始将健身房、温泉以及淋浴引入其中——在新兴的、充满想象力的以软件为基础的产业中,年轻的工人甚至建造了能够进行滑板运动的工作场所(2002:6)。

也许在这些新的环境中,工作和玩要最终在现代性的笼罩下结合起来,虽然正是这二者之间所谓的严格的分离,才为瑞恩的侃侃而谈提供了开始的契机。

一直以来,我们小心谨慎地不把一直心爱的瓦伦丁当做旅游行为的常态,然而在瑞恩这里却出现了严重的问题,他将她的行为一般化,因为“旅游是一个教育的过程,甚至是一种放松的手段,即它是一个自我再生(self-regeneration)的过程”(2002:26)。用一般的英语说,旅游与个人解放携手前进。

如此的长篇大论也许能够在现实中找到证明,然而瑞恩却依旧对现实视而不见。诚然,如他所强调的,完全忘记有许多人在旅游后决定翻开生活新的一页未免有失公平。毕竟存在着雪莉以及他所提出的其他若干实例。但是瑞恩却陷入自己埋下的转喻的陷阱——以偏概全。因为一个玛莎百货中层经理在希腊度假结束后决定做一名冲浪教练,所以其他旅游者也许,或者可以,或者应该也这么做吗?

这里我不禁想起了普鲁斯特(Proust)和他所喜爱的玛德莱娜蛋糕(*madeleine*)。

> 这已经是很多年前的事了,除了同我上床睡觉有关的一些情节和环境外,贡布雷的其他往事对我来说早已化为乌有。可是有一年冬天,我回到家里,母亲见我冷成那样,便劝我喝点茶暖暖身子。而我平时是不喝茶的,所以我先说不喝,后来不知怎么又改变了主意。母亲差人拿来一块点心,是那种又矮又胖的名叫“小玛德莱娜”的点心,看来像是用扇贝壳的点心模子做的。那天天色阴沉,而且第二天也不见得会晴朗,我的心情很压抑,无意中舀了一勺茶送到嘴边。起先我已掰了一块小玛德莱娜放进茶水准备泡软后食用。带着点心渣的那一勺茶碰到我的上颚,顿时使我浑身一震,我注意到我身上发生了非同小可的变化。一种舒坦的快感传遍全身,我感到超凡脱俗,却不知出自何因。我只觉得人生一世,荣辱得失都清淡如水,背时遭劫亦无甚大碍,所谓人生短促,不过是一时幻觉。那情形好比恋爱发生的作用,它以一种可贵的精神充实了我。也许,这感觉并非来自外界,它本来就是我自己。我不再感到平庸、猥琐、凡俗。这股强烈的快感是从哪里涌出来的?我感到它同茶水和点心的滋味有关,但它又远远超出滋味,肯定同味觉的性质不一样。那么,它从何而来?又意味着什么?哪里才能领受到它?(Proust 1982:48)①

对于普鲁斯特来说,那天的这块小点心无疑是一件扭转他生命的大事件,在这之后,便诞生了他的《追忆似水年华》。按照瑞恩类阈界的旅游理论,这些

① 原文 Proust 1982:48;此处摘自李恒基、徐继曾的译本 1989:46。译者注。

不起眼的小面团所做成的点心也同样具有令人再生的伟大力量——这是一个典型的“在它之后，便一定因它而起”的例子。一些人的生活在度假之后发生改变，因此，旅游便具有改变生活的力量。在过去，这被称为交感巫术（sympathetic magic），今天我们称之为后现代主义。但是所有品尝玛德琳娜小蛋糕的人都能像普鲁斯特一样感受到震撼并同样走向成功吗？只有他们吗？那些喜欢羊角面包的人又当如何？瑞恩是否记得这个玛德琳娜之旅的法国作家一生中的大部分时间实际上都将自己关在卧室里，几乎未曾旅行（travel）过？或许旅游并非人们使自己瓦伦丁化的唯一动力，或许众多其他的力量以及环境也能够导致类似的结果。为何单单对旅行（travel）另眼相看？

事实上，大量的人并不把旅游视为改变生活的时刻，由此便产生了一个类似的问题。也许瑞恩未能使用一致的统计数据。然而，如果他曾查阅过不同航线所提供的乘客数量数据，他便能够或多或少地意识到离家与归来的旅行者（traveler）数量是相同的。实际上，他们之中确实有人会在旅行地暂时逗留，或者在一段时间后决定为自己在那里建立一个新的住所。但是这只发生在像品尝玛德琳娜的普鲁斯特一样的极个别人身上。对于芸芸大众来说，贾法瑞之环确实仅仅只是——一个环。它并非一支有去无回的箭，而是一个注定返回的回旋镖。

然而，将来可能移居旅游目的地的这一小部分人规模究竟如何却并非一个无关紧要的问题。世界上的雪莉·瓦伦丁只有区区几十个还是有成百上千个将会对旅游所具有的解放能力产生重要的影响。偶尔，这个数量也会达到关键的临界值，但是在重要的阈值之下它们通常不被视为具有显著意义的变化。或许一些研究生能够在自己的论文中对雪莉·瓦伦丁的具体数量进行调查，以此来帮助我们更好地把握瑞恩所提出的后果的精确性。但是在我们仍旧所知不多的时候，雪莉以及她的解放只能是茶余饭后的奇闻轶事而已。

这将带领我们走向另一个问题。个人生命中突如其来的变化，即使这种变化因远离家乡而起，等同于解放吗？答案取决于我们如何定义每一个变量，瑞恩在这一点上的态度亦是不置可否。对于他来说，解放似乎具有两种主要的形式。有时，它看似为了改变而改变。另一种情况下，解放却等同于完全打破与休闲相对立的日常生活。

我们从第一种形式开始解释。根据瑞恩的主要思想，每当我们急切地渴求某物并最终如愿以偿时，我们便接近了解放。雪莉·瓦伦丁只是一个虚构的角色，我们可以在她为自己寻得的新乐土中与她告别，祝愿她从此永远幸福快乐。然而,走进现实,人们发现的却是科琳娜·霍夫曼(Corinne Hofman)和白色马赛人(the White Maasai)的故事(Hofmann 2006,2009)。在1986年霍夫曼女士与她当时的男友一起前往肯尼亚旅行(trip),并在那里遇到了一位名叫勒克汀伽(Lketinga)的马赛人,她梦中的马赛勇士,自此她便陷入了和瓦伦丁夫人相同的魔咒。在安顿好瑞士的一切之后,她回到肯尼亚,与她的勇士步入婚姻的殿堂,并在不久后诞下一个女儿。然而,事情的发展却并非一帆风顺,若干年后,她与丈夫分手并带着女儿回到了瑞士。以自己的经历为蓝本,她出版了许多非常畅销的作品,但是她的经历并未在白人妇女中掀起效仿的热潮。从未有过妇女们蜂拥前往肯尼亚寻找马赛战士的新闻见诸报端,因此,也许很多人是将霍夫曼的畅销作品当作警世的故事了。然而不管怎样,显而易见的是她将自己生活的两次剧变[与勒克汀伽(Lketinga)结婚和后来离开他]都视为解放,即卸下自己不愿再背负的重担。如果这便是解放的全部意义,旅游只能算作50%。由于某些只有自己才知道的原因(无论她在书中如何坦白自己的生活),无论是常居富饶的瑞士还是决定与她高尚的勇士留在马赛马拉(Maasai Mara),她的生活都同样不快乐。

科恩曾在一篇文章中描写过类似的情形——泰国的性旅行者与他们的泰国情妇最终步入婚姻殿堂的经历(2003)。许多人在他们的新状态中不仅感受到解放,甚至如同进入了人间天堂。这种婚姻中的男性通常年长,或远远年长于他在当地的女性伴侣,他们似乎为自己的性爱以及/或者爱情需求找到了宣泄之路,而这些在他们自己的国家则难以求得。另一方面,这段关系中的女性也能够因此离开风尘生活,在改善自己的经济状况的同时提高社会地位。也许她可以在某些情况下同样为自己寻得性爱以及/或者爱情上的满足。然而,这段想象中的天赐之福也面临着种种障碍。不仅是一些浪荡公子会遭遇财物诈骗,这种结合也因为二人之间文化的极度不同而暴露出极端的异质性,并在婚后逐渐显现。一方面,泰国社会倾向于将所有外国人(*farangs*)的泰国妻子都看作曾经的风尘女子,即便事实并非如此。因此,这样的结合常常会遭遇诸多尴尬。另一方面,在西方人的观念中,自己并不需要为法律上的伴侣提供财政支持,而他们的妻子却承担着对娘家的责任,她们在作出重大决策之前会进行为西方社会所不齿的占卜,或者由于泰国法律的限制,配偶间财产的分配常常非常不利于丈夫的权益。通常,

> 外国丈夫会在一种与未来妻子出身地完全不同的情境(……)中与她相遇。他因此会误以为她已身无束缚(……)但是他的妻子,大多会继续

> 将自己当作娘家群体的一分子，并且维持(……)的不仅仅是情感上的联系，她的娘家也是她在自己的婚姻一旦失败后永恒的庇护所(2003:73)。

瑞恩如此坚定地将解放视为生命中决定性的变化以至于他对众多事实熟视无睹：许多变化并非无可挽回并且解放也常常存在于那些人们从先前的解放中再次获得自由的时刻。总之，在这样的人生戏剧中，很难找到旅游所扮演的角色。实际中，有多少种人便有多少种解放，因为对于解放的感受因人而异。个人的解放因此可以在个人的生命经历中不断被重新定义。旅行或旅游也能处于这些定义之中吗？也许只有当个人在追求解放时的想象与霍夫曼或者泰国酒吧女孩的西方丈夫们所怀有梦想相匹配的时候才有可能吧。

第二种解放又是怎样的呢？根据他所信奉的特纳派的圣经，瑞恩以另外一种方式描绘解放——作为对受制于工作的日常生活的突破。然而，他所列举的几个作为实例的真实的人物似乎都不符合此要求。成为一个冲浪教练，或者在既定目的地开展自己的旅游业务，或者创办自己的汽车以及船舶租赁公司都并非是从工作中的解脱。新工作也许具有更多乐趣和更少的约束，也许令人更加兴奋，也许带来更高的收入，或者具有上述所有的特点，但是大多数人并不能失去工作。如果解放被定义为从辛勤工作中的逃离，它也就因此成为了一个社会生活中无法成立的命题。

瑞恩尝试了第三种，也是最后一个通向自由的途径。根据他对类阈界的定义(参见前文)，当旅游及其符号停止正常运转而变成一种社会批评，揭露不公正、无效率和主流经济以及政治结构的不道德时，解放便会现身。他知道如何利用对个人解放的承诺为包价旅游带来的收益去取悦大众，但是这种旅游策略却已有些过分。在他之前已有人建议旅游者以批评的眼光看待自身以及迎合自己的那些旅游产业的所作所为，该领域的主流文献也充斥着类似的警告。

然而，幸运的是，几乎无人敢于建议旅游者以及他们的象征去承担先知的角色。想象其中一些人采纳瑞恩的建议，在哈瓦那性旅游的过程中批评主流经济结构的不道德或者在参观库姆时谴责在伊朗军事神权的最高领导支持下而对政治对手采取的残暴行为，不出多久，这位解放的实践者便会在当地监狱中结束自己并不怎么令人激动的旅程。或许瑞恩口中通过社会批判而得到的自由只限于国内政治，但是这正是他所说的带领旅游走向极端的含义。如果事实如此，他应该牢记的是没有必要将闪亮的“解放”标签贴在那些稀松平常的、在现有政治和社会主流民主结构中正当的、合理的事件之上。

瑞恩似乎也曾博览群书。在他的作品中常见大量的引用，但是人们不得不怀疑他是否了解它们的真正含义。为了解释类阈界的含义，他从一本他与豪尔(Hall)合著的关于性旅游的书(2001)中进行了引用。第一版中，他们声称受到傅科(Foucault)和马克思的启发，但是他们却未曾参考前者的任何一部作品，同时拙劣地将后者的两部作品拼凑在一起(《共产党宣言》在1844年第一次正式出版之前经过了4年的修改；恩格斯在《1844年经济学哲学手稿》中被列为共同作者)。如果瑞恩精读过这些著作，他便应该知道自己口中的那个被特纳置于循环之中的“阈限的”作为一个形容词与特纳最早提出的意义完全相反。对于特纳来说，阈限是强调在民主原则下制度化的自由和日常生活之间紧密关系的另一种形式。而瑞恩的作品并不包括这层含义。

五、解放神学。第三幕：不完善的真实性

王宁提出，要从一个普遍的或者社会学的有利位置来审视旅游和现代性之间的关系。在该书中，他认为从该学科(包括人类学在内)出发也会导致一些偏颇的解释，这个观点颇有见地。王宁也建立了一个良好的开端：历史必须是这二者关系的一部分，旅游不同于旅行，它是一种仅仅在近期才出现的社会现象。虽然他并未明确指出旅游在历史上的起始点，但是人们从他含蓄的表达(Wang 2000:1)中可以感到，他似乎承认旅游产生于二战之后。然而接下来，他对该主题的研究却不尽完善。

最初在定义旅游时，他援引了该学科内一些著名人物[他表达了对麦肯奈尔和格雷本(Graburn)的拥护]的观点。然而，王宁似乎走上了一条现象学之路：他跳过所分析对象的特点，选择了一条直通本质的捷径。虽然他从未承认自己属于现象学一派，但是他确实在现象学的指导下行动。

现象学诞生于19世纪末20世纪初的德国，它迎合了黑格尔长久以来试图将哲学探询从科学研究的严苛性中解放出来的努力。纵观黑格尔的作品便可以发现，他向来对康德(Kant)在《纯粹理性批判》中所提出的现代科学理论采取一种贬毁的态度，称之为人类思维的次级力量——而理解力(intellect)，用德语来说，即der Verstand——与理性(reason)(即德语中的die Vernunft)相反，才是人类最高级别的理性力量。然而，理解力沉溺于决心、差异以及细节，理性却是那些黑格尔所认为的以精神(Spirit/der Geist)而非自然和文化的进程控制自身的最高级存在掌握自身的方式在个体身上无止境的反映，这种自然和文化的进程被我们称为历史，而黑格尔则将其命名为精神现象学

(Phänomenology des Geist)。理性提供给我们把握全部人类经历的机会并且帮助我们突破具体科学的限制,这些科学在因果关系的狭窄世界中蓬勃发展,阻碍着我们试图理解和解释人类全部经历以及身外世界的最合理的欲望(1970a,1970b)。不幸的是,黑格尔从未对这个目标提出可靠的指导,不久这个泛化的“精神(Geist)”便成为一个能够随意弯折的工具,以供黑格尔学派中的左派和右派哲学家在相互排斥的解释和议题中进行激烈的争辩。

后黑格尔学派的现象学也并无太大改观,虽然它展现了更大的勇气。胡塞尔(Husserl)毫不掩饰地表示想要接手前任大师所留下的未竟事业,他曾胸怀希望。柏拉图(Plato)警告说,如果人类只是面对面地盯着纯净的本质并且认为由于受思维所限,只能捕捉到那如同山洞岩壁上的影子一般模糊的映像,人们就会变得盲目。胡塞尔立誓要帮助人类突破这种局限,领略实在(reality)那赤裸裸的辉煌,然而必须以人类敢于抛弃理性的枷锁为前提。对于胡塞尔来说,理性,即具体科学的世界,只把握了存在王国的零星碎片,最多也只能够揭示事物如何出现,而无力说明它们究竟是什么。如果人们能摆脱这些有用的,但是只在本体论层面上微不足道的演算,事实便唾手可得。我们所需要的是通过悬搁(epoché)的手段支起显像的世界,这便是胡塞尔留给后继者的神奇魔杖。悬搁允许我们摆脱演算和特性的束缚,从而进入存在的最深处。不幸的是,如黑格尔一样,胡塞尔也从未具体地说明世间的凡人该如何才能利用这认识论的梦幻外衣。他对诸如意图(intentionality)、移情(empathy)、直觉(intuition)、生活世界(Lebenswelt),以及各式各样的意向对象的概念所做出的详细解释并不能保证每一个凝视者都能够从同一个视角独立地对事物进行观察。但是如果人们紧闭双眼,高唱恰当的颂歌,独特的悬搁便得以完成——人们自己的主观定义便会成为其本质最真实的表达。

时光流逝,现象学逐渐有些力不从心。如同黑格尔一般,胡塞尔并未帮助他的后继者做好迎接苦难的准备,他们将会目睹这些原本的神谕一经出版便因道路相左而宣告破裂。同样的悬搁却导致了海德格尔(Heidegger)和萨特(Sartre)在人类本质与身外世界之间关系上截然相反的看法。尽管如此,现象学依旧保持着强大的力量。最终,现象学家的情绪终于迸发,精选的信徒们就一个重要的原则达成一致——无论悬搁将他们分隔得如何遥远,他们在各自对悬搁的使用中始终要在塑造全局的开局棋法上保持一致。谁又敢于挑战那些有胆量直面事物本质之人所创造的符文?

所有的这些都让我们重新想起王宁和他关于旅游、现代性以及由二者交织而成的错综复杂的关系的观点。他并未在商业旅行、崇敬旅行,或是休闲旅行统计数据的区别上花费太多笔墨,也没有就国际和国内旅游目的地的细节进行展开。此外,他也不曾过多考虑人的流动以及这些流动不断变化的方向。因为这些不过是数学上的细节而已。“概括说来,官方的、产业的,或者经济上对于旅游的定义都是技术的和统计的”(2000:5)。

他倾向于利用悬搁中的凝视来把握旅游的本质,对他来说,那是

> 一个类似于宗教仪式的活动和制度[……],通过吸引物的神圣化,创造了一个由希望、诺言以及“救赎”所构成的世界,或者一个与“当前世界”保持一定距离的“另一个世界”。人们为何会参与这个远程的活动?至少有两个原因:首先,他们在“当前世界”或者自己的生存环境中遇到问题;其次,人们质疑自己所处的理所当然的生存环境,并且通过保持一定的距离而对自己的生活进行重新审查——精神上、社会上以及空间上的距离——通过定期地或者一年一度地(或半年度地)远离日常生活和常态(2000:vii)。

这个定义听起来有着某种现象学的意味,也的确如此。它将宗教、失范以及革新糅合一处,但却未能说明获得该真理的来龙去脉,因为旅游者的行为各式各样,并且仪式的形式和规模也不尽相同。诚然,一些处于宗教环境中的旅游的确带有仪式的性质。但是当保罗・瑟若克斯(Paul Theroux)说,安迪・帕伦特(Andy Parent)——他的小说《我的秘密历史》中的主要角色(原书有误,正确是:*My Secret History*)在非洲的和平部队中将拜访当地妓院当作“一种仪式”时,他指的大约不是同一个意思。通常,人们能够将参观一个庙宇和一个观光胜地(也许正是一座庙宇)或者旅行社区别开来。若将这种区别进行混淆对于我们又有何裨益呢?

然而,当我们将宗教的比喻弃之一旁,就会发现其他的定义甚至走得更远。难道只有旅游者与他们在这个世界上所处的生存环境之间存在问题吗?难道人们只在每年一两次的休息中才把这些问题搬上台面吗?那些因为生病、入狱、囊中羞涩,或者仅仅是因为没有带薪休假而无法出行的人又当如何?他们是否能够质问自己的生存环境并且愿意重新审视自己生命的意义?他们是否也必须等到假期才能迎来一些改变?这似乎不大可能。法国大革命在1779年7月达到高潮,并非因为长裤汉(sans-culottes)们遭遇了法国蔚蓝海岸的超额预订。迄今为止还无人声称当年彼得格勒的冬宫风暴是由于列宁和布尔什维克党在1917年夏日那个应得的假期后决定重新审视自己的生活而引

起的——他们位于克里米亚的乡间别墅在此后很久才得以出现。

请对现象学进行仔细思考。旅游是现代性的一个典型特征，而现代性也需要一些华丽的点缀。毕竟，它与当代社会生活的基本环境相互交织。而何为现代？“通常说来，‘现代’即指自文艺复兴后而开始的时代，因此也与对传统社会（前现代）的替代紧密相连”（2000:15）。它产生于西方，然而不久后便蔓延至整个世界，伴随着新的制度安排，例如资本主义、国家的暴力垄断（这里未提及法律或者合法性的规则），科学和技术的进步、城市化，以及全球化等。这些堆砌在一起的新变化是否有组织的原则，或说关键的结构是否能够保证它们都找到自己合适的位置？答案是肯定的，即马克思·韦伯所称的理性化（rationalization），“一个传统习俗让位于当代行事方式的过程”（2000:15）。这并非一个振奋人心的定义。王宁也未能给现代性（modernity）一个定义。王宁的现代性，即前现代（premodern）的衰落，作为理性化则意味着对现代（modern）的强调，只能导致一个概念上的循环。

然而，这一点还微不足道。从马克思·韦伯那里所了解到的更为重要的是他希望将现代性定义为一种文化事件，一个至今尚未结束的对于集体思维决定性的重构。没有理由说后现代（一些所谓的在20世纪后半叶取代了现代性的结构上的变化）代表了与其直系前辈的决裂。后现代评论家们谴责现代配置中根本性的缺陷，他们将这种缺陷视为一个由冲突（ambivalent）和模拟物（*simulacra*）的胜利（如果人们信奉鲍德里亚的话）而组成的发展中的新时代的标志。不考虑他们所提出的新时代的出现，后现代评论家们也应该意识到，即使在最佳时期，现代性也用他们所警告的冲突（ambivalent）来装饰自己，后现代与现代一样，依旧处在理性秩序之下。现代性只不过是一个永恒的精神世界的结构。二者都未说明人类如何生产以及再生产自身的生活。在韦伯1904年之后的观点中，现代的文化多样性和它们的经济动力之间的分歧再一次成为整体。

冲突（Ambivalence）在心理学中找到了自己在学术界的地位，同时也得到了一些社会学家的追捧。实际上，它与矛盾（contradiction）或者那种拥有不同特征和结果的，并非总能构成一个逻辑上自洽的整体的复杂现象之间并没有太大的区别。不同的观察者可以通过不同的方式感受到它的存在，甚至同一个观察者在不同的时间也能体验到它，正如莫奈在一天中的不同时间里所描绘的《兰斯大教堂》。现代性对于一些社会学家来说就是一种深刻的冲突（ambivalent），因此旅游作为它的产物，也理当如此。

然而,冲突(ambivalent)和矛盾(contradiction)这两种矛盾的表达方式,可以通过经济学的语言得到明确的解释。消费者的需求是多面的,而消费品不仅稀缺,甚至在满足消费者需求方面也是捉襟见肘。需求总是大于供给,短缺总会对需求提出挑战,因为可获得的资源本就有限。经济学家拥有在需求和现实之间保持平衡的妙招。他们称之为成本效益分析。帕累托(Pareto)甚至设计出一个所谓的无差异曲线图,以供我们理解消费者在有限的财产限制下最大程度地满足自身偏好的各种组合。然而,社会学中类似的工具却非常有限。因此,在这里作者关于冲突(ambivalent)概念的提法便显得有些模糊,也会时常引起误解。

作者曾指出,旅游中冲突(ambivalent)最明显的变形来自作为消费者的旅游者和旅游产业之间的相互作用。但是,王宁实际上撒下了一张更大的网。他表示,要试图理解冲突这种显而易见的表现,我们必须超越狭隘的经济学观点。首先,消费者的期待和旅游产业之间的失衡可以追溯到人与自身欲望之间、逻各斯和厄洛斯之间的基本矛盾。只有如此,人们才能够对旅游者对真实性的探寻与产业提供的产品之间所产生的冲突进行清晰的解释。

乍看之下,旅游似乎是一个和谐的整体。运行良好的经济体拥有较高的生产率,保障着较高的可支配收入,这些可支配收入反过来刺激出更多的旅行。旅游因此成为富裕程度和社会福利的晴雨表——也许也是集体幸福感的指示器。然而,在现象学的深处,人们却能够在旅游中窥探到现代性的黑暗面。旅游能够让人们从环境的恶化、从单调、从均质化中幡然醒悟。一些学者继而转入了一个更快的节奏。从假定的开端("旅游可能导致 P 或者 T"),直接跳入一个事实命题。旅游是对 P 和 T 无声的批判,甚至通过在度假中改变他们的日常生活,通过逃避,通过探寻极端体验,通过过度参与,通过在失范中狂欢,旅游是人们改变生存环境的一次尝试。它也许算不得革命,但它撇开了事物的正常秩序,试图粉碎规范而逃入一个性质不同的空间。它带来变化,然而遗憾的是——这种看法并不比瑞恩的看法——旅游所带来的变化只是转瞬即逝,而非永恒存在——更加乐观。

也许正是语言的可塑性产生了些许误导。诚然,旅游可能导致 P 或者 T,或许也能导致 G 或者 Q,再或许能导致其他各种特征、属性或者它们的组合。然而,重点并非是研究者对人们可能或者应该具有的那些情绪的预测,而是人们是否真的体会到这些情绪或者在这些情绪中保持一致的行为。旅游者是否将他们的旅行视为对主流社会规范的挑战?他们是否知晓自己的旅行是对日常存在无声的批判，与那种我们称为革命的深刻变化具有同等的地位？贾法力并不认同旅游是一个自洽的阈限现象的假设，虽然在直觉上，人们在度假后能够发生一些变化，但通常不会表现出对回归原有社会秩序主动的抗拒，也不会公开表达任何想要改变它的意愿。如果当真如此，关于未来工作环境的集体协商则会促使工会要求更多的带薪假期——而非改变提供带薪假期的系统。用瑞恩那种拗口的表达，度假是趋向于功能正常的（eufunctional）。

王宁为现代性和旅游之间的宏观关系增加了现象学的第二个层次——即它加强了理性或者逻各斯的力量，但是却牺牲了那些不能被演算或者达到目的之方法的工具妥善性所直接指导的资源或者行为，即他所称的厄洛斯。他警告说，现实和欲望之间的矛盾（弗洛伊德曾称之为现实和快乐原则，和王宁一样，他也认为这是人类内心结构的组成部分）也存在于传统社会之中，正如同工作和休闲之间的分隔，但是王宁直接指出了此二者的区别——现代性使这样的分隔更加清晰。它在这两个半球间所做的区隔更为决绝。

> 但凡逻各斯—现代性所到之处便活跃着工业、资本主义、商业和官僚主义制度的身影，因此休闲和文化的制度便是厄洛斯—现代性的栖身之所，虽然休闲和文化并非厄洛斯所独有（2009：39）。

尽管如此，对于王宁来说，特纳派所称的存在于平凡和超凡之间的对立仍旧是现代性的关键特征，前者在工业和官僚主义的制度中受制于逻各斯，后者却通过休闲和旅游沐浴在情欲的满足中。旅游者确定无疑地体验了他们充满矛盾的漂流之旅。

这二者是否能够共栖于同一个屋檐下？根据读者已有的了解，答案应该是否定的。难道旅游并非对社会无言的批判？然而奇迹般的，旅游者超凡的生活，他向来不满的消费主义的本我，此刻却奇迹般地未能引起逻各斯的理性压制。

> 人们的厄洛斯冲动和欲望可以通过旅游活动中的释放而得到满足[……]在旅游中和通过旅游而获得的厄洛斯的满足，解除了逻各斯施加于厄洛斯之上的自我约束的紧张。通过这种方式，旅游有助于巩固逻各斯所支撑的家乡社会的秩序[……]旅游，可以说，作为一种厄洛斯—现代性，与逻各斯—现代性有机地协调在一起（2004：41）。

同时他引用了尤瑞（Urry），大意是暂时的旅游异常性煽动着居家时的常态。毕竟，贾法力的观点不无道理。若要追随王宁的思路，人们便应该相信旅游总有功能性的一面。但是他眼中的现代性依旧有些神秘。它充斥着更加强烈的矛盾。一方面，逻各斯和厄洛斯之间的冲突似乎陷入僵局。另一方面，仅仅通过离家，旅游者便能够为这个模糊的结构找到出路。现代性由互不相容的两个方面而组成，而这二者，按照王宁的说法，又并非相互排斥。

从宏观的层面对旅游进行观察，即它制度化或者商业化的配置，王宁的观点更加清晰，同时也略显不够一致。旅游产业是逻各斯理性在理性指导下追求利润的表现，而旅游者却跟随着厄洛斯的脚步。厄洛斯带领旅游者走向浪漫的、真实的和奇异的探险，但是旅游产业却为他们提供标准化的、人造的以及商品化的经历。

在社会层面上，对于王宁来说也许并不存在旅游者和他们所处的社会之间的冲突。最终，他们可以在不违抗社会秩序的同时满足源自本我的欲望。但是一旦牵扯到消费，一个产业便虎视眈眈地试图战胜他们的情欲之需。至于这种冲突或不一致是如何运作的，这仍旧是一个悬而未决的问题。人们也许会认为，如果产业界遵守了自己的诺言，这种冲突便有可能消失——比如，当旅游目的地提供的服务能够实现它在旅游目录上所做出的承诺时。如果足够大胆，人们甚至可以提议旅游产业停止提供商品，然而这也需要更为详尽的理由。最终，人们可以建议旅游者抛弃产业以及支持产业的社会秩序。正如前面章节所提到的，麦肯奈尔大约会选择后者，而更为谨慎的王宁则会在两种方法之间不断权衡。

若想要理解情况为何如此，则必须绕过王宁关于真实性和商业化的观点。在了解到麦肯奈尔有关仪式的提法后，王宁表示反对并认为关于真实性的讨论必须在它通常的边界之外来进行。为何？因为对于麦肯奈尔真实性过多的提及已经使它的意义日趋多样化。以一种柔和的方式，王宁提醒读者从自我—对抗—系统的史诗转向追求广告之真实这个更为有限和现实的目标。

一些作者，包括麦肯奈尔在内，将真实性看作揭示风景名胜或者旅游经历之本质的事物。旅游者若想获得真实性，则必须达到它的内在真实，或者用一种更为适当的说法，消费一个真正的产品，即真实的事物或者能够展现它本质特征的事物。一个类似“我正在欣赏的这幅微笑着的双性人的画作是出自达·芬奇之手”这样的表达表明了一个真实的事物。因为其技法、一些历史证据和其他坊间传说，《蒙娜丽莎》便成为了一个由集体观点所构造的作为文艺复兴大师之一的历史个体独一无二的作品（Irving 1969）。

这便是被王宁称为客观真实性（objective authenticity）的博物馆馆长的凝视，并且在他看来，会导致一个对该问题狭义的解释。他的理由是如果这就是人们在旅行中所寻找的真实性,他们便是在寻找一个认识论上的或者书本上的体验——怎样把自己的经历与书本上的原型或者模范加以联系。然而,对于王宁来说,这也许会导致旅游体验围绕着旅游的对象而旋转。要理解真实性,人们需要一个哥白尼式的革命。真实性不需要依赖所参观的对象或者地点,但是却依赖于旅游者的体验。人们不禁怀疑,麦肯奈尔是否会同意对现代人所处的客观不能(objective impossibility)完全无视,以求达到实在(reality)的最深处。

为什么游客不必在乎客观真实性?毕竟,出于坚实的经济学理由,他们的一大部分体验还要依靠它。旅游景点拥有双重的客观价值。一是指价格。所有我们在博物馆所参观的名家大作通常都被形容为无价或不可估量的,但是这并不意味着它们不具有经济上的意义,相反,它们的价签常常是天文数字。它们的市场价格难以计算,并非真的因为其价值无法估量,而是它们通常远离市场之外。一旦被推上拍卖台,它们便立即变得极端昂贵,而并非无从估价了。《行走的人 I》是一个 1960 年出自阿尔贝托·贾科梅蒂(Alberto Giacometti)之手的铜质六脚高人像,2010 年 2 月在伦敦苏富比拍卖行(Sotheby's)以一亿零四百三十万美元的价格创造了有史以来最高纪录。在此之前的最高纪录由毕加索(Picasso)1906 年的画作《手拿烟斗的男孩》凭借一亿零四百二十万的高价所保持(Crow 2010)。它们的天价源于它们的罕见性,即就个人杰作来说所具有的稀缺性,以及它们的唯一性。世界上只有一个列奥纳多·达·芬奇,因此,只要他还受到艺术界舆论领袖和被引领的消费者的追捧,他的天价作品便会长盛不衰。然而,对于消费者自身来说,还存在第二种类型的经济意义。名家大作也许会被复制,甚至以机器化的方式被生产出来,但是只有一个《蒙娜丽莎》出自列奥纳多本人之手,只有一个《蒙娜丽莎》高悬于卢浮宫之中。这才是人们想要看到的真实的对象。为了直接体验这种真实性,人们准备好了钱包,既为一张进入卢浮宫的门票,也为一趟前往巴黎的旅程。消费或是凝视真实的对象确实是代价不菲。

对于所有包围着艺术市场的那些陷阱来说,客观真实性在个体创造的名家大作之外亦能实现,正如那些被大规模生产的古董,它们并不属于某个知名的创作者。漫步于香港荷里活大道时,我会想要购买一对护法神或者一个唐三彩的双峰骆驼(或者只是欣赏它们以供自娱),虽然不会关心具体是谁创造了它们,但是我会希望购买或者欣赏的对象能够被证实产于某个特定的年代,这多亏了一些合法机构所采用的年份测试技术。这便将它们与其他类似的赝品区别开来，当然对于普通消费者来说，单凭肉眼想要发现此间区别可并不简单。因此，我会从一个能提供证书的卖方那里进行购买，而不会选择一个街边几码外未经官方认可的小雕塑饰品店。如果它们确是真正的唐朝物件，那么这个体验便是一个客观的真实性的体验。

然而，一旦涉及那些在当代被规模生产的商品，客观真实性就变得有些错综复杂，但也并非无法实现。它们可以被轻而易举地伪造，即它们会迅速失去自己的唯一性。如果没有知识产权制度来对设计者的产品或者商标进行保护，例如法国葡萄酒所拥有的 AOC（法语缩写：原产地名保护），或者意大利葡萄酒拥有的 DOC（意大利语缩写：原产地名保护）（二者都在英语中常被译为 CTO），想要知道你正在品尝的这瓶沙布力（Chablis）或桑娇维塞（Sangiovese），或者你刚刚购买的路易威登包是否货真价实便几乎是不可能的了。在这种情况下，真实性意味着这些葡萄酒确实产自勃艮第或者托斯卡纳，或是这只包的确承载了威登工厂的精湛技艺。再一次的，对它们真实性的评价来源于经济方面的考虑。这些商品之所以价格不菲源于它们的稀有性和短缺性。若是赝品，则意味着货源充足，那么所有类似的商品，无论真假，都将因此而身价降低。注重价值的消费者将不再如痴如醉。因此，对于这些商品来说，带着特有的标签以示区别便是非常必要的了。

美国生活杂志大肆称赞正宗的法国羊角面包、地道的越南河粉以及纯正日本寿司，对此我们又该作何评论？大多数上述事物在当地的街头巷尾随处可见，并且不存在最正宗的原型以资比较，但是它们依旧是稀缺的。并非因为它们的当地身份，而是因为游客在所谓的原产地享用它们所要付出的交易成本。相应的，它们对于游客来说也变得身价不菲了。所谓的客观真实性因此并非是一个遥不可及的梦想，也不仅仅局限于那些寥寥可数的、极度稀缺的物品。通过货币、旅行以及它们为不同消费者所提供的社会地位象征之间的复杂联系，参观或者享用具有客观真实性的物品或服务为某些体验戴上了闪耀着优越性的光环。1839 年之后，无人能够再次品尝奥古斯特 · 赞格（August Zang）在那间位于黎希留大道 92 号的面包店中烤制的月牙饼干和小酥卷，也就是后来广为人知的羊角面包。今天，这些面包在东京六本木的一些法式面包店简单易得，其质量甚至比众多法国柜台的供应更为上乘、更正宗也因此而更加真实。然而，人们依旧更钟情于法兰西的版本，因为它才能够令人回忆起羊角包最初在巴黎流行时所具有的奥地利风味。人们的客观体验不断诉说，只有巴黎才是品尝正宗羊角面包的不二之地。现在，在河内的 Nguyen 和 Hue

（阮惠）大街的拐角处已经无法找到当年出售河粉的老地方，这里早已成为一座银行。然而，许多越南人发誓说那里才是真正的河粉源地，因此人们依旧趋之若鹜。形状更精美、口味更丰富的各式寿司已经遍及全球，但是人们依旧梦想着在筑地市场的鱼河岸千両（Uogashi Senryo）一饱口福。当美国游客在巴黎品尝羊角面包，或者在河内品尝河粉，又或者在东京品尝寿司，与他们在家里吃到的得梅因版本相比，这些食物因地方稀缺性而获得了更高的地位。

王宁就指出了这第二种类型的真实性——建构的真实。这里的真实是指游客或者生产者自身的期望、想象、偏好等在旅游吸引物上的投射。然而，建构的真实并未获得王宁的赞誉，他不赞同在个体思维和集体想象之外不存在独立的真实的观点。建构主义者未能对思维和所发现的外部现实之间的一致性表示出应有的尊重。同一件事情具有或者包含多重含义，"并且人们能够在特定的环境下或者在内心主观的情境中接受不同的建构含义"（2000:52）。客观真实性从我们身边溜走，因为我们只在非常有限的情况下使用它；而建构真实性却承受着相反的苦难，最严重的是，它已受到市场的过度操纵。实际上，王宁只是在以非常有限的方式接受建构主义的观点，这便将他置于了后现代主义主张的对立面。

因此，王宁引入了真实性的第三个版本。他称之为存在的真实性，以期与之前的两个真实性——客观和建构真实性区别开来。它是

> 等待被游客行为所激活的存在体的潜在存在状态，在旅游中相应的真实体验便是在旅游的有限过程中获得这种被激活的存在。存在的真实性与旅游对象物几乎无甚关联（2000:49）。

重要的是当自身与主导机制分离以及通过在责任和自由、工作和休闲、公共角色和真实性本身之间保持平衡而所体验到的那种真实性。一向谨慎的王宁反对为这个概念赋予太多内涵。存在的真实性只能在阈限的区域或者时间内才能获得，而不能一劳永逸地抛弃逻各斯、社会秩序、常规以及规范。旅游者的存在真实性最终也要回归家乡，如同麦克阿瑟（MacArthur）之于菲律宾，旅游者们也终将回归到日常生活的约束之中。王宁认为这个概念为旅游者和研究者提供了两个极端之间的折中之地。一端旅游是解放，另一端旅游只具有功能性，而真实性则位于两端的中间地带。然而，人们也会担心，他所说的旅游者会不会如同布里丹的驴子一般，在两种解放神学各自拥有的优势之间徘徊不定，最终因为无法取舍而一无所获。

王宁所打造的这个中间地带，还存在着一些令人迷惑之处。一方面，现代

性通过逻各斯、理性和生产的苦痛将冲突心理施加于它的子民。另一方面，他们又利用厄洛斯、休闲、玩耍和旅游的力量保护着自己。然而，后者既威胁又未威胁到逻各斯的秩序。它只是一个阈限的自由空间，只要逻各斯的表针继续转动，它便注定消失不见。曲终人散，人们恢复从前的温顺，只是比原先多了些许快乐的成分。因此，即便情欲的快乐曾在逻各斯面前一时得意，也终将败于它的狡黠。解放最终依旧带来服从。这便是功能主义学派的观点，只是相比之下，他们的表达方式更加直白和清晰。

自由时间因此变成了劳动的支撑物。人们休息或度假是为了更加努力和更有成效地工作，远未企及解放的高度。麦肯奈尔批评尤瑞关于阈限自由(liminal freedom)的提法，因为自由要么是持久的和令人舒适的状态，要么是一个虚幻的感觉，二者择一，不可兼得。因此，尤瑞和王宁的折中路线就会导致困惑。作为对自由的追求，真实性的实现只能通过人们将自身从客观的枷锁中解放出来——从公司的统治、从资本主义经济、从贸易，以及最终，从劳动分工本身之中解放。它传送着大剂量的自由和人性，每一年或每个季度服用一次，一次需要两周。人们不必刻意与麦肯奈尔保持一致也可知他这个结论的正确性。什么样的解放能够随心所欲地授予和领取呢？谁有此般权力？根据王宁的推测，自由到头来也不过是一场白日梦而已。若果真如此，逻各斯最终也算不得真正的解放之力，又为何要对存在真实性如此热衷呢？

事实上，存在的真实性多数情况下只是为了对抗麦肯奈尔在商品化上的激进观点才被提出来的。再一次的，人们不应忘记他明确批评旅游越来越成为一个企业副产品，然而，这只是其一。旅游的企业产品仅仅是在剥夺一般现代人人性之路上的最新动力，对这个目标的追逐早在它出现之前便已经存在了。无论有意或无意，企业只是将这虚无缥缈的空话延长了一些时日而已。只有当商业以及最后劳动分工最终分崩离析时，人类才能获得自由。人们可以在麦肯奈尔的观点面前保留意见，亦如此例，但是无论他的观点如何有君临他人的气度，如何带有去乌托邦的色彩，它们仍旧充满了一致性和宏大庄严的构思。在人类普罗米修斯般的剧情中，商品化变成了中期的要求。在批评之声的包围中，如果加以一致性或者尊重他者的要求，又或者是想要用美好的字眼来对它进行描绘，那么旅游仍旧需要被救赎。

这便是王宁接下来的发现。现代性，现在假设它最为合适的名字是现代资本主义，要求物品和劳动的商品化，要求此二者能够互相交换。人们出卖劳动以购买商品和服务，这些商品和服务又能支持人们继续工作，即出卖劳动，获得报酬，再付款购买包括度假在内的新的商品和服务。这便是一般现代人所处的窘境。难道物品，包括人们自己的劳动力，皆为商品吗？在某种程度上这并非现代的专利。商品是那些被生产出来但并不直接被耗用的产品，它们被用于物物交换或者货币交易。因此，商品生产早在现代之前业已存在。在古希腊、古雅典，以及古老的罗马帝国都能够发现它的身影。几个世纪以来，它也已经为中国历朝历代的经济作出了不可忽视的贡献。有节制的商品化生产为这些社会带来了更多的福利。

从这方面来说，王宁是对的。现代和前现代社会形式的一个主要区别在于对劳动的不同处理方式——在现代社会劳动已赫然成为一种商品。这正是现代性一个显著的特点，而在后现代的耳中却如同阵阵可怕的喧嚣而轰然崩塌。让我们暂时跳出对它们的震惊和敬畏，绕过首先提出商品化概念的马克思，对“商品”的真正本质进行思考。最初，人类如同其他动物一样屈从于自己的欲望，他们互相捕食，进食尸体，或者采集野草、蔬菜以及果子。人类的主要劳动是打猎和采集，人类学家已经揭示了该标签下众多不同类型社会的存在方式。总而言之，劳动是集体的、间断的，大多是满足当下的直接需求的。时光流逝，打猎者和采集者逐渐意识到，若能够强迫他人为自己工作也不失为一件美事。于是战败者沦为奴隶，他们的妻子要为新主人生儿育女。奴隶制迫使战败者及其妻儿为主人当牛做马，而主人则会为他们提供最微薄的生存必需品，比如食物、衣服以及栖身之所。奴隶，如同一项动产，属于其领主，也只能由领主转手倒卖，无权随意离开。不久，奴隶便成为人类历史上很长一段时间内最为普遍的劳动力。即使今日，它也未曾完全消失。

奴隶制与新教改革和农业的发展紧密相关。正是奴隶制的存在才使得农业的生产率不断提高。后来，在世界上的一些地方，农业通过其他方式得到了更好的发展——名义上自由的农民。然而，农民需要从强盗和地主那里寻求保护。作为交换，欧洲和其他地方的封建领主向农民收取租金并且要求他们的侍奉。在中国，农民则要向更为高效的官僚机构交租。大多数农民转变为农奴，原则上是自由身，但实际上却被紧紧地束缚于土地之上，即便他们的领主点头同意，他们也无力挣脱土地的枷锁。

直到最近，雇佣劳动才现身于现代资本主义之中，正如王宁在马克思之后所提出的观点。现代领取工资的工人们并没有被束缚于土地之上，也未曾被迫出售自己的劳动。当他们决定从事某项工作时（这是一项明智的选择，因为在多数情况下，只有通过工作他们才能供养自己和家庭），他们会得到相应的工资以供他们购买商品、货物以及生存日用品。因此,在现代资本主义世界中,人类劳动已经变成了一种商品。这绝非偶然。一个漫长的试错实践过程(在此过程中充斥了大量的强权和暴力)最终证明了它是促进经济增长最为有效的方法,因此薪酬劳动(salaried labor)逐渐被世界上的大多数地区所接受。人们也许可以为社会构想出其他生产和再生产方式,但是这些方式在现实中的情况往往不尽如人意。中央计划经济和集体经济,至少在它们的社会主义版本中,最终都宣告失败。它们无法适应流动的劳动力,也无力显著提高劳动者的生活水平,更无法摆脱程序和停滞的困扰。这一切也许正是薪酬劳动之所以被广为接纳的原因,即它自身的商品化。

马克思期待雇佣劳动体系能够保持最低限度的消费定额,即工人们凭借工资便有能力购买的以供自己和家人维持再生产的一系列商品和劳务。然而,通过再一次的试错实践(实际上包含了更多的强权和暴力),现代资本主义中的逻各斯已经在相当大的程度上扩大了该消费定额。它减少了工作的星期数;增加了扣除捐税后的实际工资;它提高了可支配收入,即人们可以花在非生活必需品上的收入;它创造了一系列福利津贴,从退休金到健康保险再到带薪假期。它使王宁所提出的广义的情欲的满足成为可能。这正是今日的百万大众能够享受旅行和旅游的原因。如果没有劳动的商品化以及在更为普遍意义上的大多数物品和服务的商品化——后现代主义者常常忽略的一点,却被马克思敏锐地捕捉到,那么现代的厄洛斯将是无法想象的。

然而,正如我们所见,这样的观点也许不会受到麦肯奈尔的青睐。若能回到狩猎和采集时代那种不确定的快乐状态才是最好。王宁和许多其他评论家就此止步,避免走得过于遥远。他们并未否认现代旅游所带来的好处;而只是谴责资本主义未能履行曾经许下的诺言,他们批评资本主义不仅在自由上有所欠缺,更对平等性和人类的兄弟之情照顾不周,同时他们也指责资本主义导致人们相互之间漠不关心。这正是王宁所称的现代性黑暗或者压抑情欲的一面以及在找寻真实性的过程中需要抑制逻各斯,或者用更为直白的语言,抑制商品化的原因。但是该如何在抑制逻各斯的同时又不削弱只有通过商品化才能实现的那部分厄洛斯的满足呢?

王宁和其他大众旅游批评者们究竟会对大众旅游提出什么样的要求呢?首先,一个对于东道主和游客之间关系的更好的理解,即一个对异域和他者的重新审视。正是因为大众旅游的开始,西方资本主义扩张不再只将遥远的异国他乡看作珍贵香料和丝绸的生产者。它为与当地人之间不平等的或暴力的交换正名，这种交换通常打着全球化——以及优越的——文明化模式的旗号，通过商人和传教士散播开来。然而，这种异国情调的浪漫观点使情况大为改观。现在，不同文化的价值观和生活方式都已被抬高到与西方世界齐眉甚至更高的位置之上。然而，这种新的“东方通”机制(Said 1979)并非在宣告殖民目标的流产。在某种程度上，它甚至为殖民目的提供了更好的服务，因为对异域文化的全情投入实际上阻碍了传统社会一切可能的变化。给予遥远的文化热情的拥抱，最终却令其窒息而亡。所以无论西方资本主义作何行动，迎接它的都不会是欢迎之词。

这两种关于异域的观点，根据王宁的说法，并非是互相排斥的。即便到了今天，它们也常常并肩前行。当面对西方现代性令人失望的表现时，旅游者常将异国目的地理想化为一个质朴的世界，在那里人们可以遇到高贵的野蛮人，他们如同游客自己设计出的卡通人物，永远带着游客根据自身期望所设计出的特征。但是正像经常发生的那样，如果这些人物未达到他们的期望，游客们则会批评这刚刚才被歌颂过的异域之地，因为它们野蛮原始并且发展落后。在这里，王宁略显急于求成了。从一个证据的小丘(一些旅游者将他们期望中的异国目的地理想化，当这些地方未能满足他们内心的期待时，这些理想化的形象便成了他们用以对抗目的国的武器)，他堆起了一座大山——不管我们如何看待它，现代旅游塑造了异国他乡一个有失偏颇的形象，却最终导致了人们理解上的困难。旅游凝视无法摆脱其红字，它总是存有成见，因为游客根据自身旅游文化所提供给他们的二进制文化分类法构造起了旅游目的地的形象(发达的和发展中的、文明的和原始的、白种人和黑种人的等)。“旅游者心目中构造的是一个社会上和文化上的乌托邦形象”(2000:164)，即一种先入为主的刻板印象。萨义德(Said 1979)的表述已相当婉转了。这些大部分来自于西方的现代旅游者无论如何都会成为众矢之的。他们总会将那些令自己着迷的对象物转化为苍白平庸又矫揉造作的评论。

然而，并非所有的刻板印象，即便那些关于西方旅游者的，都能做到不偏不倚。《韦氏词典》中对刻板印象的定义共有两种。第一种：“一种重复的或者再生的、符合一种固定的或者普遍的模式并且缺少个体的区别性标志或特征的一类事物。”第二种：“一个被群体成员共同拥有的标准化的意识图像，代表了一种过度简单化的观点、情感态度或者不加鉴别的评判(对于一个人、一个种族、一个问题或者一个事件)。”(《韦氏词典》2002)在第一个定义中，所有的种属概念，比如男性、女性、狗、树、美德、上帝、民主、经济、情色、面包，以及大部分我们所使用的词语,都是种属概念或者刻板印象。少了它们人类的沟通将会变得艰难而冗长。试想一个这样的表达:“在公元 2008 年第四个月份(阳历)的第 27 天,当我听到一阵由一种短小精悍的、肌肉发达的、短毛的、属于英格兰血统的,最初用于纵犬咬牛游戏但是现在常被作为家庭宠物而饲养的犬属类动物发出的尖叫之声快速接近时,在我身体表层生长的那种从人类以及其他哺乳动物的皮肤上伸出来的集中的和细小的丝状线,便如同那些旧大陆上夜间出没的食虫类的刺猬属的哺乳动物的倒钩一般竖立起来。”这句话完全可以简洁地表达为:“昨天当我看到一只狂吠的斗牛犬向我跑来时我吓坏了。”后面这句话中所利用的刻板印象可以帮助我们更加简洁地传递信息。否则人们就会把这个奇怪的讲话者当作一个令人难以忍受的哈佛教授,这也是一个理智的人所难以容忍的。

第二种定义意味着某种过于简化的、人为捏造的,或者误导性的概念。它并非是所有旅游者形象的真实写照。当西方旅游者说想要去马达加斯加旅游是因为维基百科上这样的描述“由于远离周围其他邻近的岛屿,因此它拥有许多世界其他地方所不具有的独特动植物景观”(维基百科 2010a)时,他果真是抱有一种乌托邦式的幻想吗?这些词条也许的确是按照文化以及社会上它所具有的本来面貌编辑而成的,然而,这是乌托邦吗?是刻板印象吗?

在王宁所采用的概念中,也未对这种区别进行充分的解释。也许正是这种混淆的状态才使得结论难以被推翻。现在,我们便将要进入阐明事实的冲刺阶段。一旦人们认定所有的旅游者形象都是社会构建的和乌托邦式的,便能够下结论说所有的目的地形象亦是人造的、商品化的,尤其是当旅游目的地为自己做形象推广时,这样简单的形象构建甚至对蹒跚学步的孩童都易如反掌。然而,一向谨慎的王宁的观点与此是有距离的,因为他对旅游推广者或者广告商的意图是有所理解的。“扭曲的形象产品要求文化的合谋,而旅游者正是在这种文化中找寻自我”(2000:166)。然而,王宁在此处再一次引用了一个“我的文化令我如此思考”的传统说法,或者,在他的脑海中,还有一个更为具体的文化,根据他的论述,也许正是他笔下的现代性。

在他看来,在前现代社会中的旅行曾是一种冒险的经历,然而现代性却将它转变为融合在消费文化中的休闲形式。旅游因此将旅行商品化,使之成为一个由类似于图像和享乐体验的符号元素所组成的无形整体。韦伯曾经提醒到,商品化终将导致理性化,反映在资本主义条件下,只能意味着利益最大化或者数量上相同的成本最小化。成本削减带来理性的设计,即标准化和程序化的产品,正如压缩在旅游度假包中的产品。对于消费者来说,标准化能够使产品物有所值,并且能够紧密地对顾客满意度加以跟踪。一个顾客享受到的服务若是与期望相符,那么他便成为一个满意的顾客,也许会成为回头客,让这种满意循环下去。最终,商品化涉及管理旅游体验的资质或者技能,因此能够将旅行放入组织者之手,即旅行社或者航空公司之类能为消费者提供一般化产品的企业。这样的说法显然有些令人匪夷所思!

首先,王宁进行了一般化。然而在现代之前,旅行并非只是一种冒险的经历。它更是一项危险的事业。乔叟(Chaucer)笔下前往坎特伯雷的朝圣者成群结队地出发并非因为这种方式趣味横生或者光荣伟大,而是因为路程艰险并且强盗泛滥。然而,这并不意味着古时的旅行总是危险的(也会经历快乐的激情和今天这个词所表达的震颤之感),同时现代旅行变得更加平静无趣只是因为它得到了更好的组织并且变得容易预测。只要没有古怪的恐怖分子,飞机便能够平稳到达,有时甚至准时准点。只要没有超额预订,酒店便会为你保留预约。只要不出意外,大多数司机便能够安全抵达。这代表了冒险性的减少或是愉悦的增加吗?这一切都令度假中的人们不再充满激情或者怯于冒险了吗?

古时的旅游在相当程度上也是可预测的。庞贝、巴亚以及其他罗马度假胜地提供了一种精英休闲(elite leisure),相当于今日的包价旅行为大众提供的——所谓的被动性休息(passive rest)。他们的住所类似于今天的第二住所(second residence)——并非完全是冒险的缩影——而再一次变成了唐代的长安、宋代的开封,或者元代的杭州那般精英的乐园。因此我们很难判断是否旅行的本质在现代比起古代更具冒险性。但是对于消费者来说,旅程确实因为麻烦的减少而更加愉悦了。

然而更重要的是,王宁似乎将批评的矛头指向了错误的目标。对于马克思来说,商品化意味着剥削(1972)。通过强迫工人接受一个最低消费定额,资本家不经分配就将劳动中的所有余下的价值据为己有。他将这部分被不合理占有的工人的劳动力称为"剩余价值(surplus value)"。这部分剩余价值便是资本家利润的本质,也是资本主义不公正的根源,以及最终,令资本主义走向灭亡的力量,虽然这个最终结局暂时还无从检验。王宁并未遵循这样的思路。他对于商品化的观点与一些法兰克福学派的思想更加契合。商品并非剥削的标志,而是批量生产的标志。商品的问题并非在于它们是人类关系的一种剥削形式,而在于它们都被平等地、连续地生产出来,并且一成不变。王宁以完全相同的方式描述和批评现代旅游。它已经成为一种商品，人们有钱便可购买；它被高效地设计和打包，因此服务都是可预测、可信赖以及无微不至的；它的组织者常常是大企业，它们提供相似的、无意义的产品；它将人类关系转变成平庸的快乐体验。最终，对于王宁来说，商品化终将因为其低劣的品位而并非因为那无足轻重的不公正性而受到谴责。这是一个品位的问题，事关高雅或低俗，而并非像在马克思以及后来的其他社会主义和共产主义运动者那里，作为理性的辩论和政治的宣传。如果消费者的品位高雅并且喜欢较为独特的产品，又或者这些产品拥有更好的设计、更高的价格，商品化便不会有如此大的用武之地了。

然而这个结论似乎难以立足。期待所有的消费者都拥有高于平均水平的品位会产生一个统计学上的矛盾。此外，它也会带来意想不到的后果。马克思提供了一些证据，来证明怎样以及为何商品化最终会带领资本主义走向灭亡。虽然他的观点不尽正确，但是人们可以就此讨论并且能够理解其意义。相反，后现代的商品化却是如此的高深莫测。它是品位的问题，但是品位却总是因人而异。运用他所批评的建构的客观性，王宁进一步提出，当大量观看者意见一致时，人们便可认定其为真实。“Eppure si muove”或者“向我展示你的证据吧，而不是那些主流的共识”正是伽利略在相同情况下所发出的感慨。

旅游者需要存在主义的真实性，商品化的逻各斯却不断拷打着他们的希望。类似的情况也同样发生在旅游产品的供给者身上。一方面，旅游收入为他们在传统社会的停滞中找到了一条出路；另一方面，他们却要为成功付出代价。他们需要外部的代理人，而这些代理人对最可怕的过剩都漠不关心的行事方法，却最终令他们的文化和环境都日趋贬值。

> 随着旅游消费文化的全球化，即旅游延伸范围的全球性扩张，许多第三世界国家的文化、人民以及环境也加入到旅游化的浪潮之中。然而，由于它们在国际竞争中的弱势地位，一个“去人性化”的旅游形式，即性旅游，尤其是童妓，出现在例如东南亚的许多第三世界国家（Wang 2000：199）。

如果说第二章引用的数据还有价值，那么这些结论未免有些武断了。现代旅游，即便是不恰当地被等同于国际旅游，也并非大部分都包含了发达社会和传统社会之间的关系，而只是拥有少量的南北事务。正如上文所述，大部分旅游依旧活跃于一国之内，即在母国的怀抱中欣欣向荣。大部分国际旅行也只局限于发达的富裕国家之间。此外，资本主义的最新扩张，即人们所说的全球化，已经将传统的目的地转变为快速增长的国际旅游者发源地。“旅游是现代化社会代理人与发展中社会代理人之间的邂逅”(2000:221)这样的说法作为王宁想象中的臆造之物而闪闪发亮。就这个概念本身而言，性旅游实际上是一捧理论的流沙(第六章)，若是将出卖的肉体和白色奴隶仅仅归咎为旅游的罪恶便是大错特错了。无论亚洲还是其他大洲，性交易的存在都早在旅游出现之前。若非要与旅游牵强附会，那么也许性旅游只是更多地将它带到了公众面前，或者将它传播得稍稍更为广泛，然而它绝非是因旅游而产生的新鲜事(第六章)。

但是，在王宁看来，尽管未必会轻易达到，但商品化终将会因人们努力减少旅行和休闲消费者与其供给者之间的冲突而有所缓和，这等于是在否定恼人的商品化发展所导致的矛盾之后，自然会得到的一个尴尬的推论。在警告了现代性的矛盾、它对其子民需求所造成的扭曲、带给第三世界国家旅游目的地的浩劫之后，曾经预言的这些结论突然随风而逝。如果人们认为王宁会提出对旅游的禁令或者严格的限制来取悦消费者和供给者所谓的利益，人们便想错了。他提出的是更为务实的解决方案：

> 关键的问题并非是否应该发展旅游业，而是怎样发展它，以及如何避免它所带来问题重重的后果[……]如果旅游是人们对现代和全球生存条件在文化上的反应，那么，“替代旅游(alternative tourism)”将是人们对大众旅游所带来的负面结果和影响的批判性回应(2000:222)。

现在进入到最后的阶段。作为一个文化构造，现代性有责任进行革新。谁又能来执行呢？这是一个众人的共同使命。首先，沿着韦伯的线索，王宁建议企业家和掮客们放弃牟利的主要目标而去信奉一种更具责任心的道德观。他们有权追求利润，但是比之游客利益、当地人民以及环境，利润应该居于次要地位。然而即使在王宁反对商人的关于商品化的论述后，这也并非易事。在对读者灌输了关于资本主义、现代性、商品化以及目的地管理不善之间具有紧密联系这样的观点后，王宁又试图使人们相信，在适当的刺激下企业家和掮客们能够变得更加具有责任心和人文关怀。

其实，总是很严谨的王宁手中还攥着另一张王牌。市场通常不具有人文关怀，也不关心当地的旅游供给者究竟是甘愿为消费者利益作出牺牲还是由于身处弱势才无法发展自己的利益。此刻便需要国家挺身而出了。

> 旅游发展因此不仅仅是一个经济问题，它也常常是一个政治问题[……]为了确保旅游成为一个人人共赢的游戏，政府必须秉持充满责任

> 感和人文关怀的道德观念并在政策中体现这种观念[……]人文主义的和有责任心的旅游的发展将会有助于游客满足自身欲望以回应“现代性的各种问题(modernity problematic)”,同时有助于东道主社区在全球化的环境中从旅游中获益(2000:224)。

这种宣言的主观愿望甚是美好,但是一个有怀疑精神的人也许会思考,若没有适当的机制,王宁的政府干预也许会无法带来任何改变。人们真的能够期望许多第三世界国家无所作为的政府确能公正地扮演这样的角色吗?换句话说,凭什么我们可以相信当地社区及政府不会角逐于利益的竞技场?它也许正周旋于相互对立的有权者和被剥夺者之间、旅游业的获益者和未能获益者之间、当地企业和当地劳动力之间!总之,追求双赢的结局要求更多的分析和更为周密的思考,而不仅仅是重复关于负责任的旅游和商品化之终结之类的宏论。

六、解放神学。第四幕:受困的大众,请自行散去

科恩对于麦肯奈尔以及他为旅游研究所作出的贡献甚为推崇。很早以前(1980),他就将麦肯纳尔关于旅游的讨论称为三大旅游定性社会学的主要流派之一。另外二者分别是来自布尔斯廷(Boorstin)和特纳的理论。他说,麦肯奈尔建立起了旅游研究和现代性之间的关键性联系,因此推动了前者向后者利益核心发展的步伐,为从20世纪后20多年来都只能照搬其他学科领域的旅游研究提供了一个基本的范式。这个在今天已经为旅游研究界所熟知的范式可以浓缩为一个词——“真实性”。在科恩看来,这个“惊人的创新”方法(2004a:120)意味着游客让自身从阴暗的旧世界中疏离,在其他的时间和地点寻找真实性。科恩20年前首次提出这样的观点并在此后多次重申(2004a,2007)。

然而,想要认可该观点却有一个关键的限制条件。当人们试图使用它时却发现“大众旅游者既非疏离的也并未实践对真实性的追寻”(Cohen 2004a:3)。人们大惑不解,为何麦肯奈尔惊人的创新却显得有些小题大做,难道是科恩误读了他的思想?当谈及经验证实的时候,真实性好似承受着巴别塔(Babel)的痛楚,它的使用者们谈论着互不相通的话语(Reisinger and Steiner 2006;Steriner and Reisinger 2006)。科恩正确地指出,旅游是一个模糊的概念,常常被淹没于语言的迷雾之中。“不同的人追求不同的旅游体验模式,因此‘旅游者’并不以一种类型而存在”(Cohen 2004a:66)。人们无法一笔勾勒出

所有的感受，而应该为不同的顿悟进行分类，看看其数量究竟如何以及为何它们能够出现。

科恩在这里进行了一个细致入微的分析。从最初在该主题上的观点出发，他逐渐远离了刻板印象的束缚，转而寻找一个针对不同类型旅游的更好定义，以便展示旅游者角色的多样性，为何一些人希望放弃舒适的生活而成为漂泊的流浪者，或者休闲旅游者的行为方式又是如何（2004a：17～36，37～47，49～63，87～99）。如果科恩忠于自己原始的直觉，认为我们在解释复杂如旅游者行为的事物时应该跳出单一因果关系的思维，他便早与麦肯奈尔以及他的真实性永远分道扬镳了，然而他却如同扑火的飞蛾一般执著地转身回来。即便看起来是对真实性的事后分析，它也在科恩的脑中挥之不去：

> 当代旅游或许已进入了一个“后真实性”时期，但是真实性潜伏于后现代旅游吸引物的表面之下，即使在一些人眼中，它身披着颠倒的、不正常的伪装（2007：81）。

为什么这般困扰挥之不去？他在《旅游体验的现象学》（2004a：65～85）中的观点也许提供了一些解释。

首先，他赞同一种现象学观点以提醒读者“中心”的重要性。这个概念从不同的侧面切入社会学理论。伊利亚德（Eliade）称它是宗教体验和宗教制度的基石。这个中心是天堂、人间和地狱相交汇的末世时刻。希尔斯（Shils）将这个概念扩展到世俗社会——它们都围绕一个中心而被组织起来，在这个中心，它们的最高价值观和基本代理人都被象征性地构建起来（君王、旗帜、宪法，诸如山姆大叔、约翰牛或者是头戴福利吉亚帽的玛利亚娜）。在迪尔凯姆/帕森斯（Durkheim/Parsons）的社会学传统中也将这个中心视为一个群组内所有成员所共享的核心价值观。因此，每个个体都拥有他或她所接受的由社会或者社区提供的中心，由此便可一举解决社会秩序中的霍布斯问题（Hobbesian Problem）。

科恩有所扬弃地接受了这个观点。旅游，远不能成为一个中心，而是一种休闲（recreation）行为，包括暂时性地远离中心。“这意味着旅游本质上是对日常生活一种暂时性的逆转”（2004a：67）。因此，它只在个人经历中居于次要的位置，科恩并未对特纳的格言大加赞美。然而，并非所有的个体都接受他们的社会中心。他们从中心偏离或者疏远，而这才是在一般社会学以及旅游学研究中所需要探索的问题。

与现代社会相比，在传统社会中人们旅行（travel）的欲望并不强烈。追随伊利亚德（Eliade）的脚步，科恩追溯至没有任何理由离开自身生存空间的原始人。他们的世界秩序良好，秩序之外的世界才潜伏着混乱。何苦外出探险？然而，随着后来朝圣的发展，这种关系开始发生变化。朝圣者离开世俗的外围边缘，奔赴比自己生存社区更为广阔的宗教世界的神圣中心。救赎令他的探险充满意义。现代旅游与这两种体验都毫无关联，与其说是在旅游中寻找救赎，旅游者更愿意相信自己是从文化的中心走向了外围。根据分离的不同形式，人们可以将旅游模式分为五种类型。

首先是休闲(recreational)模式。当传统的朝圣者在追寻中心的过程中实现了自我"重建(re-created)"时，休闲型的旅游者只是寻找娱乐而已，即能够令他(她)重新积蓄体力和脑力并且带来幸福感的消遣。休闲型旅游者存在于布尔斯廷(Boorstin)的书中——他们很容易从伪事件中得到满足。对于他们来说，旅行(travel)是一个释放压力和困难的安全阀。他们完全处于实用主义的保护层之下。接下来是消遣型(diversionary)旅游者，他们也难以得到科恩的赞许。由于他们并非在寻找生命之意义，消遣型旅游者是无中心的人群，陶醉于无意义的快乐之中。归根到底，这两种旅游并无区别，唯一的差异在于我们观察的位置不同。如果人们假设某些旅游者并未疏离于，而是紧紧地坚守着西方的价值观，那他们可以被视为休闲型旅游者。如果他们被认为是疏离的，他们的旅行也就反映了现代社会的失范，那么这些便是消遣型旅游者。可以说这两种特点(疏离和失范)有所不同，前者是对社会的判断，而后者则更多地影响着个体。然而，此二者之间的距离并不遥远。在马克思那里，所有权和权力的不公平分配创造了一个疏离的社会框架，在上层和下层社会中都导致了个体的失调。对于迪尔凯姆(Durkheim)来说，个人之所以会经历失调，是由于他们出自不同的原因无法与社会强加给他们的结构相协调。

还有一种另外的、更为深刻的旅游体验模式。这便是第三种体验模式(experiential mode)。疏离的个体开始意识到"他们日常生活的无意义和昏庸愚昧"(Cohen 2004a:73)，于是他们尝试重整自身，要么以深刻的改革/革命来转变社会，要么以一种温和的方式寻找生命的其他意义。体验型旅游者在半咸半甜的水中踟蹰不定，犹豫着究竟该回归家园还是留在目的地成为逃离富裕生活的流浪者。再进一步，人们发现了实验模式(experimental mode)。这种模式下的旅游者已经不再感受到自己对社会中心的隶属关系，一心但求与之脱离。他们可能采取旅游的方式，也可能通过神秘主义或者毒品来实现这种脱离。最后一种是存在型(existential)的旅游者。他们最终皈依于另外的中心，切断与原先社会的一切联系而成为新社会的一员。他们也分为很多类型。

一方面，自我流放者确实成为不同社会的一个成员，他改变了自己的中心。另一方面，他们依旧身处原先的社会之中，但是思想和心灵已经另有所属。他们遵从主流社会规范，但是却始终眺望着新的家园并频繁前往。

这个开放式的分类比起通常的两分定位法有着明显的优越性。在两分法中，暂停工作而参与超凡生活体验的旅游者与其他受制于日常工作生活的人们被截然分开。麦肯奈尔的旅游者作为一般现代人的范围相当广泛，而每一个支持他的人，贾法瑞以及瑞恩，又都无法逃离行为具有多种不同类型的现实。如此一来，他们便接受了一个简化论的观点，这与我们所知的世界的纷繁变迁显得格格不入。

人们不应该把这个旅游者行为的分类与科恩提出的另外一个试图理解国际旅游社会学的分类相混淆。在那个分类中，他以新奇/熟悉以及它们的中间阶段所组成的连续谱来看待旅游。第一个是有组织的大众旅游。这是最为缺乏冒险性的旅游类型，包价旅游的购买者通常在到达选择的目的地后将自己包裹在一个气泡内。熟识的程度达到最大，而新奇性的比重则处于最低值。接下来是个人大众旅游。这一类旅游者对整个旅程有一定程度的掌控但依旧躲在旅游气泡之中。接下来的探索者（explorer）则会组织自己的旅程，在新奇事物面前更加开放，他尽其所能以背离常规。然而，这类旅游者依旧没有完全沉浸于目的地的环境之中。最后是漂流者（drifter）。他不仅打破常规，而且尝试以东道主的方式生活。此时的新奇性已渗透到方方面面——旅行（travel）安排、住宿选择、行程路线、交通方式以及逗留时间的长短。

漂流者和探索者，这两种非规范化旅游形式的实践者，是敢于踏足未知土地的人。他们在概念上常常重叠，但是即便他们的行为大体一致，人们也能从中寻找到区别的蛛丝马迹。探索者与当地人结为朋友，有的甚至尝试学习他们的语言，然而，他们却避免完全融入这种外国文化之中。他们寻找舒适的食宿之地以及安全的交通方式。因此，他们令人想起往昔的旅行者，即那些“教育旅行”中来自欧洲大陆的先辈。

漂流者则具有一种更为现代的倾向。他们出身富庶却幻想着逃离这种生活。他们通常利用完成高等教育和参加工作之间一年的空当。“他延长了自己生活的中场休息，用来环绕世界，寻找与他在中产阶级环境中惯常经验不同的新体验”（Cohen 2004a：44）。似乎可以说他们与瑞恩的雪莉·瓦伦丁如出一辙，但是这种说法无法得到科恩的认同。大多数漂流者会在无止境的新发现和永恒的解放面前皱起眉头。“在他享受了这些体验一段时间之后，他通常会回到有序的中产阶级生活中安定下来”(2004a:44)。许多雪莉通常经历了重生而变成终极的雅皮士。

有组织的和单独的制度化旅游位于相对立的另一端。若非大众产业的加工造就了它们的有效性,它们无法获得今日的繁荣。“有效性”在这里意味着它们所提供的经历能够被预测和管理,同时将危险和不确定性排除在外。大众旅游的主要目的是参观旅游吸引物,无论是真正的(genuine)或是设计(contrived)的。“设计的”是一个在科恩那里被频繁使用的词语。它通常意味着旅游吸引物必须为大众消费而被“适当地”组织起来,它是大众旅游一个基本的特征,甚至将真正的(genuine)和真实的(authentic)吸引物都遮盖起来。“它们配套以基础设施,被不合适的元素重构、美化和净化,被舞台化,被管理,被以其他方式组织起来”(2004a:41)。这种对最大范围适用化的需要剥夺了制度化旅游中对于真正、自然和真实的品味。它的吸引物皆被设计,呈现给游客的是麦肯奈尔所描绘的舞台化的真实。可以预料,科恩在雨后春笋般出现在世界各地不同的迪斯尼主题公园中找到了它的缩影,同时他也指出,迪斯尼并非这种设计唯一的繁荣之地。然而,舞台化的真实在现代化之前业已存在。“新型的装置和梦幻之旅在许多年前便已出现于流行的集市之上”(2004a:138)。这其中的区别仅仅在于技术(主题公园更加先进)、范围(迪斯尼主题公园已经遍及全球)、体验的类型(旧时的集市更加伪劣),以及最终,在于提供者(主题公园是旅游产业的创造)。

整个旅游系统掌控着新奇的事物并且使旅游吸引物在旅游者眼里显得更加熟悉。产业寻找着吸引物和设施来满足大众旅游者的需求,因为这些游客大多来自西方国家和日本(科恩是第一批提出这种细分的人之一),西方风格的基础设施如同保护伞一般,已经遍及最为贫穷的东道主国家:

> 然而,因为旅游者也期待一些当地风味以及异域标志,因此具有当地特色的装饰也现身酒店的客房之中,当地的特色食物被端上餐桌,当地的特色产品也被摆上货架。但多数情况下这些依旧是标准化的产物:装饰物按照当地艺术的标准形象制造而成,当地食物按照外来者的习惯被加工得更加美味,当地的工艺精选品按照游客的需求来确定(2004b:41)。

所有的这些都将最终产品与当地文化分化开来,因此游客(the tourist)能够在自己的世界中旅行(travel),被东道主的社会环境包围却并不曾真正融入其中。因此,不同于促销材料上的宣传,游客和当地居民之间的文化交流实际上微乎其微。制度化的旅游不仅未能让神话破灭,反而成就了它的不朽。

国际旅行者(travelers)四种类型的渐进通常被看作与旅游发展相反的向量。探索者和漂流者奔向鲜有人涉足的冷僻之地,因此也引领着产业的目光。一旦产业发现了这些地方并且将它们打造得更适合大众旅游者之后,制度化旅游,无论是大众的还是个人的,便都虎视眈眈地将更多的目的地纳入囊中了。以这种方式,被设计的或者舞台化的吸引物将会获得相当大的增长。然而,人们能够在这样的发展中看到好的一面。因为舞台化的吸引物牵制了旅游者的注意力,也就避免了这些游客闯入当地社区对他们的生活和文化进行干涉。无论如何,以及接下来会讨论的原因,科恩并未给予制度化的旅游过多关注,或许它的两个变量(大众和个人)都非他的兴趣之所在。

对于科恩来说,从富裕生活逃逸的流浪者才更加令人着迷,他想要进入背包客的世界。然而当他还在伏案写作时,这些背包客的漫游便已经从一个微不足道的现象发展成为当代旅游的主要潮流之一。这种趋势部分反映了人们曾说的反主流文化,即一种对大多数西方社会主流文化形式的挑战。这种反主流文化以多种形式出现,从对传统好习惯的漠视到对家庭生活、私有财产,甚至一般"系统"及其压抑的耐心等基本规范的违抗。

> 然而,在另一方面,虽然最初以一种与惯例化的旅行截然不同的面貌出现,它也逐渐在一个与普通大众旅游完全隔离的,但相互平行的水平上变得更加制度化(2004b:49)。

漂流者旅行的制度化以不同的形式出现。最初的行程不但路线自由,时间的安排也随心所欲,然而大多数实践者所严格遵守的"路线"却随着大众背包旅游(backpacking)的启动而逐渐成为定式。最初的漂流者毫不在意所谓必去之地,不久后的背包客却开始聚集在旅游指南上的必看景点之周围,"从容的象征,中产阶级的旅游"(Cohen 2004a:55)。《孤独星球》(*Lonely Planet*)已被奉为背包客的圣经(第九章)。下一步将会是为这些旅游者量身打造独特的基础设施——廉价和独特的交通系统、酒店和饭馆、特殊品商店和夜总会。再远一些的分布在不同方向的某些区域成为漂流者的专属社区。最终,保持着快速的增长,漂流者的移动引起了自身内部的连锁反应——"冒险家们"或者最初的漂流者,即"流动的嬉皮士",从一个嬉皮士社区向另一个漫无目的地漂流;"大众漂流者",即那些只过往流动的漂流者,追求廉价的食宿以及优惠的飞机票价;最后,"旅伴"(fellow traveller)或者不情愿的嬉皮士会时不时地挑逗当地的核心文化。

让自己与原本的文化疏远开来,如同在行将就木时终于到达萨摩亚(Samoa)的史蒂文森(Stevenson),或者身处大溪地玻利尼西亚妇女之中的高更(Gauguin),或者站在瓦尔登湖树林中的托雷(Thore),或者无止境地漫游于大苏尔的凯鲁亚克(Kerouac),都是漂流者在自我认知之路上的原动力。这种内心的朝圣通常伴随着旅行[《我漂泊,我彷徨》(*I wonder as I wander*),这本兰斯顿·休斯(Langston Hughes)的传记所拥有的恰如其分的名字,囊括了瑞恩在他的雪莉·瓦伦丁的标题中所未能表现出的事物的通常规律]。漂流者常常会在他所选择的新住处安顿下来并且与当地人一起生活,将这种主客之间的纽带系得更紧。然而,这种结合却并不总是只有快乐。有时,当地人会无法理解新客人的幻想——“只有怪人才会愿意放弃锦衣玉食的生活”——并且将他们视为“文化的污染物”而开始排斥他们。并非所有的旅游都能转化为无缝的跨文化交流。

科恩在批判真实性的符号问题以及商品化时也遇到类似的问题。真实性通常被视为一个意义明确的概念,但在讨论中却并非如此。“旅游者实际上都在不同程度地寻找真实性,其程度取决于他们与现代性的异化(alienation)程度”(Cohen 2004a:106)。他们对自己的异化察觉越少,他们接受到产品的真实性就会越多。因此,真实性所引起的情感的不同强度远比想象的更大。

类似的情况也同样发生在商品化方面。纵览对商品化的排斥,如格林伍德(Greenwood 1977)对于福艾特拉比亚(Fuenterrabía)(巴斯克地区)的全民庆典阿拉德所作的研究,颇有过度概化的嫌疑。实际上,外国企业家常常出售定位于游客的商品和服务,因此也给了那些指责他们侵害当地生产者利益之人以口舌。但是以货币交换为目的的商品生产并非与真实性格格不入。在巴厘或者爪哇岛,当地的加麦兰为旅游的观众们演奏乐曲,在外部观察者眼中这些表演似乎改变了本身的文化含义,而在演奏者心中这却是对自身文化的传承。总而言之,“无论对当地人还是游客来说,商品化都并不一定破坏文化产品的内在含义,虽然在有些情况下也有例外”(2004a:113)。

科恩从不迷信简单的解决方法。他对事实坚定的尊重大大增加了作品的价值,更不用说他在作品中所展现出的诚实品质了。虽然,偶尔他也会破例,一些他一带而过的话语却能令人久久回味。我们很难如科恩那样,因为旅游者与当地文化的隔离而去指责旅游气泡的存在,这种隔离的产生表现在比如某些商品只是针对游客的特供品,正如在前苏联或今天的古巴所存在的美元商店。这里,这种气泡的产生更多地应该归咎于政府对外贸严格的控制,而非大众旅游产业所带来的制度化。更难接受的是如下的争论:跨文化的交流障碍是由于“不懂得当地语言因而无法结交当地居民并且使得独自旅行(travel)困难重重,以至于游客(tourists)根本不会尝试”(2004a:43)。主流的学术文献对旅游者行为提出了许多令人惊讶的要求,这个尤为夸张。难道要求旅游者都成为熟练的语言学家?当他们前往中国的云南旅行(travelling)时,应该熟练掌握普通话以及另外25个当地少数民族的语言吗?当他们参观沙巴时,是否应该掌握越南语和高地人的许多其他口音?国际旅行(travel)应该是人类学家兼语言学家的专属权利吗?这样的条件又有几人能够满足?即便寻得此人,他应该对当地民情风俗了如指掌的同时又具有丰富的语言技巧吗?

这些口无遮拦的话语似乎反映了在科恩那里无心的,但是显而易见的对于现代大众旅游的不信任。虽然他在大多数主题上作出了公正的并且高质量的评论,但是却掩饰不住对它终有的轻蔑之情。人们可以将其归咎于遍及他观点的那种韦伯般的悲观情绪。随着现代性的发展,官僚主义也迎来了自身的快速发展。如同它不断强行灌输的形式理性,或者正因为如此,现代性才为自由和创造性打造了一副钢铁牢笼。人类的行为越是落入国家或企业的官僚体制之中,便越是丧失其自身的意义。逐渐地,现代社会以及它的子民的生活变得平庸并且漫无目的。旅游也终将落得同样的下场。娱乐的和/或消遣的旅游,这种对旅游中同样的现象所进行的不同概念化也无法改变他们对于目的地及其居民毫无兴趣的事实。即便是新近出现的漂流者,即人们所称的背包客,也有着类似的倾向。他们终将因为模仿大众旅游的形式而走向终结。

难道在所多玛(Sodom)找不到区区50个、30个、20个,甚至10个正直者吗?科恩如同亚伯拉罕的上帝一般冷酷地无动于衷。最终,旅游加快了人类灭亡的步伐。不管旅游有何可取之处,科恩依旧对它的有罪判决点头默认,毫无回旋之地。然而,他并非像麦肯奈尔那般鲁莽。他认为现代性和大众旅游会一直存在,但是它带来的跨文化交流机会的扩张将会逐渐放缓。一步步地,自由和创造力将会稳步迈向自己的末日。人们笑言,也许科恩只是一个见多识广的乐观主义者。然而不幸的是,这个谜题的答案却只得等到世界的末日才能够揭晓。我们只需多些耐心。在几百万年后,或许能够稍早一些(第九章),韦伯和科恩孰是孰非终将见分晓。在此期间,我们有责任对他的观点从另外一些方面进行探讨,一是探寻事实,二是解释事实。

科恩戴着一副黑色的眼镜来观察旅游。无数次地,他如同大多数旅游研究者那样,令人遗憾地将自己观察旅游的视角限制于国际旅游流的维度。在他们看来,旅游不仅是国际的,也是单向的——从西到东,或者从北到南。旧式的反帝国主义思维可谓积习难改。或者最终，它将完整的景象破坏得面目全非。人们能够对公开的 UNWTO 数据中那些与性有关的国际到达者数据表示理解；人们也能够摆脱人类学家的说教，以便在跨文化交流中蹒跚前行时更加自由自在，然而却不应该认为这些标志着普遍的旅游行为。实际上大多数人仍旧在自己的国家和文化中移动。越来越多的旅游者已并非高加索人（请原谅这个可能导致误导的形容词），他们前往的方向也是四面八方。为何关于印度旅行者（traveler）或者中国旅游凝视的文献如此稀少？科恩为一般旅游研究，尤其是在泰国的旅游研究作出了巨大的贡献，人们如何解释，虽然亦有例外（1995，2000，2008），但泰国旅游者不能够激发科恩——或者其他人——的想象？

现在让我们回到一个基本结构性的认为大众旅游平庸乏味并且毫无意义的争论。许多人蜂拥而至他们所购买的所谓被设计的旅游吸引物并且迫切地享受舞台化的真实，这样的事实足以驳回上述观点。为何？答案可以是他们并不完全清楚自己正在做的事情。科恩不止一次地指出这一点。大多数大众旅游者（娱乐型和消遣型旅游者居多，但也包括背包客和其他逃离富裕生活的流浪者）并不像人类学家那样了解自己的异化（alienation），所以最肤浅的体验便能够令他们拍手称快了。然而，因为缺乏精确的深度测量计，试图比较社会类属对于平庸的容忍度便是一个危险的任务或者是现象学的延伸了。

科恩对于商品化的观点比起该词的大多数使用者显示出更少的压迫性，对他来说，商品化口味繁多——这虽然是一个细微的差别，但却非常值得称赞。然而遗憾的是，他的提法却止步于外围。文化创造之所以能成为商品，并非因为它是有偿劳动的产物，而是因为它的批量性。包价旅游的大众旅游者不再追求新奇性或者已经将新奇性减少至最低水平。这些旅游产品将它们的最终使用者包裹于气泡之内，扼杀了旅行（travel）的主要目的——了解其他地方、其他人以及其他文化。此外，企业投入大笔资金以使所有人都能够享受旅行（travel），它们越来越多地将标准化和公式化的特质融入产品之中。然而，科恩并未因为所谓的剥削方式而对它们进行批判。对他来说首要的是法兰克福学派对现代产品的批判，他们称现代产品为原始创新和真实体验光环的丧失。

因此，人们可以说科恩最终在定性的旅游社会学中找到了自己的位置，他也是第一批从事此项研究的学者之一。在它最重要的三个支点中（麦肯奈尔、特纳和布尔斯丁），科恩并不认同麦肯奈尔对预言的热忱或是他所期望的真实性，同时，他对特纳为所有准备跳出日常生活的、在游戏或者度假中的人许下的解放的缥缈诺言也保持了小心谨慎的态度。可以说，他的宿命论的现象学在作为现代性制度化代理的阈限爆发上毫无公信力，并且特纳从未将任何人排斥在终极享受之外。科恩断言，大多数人，至少在旅行(travel)的时候，永远无力领会它的内涵。如同奥尔特加·加塞特(Ortega y Gasset)，如同阿多诺(Adorno)[用德拉·沃尔佩的话说是*quello vecchio signore un po' démodé*(稍有些古典做派的绅士)]，如同布尔斯丁，如果现代性中存在科恩所无法原谅的东西，那便是它纵容一种最大化的普遍适用性来取悦尽可能多的芸芸大众了。

第六章

东南亚的白面孔

一、启示

在第三、四和第五章中我们对方法论意义上的后现代范式所进行的探讨，在案例导向的旅游研究中已得到了广泛的应用。然而，在一些案例研究中，却存在既有的模型被生搬硬套、原有的意义在转换中被扭曲的问题，因此这些案例研究在使用模型的过程中亦无法严格地遵循原有的逻辑。尽管如此，以后现代主流思想为基础的研究却依旧层出不穷。从本章开始直至本书的末尾，我将在以下各领域中追踪不同研究的发展轨迹：性旅游、角色认同（role of identities）、旅游话语（languages of tourism），以及现代大众旅游的替代方式。

本章的讨论将从几次经历开始，而其中的第一个纯粹是我本人的经验。2002 年的夏天，那是我在河内度过的第一个夜晚，下榻酒店的大堂中竖立着有关地下室中卡拉 OK 的广告，这引起了我的好奇心。因此，我打算寻个空暇领略一二，看看这个发源于日本的娱乐形式在越南是怎样一番光景。几天后，当我终于置身其中时，却发现这里灯光暗淡，想要看个清楚可并不容易。当我的眼睛逐渐适应一点了的时候，展现在面前的场景却与想象的景象大相径庭。酒吧远远地位于一个幽长的走廊的末尾，走廊两边各是一条长凳。许多身着睡衣的年轻女性相互紧挨着挤坐在长凳上，每当有男士走过，她们便站起来，紧接着又坐下，如同足球场上的墨西哥人浪一般起起伏伏。除了这些衣着随意的女孩以外，此处再无其他女性的身影。当我在一张桌子旁落座，突然另外一位女性走近我身旁，热情地与我打起招呼来。与其他女孩相比，这是一位不算年轻也无甚魅力的女性。她自称是店里的一位妈妈桑（*mama-san*），接着便将一张只有三种选择的酒水单递到我面前：一瓶威士忌（80 美元）；一瓶威士忌加一位陪伴（100 美元）；一瓶威士忌加两位陪伴（120 美元）。同时，妈妈桑不忘用蹩脚的英文向我说明，这样的价格只能容许我与所选的女孩在歌唱大厅中一个封闭空间内独处。进一步的性行为在她们的营业场所是被禁止的，然而如果我有意，便可以带一两个女孩回酒店或者任何其他的地方，只需支付每两小时 60 美元或者一整晚 80 美元的价格即可。

就此个别事件本身而言，其实它并不能说明什么。其真正的启示理应来自别处。最近，我和同事就一本新近出版的有关性旅游的书进行了讨论，该书声称东南亚制度化的性旅游与美国侵略越南的战争是紧密相关的。这可真是令人耳目一新！然而据我所知，河内未曾有过美军的驻扎基地。此外，大多数前往这个城市旅游的旅游者也并非来自西方，而是亚洲的其他国家。面对如此事实，怎能说美国军人和西方游客是河内以及其他城市繁荣的性产业之主要诱因呢？另一方面，多年以来美军在日本建立了众多军事基地，同时日本又是帝国主义运动的发源地，为何这两个在亚洲其他国家显然能够促进性旅游发展的因素都未能让东京、大阪或者京都成为性旅游者的聚集地呢？为何理智的人会怀疑性旅游是日本经济发展的一个战略部门，正如他们会怀疑瑞恩-霍尔假说（Ryan-Hall hypothesis）有任何事实根据呢？

在开始任何讨论之前，我们必须明确一个事实：即至少在目前，对性旅游的全面研究还无法实现。首当其冲的原因来自于某些研究者自身。在他们看来，性旅游是假期时光中性行为的连续谱，随着偶然性性行为可得性的不断增加，最终到能够频繁购买的性服务，连续谱从固定的性伴侣过渡到较为频繁的性邂逅（Bauer and McKercher 2003）。然而，我们仅仅在来自特定国家、处于特定年龄段以及拥有特定文化背景的游客所构成的样本中才能够观察到度假和高频率的性活动之间的某种联系，因此这样的证据的力度着实有限（Oppermann 1998；Selänniemi 2003）。对于除这些样本以外的其他游客来说，性旅游则如同天方夜谭，它只属于特定的游客，他们目的明确地奔向性交易，无论是和男人、女人还是变性人，无论对方是自愿还是被迫，无论他们年纪如何。诚然，在现实中人们可以自由地选择各种性行为（Cohen 1993），但是这种自由并非毫无界限。作为研究者则更要注意到这种界限，以免由于缺乏可靠数据而夸大事实、在不相关的概念上浪费笔墨或是陷入道德说教的境地。

不幸的是，问题不仅仅是数据的不可靠，而且还是数据的不可得，因此试图寻找具有说服力的证据支撑更是难上加难。即便是在性产业合法或是被大众所接受的社会中，系统的研究项目也是少之又少。许多国家，尤其是那些曾饱受性旅游之苦的国家，不会乐于统计性产业的数据，因此研究者的假设往往建立在有限的观察之上，由此得出的结论也常常带有研究者本人的道德、宗教以及意识形态上的所谓正直感。最后但并不是最不重要的，性旅游已经变成了一个将性奴役、童妓、自愿性行为捆绑于一处的一个黑洞（Wang 2000）。

上述所有事实向我们说明，在这个问题上确实有着研究者力所不能及之处，因而在研究过程中我们必须慎之又慎。本章亦不例外。它将要描绘的并非一个具体的研究项目——而是对那些声称自己已经一劳永逸地解决了该问题的研究者提出些许质疑，同时，也对主流学术研究在该问题上所贡献的低水平成果及其耽于新浪漫主义视角的倾向提出批判。需要注意的是，本章所探讨的仅仅是性旅游的一个维度，即它的最突出的方面——异性之间的和自愿性的性行为。另外，虽然此类性旅游也广泛存在于里约热内卢、哈瓦那、蒙巴萨岛等其他地区，但是本研究探讨的地理范围仅限于那些学术研究的主要研究地区，例如东亚。由于泰国曼谷已成为研究的热门，因此大量关于东亚和东南亚的学术文献可供参考（Bishop and Robinson 1998；Ghosh 2002；Jeffrey 2002；Leheny 1995；Seabrook 1996；Truong 1990）。

除了少数的几个特例以外（Askew 1998；1999a，1999b，2002；Boonchalaksi and Guest 1998；Cohen 1980，1982，1993，2000，2001a），研究者已经对性旅游不变的铁律达成了共识，即：

• 东亚和东南亚的性旅游并非由该地区普遍的传统家庭结构所决定，而具有相似的其他原因。

• 当年美国人或者殖民者的军队开创了今日西方性旅游者的先潮（Hall 1992；Sitthirak 1995）。

• 性旅游是大型公司和国际机构（世界银行、世界货币组织）与北半球或者发达国家联手强加于该地区的经济霸权不可分割的一部分。

• 在西方文化霸权扩张之路上，性旅游作为对已有手段的一种替代或补充，在西方世界征服当地文化的进程中贡献着一臂之力。

• 虽未明示，但是这些铁律也同样适用于其他以性吸引旅游者的地区。

• 总之,西方的白面孔通过性交易和性旅游将自身的社会秩序强加于亚洲(以及其他地区),使得这些地区以及整个世界屈居他们的利益和文化霸权之下。

然而,事实果真如此吗?

二、性交易、军队与当地传统

有人认为东亚和东南亚的性旅游仅仅是一个当代现象,这种观点听起来似乎不无道理。然而在某种程度上,性交易却早已存在于现代以前的其他旅行形式之中,比如许多前古典和古典时代东西方的朝圣旅行或者18—19世纪英国贵族青年的"教育旅行"。这些例子与今日性旅游的区别在于后者在性交易的需求上所表现出的纯粹性以及与旅游产业日益增长的紧密联系。因此在这个意义上,性旅游可以说是一种新近产生的当代现象。

诚然,在越南战争(1963—1973)中入侵越南的300万美军为西贡或者曼谷等地区的性服务带来了额外的需求。许多美军士兵在越南过着如同休息和娱乐(R&R)一般的生活。但是,我们还无法获得精确的统计数字。一种说法认为,在1957年的泰国,妓女的数量约为20 000人,由于美军的入侵,这一数字在1964年便增长到40万(Hall)。然而,根据该说法,妓女数量近20倍的增长却恰恰发生于美军入侵的高峰(1968—1969)之前。在1965年,驻扎于越南的美军才达到20万人次,而当时身处泰国的美军人数则更要少上许多。即便这些美军一直待在泰国,也很难创造出与1957年相比增加的这38万个需求。人们固然可以希望这代表越南战争从未发生过——即这些军队从未存在过,然而作为研究者,正确的做法应是对自己的数据来源作出详细的解释——可是他并没有(Gay 1985:34)。

暂不考虑道德、政治以及性别的问题,军队带来性交易的增长似乎是一件自然的事情。无论是战争中的士兵、度春假的学生、科学会议或是宗教集会的参加者,在有大量年轻人或单身男子集中的地方,性交易的需求便会上涨。如果仅依靠正常的性行为无法满足这些需求,许多人便会转而购买性服务。读过萨克雷(Thackeray)《名利场》(*Vanity Fair*)的读者也许记得他对滑铁卢战役以及由军队所带来的大量妓女的描绘。在西班牙,任何一个旅店老板都能够绘声绘色地讲述那些发生在大型事件或会议期间有关"补偿服务"(complementary offer)的故事。当男性独自驻扎于军事基地,无论他们来自美国或是其他国家,这些基地便会成为色情服务的目标群体。即便上文中越南的例子会使人们对这种说法将信将疑,那么一项来自联合国儿童基金会(UNICEF)的数据也足够打消这种疑虑了:美国在波尔布特(Pol Pot)执政末期曾入侵柬埔寨,当时该国的妓女数量已达到20 000 人次;美国撤军后,这一数字则迅速下降到10 000(Bobak 1996)。虽然1963 年到1973 年的数据难以获得,但是泰国的情况理应大致相同。

然而,人们不该就此妄下定论。以柬埔寨为例,当军队撤回、需求减少时,供给的数量——即性服务者的数量——也就此下降,因此她们需要另谋生路。在泰国的例子中也许有人会说,虽然军队撤离,但是继而接手的国内游客市场也能够保证该产业的欣欣向荣,但是这样的说法尚缺乏数据的佐证。美军1973 年撤出越南,而当地的旅游业在10 年后,即20 世纪80 年代才进入快速发展的阶段。“1980 到1987 年前往泰国的游客数量年平均增长率为10.53%。1980 年外国游客约为185 万,到了1987 年这一数字已增长至348 万”(泰国旅游局[TAT]1994)。尽管增长的速度惊人,但绝对量却着实有限。于是在1987年,泰国政府实施了一项名为“参观泰国”(*visit Thailand*)战略,终于使2000 年的游客接待量达到1 100 万,2009 年更是达到了2 500 万。显而易见,在美国撤军14 年之后,泰国的旅游业才开始起飞。因此我们也不应在性旅游和美国驻军之间作出因果关系的判断。若执意坚持这种判断,则应亮出坚实的证据。然而目前,还无人能够做到。

如果美国军队、性产业以及性旅游之间确实具有因果关系——目前还难以证实——那么便可推及其他东亚和东南亚国家。然而,自从20 世纪50 年代以后,美国军队便不再逗留于北越南的土地之上。即便是在秘密入侵老挝和柬埔寨时期,美军的数量也着实有限;同样的,他们也未曾盘踞于马来西亚或是印度尼西亚。因此,也许只有南越和菲律宾的美军符合这种因果假设的条件。然而无论如何,该假设都无法概括所有地区的情况,这便使得美帝国主义和性旅游之间的关系更加扑朔迷离。

从1895 年甲午中日战争开始,日本便试图在东亚建立起自己的帝国。1941 年日军偷袭珍珠港更是暴露了它试图控制整个太平洋地区的野心。此后,日本成功地接手了英国、法国以及荷兰在东南亚的殖民地,将它们囊括在自己的“大东亚共荣圈”之内(Buruma)。很快,日本便占领了东亚和东南亚大片土地,而这些地区在今天均已成为性旅游研究的焦点。

然而,对性旅游的新需求在这些地区却轻而易举地得到了满足。鉴于此,性交易给这些地区文化所带来的影响便是一个无法回避的话题了。

对于这些偶发性的游客来说,前往曼谷的帕蓬路、娜娜广场、牛仔街,或是芭堤雅和普吉岛上类似的地方,恰恰符合了人们心目中泰国性产业服务于西方男性游客的惯常印象。然而,这里的性产业同时也为当地居民提供服务。人们常常沉浸于新浪漫主义的观念中,忘记了东亚性产业的大部分顾客实际上来自于当地社会这一事实。正如在泰国的例子中(Jeffrey 2002:xi-xii,135),1994 年公共卫生部发布的数据显示:75%的泰国男性经常购买性服务,44%的男青年购买了自己的初次性经历(Wilson and Henley 1999)。若数据无误,则能够说明泰国性产业只有一小部分服务于国际客户,绝大部分仍旧接待着当地顾客。而这一大部分更是将那些不懂当地语言、不理解泰国社会运作方式以及不能像本地人那般在当地如鱼得水的外国人拒之门外。实际上,该产业所分化的这两个部分通常处于互不干涉的状态(Askew 2002)。

在该地区的其他国家所能获得的信息也同样有限,然而这些有限的信息却诉说着相类似的故事。一项关于越南的研究认为,该国性产业增长的主要动力源于当地新出现的企业家阶层以及官员的腐败(Nguyen 1997)。

东亚的性服务业并非新鲜事物。早在西方殖民之前,性交易在当地便已经颇成气候,在日本尤为突出。日本的妓女自古有之,1589 年京都建立了第一家"游廊",到 1679 年日本全国上下已发展至 100 多家。而当时的日本对国内与西方的商品和文化交流进行着严格的管制。这些花柳之地(Saikaku 1969)的主要客户群是当地的企业家以及町人,在大名的封建秩序逐渐消失的过程中这些群体日益发展起来。町人们在烟花柳巷中流连徘徊,挥金如土。在 1969 年,与高等的"游女"共度一宵需要 429 美元,要保持长期关系则需要每年支付 22 400 美元(Morris 1969:7)。在高等"游女"之下,还有复杂的等级分类(Ariyoshi 1994),不同的层级要价也各不相同(Morris 1969:285 - 288)。这样的"浮世"一直持续到二战结束,美国占领了日本并将该产业定为非法——当时的研究者们还未创造出性旅游的铁律。

几个世纪以来,日本的性产业都是该地区最高级和最复杂的实例。无独有偶,在 1949 年之前,性服务业也曾存在于中国的大地之上。在一本关于 20 世纪上海的书中(Hershatter 1999)所描述的情况与 1945 年之前的日本如出一辙。这里的花花世界也有复杂的分级系统,高级妓女能够提供陪伴、曲艺、表演、高雅的聊天以及最终的性服务,而低级妓女仅提供最后一项。这里的客户来自各个阶层,有高级知识分子、京剧名角以及各类艺术家,有富商豪爵、乡绅高官,还有底层的水手和平民。对于妓女和客户之间的关系有一套严格的管制程序；顶级专业人士能拥有较大的选择权，最高级的妓女即便是有钱人也难得一见；而底层的妓女却承受着社会环境和经济窘况的双重折磨（Hershatter 1999：34－65）。至于当时妓女的具体数据，难以求得，也并不可信。

在日本、越南，以及该地区的其他国家（Jamieson 1993：296－297），发展成熟的性服务业实际上是传统家庭结构的必要补充。虽然这个问题并未引起人们太多关注，但是娱乐性和生产性的性行为在大部分东方社会是被截然分开的，尽管各国的文化背景不尽相同。婚姻，尤其在富裕阶层，大多属于政治联姻。一夫多妻是一种惯例，这既是在一个婴儿死亡率较高的社会中延续家族香火的必要措施，又是男权传统的必然结果。为夫家生养男性继承人是妻妾们的首要责任。而家庭之外的妓院和幽会地则负责提供性愉悦和消遣娱乐。

也许有人会提出，不论其他，从前的家庭结构以及生产和娱乐性性行为的分离至少为性旅游和随之而来的性贿赂的增长提供了便利。性产业已历经数个世纪，如今只需稍作调整，便能够恰如其分地满足这些需求。更多的性服务者数量（数量并非奇高，只是相对国内需求有所增长）、更高的职业素养、新的旅行产品（travel products）（Jago 2003），以及新的销售手段都促使从前的游廊转变为今日的夜总会。自此，古老的性服务业也使自己在前工业社会的活动完美地适应了今日需求和联络的新方式（网络、手机等）。

简短的回顾作为总结。如今，在多元文化主义的西方性旅游研究者中（Bishop and Robinson 1998：160；Ryan and Hall 2001：139），对东亚和东南亚的传统宗教意识形态（佛教、孔教、神道教等）在性产业中所扮演的重要角色（Jeffrey 2002：63）绝口不提俨然已成为一种潮流。在这里，我们亦不对其深加讨论，不过原因截然不同——本章由于受主题和篇幅所限，而他们则是因为未对当地文化抱有足够的尊重之心。面对这些研究，人们不禁要问，为何这些在大多数社会生活中强而有力地塑造着人们行为模式的信仰在研究家庭结构、性取向以及性产业时却被弃之一旁？一如既往地，在这些所谓的最好的研究实践中，后现代主义不但未能阐明其研究对象，反而令其更加扑朔迷离。

三、蜂拥的人群？

从 1982 年开始，泰国便一直追随着亚洲四小龙，即四个经济快速腾飞的亚洲国家和地区（韩国、中国香港、新加坡以及中国台湾）的步伐。尽管在

1997—1998 年经历了经济危机,2002 年泰国 GDP 的增长幅度依旧是 1982 年的 3.5 倍(世界银行 2003)。2008 年,泰国人均收入(按照购买力平价进行核算)已达 8 400 美元,是 2002 年的 4 倍之多,高于世界银行标准中的中低收入国家。2009 年,泰国农业生产总值仅占 GDP 的 12%,工业占 43%,服务业占 45%。在过去的 20 年间,伴随着中产阶级的成长,泰国经济迎来了快速发展的阶段(CIA 2010)。

诸如此类的变化,即通常所称的现代化,带来了深刻的影响——抑或有益,抑或有害。然而无论如何,现代化通常会带来一系列社会压力以打破传统的社会结构(Desai 2002:36 - 54)。泰国亦不例外。当数百万计的农民涌向城市、在工业公司和服务行业中寻找工作时,农村人口大幅下降,城市则迅速膨胀。农村的移民大军中有众多的年轻女孩,她们大多来自伊森(Isan)地区——泰国东北部最为贫穷的地方之一,并且身无长技。在工业企业中那些低薪而不受监管的工作和色情业中短期的高薪工作之间,一些女孩多多少少心甘情愿地选择了后者(另一些则受到强迫或者被家人卖给妓院)。

性工作者数量的不断上升面对的也是不断增长的需求。泰国性旅游的主要经济原因是套汇,即同样的性服务在泰国和发达国家之间具有不同的价格。在美国,由普通性服务者提供的 GFE(广告中所谓的"女友体验")每小时要价 300 到 700 美元(Eros Guide 2010)。若是色情片明星,要价则高达 1 500 到 1 800美元(Body Miracle 2003)。这样的价格可以购买到(Peoria)一个前往泰国并在当地逗留一周的包价旅游产品,购买者甚至还有余钱享受仅需 30 ~ 50 美元的陪伴服务。因此,当地"付费爱情"的需求量自然远远高于芝加哥、阿姆斯特丹,以及皮奥里亚。

然而,具体有多少泰国妇女从事色情产业依然不得而知。而且,研究者再一次遭遇到数据的瓶颈。根据官方统计,1992 年泰国从事性服务的女性共有 7 7000 人(引自泰国公共卫生部的数据,Boonchalaksi and Guest 1998:139)。接下来,根据研究者的想象或是出于自身政治意识形态而作出的判断,这一较低的初始值迅速增长到 200 万(Hornblower 1993)、100 万(Richter 1989)、40 ~ 70 万之间(Truong 1990),或是 20 ~ 25 万(Boonchalaksi and Guest 1998)。

虽然缺乏可信的数据,但是人们依旧可以进行推测。根据上述猜想,性工作者的数量和总人口(2010 年泰国总人口约为 6 700 万)之间的比例将是 1:33(Hornblower)、1:67(Richter)、1:95(Truong)、1:268(Boonchalaksi and Guest),以及 1:837(泰国公共卫生部)。荷兰,作为少有的拥有部分性产业数据的国家之一,2000 年性工作者的数量是 25 000 人次,而当年荷兰总人口为 1 600 万(数据源自格拉芙基金会,Orhant 2002)。可以算得,性工作者所占比例为 1∶660,处于 Boonchalaksi 和 Guest 与泰国公共卫生部所作的推测之间。

2010 年,泰国 15 ~ 34 岁的女性数量为 1 040 万(美国人口普查局 2010),通常来讲,该年龄段的女性是性工作者的主力军;而该群体内性工作者和剩余女性的比例为 1∶5(Hornblower)、1∶C10(Richter)、1∶14(Truong)、1∶40(Boonchalaksi and Guest),以及 1∶25(泰国公共卫生部)。当年荷兰处于该年龄段的女性数量为 200 万(美国人口普查局 2010),该群体内性工作者(假设 2000 年的数据到 2010 年没有变化)和剩余女性的比例为 1∶40,这一数据与 Boonchalaksi 和 Guest 的推测较为接近。因此,在某一特定时间内性工作者的数量应该处于他们二人与泰国公共卫生部所作的推测之间。其实,在自己的一生中曾从事性服务业的女性数量实际上应该更高,而经济计算只是衡量某一特定时间从事该行业的女性数量。这些数据所显示的是从事该行业的女性的总数量。由于性旅游只代表了性产业的一个部分,因此在性旅游业中工作的人数应该远低于这些数字。更加具体的数字计算则更为复杂,但是人们依旧可以对其进行推测。首先,可以从国际到达者的数量作为出发点。

2007 年泰国共接待了 1 450 万名外国游客,其中 65% 为男性,35% 为女性,男性游客数量高出女性游客约 450 万。这样的数据似乎也印证了大多数寻找异性性服务的旅游者来自于男性群体的说法。假设男性游客全部是性旅游者(这需要大胆的想象),并在全年的时间中均匀分布,则每日寻求性服务的男性游客约为 12 000 人。由于游客在泰国的平均逗留时间为 10 天,因此每日最高需求可达到 120 000 人次。从整体上看,假设有 1/4 的游客寻求性服务,则需要 25 000 ~ 30 000 名性工作者来满足这一需求。因此,性旅游占全部性产业的比例为 15% ~ 20% 的推测看起来似乎更加可信。

然而一些学者却拒绝接受事实的检验。柬埔寨性工作者的数量果真能够达到 30 ~ 50 万吗?这是由保罗 · 莱翁所推测的数字(Paul Leung 2003)。虽说一切皆有可能,但并非一切都能发生,比如这样的数字就如同天方夜谭。在 2000 年(以此为基年来继续莱翁的计算),柬埔寨总人口为 1 240 万——640 万女性和 600 万男性(美国人口普查局 2003),其中年龄在 15 ~ 29 岁之间的女性约为 170 万——该群体是性服务者的主要来源。若莱翁的数据准确,则柬埔寨女性从事性服务业的比例为 1∶6 或者 1∶3。若果真如此,那么该比例则要显著高于已经足够夸张的泰国数据。如若泰国真有 200 万性服务者,那么每 4

位女性中就有 1 位从事该行业。柬埔寨则更是该比例的 2 倍之多。

假设事实确实如此，这些女性又该如何维持生计，即便是最微薄的生活？在柬埔寨 600 万男性人口中，若将 15 岁以下（279 万）和 70 岁以上（89 000）的这两个不构成性产业客户的群体剔除在外，则寻求付费性爱的人口应在 320 万左右，这个数字中还包含了贫民、长期卧病者、病入膏肓者、佛教徒、同性恋、囚犯以及其他无法成为该产业客户的人口。如果性服务者的数量为 50 万，则每人每天的潜在市场约有 5.4 名客户；如果是 30 万，则有 9 名客户。若要保证每天工作一次，那么每位客户每年都需要登门 70 次（最高标准）或者 40 次（最低标准）。在一个拥有世界上最低平均个人收入的国家，这是一个无法完成的任务。而大多数的性工作者每周最多工作一次，她们亦如他人，每天仍旧在饥饱线上挣扎。重申一次，虽然一切皆有可能，但是莱翁的数据似乎过于夸张了。

如果柬埔寨国内的需求难以撑起如此庞大的性产业，也许此时便需要性旅游来施以援手了。实际上，按照莱翁的思路，男性性旅游不仅仅是该产业的助力——而是主力，在他的论文中，对当地客户只字未提。这可能吗？根据柬埔寨旅游局（2003）的统计，2003 年该国的国际到达者数量为 35 万人次。如果游客的性别比例与泰国类似（65% 的男性和 35% 的女性），则男性游客数量总计为 228 000 人。假定这些游客，包括 15 岁以下的儿童和 70 岁以上的老人，全部都是性旅游者，他们在全年的时间中均匀地到达，每人逗留 10 天，则每天性服务的需求量约为 6 500 次。因此若每位性工作者每天接待一名客户，则每位性旅游者一天需要购买 80 次服务，平均每次 20 分钟，并且在逗留的时间中全天无休（若性服务者数量为 50 万）或者一天购买 48 次服务，即每半个小时一次（若性服务者数量为 30 万）。这样的数据足可以进入吉尼斯世界纪录。拉斐尔·厄尔·盖洛（Rafael El Gallo），一位著名的西班牙斗牛士，曾经说过："不能实现之事，必不能实现；同时，亦是不可能之事。"

50 万，这个神奇的数字似乎随处可见。1973 年美国从西贡撤军时，当地性工作者的数量也恰好是 50 万（Agrusa 2003）。或许她们正是多年来坚守着这份职业的同一群人。若非如此，则现实便只能更加残酷。尼娜·拉奥（Nina Rao），一位基要主义（fundamentalist）的女权运动者，呼吁人们关注尼泊尔 17 000 ~ 19 000位为富人提供性服务的、被称为"deukis"的女性（类似于印度马哈拉施特拉邦或者卡纳塔克邦地区那些在 Devadashi 体系下为上层阶层提供性服务的妇女），或是 3 138 名（一个不多一个不少）来自努瓦科特（Nuwa-

kot)地区的悉数被送往印度性产业的尼泊尔女性,或是将亲生女儿以10 000 ~ 20 000卢比(220 ~ 440美元)的价格卖出的尼泊尔家庭,以及在新德里从事性服务的2 000名尼泊尔妇女(Rao2002)。然而,所有的这些呼吁都未能指明数据的来源。在讨论性旅游时一再重复夸张的数据似乎已成为一种模式。2010年南非世界杯期间,一个新的组织所给出的数据称有40 000名性服务者被运往该国,以满足球赛期间由外国球迷所带来的增长的需求。该数字其实完全引自2006年德国世界杯期间的数据(Bialik 2010),对此我们几乎已经习以为常了。然而,它们果真丝毫不差吗?

这些数据虽然毫不严谨,但在研究中却承担了重要的符号功能。它们被用来说明西方性旅游为所到之地带来了经济的增长,同时也导致了一系列只因性旅游的存在才会产生的社会问题。然而,这两种说法是否合理却有待商榷。

四、性旅游和经济增长

若想说西方性旅游带来了东亚和东南亚色情业的发展,研究者需要拿出比迄今为止所能看到的数据更具说服力的证据。现在,暂且假定这些数据的准确性。性旅游是否在泰国和其他国家的经济发展中发挥了关键性的作用?性旅游的铁律自然给出了肯定的回答。根据毕夏普和罗宾逊的研究(Bishop and Robinson 1998:99)——两位来自英国文学专业的学者,性旅游是目的地国经济发展的决定性力量。其他研究者也沿用这种论断,并补充说性旅游作为这些地区的发展战略之一,已成为控制着国际资本的全球代理人的最爱之一(Ryan and Hall 2001:141 ~ 142)。泰国是典型的例子,如果前面所提到的两个判断符合事实,那么我们将予以详述,并可扩展到该地区的其他国家。

由于缺乏更好的数据,我们只能再一次地进行推测。性产业对泰国经济总体的影响究竟如何?表6 - 1列出了由不同数据所带来的不同回答。重申一次,为了迎合新浪漫主义的观点,研究者们在各种假定之间作出了一个有悖普遍知觉的选择(所有的性工作者每年至少工作300天,每天收入25美元)。

表 6-1　性产业对泰国经济的贡献(2008)

性工作者数量[a]（万）	经济贡献[b]（十亿美元）	2008 年泰国 GDP[c]（十亿美元）	经济贡献[d]（%）
200	15.0	285.0	5.3
100	7.5	277.5	2.7
70	5.2	275.2	1.9
25	1.8	271.8	0.7
7.7	0.6	270.6	0.2

[a]来自 Hornblower(1993)、Ritcher(1989)、Truong(1990)、Boonchalaksi 和 Guest(1998)以及泰国公共卫生部(Boonchalaksi 和 Guest 于 1998 年引用)的数据,按照性工作者的数量排序。

[b]假设:每年工作 300 天,每天收入 25 美元。

[c]由官方汇率计算的 2008 年 GDP(CIA 2010)分别加上各个研究者所推测的数据(第 2 列)所得,由于性产业收入未在国民账户中进行核算。

[d]第 2 列除以第 3 列(四舍五入)。

根据表 6-1 可以看出,由于不同的假设,各个研究者对于购买异性性服务的顾客,无论来自国内还是国外,为泰国经济发展所作出的贡献的判断具有很大差别,从最高的估计——泰国 GDP 的 5.3%,到最低的估计——0.2%。即便霍恩布洛尔(Hornblower)所采用的明显夸张的数据符合事实,性产业也难以称得上是经济发展的关键部门。诚然,5.3% 的 GDP 贡献率也并非微不足道,假设一夜间将性产业完全取缔,那么泰国的经济也会严重缩水。而如果以最后两行的数据为准,即性产业对 GDP 的贡献率在 0.2% ~0.5%,只能说它在经济发展中具有一席之地,但实在难以将其上升到战略的高度。

另外,可以根据旅游业促进组织——世界旅游理事会(WTTC)所提供的旅游卫星账户(TSA)来估测性产业所带来的经济影响。2010 年,根据泰国的旅游卫星账户,该国的旅行和旅游活动(包括所有国内和国际的直接支出以及政府消费)所带来的经济效益为 397 亿美元(WTTC2010)。若以表 6-1 中最高的数据为标准,即同一时期满足异性性服务需求所创造的价值为 150 亿美元——几乎为满足旅行和旅游需求作出了一半的贡献,显然言过其实了。即使以更为可能的最后两行的数据为准——在 6 和 18 亿之间,泰国的性旅游也占据了其整个旅游业的 5% ~10%(WTTC 2010b),成为整个地区该比例最高的国家。

在讨论性旅游所带来的经济影响时，应该采取慎而又慎的态度。如同所有被外国消费者购买的服务一样，性旅游也被看作出口的一种。因为无论是在曼谷的帕蓬路购买性服务还是在附近的夜市购买仿造的路易·威登包，外国旅游者都要先将本国货币兑换为泰铢。表 6－2 列出了性旅游在泰国总出口中所占的份额。

表 6－2 性旅游对泰国出口的影响(2008)

性工作者数量[a]（万）	经济贡献[b]（10 亿美元）	2008 年泰国出口额[c]（10 亿美元）	经济贡献[d]（%）
40	6.0	181.0	3.3
20	3.0	178.0	1.7
14	2.2	177.2	1.2
5	0.8	175.8	0.5
1.4	0.2	175.2	0.1

[a] 来自 Hornblower(1993)、Ritcher(1989)、Truong(1990)、Boonchalaksi 和 Guest(1998)以及泰国公共卫生部(Boonchalaksi 和 Guest 于 1998 年引用)的数据，按照性工作者的数量排序。性旅游工作者的数量以性工作者的 20% 计。

[b] 假设：每年工作 300 天，每天收入 50 美元。

[c] 由官方汇率计算的 2008 年泰国出口额(CIA 2010)分别加上各个研究者所推测的数据(第 2 列)所得，由于性产业收入未在国民账户中进行核算。

[d] 第 2 列除以第 3 列(四舍五入)。

表 6－2 的数据与表 6－1 基于同样的假设，认为在性旅游业中工作的女性每年可工作 300 天，每天赚取 50 美元。此外，性工作者中有 20% 的人在性旅游业中维持营生——这是一个很高的比例。根据不同研究者对性工作者数量的不同估计，她们的总收入占泰国总体 GDP 的比重也从 0.1% 到 3.3% 不等，而其中 0.3%～0.5% 的比重似乎相对可信。然而无论如何，即便性工作者的实际数量符合最高的估计，也不足以说明性旅游是泰国发展过程中一个战略性的经济部门。

泰国的旅游卫星账户则展示了一幅类似的景象。根据世界旅游业理事会的估计，2010 年在该国的外国人共消费 200 亿美元(2010b)。如果对性工作者数量作出最高估计具有一丝现实的光芒，则性旅游者的花费约为 60 亿美元，即相当于国际游客总出口的 1/3。在这里为了讨论起见，假设在交通、住宿、餐馆、购物以及其他领域内消费的 1 450 万国际旅游者中有 1/3 都是性服务的购买者,然而这样的数据实在难以令人信服。

现在,我们可以着手讨论有关性旅游的最后一个部分——即它是经济发展的一条捷径,也恰恰是世界货币基金组织(IMF)、世界银行(the World Bank),以及世界贸易组织(WTO)在这些地区的宠儿。然而,在这些组织记录着自己所作贡献的浩繁官方文献中,却从未承认过这一目标。也许后现代主义的学者拥有他人所不能的读心术能够令他们在讨论中坚定地固执己见。若果真如此,那么他们也犯下了曾经被用来指责他人的同样的错误。他们真的相信性旅游在泰国以及其他地区资本主义化的进程中所扮演的至高角色吗?这样的说法如同牙仙子的童话一般毫无根据。如果世界货币基金组织、世界银行、世界贸易组织以及其他光芒四射的国际机构曾相信性产业所铺就的发展之路,那么这也许能够成为消灭它们的最好理由。然而,持有如此荒谬的想法,相信存在所谓的作恶者,对于后现代主义的发展实无太大裨益。

五、西方文化霸权

学术界的旅游研究向来看重后现代主义的结构理论(第三、四章)。性旅游的研究亦不例外。然而,当现代大众旅游被视为性旅游的主要原因而饱受苛责时,来自经济领域的证据却悄然出现在世人面前。那么,文化领域又如何呢?如果性产业、资本主义发展以及全球化之间的经济关系还无法自证,那么或许来自文化和人类学领域的探讨能够提供一臂之力。也许这样的探讨难度更高,但由于不受成本效益思维的束缚,它们也更难被看透。因此,后现代主义学派便牢牢地抓住性旅游不放。

莱斯利·安·杰弗里(Leslie Ann Jeffrey)近来发表了关于该问题的最新观点。在她看来,泰国的性旅游站在许多后现代社会和文化所交织而成的十字路口——性、旅游业、政治权利以及她所称的"新霸权的代表性秩序(new hegemonic representational order)"(2002:在书中多次出现)。在后现代主义的思维模式中,她将性旅游看作对该国性产业狭义的比喻,与性别和民族认同的社会结构紧密相连。为了阐明自己的观点,她回顾了从 19 世纪泰国被卷入资本主义链条开始后性产业所经历的法律管制。她力图全面记录泰国社会接受和同化外国文化的不同方式,阐明所有关于泰国父权制度、小乘佛教以及传统社会中女性角色发生的显著变化的思考。

1909 年泰国为了控制性疾病的传播,不再将性交易视为合法行为。然而,在整个殖民扩张时期(1860—1939),比起疾病的肆虐,令当权的殖民者更为困扰的是当地社会一夫多妻和纳妾的制度。在他们看来,这两个制度令泰国男性无法掌控自己的性行为,因而亦无法掌控自身。于是,泰国传统的家庭结构方式成为西方殖民者干预其内政的借口之一。直到1960年,性交易才被正式确立为一项罪名。如今理性的做法是让泰国与所谓的当今西方世界结为联盟。这场运动仍在进行,虽然它也曾经历了些许矛盾,走过许多弯路。泰国社会的一些部门反对性产业的发展,指责它是迎合美国军队休息和娱乐需求的产物。在精英阶层的泰国女性眼中,性交易是富裕的外国人对泰国女性的一种侮辱。因此,受过教育的女性对传统价值观,例如对泰国心脏地区的热爱和作为一位农民的骄傲之情的尊重,也许能够成为这股潮流的强大阻力。而实践中,泰国通过控制曼谷的移民数量来限制性产业的发展。对于那些对不痛不痒的建议置若罔闻的女性来说,只有采取警告、刑罚以及自我改造的手段才能奏效。20世纪70年代的亲民主运动所宣扬的即是这样的观点,然而到今天,经济拥有了更大的发言权。落后的现状和跨国公司的战略在性产业的发展(暂且不提其他恶果)中扮演了主要角色。在炳·廷素拉暖将军(General Prem)执政时期(1980—1988),由于儿童卖淫、拐卖妇女等问题在国外被曝光,泰国开始了新一轮的整治,其中,刑罚成为了最主要的工具。

到20世纪90年代,泰国再次采取了新的行动方针。快速的经济增长席卷着福祉的浪潮带来了新的中产阶级的壮大,对于如何解决性和性产业所带来的问题,他们有着自己独到的见解。新的宣传淡化了穷人与色情工作者的关系,强调后者是对不断增长的全球化所带来的消费主义压力的一种回应。同时,一夫一妻制成为新的家庭关系模式,男性被妓院以外新形式的家庭娱乐[运动、徒步行走以及国内和国际旅行(travel)等]所吸引。然而,新的意识形态也未能将性交易从社会毒瘤的形象中解放出来,它依旧面临被压制的命运。1996年新的法律法规加大了对将孩子卖给色情产业的父母、购买孩子的皮条客以及妓院老板的处罚力度。这是泰国首次在法律的层面对未成年性工作者的父母作出惩罚。

然而在杰弗里(Jeffrey)看来,这些还远远不够。因为在实际上,这项法律所惩罚的是穷苦的农民和女性。相反,应该使性交易合法化、保障性工作者的权益、消灭对她们的剥削、保护她们不再受到虐待。虽然杰弗里尽力避免如此直白的说法,然而合法化的字眼却依旧遍及她的作品。人们或许会同意她的某些预期结论,然而这些结论实际上以她自己所创造的假设为前提。她不断吟诵着后现代主义的经文，早已深陷其中无法自拔。

最为关键的是，她的整套解释有违事实。若要提及西方霸权，人们不应忘记古暹罗直到1941年日本侵略前都一直保持着独立（Baker and Pasuk 2005）。因此，比起老挝、越南以及印度，在殖民者控制下的泰国的管理者拥有的自由权要大出许多。列强之间的权利斗争削弱了它们对泰国内部事务的干涉。二战后的泰国重新获得独立，自此，该民族国家便掌控着自身的法律体系。因此，西方世界对泰国家庭结构、性以及性产业等问题至多也只是间接地产生影响。实际上，不同的政府在立法上都各有主张。虽然来自外国的影响也能通过全球媒体渗入泰国对相关问题的讨论之中，然而即便如此，最终的决定权依旧掌握在泰国的国民集体手中。

杰弗里的论述在内在逻辑上也缺乏应有的严密性。如同大多数后殖民主义者（pocos）一样，她立场鲜明地站在穷苦大众和受压迫的他者（Other）的一边，得出的结论常令人大跌眼镜。例如，她声称1996年的法规对妓院和儿童性服务的控制更加有利于富人而非穷人，因为后者实质上购买了更多的儿童性服务。这种说法不但缺乏证据支持，同时“新的法律实际上是一种迫使底层男性进入中产阶级新的男性行为模式的惩戒机制”（Jeffrey 2002：135）的说法也令人难以接受。如果政府对儿童性交易放任自流是一种错误，那么政府对其加以管制似乎更是错上加错。

1996年杰弗里对泰国法律的批判也体现出同样的担心。法律对那些自愿将孩子卖给妓院的父母规定了比顾客和皮条客更为严厉的惩罚（20年有期徒刑）；同时，在孩子从妓院中被解放出来之后，父母也不再具有监护权。杰弗里指责该项法律规定仅仅是加重了对父母和孩子的惩罚。或许在泰国社会，不对这些父母进行处罚，并在新的商机来临之前保证其对孩子的监护权才更有助于所有家庭的福祉——也包括那些未卷入儿童性交易的家庭。实际上，许多法律规定对某些特定的社会群组进行了更为严格的管制，然而这类道德问题不能成为要求对这些社会群组进行特殊对待的理由。许多对2001—2002年华尔街金融诈骗负有责任的人都身价不菲，比起其他社会群体，他们由于职业原因更可能因金融诈骗或是内部交易被指控，难道能够因此而对他们网开一面吗？

因此，杰弗里的论述散发出浓浓的说教气息，似乎一切政府干预都自然而然地导致更多的压迫。这样的结论或许大快人心，但是她却未能给出少了政府的现代社会该如何运行的丝毫线索。在泰国或是任何其他地方将性产业合法化，或许是行动最为感性的理由，但若是离开了哪怕一丝一毫的后现代主义所痛恨的政府管制或者正规化，这一行动又将无法实现。因此，政府有责任规定合理的年龄界限；保护女性（或者男性和变性人）不再被迫从事性服务；加强卫生控制；禁止儿童买卖；惩罚试图掌控该产业的皮条客和妓院老板；打击警察腐败行为，以及同样重要的，向性工作者征收收入税。这正是荷兰在1988年将性产业合法化和2000年允许妓院运营后所采取的措施，今日看起来收效甚好。实际上，将性产业正规化可以看作对性服务者身体加以管制并且向她们推行外国价值观的一条路径。因此，来自于她们的观点也举足轻重。

然而，至今仍旧令人费解的是这些如何与所谓的西方秩序紧密相关，用杰弗里和上文提及的其他几位作者的话说，即北半球对南半球的控制。若认为性交易理当合法化，则照此逻辑应该得出如下结论：性产业的合法化无非意味着性服务的市场化——用后现代主义的术语来说——商品化。然而，人们怎能在声称“在霸权主义的西方之外的国家政治根本上是由满足西方话语权的需求——无论是反抗还是回应它——所塑造而成”的同时又得出如此结论呢(2002:146)？西方通常被视为资本主义和全球化的代表而大受责难，而它又即将遭遇由市场逻辑的发展所带来的抵抗，如此谜题该如何解答？

由于后现代主义对性旅游的机制不甚理解，因此它一边坚持对西方文化霸权的批判，一边却无法提出除了现存的市场方案以外任何的解决方案。无论其内涵如何，将西方所代表的霸权秩序视为罪魁祸首成为上文所提到的作者们解决问题的法宝，他们以此将自己从分析传统社会角色和当地宗教意识形态的棘手任务中解脱出来。凑巧的是，这些后殖民主义的一般化论断由于缺乏相应的证据，反而成为他们在道德上哗众取宠的有力武器。

第七章

漫步哲思之路

一、哲思之路

日本银阁寺，又称慈照寺，坐落于环绕古都京都的东山群峰之东。1482年，室町幕府（公元1333—1573年）第八代将军足利义政为迎接自己的晚年生活，在东山的月待山麓打造了这座东山殿。他以北山的金阁寺（鹿苑寺）为蓝本，试图复制百年前由足利义满所创造的壮丽与辉煌。如今，这两座宏伟的宅邸都已成为禅宗寺院，日日享受着万千游人与信徒的参观和膜拜。

从慈照寺出发，沿着哲思之路前行，便可抵达祇园的中心，即鸭川东岸最为著名的老式艺妓区。在这条不足一英里长的步行街上，一条源自东山的小溪潺潺流过，向着鸭川绵延前进。不同于慈照寺那种摄人心魄的魅力，这条幽幽小径吸引的多是信步闲游的流浪者。绿树掩映下的运河散发着浓浓古风，春日里灿烂的樱花满是闲适之情。与慈照寺入口喧嚣热闹的购物中心或是南端人满为患的平安神宫截然不同的是，这条哲思之路上只零散分布着若干小寺院、小商铺、咖啡馆，以及随着选择减少而愈发昂贵的民宿。这里无疑是心境闲适的漫步者静心冥想、让理智陷入沉思的绝佳之地。西田几多郎（Nishira Ikutaro）（原文有误，应该是Kitaro Nishida），一位20世纪之交的哲学家，便曾带领学生在此享受了一段漫游之旅。这条小路也因他的到来而更加闻名于世。

此地鲜见外国人面孔，它所吸引的多是京都当地的漫游者以及日本国内的参观者。这也不足为奇，因为其实无论在哪儿，国内游客的数量均会超过国际游客。只是与其他发达国家相比，这种国内外游客数量不平衡的现象在日本尤为突出。2008 年，在日旅行消费（travel expenditure）（四舍五入）共计 23.6 万亿日元（2 650 亿美元），其中来自国际的部分仅有 1.3 万亿日元（150 亿美元），其余的 22.3 万亿日元（2 500 亿美元）均出自日本人的腰包。相比之下，日本游客在本国的旅游支出约为国际游客的 17 倍（JTA 2010a）。2002 年，在日国际游客终于跨过了 500 万大关，2008 年甚至达到了 830 万，然而同一年出国旅游的日本游客人数却更是高达 1 600 万（JTA 2010b）。因此，一方面日本出境游客数量在全球排名第 15 位，亚洲排名第 2 位；而另一方面，日本接待的入境游客数量排名仅为全球 28，亚洲第 6（JTA 2010c）。乌克兰、马来西亚、中国香港、加拿大以及泰国（等其他国家）的入境游客数量目前均已超过日本。虽然近几年来日本出入境游客数量之间的差距有缩小的趋势，但是这种缩小的原因却是出境游客数量的减少而非入境游客的增长。2000 年日本出境游客人数曾达到最高的 1 800 万，之后便一路缓慢下滑，在 2008 年的经济危机中更是遭遇重创。

这种不平衡背后的原因纷繁复杂。其中之一便是日本国内与大多数国家相比较高的物价水平，此外也可归咎于 2003 年之前日本国家旅游局（JNTO）促销活动的完全缺位。2003 年 4 月 1 日，在“参观日本”（Visit Japan）政策启动之后，日本国家旅游局才开始在国际宣传促销方面采取积极的行动（JTA 2010d）。而在此之前，或许是为了与国家政策保持一致，日本避免采取任何积极的促销手段。多年来，日本的出口导向型经济政策为它在国际交易中带来了巨大的盈余，而限制进口的政策也已招致多国不满。于是在 20 世纪 80 年代日本经济繁荣的顶峰时期，政府开始鼓励出境旅行（travel abroad），同时限制入境旅行（inbound travel），试图以此来缓解国际上的批评之声。当时的目标是通过 1 000 万出境游客来平衡出口型经济下的巨额利润。出人意料的是，该目标很快便得以实现并在 20 世纪 90 年代被迅速超越。近几年来，该数字已然增长至 1 500 ~ 1 700 万之间。

如前所述，从 2003 年开始，日本的入境游客的数量便开始稳定增长——虽然势头算不得迅猛。日本政府的长期目标是在未来吸引 3 000 万入境游客，短期则力图在 2013 年之前冲破 1 500 万大关（JTA 2010d）。鉴于目前动荡的国际局势，如此宏伟的目标能否实现还有待观察。同样有待观察的是 2 000 万出境游客的目标。虽然目前日本在国际旅游方面处于赤字状态，或采用更为专业的说法，即该国正经历旅游收支的经济漏损，但 2 000 万依旧是一个艰巨的任务。

因此，日本成为了发达经济体中出入境旅游不平衡状态的典型代表。近年来，日本出境和入境游客的数量之比约为 10∶4。若仅考虑全部日本出境游客和入境非商务游客，则该比例约在 10∶2 到 10∶2.5 之间。该比例之所以浮动，是因为日本政府立志要在国际旅游中分得更大杯的羹。然而现实却不容乐观，未来几年中赴日外国游客的数量仍将落后于其他发达国家。正如表 7－1 所示，今日入境游客数量依旧只是出境游客数量的一半左右。

表 7－1　日本入境/出境游客数量(2000—2008)

	出境游客(百万)	入境游客(百万)	入境/出境比(%)
2000	17.8	4.8	27
2001	16.2	4.8	30
2002	16.5	5.2	31
2003	13.3	5.2	39
2004	16.8	6.1	36
2005	17.4	6.7	38
2006	17.5	7.3	41
2007	17.3	8.3	48
2008	16.0	8.4	52

来源：作者对 JTA(2010b)数据的整理。

显然，庞大的日本游客数量已经成为亚洲和太平洋地区快速发展的重要引擎之一(Lew 2000)。虽然根据不同的数据来源和计算方法所得到的每位日本游客平均消费的结果有所不同，但毋庸置疑的是他们的消费在整个国际旅游中占有举足轻重的地位(JTA 2007，2008)。根据 UNWTO(2004)的统计，在 2002 年，1 660 万日本出境旅游者共消费 267 亿美元，人均 1 618 美元。在 2008 年这一数字增长至 1 743 美元(UNWTO 2010b)，而当年日本出境游客数量为 1 600 万，总花费为 2 790 亿美元。根据 WTTC(2004)的估计，2004 年日本游客人均消费为 3 205 美元(1 700 万出境游客共消费 5 450 亿美元)。

总体看来，日本作为旅游目的地的竞争力还略显薄弱。在世界经济论坛

（World Economic Forum）133 个国家的排名中，日本仅居于第 25 位（WEF 2009）。在经济发展与合作组织（OECD）的 31 个国家中它也仅仅排名 23（表 7－2）。世界经济论坛以八个支柱和三个类别为基础对竞争力进行排序。后者包含一般框架、商业环境以及文化和自然资源。日本在安全保卫、物价以及旅游亲和力方面得分较低，而在文化方面却具有相当大的优势。

表 7－2　OECD 国家竞争力排行（2000—2008）

国家	OECD 排名	世界排名
瑞士	1	1
奥地利	2	2
德国	3	3
法国	4	4
加拿大	5	5
西班牙	6	6
瑞典	7	7
美国	8	8
澳大利亚	9	9
英国	10	11
荷兰	11	13
丹麦	12	14
芬兰	13	15
冰岛	15	16
葡萄牙	16	17
爱尔兰	17	18
挪威	18	19
新西兰	19	20
比利时	20	22
卢森堡	21	23
希腊	22	24
日本	23	25
捷克共和国	24	26
意大利	25	28

续表

国家	OECD 排名	世界排名
韩国	26	31
匈牙利	27	38
斯洛伐克	27	46
智利	28	47
墨西哥	29	51
土耳其	30	56
波兰	31	58

来源：作者对 WEF(2009)*数据的整理。*

让我们重归哲思之路。从以上数据看来，漫步于此路之上的西方人很难在众多日本游客中邂逅其他西方人面孔也是情理之中的了。这便自然引发了我们关于身份认同的讨论。后现代主义(*pomo*)范式(第三章)在旅游学研究中的信条之一便是游客和当地人的接触会对东道主社区的身份认同造成威胁。由此看来，为数不多的外国游客不足畏惧，日本性(Japanness)理应能够轻而易举地将异国的微弱影响打得落花流水，至少对其具有强而又强的抵抗力。然而，日本是否真的只拥有单一的身份认同，过去的日本国民以及今日居住在日本的大多数日本人是否真的一直遵循从未改变的行为规则呢？

二、多重身份

如今，已有若干文献对身份认同和民族性之间的关系进行了广泛的研究(Anderson 1999; Gellner 1983, 1998; Nairn 1978; Shumway 1991; Spillman 1997)，然而这些关于身份认同的讨论却常常在有关剥夺的话题上纠缠不清，经济上的剥削更是被再三强调。在这些讨论中，全球化、南北不均，以及建立在不公正交换之上的全球合作使得发达国家和发展中国家本就存在的不平等愈发严重，这一切都在蚕食着发展中国家的身份认同感(Britton 1996; Karch and Dann 1981)。此外，文化联系也饱受非议，我们不断被告知，由于整个世界被囚禁于西方霸权的牢笼之中，因此其他民族或社区的身份认同只得日趋衰落(MacCannell 1976; McCabe 2002; Munt 1994; Smith 1997)。在概括性的描述之外，也有学者对不同对象的不同特征作了细致的勾勒，包括个体的(Dann 1999; Desforges 2000; Selänniemi 2001)、共有社会的(Sofield 2003)、性别的

(Byrne Swain and Mommsen 2001a)、民族的(Fischer 1999)以及文化的(Van den Berghe 1994)身份认同(McCabe and Stokoe 2004)。

以上这些研究均采用了两种典型的解释来说明身份认同研究对于大众的重要性。首先,身份认同在个体出生之前便已存在并且塑造了个体此后的行为。身份认同蕴含着对某个整体的归属感(家庭、民族、文化、种族等),该整体的地位远高于各个成员并以各种有形或无形的方式对他们实施奖惩,灌输普遍的行为规则。语言、宗教、传统、民间风俗、饮食习惯、运动等维度独自抑或集中发挥作用,塑造了社区以及社区中个体有别于他者的独有特征。这些特征赋予集体生活以意义,同时维持并加强了集体内部的社会联系。历史连同其他神秘的力量,例如人之精神(volksgeist/people's spirit)、血统或是人之心理(people's psychology)共同决定了我们的行为举止并将我们的群体与外界泾渭分明地区别开来——"我们"的与"他们"的世界。而跨文化交流却威胁着群体内行为的一致性,也可能使之在某些其他群体的人之精神、血统,或是人之心理的影响下产生扭曲。这种观察身份认同的方式始于格林伍德(Greenwood 1977)的旅游学研究。对于他的追随者来说,社区创建者和现任成员之间的连续体在伯克式①的传统中是一种逝者、生者以及未来子孙之间的契约,用德国历史学家兰克(Leopold Von Ranke)的话说,该契约围绕一系列传统和惯例而建立,代表着历史原本的模样(wie es eigentilich gewesen ist)。

另一种观点来自建构主义者,他们大多与后现代主义有着不解之缘。身份,在这里并非社区及其成员的附属品——而是社会建构过程的产物。然而实际上,"社会建构"并不具有太多含义。任何社会的东西皆为社会建构的结果(Brunner 1991;Brunner and Kirschenblatt-Gimbel 1994;Hollinshead 1992, 1993)。身份,无论其本质如何,都是社会的代表,因此它们也是一种社会结构。建构主义者通常会悄然更进一步,试图证实身份实质上是意识形态,是创建某种事物的状态以使某类人获益的精装现实版。这类人的定义通常并不简单,然而它却常常被简单地理解为当权者(Levinson 1998;Pretes 2003)。其他时候,正如后殖民主义研究所提供的解释,身份认同代指西方及其文化霸权。例如,美国西部的身份认同就被当作一种对盎格鲁-撒克逊白人新教徒(WASP)文化的比喻,这种文化被认为是优于女人的、移民的、西班牙的、印度

① 埃德蒙·伯克(Edmund Burke),爱尔兰政治家、作家、演说家、政治理论家和哲学家。他经常被视为英美保守主义的奠基者。译者注。

的和其他有色人种的文化(Aquila 1996),并且昭示了他们统治的"权力"。另一个类似的从根本上带有身份压制烙印的例子已渗透于大多数社会的机制中(Ferguson 2003)。萨义德(Said 1979,1994)东方主义的理论如瘟疫般在世界范围内迅速蔓延开来。在他看来,以权力为基础的西方霸权及其政治根基的暴露带来的是对它们进行抵抗的使命以及低级身份要求重建自身的呼号。

日本旅游的例子是否能够印证以上两种身份认同解释方法中的任何一种?我们接下来的论述将会说明"传统即事实"学派迄今为止一直忽略的事实以及拘泥于后现代主义的建构主义者需要寻找一种更为复杂的方法来研究身份认同以便能够摒弃单方面霸权的简单提法。然而,这两种后现代主义范式的观点不但未能阐明跨文化交流所带来的某些复杂问题以及它们的最新化身——全球化,反而使这些问题更加扑朔迷离了。

三、日本之路

让我们走出哲思之路,向西行进至东大路(Higashioji-Dori)——一条位于鸭川东岸的南北大通路,而后转向南方,到达圆山公园(Maruyama Park),这便是祇园的中心。在此,人们能够身临其境,亲手触碰日本最重要的一段历史。公元 794 年,日本以中国唐都长安为模板,建造起宁静而又祥和的首府平安京,即今日的京都。而早在此之前,这里已注定是建造神圣禅寺的不二之地。直至今日,祇园中仍旧分布着若干京都地区举足轻重的寺院。自新首都建立伊始,祇园便与京都皇城的历史难以分割了。它不仅为日本的政治和文化生活作出了巨大的贡献,同时也成为几个世纪以来京都最为重要的娱乐区,日本的典型标志——艺妓的繁荣之地。在此之前,祇园亦在平安时期(794—1185)的文化中扮演了重要的角色,这段文化正是悠悠历史中日本传统的重要来源之一。然而即便如此,人们能够指出一个平安时代对如今的日本人起到显著影响的身份认同吗?

若点头同意,大约想到的是该时代的文学巅峰之作——《源氏物语》(*The Tale of Genji*)(Murasaki 1960)。当时的日本(至少在京都王朝的控制区)是绅士们欢娱的乐土,他们对美的品位卓尔不凡,高雅文化正是他们的拿手好戏。在衣饰的雍容华贵外、在和歌美丽的韵律里、在书法的神韵笔锋下、在宗教的繁复仪式以及对卓越和精致的不断追求中,他们生动的爱情生活温柔地散布开来(Varley 2000:58 ~ 67)。然而,如果我们在紫式部的小说中寻找历史的轨迹(……),《源氏物语》中的人物不过是10世纪日本万千民众中的寥寥星辰。除了个别角色外,其余皆是皇亲贵族——日本数百万人口中的区区千人而已(Morris 2004:178~179)。

其他的社会阶层在玉鬘(Tamakazura)的故事中仅仅被作者以只言片语一笔带过(Keene 2004:22~23)。

即便是朝臣阶层中,也存在许多不同标准的礼节将他们与源氏的身份区别开来。然而,日本右大臣藤原师辅(Fujiwara Morosuke)于公元960年去世之前曾对同处于《源氏物语》时代的人们进行了另一番劝导:

> 无论与何人作何种交谈,出言之前请务必三思。绝不轻率行事。(……)从衣衫帽冠到车马座驾,仅取之必需,切勿迷恋华美之事(Sansom 引用于1999:82)。

藤原师辅的说教或许略显空洞和偏执,但至少代表着一种强有力的思想潮流。

后来的若干世纪中也涌现出许多类似相互冲突的观点。在1615年,德川家康统治的末期,幕府制定了《武家诸法度》,其中包括不可私缔婚姻;各阶层衣裳之品,不可混杂;什人不可乘舆;诸国诸侍应节俭行事等条款(Sansom 1987:7~8)。类似禁止阶层混杂和奢华安逸生活的法令在江户时代亦得到多次重申。然而,这些法令却与当时大众的实践和信条相左。17世纪商人富裕阶层崛起,他们如饥似渴地积聚起的财富带来了歌舞伎的发展,也托起了浮世的繁华。虽然武士道准则和仪式源远流长,但是它们所影响的不过是日本社会中行为方式的个别组成部分,在经济和社会方面并未取得显著的成功。

从17世纪开始日本便在封建身份的梦中昏然沉睡,直到司令培里①(Commodore Perry)的舰队在1853、1854年以及1867年大政奉还后的明治时代敲碎了紧锁的封建大门。此后,日本国内便迎来了一系列的革新,西方的(尤其是俾斯麦德国的)科技、经济以及礼仪纷纷涌入。然而,正如基恩(Keene)(2002)所言,在向西方学习的整个过程中,日本自身也经历着身份认同上最基本的矛盾。一方面,官方意识形态鼓励所谓的民族基质(national essence/kokutai),要求忠于天皇的臣民们"将自己无私而勇敢地奉献给国家"

---

① 司令培里(Commodore Perry):1853年7月8日(嘉永六年六月三日)美国海军准将培里率领舰队强行驶入江户湾的浦贺及神奈川(今横滨)。译者注。

(MaClain 引用于 2002:428)。另一方面,大批城市居民却投向新兴大众文化的怀抱,努力建立个体独立的身份认同并要求更多的个人权利。因此,民族的身份认同可以被西田几多郎(Kitaro Nishida)的官僚主义普鲁士大混杂(hodgepodge of bureaucratic Prussia)、尼采的"超人"哲学,海德格尔的本真性生命抑或是以全民权力运动(Movement for Popular Rights)和以改进党(Kaishinto Party)为代表的相对较弱的自由派所定义(Buruma 2003:50~52)。

因此,多年以后的今天我们所称的日本性或民族身份认同可以通过至少两种同时发生并且同步进行,但又相互矛盾的方式来进行描述。在基要主义的身份认同定义之外,这些不同的身份认同路径(包括那些此处未能尽数列举的小思潮)所信奉的传统和惯例又创造了其有力的新定义。

四、演员的大多数

让我们再一次踏上哲思之路。向西行进,经过平安神宫,到达丸田町桥后转向南方,便可朝着先斗町前进。在此可寻得位于河源町与锦市场之间的青少年购物区,体验到与东京原宿、代代木公园、竹下通街或是大阪的美国村中同样迷人的都市青年文化。这正是"雅情的乐土"(eroganceland),即高雅姿态(elegance)与微妙情色(subtle eroticism)的综合体,代表着众多日本青少年所追随的潮流。"雅情"(Erogance)(Merrick and Parker 2004)包括了从优雅的哥特式洛丽塔(Elegant Gothic Lolitas)或称哥特时尚(Gothic chic)——不同于哥特式朋克(Gothic punk),到黑妹装扮(Gunguro)的多种不同服饰和装扮风格。第一种组合是并不正宗的维多利亚时尚(因此有了哥特之称),这种装扮散发着浓浓的法式女仆风情——中学女生身着迷你短裙,用惺惺作态的单纯姿态来勾起日本男士的无尽幻想。

另一种黑妹潮流目的便有些不甚明确。它不仅仅是一种服装潮流,也是一种生活方式;它不仅属于女性专有,而且适用于所有具有特定行为方式的人,无论男性或女性。黑妹装扮将山谷女孩和加利福尼亚的冲浪生活带入日本年轻人的视野——海滩上亮金和红铜的发色;健康的深色肌肤;鲜绿、亮黄或是嫩粉的闪亮妆容;显眼的设计师标志以及穿衣打扮所消耗的大把时间。

黑妹装扮的潮流也影响着人们的普遍态度和性习俗。追求黑妹时尚的女孩拉帮结派;黑妹潮流中的男性通常坐拥女性伴侣,成双入对或是成群结伙(Park Douglas 2004)。这些情侣,即使没有结婚,也常常在亚洲四处旅行,他们举止独特，与其他日本游客截然不同。这些青年人用极端冷漠的行为和态度将自己与上两代人所打造的带有官僚主义色彩和合作精神的日本道德划清界限。这些年轻人与传统日本女性、女性身份认同、统一的制服（灰色套装、白色套装和俗气的衣领）以及宣扬合作的武士道精神形成了鲜明的对比。无论如何，她们与通常观念中日本的身份认同——包裹在和服下的年轻美人大相径庭。

请放眼看看现代生活中的另外一些更为基础性的特征吧。近年来日本人口的老龄化越发引人注目。2003 年日本人口为 1.276 亿，预计到 2050 年将下降至 1.006 亿。2003 年，15 岁以下的人口占日本总人口的 14%，到 2050 年该比例将缩小至 10.8%。另一方面，2003 年 65 岁以上老人的比例已达 19%，在 2050 年更是会增长到 35.7%。人口老龄化与不断减少的出生率相辅相成。1950 年日本的生育率为 3.65，2002 年这一数字已下降至 1.32，2003 年更是降至 1.29，这是战后首次跌破 1.3（Statistics Bureau 2004）。

虽然很难为生育率的快速下降找到确切的原因，但是从年轻人对婚姻和生育的态度中也不难发现个中端倪。

> 女性生育第一胎时平均年龄的上升是造成生育率下降的部分原因，该年龄从 1970 年的 25.6 岁增长至 2002 年的 28.3 岁和 2003 年的 28.6 岁（Statistics Bureau 2004）。

女性不仅选择晚育，许多人甚至刻意逃避结婚生子。在 2000 年，29 岁以下的单身母亲已占到所有单身母亲的 45%，35～39 岁的单身女性中有 10% 立志永不结婚，40～50 岁的单身女性有 25% 也作此打算——与 1950 年的社会大相径庭，当时只有 1.4% 的女性终身未婚（Efron 2001；Orenstein 2001）。离婚率虽然并不夸张（2003 年每 1 000 人中有 2.25 位离异者），但是从 20 世纪 90 年代开始也一直保持着稳定的增长。在其他社会，例如美国，类似的趋势会导致单身母亲的大幅增加，然而日本仅有 1% 的婴儿出生于婚姻之外。在这里，虽然未婚女性的数量激增，但她们同时也会保持贞洁。

年轻的未婚女性大多（80%～90%）与父母同住。然而，推迟结婚年龄、与父母同住并不仅仅是女孩子的选择，许多年轻男性亦是如此。因此，这一类年轻人被称为袋鼠一族（kangaroo generation）、雏鸟（nestling）或是单身寄生虫（parasite singles）（Yamada 1999）。第三种称谓最为流行，常用来饱含指责地称呼这类单身女孩（表 7－3）。

表 7-3 日本的“单身寄生虫”

年龄	总人数			男性			女性		
	总数[a]	单身寄生虫[a]	比例[b]	总数[a]	单身寄生虫[a]	比例[b]	总数[a]	单身寄生虫[a]	比例[b]
20~24	9.9	6.1	62.1	5.0	3.0	59.3	4.9	3.2	65.1
25~29	8.8	3.3	37.5	4.5	1.8	39.9	4.3	1.5	35.1
30~34	8.1	1.4	17.4	4.1	0.9	21.7	4.0	0.5	13.1
总计	26.8	10.9	40.5	13.6	5.7	41.6	13.2	5.2	39.4

数据来源：山田正弘(Masahiro Yamada)(Parasaito Shinguru no Jidai or the Age of Parasite Single)以及高桥(Takahashi)与沃斯(Voss)引用的总务厅(Management and Coordination Agency)数据(2000)。

[a]百万；[b]百分比。

女性单身寄生虫成为社会批评的对象，大多是因为她们过于浓重的物质主义外表。她们依赖父母生活，虽然薪水微薄，却不用为房租、食物以及其他杂项劳心。因此，她们的全部收入均可算作可支配收入，而她们的工资开销则具有类似的模式，例如：

三木高须(Miki Takasu)是一位26岁的漂亮女性，驾驶一辆宝马，身挎价值2 800美元的香奈儿包——家中还有古驰、普拉达和路易·威登可供选择。她的度假地点一般是瑞士、泰国、洛杉矶、纽约或者夏威夷(Tolbert 2000)。

而她仅仅是一名年薪28 000美元的银行职员。

三木的情况与罗纳德·里根口中的“福利女王”如出一辙，她依靠政府救济生活却拥有一辆凯迪拉克。然而，这一切毫无疑问都显示着日本女性身份的快速变化——传统的家庭结构也随之而变。而变化的原因并不仅仅局限于人们常说的日本年轻女性的消费主义观点。其实，那些男性单身寄生虫的情况也大致相同。这些男性与父母同住直至结婚，接下来会把新婚妻子领回家中继续与父母同住，组成两至三代人的大家庭。与长辈同住意味着年轻夫妻可以将工资存下来，这与上例中的未婚女性同样值得鄙视，但是他们却从未因为对消费的渴望而受到谴责。

如此多的年轻人选择放弃婚姻，原因一定纷繁复杂，而经济便是其中之一。从1945年开始，日本女性便被鼓励接受更好的教育。在2000—2001学年间，40%的日本女性接受了大学教育(Statistics Bureau 2004)。虽然更高水平的劳动力意味着更高的收入和个人独立，但这似乎也并非传统家庭结构解体的主要原因。自从20世纪90年代日本经济放缓以来，虽然女性在失业方面所受到的冲击要小于男性，但是两性的工作比率在过去的20年间并未发生显著改变（1985年为60%的男性和40%的女性，2003年仅变为59%和41%）。

另外一种解释考虑到经济和文化的双重因素。许多年轻女性不仅获得了更高的学历，拥有财务独立的能力，她们同时也将婚姻看作一桩赔本生意。传统的婚姻保留了许多江户时代流传下来的陋习。新儒学的理念对女性苛求过甚。她们需要接受包办的婚姻，遵循三从之约——未嫁从父，出嫁从夫，夫死从子（Sansom 1987:89）。然而实际上，还有未曾明文指出的第四从。日本文学中充满了暴戾婆婆的例子，儿媳必须对婆婆言听计从，顺应管教，甚至对体罚也要照单全收。几个世纪以来，新婚女孩毫无选择地承受着悲惨的命运，但是如今的她们不再继续忍气吞声。高学历的女性无法忍受婚姻，即便如今的男性也平均将每日23分钟的时间贡献给家务，女性每天投入家务的时间仍有4个半小时。另外，34%的已婚男性承认自己从未更换过婴儿尿布。如此看来，大量女性选择远离传统的婚姻和家庭模式也不足为奇了。

日本社会同许多其他社会一样——无论是传统的还是现代的，都不是单身身份的乐园。事实上，正如我们一直强调的，日本被赋予了这样一种身份认同，甚至是拜其国民所赐，它无法掩饰这个国家已经或者在未来很有可能会为今后的未知事物提供一种竞争性的，甚至是充满矛盾的解决方式这样的事实。Rea① 的研究中也说明，传统的日本身份正在许多方面经历着20世纪末众多令日本措手不及的事件所带来的巨大冲击［1989—1990年经济泡沫的破裂；1995年奥姆真理教信徒在东京地铁站制造的沙林毒气袭击以及同年的阪神大地震中政府的拙劣表现（2000:647~649）］。

五、冲突的身份，误导的范式

比起基要主义者，建构主义者的理论实际上更加接近事实。身份并没有赋予人们地球外的自主性来使人们的身份免于变化。实际上，传统、惯例以及身份都可以追溯到某一时间节点，有时甚至异常精确。它们需要社会的认可，无法超越其之上，然而它们却可以改变自身以适应不同社会群体的新需

① Rea, Michael H. 2000 A Furusato Away from Home. Annals of Tourism Research, Vol. 27, No. 3, pp. 638~660.

要。它们同时反映了变化所带来的内在与外在影响,或用后现代主义的说法,它们屈服于永不停歇的商讨(ongoing negotiation)。

然而,在到达该阶段之后,后现代主义者却在解决问题方面表现乏力,几乎要退回到幼儿园阶段的传统智慧上去了。拉康(Lacan)有关商讨(negotiation)和多样性的讨论都令他们相信身份所反映的永远只是一维的、恒定不变的结构。麦肯奈尔(MacCannell)(1992b)将这个概念称为"tourismese"。对他的后继者来说,身份是一种权力的强制[若他们想要强调葛兰西式(Gramscian)霸权意识形态观点,他们会说"文化霸权"(hegemony)],即:

> 一个为旅游文化的主流意识形态编码并使其不断强大的政治过程,本质上亦是一个在当地展示并且明确包含一切地方结构的全球过程(Ateljevic and Doorne 2002)。

对于他们来说主流或霸权意识形态是为何物及其推行者是为何人早已不言自明,无须再作赘述。一开始人们便知始作俑者是仆役长詹姆斯(James)——一位白人,男性,盎格鲁－撒克逊人,新教徒,霸权国忠诚的仆人,正如加纳①(Garner)(1995:x)所言,他以冷眼旁观或是助纣为虐的态度,带着根植于希腊哲学家及其所代表的父权制的"西方文化"中所特有的偏见和歧视,处处表达着想要毒害"他者"的决心。

文化霸权是对身份认同进行确认的最佳万能灵药。能够领会自我身份意义的个人或社会群体可以更好地理解自身在任何社会环境中所处的位置,进而对其合理性作出更好的判断。因此,关于身份认同的见解能够帮助女性、寻找文化或民族自决权的群体以及其他遭受压迫和剥削的少数派(无论是种族上还是文化上)为自己的权利而奋斗,帮助他们抵抗来自不同霸主的压榨勒索。霸主,可能是父权社会中的男性、一般社会中具有所谓正常性取向的人、统治族群、轴心国或是宗主国力量。总之,后现代主义的身份概念源于福柯式的世界观,强调充斥在不同社会阶层无间无休止的斗争。这样的观点几乎要置一切权力于不义之中了。

然而,这种观点一如既往地难以自立。若一切社会关系皆基于权力,即非法的统治,那么便在任何情况下都无法判定孰是孰非了。最终,所有继任的权利都如同前者一样非法(或是合法)。为了避免此种循环,后现代主义者找到

① Garner, James Finn. 1995 Once Upon a More Enlightened Time. More Politically Correct Bedtime Stories. New York: Macmillan.

了一条捷径。他们自认为能够指定压迫者和反抗者。然而这一步的难度却远大于想象，因为它要求将各个类别进行具体化。如今，通过指纹、DNA 检测等手段能够确定张三并非李四，因此个人的身份确定尚可视为易事。而对于群体的身份认同来说，如此具体的工具却无处寻觅。并非所有的女性都接受女性主义者所宣扬的性别观。也许可以说黑人独裁者、非女性主义的女性并不属于他们的类属（黑人、女性），但如此的狡辩实难经得起检验。

生命既复杂又有趣。实际上长久以来，白人、男性、盎格鲁－撒克逊人，新教徒的统治意识形态自身都充满着矛盾。正如我们在日本社会所见到的非西方人种、男性、日本国民，其佛教－神道教意识形态的状况如出一辙，其他社会情况亦是如此。大多数的人类文化都由冲突的利益、矛盾的潮流和思维以及相互对立的，但由研究者以回顾的眼光梳理为单一范式的亚文化所构成。无论这种刻板成见的必要性如何（Pinker 1997：308～313），人们在接受后现代主义束缚下的建构性观点时却甘愿冒着丧失独特历史洞见的危险。当社会结构孤立于历史情境之外时，其好坏无从判断，对于那些成功的社会结构来说，决定性的因素是它们能够成为个人与群体相妥协的结果这一事实。然而，当现代社会开始包含那些在过去被忽略的劳动力和特殊的权力群体（如女性和少数民族）时，这种妥协将会越来越难，因为这类群体的内在多样性日益丰富，类别也不断分化。

然而，往往正是对无止境商讨的一再重提——即便这种商讨造就了身份的认同——这幅复杂的全景图便在后现代主义对经济和跨文化复杂的转译——即今日所谓的全球化——直至一个误导性的身份认同范式中迷失了。他们用二元结构主义的技巧（有权的/受压制的、西方的/非西方的、自我/他者，等等）公开打造身份或是夸大其作用，将那些自己无法掌控和不愿面对的真相深埋地下或是对其视而不见。例如，那些对日本和其他亚洲年轻女孩具有强大吸引力的家庭结构（Ganalh 2004）便与西方文化霸权无甚关联。再比如，在卫星天线、即时信息以及互联网无处不在的今天，游客绝非发展中社区感受到的全球压力的唯一来源。

结构通常反映着对立或是妥协，但是同时也反映着那些并不局限于主导与被主导的观点。若不考虑个人所属的社会群体，许多人或许能够，甚至已经接受了一些关键性的结构，他们并不将其视为强加性的，而是视为在特定情形下合理的和/或可接受的界定。典型的例子是任何独立观察者都可以遵循某种特定的程序而确定某些科学的概念。实际上，他们完全可以成为推陈出新的人,例如进行创造性的改革。但是自从19世纪以来这类人的数量便日益减少,其他科学概念的情况亦然。另外,一些因试图打破常规而遭受迫害的个体以及他们在最初阶段遭到否定的正确观点却成为日后概念的模版。这正是常年以来影响人类社会的矛盾,却被后现代主义者藏匿于他们关于统治和反抗无休止的战争的思想背后。

在科学结构之下,人们可以找到大多数人用来组织其日常生活的信念和机制。在金字塔顶端的通常是被称为社会契约的基本准则。在美国独立宣言中这种基本准则被总结为生命权、自由权和追求幸福的权利。大多数宪法将其进一步细化为权利法案,由民主政治来保证实施。接下来是规范各类社会交往的法律。在许多社会中,习俗和传统作为社会交往的一部分依旧得到认可,同时人们还受到其他公认道德准则以及社会惯例的约束。一个社会受到核心规则的制约越小,在组织自身时的态度越开明,则越具有多样性。然而,多样性并不只活跃于国际舞台,在一国之内也同样重要。民主政治在宗教、政治信仰、审美、消费选择等方面都赋予了人们广泛的选择权。选择权越是宽泛,则意味更多的国民在行为上愈加合法。事实上,在所有的社会中,总有一些个人和群体并未感受到来自多数派规则的束缚。因此,他们的社会便使用一整套轻重有序的惩罚措施来对那些破坏规则的人予以警告,社会惩罚重者如死刑或终身监禁,轻者则是孤立和谴责之类。这一切便是初级政治社会学。

为何大部分国民都会遵纪守法?惩罚的威慑只是一个方面,并非根本原因。大多数人相信遵守规则也是服从自我的另一种方式。在民主政治中,法律系统意味着民众的喜好将会通过自由选举其代表人而表达出来。虽然并非每条规则都能取悦所有人,但是大部分人相信遵循普遍规则而得来的平静生活依旧是不坏的选择。按照后现代主义的观点,对法律法规的尊重以及在特定节点对它的遵守反映的既非赤裸裸的权利和假仁假义,也非处心积虑的设计造作。倘若如此,则意味着他们一心想要支持的被压迫者并不具有运用自身理性的能力。

以上的讨论又将我们带回文化霸权的问题。虽然大多数文化行为源于社会建构,然而,即使对最有智慧的学者来说,执意要将一切行为的各个方面都归结于某一特定的社会经济群体或追溯到某一特定渊源都并非易事。只有布迪厄(Bourdieu 1984)以及个别与他同样不成熟的追随者才会认为任何文化显像都不是简单地来源于某一个阶层或者反映某一个社会阶层的品位——比如法国烹饪书中名为 blanquette de veau(白汁小牛肉)的炖小牛肉,而是与这一阶层某一特定的内在部分紧密相关——即工业无产阶级。然而事实却是炖小牛肉，如同许多其他以及更为基础性的社会结构一样深受大众喜爱，无关社会来源。一些人或者一些思想和机制在完满地回答有关集体的问题时所用到的思维才是彻头彻尾的文化霸权。

虽然许多在1776年支持美国独立宣言的高尚人士依旧在实践着奴隶制并且拒绝承认女性在契约中的地位，然而独立宣言所包含的思想观念仍旧为一场持续的、历经了艰难和痛苦的权利扩展铺平了道路。为黑人和女性争取与白人和男性同等的权利不止能够通过进攻得分来实现。许多发源于欧洲启蒙运动的社会结构（自由、民主、法治、以私有权为基础的市场以及单一民族的独立国家等）都能够获得来自不同阶层、性别、民族以及宗教信仰的人的一致拥护。当妇女参政权论者为女性争取投票权时，当非裔美国人与当地的种族隔离制度进行斗争时，当泰国的红衫军运动在2010年呼吁民主时，当世界上其他地方的社会运动也纷纷表达着同样的诉求时，他们并未抛弃普世的理念，他们只是希望这些理念能够得到实实在在的贯彻实施。当中国的消费者追求更好的房子、车子，或者只是一个电饭煲，当印度和阿拉伯人购票观看好莱坞影片，当东南亚的年轻人追随西方潮流时，他们并非屈服于强权，只是尊重了源于自我内心的选择。

文化霸权凭空创造出各式各样臆想的社区群体（Anderson 1999）。在这个群体中，不同背景的人们纷至沓来，去接受、管理或是守卫他们的共同所有，而其“统治者”则行使着实际上源于自由选择的文化霸权。因此，文化霸权可等同于领导权并且存在于社会生活的方方面面，例如流行音乐和运动领域。然而，这个名号的应用范围实际上却要小得多，大多仅指代政治霸权。这便是葛兰西（Gramsci 1970）使用了一个在今天能够涉及任一权力关系的概念。接下来让我们追随他的思路前行。

马克思（Marx）理论揭示了人类社会进步的根本性规律，如同牛顿发现了物理学的基本原理或是他崇拜的查尔斯·达尔文（Charles Darwin）发现了生物进化的根本机制。因此，暂且不论他提出的从一种向另一种生产模式的转换要通过革命性的冲突来实现并且这一冲突在人类发展的每一个更高阶段都必然发生——他渐进性的历史观并未考虑到历史中个别社会意外跨越式发展的可能性。虽然他从未作出精确的论断，但是却暗示出社会主义只会发生在那些资本主义最为先进和成熟、工薪阶层已构成社会主体的国家。有时，马克思也会暗示第一个迈进社会主义的历史转变将会发生在美国，但是在这场漫长的赌局中，他最终还是将赌注压在了当时最为发达的社会——英国身上。

马克思的第一代继承人也继承了这一观点。然而，无论资本主义市场的扩张和工业工人的增长发生在美国还是英国，社会主义的转变或革命都不可能发生在这二者中任何一个。迈向社会主义的步伐固然可能缓慢，但若要坚持马克思的观点，等待处于社会发展最高阶段的美国和英国实现转变，那么人们至少要等上几十年、几个世纪，甚至永远地等待下去。这便是列宁（Lenin 1965）以及其他丧失耐心的革命者投向了霍布森（Hobson）（1967）理论的原因。虽然他并未提供一个现成的革命指南，但是革命者们却能够在他的理论中看到迅速将资本主义推向灭亡的一丝曙光。

马克思的过渡理论不仅不够完善，甚至有些支离破碎。若社会主义从最为发达的国家开始，它该如何传播至其他国家？是否所有的国家都该经历通过资本主义革命来摆脱封建主义，再以自己的方式发展成熟这一漫长的历史过程？这对沙皇俄国这样刚刚摆脱农奴制而不具有任何成熟的资本主义体系特征的国家来说又意味着什么呢（Trotsky 1996）？对那些拥有大量落后未开化的农民而无产阶级只是沧海之一粟的国家呢？无产阶级革命者是否应该等待资本家社会的到来或者首先为这个社会而奋斗呢？即便他们在这样的社会阶段处于被压迫的地位。帝国主义的概念似乎能够为许多如此的复杂问题提供最终的答案。

首先，帝国主义在马克思关于未来的抽象描述之外提供了另一幅结构图景。世界资本主义并非打散的整体，而是由各部分组合而成的结构系统。列宁常说，资本主义是一根链条，一个独特的整体。资本主义形成的是一个世界体系。但是其次，即便资本主义自成体系，它也只能是一个内部矛盾重重、极不和谐的体系。一些国家在其中耀武扬威，互相之间利益又时常冲突。列宁认为这种矛盾之所以产生，是由于非社会主义社会建立在生产资料不平等分配的基础之上而导致的阶级矛盾、民族矛盾，甚至同一阶级的内部矛盾。最后，资本主义系统越是成熟，这些矛盾就愈加尖锐。于是，要在白热化的竞争中生存，保持自身对基本商品所享有的特权，同时不断地扩大市场，资本主义走上了一条以托拉斯和卡特尔（trusts anscartels）为主要形式的资本集中之路，工业与金融结合而成的大型垄断组织开始建立，继而这些垄断组织便将世界瓜分蚕食以获取更大的利益。任何新来者都被排斥于该系统之外，面对包括暴力在内的各种威胁，资本主义想尽一切办法保护着国家资产阶级的战利品。因此，作为资本主义的最终阶段的帝国主义必然充满了进攻性。

由此产生了一个重要的后果。如果帝国主义是资本主义系统最为贪婪和好战的阶段,那么其灭亡便指日可待,因此那些落后和欠发达的社会不用久等便可准备过渡到社会主义。如若资本主义是一根完整的链条,那么它将在最为薄弱的地方断裂。这便是列宁所构建的理论,它为实践中对抗资本(*Das Kapital* 1965)的社会主义革命提供了理论基础。然而,葛兰西却提出了另一番理论(1949,1970)。他认为,虽然意大利复兴运动(Risorgimento)通过漫长的革命(1815—1861)建立了统一的意大利王国,但实际上却是一场失败的革命。它不是一个正常的社会主义革命,因为意大利实际上并不存在工业无产阶级。然而,即使是最为激进的行动党(Partito d' Azione/Action Party)——马志尼(Mazzini)和加里波第(Garibaldi)的追随者,也未能解答意大利统一前的那些分散力量(小国家、城市、当地资产阶级以及农民)所留下的历史谜团。到了加富尔伯爵(Cavour)这里,他采用谨慎的外交政策将北意大利以资产阶级利益为中心而形成的各种力量结合了起来。因此,他们能够创造一个几十年来令大多其他社会力量皆可各得其所的框架。因此,出现类似的、出人意料的行动者将历史引向超越其社会阶层的过程便不是不可能的了。因此,对于葛兰西来说,列宁关于帝国主义的理论只是一个关于资本主义革命的简化分析,但是革命一旦发生,后者便可焕发出新的生命。二战后,美国扛起了政治和文化霸权的大旗,它所面对的四面楚歌亦如今日,然而,任何历史时期最终迎来的都将是灭亡。

本尼迪克·安德森(Benedict Anderson)(1999)有一部非常有趣的关于民族国家和民族主义之如何产生的作品。他认为,它们最初是英国和西班牙的殖民者在美洲大地上留下的产物,而后经历了一系列思维和科技的变化。13个殖民地之所以能够反抗英国统治而结合成为一个现代国家源于一个新的时限观念,在此观念中同质性(homogeneity)和水平性(horizontality)无论在过去还是将来,都取代了循环和交替的历史观。当时,迅速发展的印刷术将标准语言传播到一直以来方言大行其道的各个地区,这也促进了这种观点的快速传播。标准的印刷语言大大提升了新的政府管理效率,促进了"想象的共同体"(若不用该词,又该如何称呼那些由大量人口构成的,但个人却与大多数的其他同胞并无私交的群体),即我们今日所称的"国家"的诞生。

由此产生了一个谜团。

> 为何克里奥尔人的社区最先发展出国家性(nation - ness)的概念——*早在大多数欧洲国家之前*[Anderson 即用斜体]?为何在这些包含

> 着大量遭受压迫的非西班牙语系人口的殖民省能够产生克里奥尔人，而他们又如何能够自觉地定义出自己的同胞？那些生活在美洲的西班牙人，谁又视他们为仇敌？（Anderson 1999:50）

更广泛地看，是什么力量使得所有阶层甚至不同民族的人能够心齐一处，随时准备为一个名叫“国家”的共同体奉献力量，甚至牺牲自身也在所不惜？

安德森在一个至今仍旧鲜有人涉足的领域作了一番有趣的探究，但是他却并未解答自己曾经给出的谜题。对生活在北美和南美洲的克里奥尔人异化过程的研究是安德森的第一步。克里奥尔人是指生于美洲殖民地，但祖先来自大不列颠或是西班牙的白种人。虽然他们与其祖先拥有相似的身份认同，但是他们与都市人平起平坐的愿望却一再受挫。实际上，在权力和经济体系中位于金字塔顶端的依旧是大不列颠或西班牙的“岛民”（*peninsulares*）（即生于西班牙半岛的人），克里奥尔人不但在自己出生的土地上扮演着配角，当终于移居大城市时他们依旧无法享有与当地人同等的权利。不仅如此，连同级地区间的水平流动都成了奢望。例如一个生于智利的人是无法在新西班牙总督辖区（后来的墨西哥）谋得一份工作的。

相比之下，生于南美洲的克里奥尔人面临的问题甚至更加严重。一方面，他们与本土的联系越来越远；另一方面，他们在当地人口中又只占有很小的比例。虽然拿破仑时期在西班牙统治的美洲地区未曾有过人口普查，但是据估计在1 500～1 600万人口中约有印度人600万，混血儿（*castas*）600万，其余才是克里奥尔人和西班牙人（Elliott 2006：loc. 6744～6765）。若想要实现自身独立，克里奥尔人就必须笼络其他各族。然而，这并非一件易事。正如奈恩（Nairn）（1982）所言，若少了大众的簇拥，克里奥尔人是无法逃离现实的窘境的。虽然如我们所看到的，他们所尝试过的各种暴力手段已证明了这种判断，然而事实却不尽然。

高举着民族的旗帜，他们令自己的统治为大众所接受，至少，得到大部分民众的追捧。人们大多将这新的民族国家看作推翻旧式殖民统治的新事物，一个在法律面前人人平等的新世界；同时，也是一个人们能尽情施展抱负并为社会交往中的冲突寻得公平的解决之道的合法乐土。这不仅让人想起1789年，那场席卷法国的革命也描绘着一幅抛弃了偏见、摆脱了旧制度（Ancien Régime）阴影下的地位差别、充满了公平和民主的美好蓝图。在国家所建立的新世界中，那些演员与观众、贵族与平民之间曾经不可逾越的鸿沟如今消失不见，化作市民（*citoyens*/citizens）身份的集合。国家，作为想象的共同体，因一个最简单的观点而散发出巨大的吸引力——法律面前人人皆平等，尽管客观上的差别在许多方面依旧不可避免（Malia and Emmons 2006）。

安德森（Anderson）认为此过程很大程度上是在印刷术和语言标准化的双重力量推动下的官僚主义革命，但他的表述有些模棱两可。诚然，这两种力量都为新政治框架的普及作出了巨大贡献，但这还远远不够。鲜有人愿意生活在管理机器的掌控之下。1941 年德国入侵苏联后，斯大林号召人民大众奋起保护的并非是共产党，而是祖国母亲——国家的另一个名字（Judt 2006）。安德森的观点有时也会同鲍曼（Bauman）（2001）一致，认为人们对国家的依恋源于国家具有家一般的特质——这是唯一简单易懂的解释，但并非完美的解释。家并非想象的共同体，家庭成员无论身处何方，至少都相识相知，联系紧密而直接。相反，在想象的国家共同体中并不存在单纯的情感或是血缘关系。国家成员的共同诉求不过是保护和调和大众的不同利益，而方法则是通过法律——我们口中的现代性所具有的一系列品格，迄今为止具有至高无上的地位。

霸权，是一种以多数社会大众所共享的政治和国家目标为中心而创造稳定的利益联盟的能力，既非仅仅以情感为基础，也并非只受赤裸裸的权利操纵。它具有帕累托（Pareto）笔下雄狮（力量）和狐狸（聪慧）的双重特性（1935），只是遗失在了后现代和马克思主义的转译中而已。实际上，霸权在大多数人类视野中发挥了积极的作用，它在人们追求共同目标的过程中创造了联合（unity）以及协同（synergy）的力量。它是进化中合作的一面。

然而，承认霸权曾经以及当前在大多数社会中所扮演的重要角色并不等同于否定多样性、矛盾，或是那些历史中以及在可预见的未来已然或是即将发生的暴力冲突所具有的作用。任何社会群体、机构或是组织都无法准确地预见未来或是协调一切利益，因此，它们在技巧和战略上面临着层出不穷的未知数。即便那些拥有额外凝聚力的组织，例如宗教组织，在任何行动面前也会至少形成两个对立的派别——对争论的焦点表达着支持或是反对的不同意见。不同的观点从共同的中心偏离出来，自成数派。在由此而形成的代表性观点下它们通过反对、审判或是错误的判断来决定行动的方向。有时这些冲突甚至会愈演愈烈，将它们引入分裂、反目甚至暴力的深渊，这样的时刻虽然难以预料，却也难以避免。这便是创造出相互矛盾的社会演化路径的那种令人恐惧的分裂力量。

然而不幸的是，后现代主义者所采用的有限的建构主义思维无论在哪个方面都不尽如人意。政治上，他们那些动听的故事在根本意义上就已犯下错误，而他们的社会建构论也将自己带入难解的逻辑矛盾之中。依照后现代理论的要求，即一切身份所反映的都是非法力量下的挣扎，那么就应经历信仰上的巨大的飞跃，否则一些人能够逃离此种命运的事实便是难以理解的了。应用自身所创造的逻辑工具，建构主义者无法举出有力的实例来反对亨廷顿（Huntington）的观点（1996，2004；Fleishman 2002），他认为真正的美国身份认同正是阿奎拉（Aquila）①所宣扬的美国西部形象（1996）。

等式的另一端也同样复杂。在后现代主义有限的建构主义理论下，一旦某位候选人作为特定身份认同的代表被推选出来，他便很有可能开始释权、迫害他人，或是禁止那些不符合标准的行为表现。有限的建构主义理论开辟了一条种族上、宗教上以及意识形态上的大肆清理之路。1555 年天主教和新教所订立的《奥格斯堡和约》（Peace of Augsburg）中规定“要么皈依天主教，要么离开这个国家”，即君主的宗教决定了臣民的信仰（*cujus regio，ejus religio*）——与后现代的建构主义理论如出一辙——不仅未能带来宗教和平，反而直接引起了流血冲突以及下个世纪异常残酷的三十年战争（Thirty Year’s War）（Parker 1997；Wedgwood 2005）。至于其他的惨烈事例更是多如繁星，本书亦无法尽数列举。

然而，这些常见的怀疑一旦聚集一处，大多数的后现代主义理论便开始列举出其他的意识形态（福柯创造性的愚人“creative follies”）抑或身份（一些身份模糊的日本人、德国人、肯尼亚人等）来，似乎只需轻轻挥动这些（能够帮助被压迫者反抗强权的）魔杖，便可免除人格化的困扰。然而，在追求自身欲望的过程中谨言慎行方为上计。有时，这些不寻常的身份虽然得以实现，然而手持魔杖的领导者却可能是一些极端的宗教或政治人物，人们虽然赞同其思想，却并非出自真心，而是畏于强力。

---

① Aquila, Richard 1996 Introduction: The Pop Culture West. In Aquila, R. ed. Wanted Dead or Alive: The American West in Popular Culture Urbana: University of Illinois Press.

第八章

旅游的语言

一、源自《圣经》……

“*L'enfer c'est les autres*”(他人即地狱)是让·保罗·萨特在 *Huis-Clos*(他在1943—1944 年所写的一部被译为《禁闭》的戏剧)中提出的,这句有关地狱的警句很快便成为流行语。若干年后,萨特解释说,他的本意并不像人们通常理解的那样,不是我们的社会关系总会暴露出被破坏的倾向,或者我们总想要他人遭受地狱之苦,而是:

> 当我们思考自己的时候,当我们寻求理解自己是谁的时候,我们最终运用的是他人的观点,我们运用他人已经用于评价我们——并且已经提供给我们——的素材来判断自己。任何可能用于谈及我自己的事物都离不开他人的智慧。换而言之,如果我们之间的关系恶化,我似乎就会完全受到关系的左右,从而踏踏实实地落入地狱。很多人都身处类似的境地,因为他们过于依赖他人的判断。这绝不意味着我们不能与他人建立不同寻常的关系,只是对我们每个人而言,所有的他人都举足轻重(1964)。

尽管萨特没有十分明确地表达出来,但简而言之,自我与他人注定是共存的。我们无法逃离社会,社会通过很多方式将人们关联在一起,其中多半都是通过语言进行沟通的。

广义上讲,一种语言首先是沟通信息的工具。通常,语言指的是口头表达和书面陈述。但它可能通过许多其他形式表现出来,比如肢体语言、视听媒体,还有随着结构主义语言学的出现,任何符号包括视为符号的自然物体,都可以成为语言的一部分。虽然各种语言传递着信息,但信息并不局限于对事实的陈述,它还涵盖了精神状态、非言语交际、命令、感情等。此外,各种语言在限定规则下对其构成要素进行编码以赋予其可理解的含义。语言编码被称为语法,即一个使词语在我们生活中有意义的词形变化和句法体系。不仅口头和书面语中包含有语法,电影、表演艺术、喜剧、爱——所有事物皆有自己的语法。

如今,我们了解到许多物种都使用语言来沟通(生物通信),但我们认为人类的语言最为复杂也最为丰富。社会联系有许多种形式,它们当中多数都是通过语言来表达的。如果萨特是正确的,这意味着语言不仅是一种社会建构,就像那句仪式化的后现代警句一样;而且更重要的是,语言总是行驶在双向车道上。任何个人、社团甚至最极权主义的政府也不能任意塑造语言及含义。独裁政体中存在着残酷的压迫,当权者像 Humpty-Dumpty① 那样让词语表达他们想要表达的含义,而人们必须予以接受。对于这样的压迫,人们通常在私下里或/并通过幽默的方式进行反抗。民主社会将语言及其所指代的事物理解为一个共同的领域,尽管通常*共同*仅仅意味着对含义存在分歧达成一致意见。

如今,对于所有的社会子系统,诸如一国之内划定界限的地理区域、世界、一种特定的文化、许多文化或普世文化,人们期待呈现出一个得以正确诠释的词语和符号的组合体,以提供一种对于他们与更广泛社会总体之间关系的更好的理解。旅游社会子系统也不例外。被广为接受的是,如果一个人掌握了基本的含义和他们组合的方式,也就是语法,那么,现代大众旅游以及使现代大众旅游成为可能的社会系统都将展现出真正的结构,这样,相应地,我们就能够掌握并最终以有效率或可持续的方式对其进行塑造。在当前旅游研究面临剪刀危机的情况下,这一目标宜于用两种相互排斥的方式来解读。它要么变得与营销目的相关,要么与符号学目的相关。前者关注如何运用旅游语言以提高生产率、最大化利润、提升目的地管理水平或采用有效的品牌化技术,

① 在英国作家路易斯·卡罗 1871 年出版的儿童文学作品《爱丽丝镜中奇遇》(Through the Looking Glass)第六章中,爱丽丝遇到鸡蛋形的矮胖子 Humpty Dumpty,他们有一段关于"语言含义"的对话。Humpty Dumpty 认为:一个词汇的含义,不是由大家在交流中约定俗成的,而是由掌握权力的"主人"决定的,主人想让它是什么含义就是什么含义。译者注。

后者通常试图揭示在资本主义和/或西方霸权统治下将旅游语言与现代性联系在一起的让人困惑不解的关系。

继香农(Shannon)和韦弗(Weaver)提出最简单的过程模型(1949)之后，沟通理论在20世纪下半叶已演变到相当复杂的状态。按他们的说法，沟通是信息通过媒介从发送者到接收者的单向流动。媒介是他们理论中的核心要素。他们用电话来描述媒介，这毫无疑问与他们在贝尔实验室的经历有关。几乎在同一时期，拉斯韦尔(Lasswell)提出了相似但更为详尽的模型，认为沟通理论应该研究五个W：谁(who)，说了什么(what)，对谁(whom)说的，通过什么媒介(what media)以及达到什么效果(what effect)(Lasswell 1950)。他还将其应用于政治研究(Lasswell 1952；Lasswell et al 1968)。按照这个样板，沟通后来被指代为通过某种媒介传递信息/内容/消息的自我/作者/发送者与接收者/受众/解码者之间的联系。

作为沟通形式，对于来自或关于目的地、旅游者、“度假工厂”、当地社区以及其余旅游相关对象的信息，可以按照这种简单概括的方式来研究，虽然许多其他分析类型也是同样适用的。但这仅仅是个开始，因为上面提到的过程依然是正式而又微小的。它是正式的，因为要想使其具有可操作性，我们就要用不同的例子和事实证据来充实它。它还是微小的，因为它只考虑了沟通中最小的片段。如果我们想获得更好的理解，那么，我们在现实中应该加入小的要素，对于通常会涉及反馈的每个沟通过程而言，这些要素是基本的构成成分，它们彼此依附，并通过这种方式从好似无数纠缠在一起的线团般的总体过程中分离出来。

本章将关注旅游语言的某些要素，或者采纳别人的劝诫，也许我们应该更准确地使用复数形式——多种旅游语言。这样说的用意在于表明，旅游者和旅游世界使用的是有限数量的资源，这些资源包含在由编码者、信息和受众组成的、常常背离简单性的封闭集合之中。总之，这里没有考虑永无休止的“我说”(Mespeak)与“你说”(Thouspeak)(稍后提到)之间的矛盾；此外，人们不要忘记，信息编码者往往与修辞类型或具有不同目标的叙述方式有关，他们运用不同类型的语法，期待产生不同的效果，并且面向相应的受众说话。

“关于我自己谈得够多的了，现在让我们谈一谈你是怎样认为我的”，这句话看上去就像开玩笑，对它的作者来说，这种说法可能带有恭维的成分或趣味性，但是这个问题涉及的两个方面却未必一致。西班牙哲学家乌纳穆诺(De Unamuno)受到霍姆兹(Oliver Wendell Holmes)的启发，提出我们每个人都是三位一体的——三个约翰和三个托马斯（De Unamuno 1998）。一个是真正的甚至对他本人都一直是未知的约翰或托马斯；另一个是约翰理想中的约翰或托马斯理想中的托马斯，也就是我们每个人认为自己是且向外部世界其他人呈现的那个人；我们还有约翰理想中的托马斯和托马斯理想中的约翰或是他们自己建构的他我，而那未必是一致或重合的。人们还可以通过辨别第三种状态中的另外一对来增加这个问题的难度——约翰理想中的托马斯和约翰在公共场合谈论的托马斯，或者把二者对调。不管怎样，为简单起见，撇开按照定义仍处于模糊状态的第一个约翰和托马斯不说，其他两个往往呈现出不一致的状况。当约翰按理想的自我去交谈时，我们说他运用了“我说”；当托马斯提到约翰时，我们认为那是“你说”。往往二者并不一致。这一框架在旅游方面的应用可以查寻卡奇（Karch）和丹恩（Dann）的论文，该论文论述了在巴巴多斯的女性旅游者与海滨男服务员之间存在问题的角色交涉过程（Karch and Dann 1981）。

这种状态令人烦恼，理想的状态是，我们希望不费任何周折地让所有人接受我们想要呈现的那个人。但是，聚焦旅游来看，促销人员定义的目的地和吸引物与其他凝视者的感知很少相互一致。形象当然是由作者和受众通过选择性的、多样的方式建构的，任何一方都无法对其完全掌控。形象在无休止地变动。它们处于不稳定状态，换句话说，它们是受到反作用力冲击的驾驶舱——这一点经常被人们忽略（第七章）。

最后，多数感知到的信息都与在自然及社会激流中涌动的事实（包括情感和所持的观点）相关，虽然有些信息打着小道消息的幌子。通过这种方式，沟通与语言具有明显的演进优势并且与生存紧密相关。但是，正如已经观察到的那样，并不是所有的沟通都指涉事实。我们日常接收到的部分信息就包含有劝说的成分。这些信息告诉我们消费这样或那样商品和服务所谓的益处，或是以吸引我们日后消费的形式对这些商品和服务进行介绍。这就是广告语言，在其他历史时期甚至更显而易见，在以大众消费为基础的市场导向的社会，也就是现代大众社会已经达到了一个特别的高度。可能因为广告无处不在，也可能因为广告强度大，所以容易将其与此类语言相混淆，尤其在旅游这样的领域中，树立产品或目的地形象常常会变成一个不成则败的问题。这也许是个大错。在涉及旅游行为和活动的纷杂表述中，人们应该将基于事实的沟通与劝说分开。这不是一项简单的任务，但是理解它们的内在区别是大有裨益的。

叙述者不得不建构并保持正面的形象和品牌，它们更容易受到不一致性的限制。在旅游系统中，它们主要是度假工厂（旅游代理商、旅行社、航空公司和连锁饭店）和目的地管理组织（DMO）。它们的工作围绕着其产品的质量、所在地独特的吸引物等。对它们所促销的公司或目的地而言，那必须是一个绝对成功的叙述，甚至具有超人的洞察力。当信息成功地表达出去，便会产生一种信任关系，让消费者一次又一次地购买其提供的产品或服务。

一直以来，形象塑造和品牌建设多半用于销售产品与服务。在旅游世界中，航空公司、连锁酒店、旅游代理商甚至旅行社都已成功运用品牌管理技术（Morgan and Pritchard 2000）。鉴于其积极的结果，其他企业也开始使用该技术以增加营业额。近几年，越来越多的目的地已尝试去树立自己的品牌。目的地的“我说”使期望得以实现了吗？答案似乎不确定。首先，人们将目的地与国家等同起来，目的地无法轻易从中解脱出来（Ansholt 2002, 2005, 2006; Lee et al 2005）。当被问及上一次是在哪里度假时，许多人会说是中国、法国、泰国或美国；如果更泛泛一些的话：“我去了欧洲”，“我到东南亚转了一圈”，“在加勒比跳岛游”。很显然，目的地的期望没有实现。这些人去了某个度假地，或某一地区的几个地方，抑或几个国家的几个小镇，但在日常用语中他们直接走捷径去说国家、地区甚至大洲。

这种关联既令人烦恼又难以避免（Papadopoulos and Heslop 2002）。一方面，许多目的地都背负着与旅游没有直接关系的包袱。许多国家的形象都是历史事件以及对这些事件的通俗理解所赋予的。土耳其的度假地与其他国家的众多度假地相似，但是，许多人对到那里去游玩仍抱有谨慎态度，这是由于他们所识别的土耳其的特征之一就是它归属的地区（Baloglu 2001）。政治动荡很少会对特定旅游地造成严重损害，但是，正如近来肯尼亚和泰国的例子，它会对国际旅游者的入境旅游流造成长期损害。许多目的地可能会因为与国家历史相割裂而受益，但事实上，这样的期待并不现实。有些目的地是岛屿，但它们也无法完全挣脱历史。

世界上有些地区已赢得普遍声誉，比如法国南部的蔚蓝海岸，但那都是例外。对多数目的地而言，其知名度仅仅局限于几个市场。西班牙的马略卡岛（Majorca）每年入住 1 000 万国际旅游者，但除了西欧没有多少人知道那个地方。而且，各个目的地针对的并不是同样的顾客。马略卡岛北部德亚（Deià）附近可能是一个针对作家、艺术家、名流和其他富豪的精英型目的地，因此，它往往不会与夏季涌入大量游客的埃尔阿雷纳尔（El Arenal）或马加鲁夫（Magaluf)混为一谈。努力为两个市场创造一个单一品牌存在着诸多难题(Castro et al 2007; Morgan and Pritchard 2000, 2002)。目的地是不同地点和产品的混合体,不同利益相关者的利益和期待是难以调和的。

更重要的是,目的地并不直接控制产品、价格策略或分销体系(Prideaux and Cooper 2002)。人们应该承认,不管顾客忠诚如何对那些提供愉悦体验的品牌予以回报,多数旅游者还是资金有限的,他们会考虑用钱购买到的价值。承认顾客与品牌间的情感联系与推论多数人花光了可支配收入这二者之间是存在差别的。这是因为,对于以市场为基础的体系中所定义的营销4P(产品、价格、渠道和促销),目的地管理组织多半是无法控制的,少谈论一点情感在消费者决策中的重要作用似乎是明智之举。营销人员应当承认,由于这一点,目的地的营业额比品牌建设更经得起考验。这使得不一致性的危险成倍增加(Pike 2004a,2005)。

繁荣初期的西班牙大众旅游(1959—1979)为说明目的地形象化和品牌化的局限性提供了一个很好的实例。当时西班牙专门机构所从事的活动是真正的品牌化(这个概念还未产生日后那样的吸引力)还是形象塑造而已(Gartner 1993),人们对此可以无休止地讨论下去。但鉴于这两个概念之间含糊不清,人们更倾向于采取灵活的姿态。可是,如果我们关注事情主旨的话,那不管贴上什么标签,对于品牌化应有的基本原则,西班牙国家旅游机构(SNTA,一个涵盖了自其出现以来各种称呼和首字母缩略词的名称)同样都涉及了。它遵循着始终如一的市场行为,运用当时最好的促销工具,主要依靠海报和小册子进行分销。海报和小册子提供了一个比昂贵的广告宣传更有效的目标市场沟通方式,而广告宣传由于受到预算的限制对许多市场只是蜻蜓点水而已。SNTA还努力在消费者(主要是欧洲消费者)和目的地之间建立起情感的纽带。最后,它还尝试着提高消费者的忠诚度以使其重游西班牙。表面上看,就经济方面取得的成就而言,无论是品牌化还是形象塑造,SNTA当时的战略看起来是极其成功的。但是,有充分的理由去怀疑该计划与其结果之间的关系。

SNTA近来出版了多本关于海报的书籍,将1929年这一媒体出现以来直至2000年间印刷的大部分海报收录其中(SNTO 2000a, 2000b, 2005)。随后,另一本书(SNTO 2007)面世,其中收录了同一时期数量更多的海报,其中包括上一版中缺失的部分并将时间拓展到2005年。除了收藏趣味和艺术价值,现有的海报图集提供了一幅清晰的画面,让我们看到SNTA在西班牙大众旅游起飞阶段(1959—1979)提出的沟通战略。对这些资料进行分析给我们提供了许多有意义的线索。

首先，显而易见的是，SNTA 在竭尽全力地宣传西班牙。从 1959 年到 1979 年，该机构共推出 550 张海报，平均每年 26 张①，尽管出品的时间并不固定而且会循环使用，但几乎每隔一周就会出版一张海报。就这样，西班牙在努力创建自己的品牌产品。但是，SNTA 渴望创建的是什么品牌呢？几个基本的统计数据可以清楚地说明这一点。将海报按照自然和文化进行分类，可以明显看出后者居多。在 20 年起飞阶段推出的 550 张海报中，几乎 80% 的海报都将文化（纪念碑、博物馆、绘画、传统、文化活动等）作为主题。这一倾向很明显——自然位于 SNTA 的视线之外。但当自然出现的时候，沟通却缺少明确的方向感。在 137 张以自然为主题的海报中，仅 89 张描绘了海滩和海滨度假地，其中只有 74 张用于描绘地中海、巴利阿里群岛或加纳利群岛。其余海报描绘了雄伟的高山、白雪覆盖的土地、鲜花、森林、激动人心的日落、游走的动物等。总之，在西班牙的形象中，大海、海岸线和海滩确实退居到了次席。在这一时期的全部 550 张海报中，将西班牙与沙滩、阳光和大海联系在一起的不足 15%。

SNTA 沉陷在目的地管理组织的困境之中。简而言之，它让目标市场感知到的形象遮蔽了想要塑造的品牌。如果信息和形象彼此不协调，它们就会产生一定程度的不一致。正如上文已指出的，目的地管理组织比其他品牌代理机构更容易受到这种危险的困扰。在西班牙的例子中，尤其在 1975 年以前，SNTA 几乎无视消费者期待，而以一种完全单边的方式去定义这个国家。从 1959 年到 1975 年，SNTA 否认西班牙最受欢迎的产品是阳光和大海，也否认其消费者是来自欧洲的中产阶级和下层中产阶级。西班牙促销所依托的战略背离了它的大多数消费者。海报和小册子都没有把这些消费者放在首位。当时对西班牙小册子的分析（Febas 1978）就指出了这些欠缺之处。只有 11% 的文本和 20% 的图案在一定程度上直接注意到受众。

此外，西班牙的海报和小册子让艺术成为该国的首要特征。西班牙被"博物馆化"，被包装成一个由艺术，尤其是宗教艺术主宰的国家。艺术被视为浓缩了西班牙永久身份的固定特征。壮观的教堂和修道院、禁欲的圣徒、英勇的战士——永恒的西班牙（Eternal Spain）的精髓——要求男人（很少谈及女性角色）一半是和尚、一半是士兵。在 SNTA 亲手炮制的符号世界中，极端爱国主

① 此处原文是 21，疑为印刷错误。译者注。

义与对现代性的蔑视并驾齐驱。来西班牙的旅游者真的对这些陈年旧事感兴趣吗?

在 SNTA 开始实施第一个营销计划时(1985—1986),数据显示西班牙的国际旅游者并不完全是为了那里的文化和历史而来。85%以上的旅游者享受着阳光和大海,在地中海沿岸地区和岛屿上度过了他们的假期(这些未公开的数据来自作者所知的 1985 年西班牙首个营销计划)。想要塑造的品牌当然没有深层次地渗透到消费意识中。但是,旅游者却愿意一次又一次成群结队地来到西班牙。事情显而易见。目的地管理组织想要呈现多少形象都可以,但对消费者而言,这些形象既不是唯一的也不是最重要的信息来源。事实上,公众总是被稳定数量的广告、教育资料和人际沟通包围着。因此,目的地管理组织只是信息来源的渠道之一,并且因为各种原因(从预算有限到官僚式的指导以及营销知识不足)而不是特别可靠。SNTA 想让旅游成为主要外汇收入来源的目标取得了全胜。这样,最终结果证实了政治战略的有效性。然而事实上,构成入境游客主体的欧洲旅游者用脚给永恒的西班牙投了票。大多数旅游者寻求的是价格可以承受的、拥有阳光和大海的家庭假期,这恰恰是海外旅游代理商向他们提供的。他们的产品目录上罗列了许多产品,而且明确地呈现出与众多北欧消费者期待相符的海滩产品形象。小册子中是否准确地展现出西班牙(Dann 1996c; Gaviria 1975, 1996)对他们来说无足轻重。

整个政治战略的全胜否定了预设的结论——SNTA 在西班牙大众旅游起飞阶段(1959—1979)的品牌化战略是彻底失败的。实际上,1979 年以后,在不同民主政府管制下,SNTA 对沟通政策进行了完善以迎合受教育程度不断提升的消费者(Gnoth 2002;Haug et al 2007)。这些政策迄今为止还是相当成功的,因为西班牙一直位居全球目的地排名的前列。尽管如此,这个问题还是让人心存疑虑。西班牙在新的成熟阶段取得成功的是一个全新的品牌产品吗[胡安·米罗(Joan Miró)充满灵感的标识;最初的宣传语是"阳光下的一切";关注的是海滩和家庭度假消费者]?或者只是西班牙以正确的价格向正确的消费者提供了正确的体验这个事实?对于这个脱离了背景环境的难题,也许并不存在一个清晰的答案。单独来看,这两个方面都具有误导性。正如上文中提到的,如果从西班牙的例子中可以吸取一点教训的话,那就是品牌化总是行驶在双向通道上。单一的机构无法掌控形象,形象在众多其他市场压力下也不可能不经受挑战。从这个角度来看,探讨目的地管理组织、旅游代理商、航空公司、连锁酒店以及广义上任何与旅游相关的机构能否控制它们的产品形象或目的地形象似乎就有了一个简单的答案——不,它们不能。

二、……关于旅游语言

格雷厄姆·丹恩(Graham Dann)致力于旅游语言研究,他的工作带动了后期大量的讨论。其他作者(Blichfeldt 2005, 2007; Pike 2004b, 2007, 2008; Tasci and Gartner 2005)也探讨过这一主题,但总体来说,丹恩所达到的深度和广度无人能及。在他的主要著作中(1996a),丹恩运用的大量资料令人印象深刻,更具有决定性的是,著作中提出了一些归纳旅游语言内在体系的假设。这对旅游分析来说是一个颇具创造性的方法。

在许多其他文章中(1996a, 1999b, 1996c, 1999, 2002, 2005a, 2005b, Dann and Parrinello 2007),丹恩对不同事物运用了他的社会语言学方法,比如小册子、海报、旅游广告、指南书、游记甚至旅游区里的公告。后来,他还将视线延伸到用以传递各方面旅游信息的网络途径和协议。丹恩的作品是值得我们去细致探究的,即便有些读者可能会出于不同的原因认为这些作品差强人意。简而言之,旅游传播或者说旅游语言是丹恩在理论成就上达到的顶点,将旅游者视为需要社会控制的孩子。他通过运用大量的资料以及相当数目的实例对这一议题进行了充分而详尽的阐述。尽管论据充分,但最终的结果却深受基本形式的简化主义之害。

丹恩在《旅游语言》第四章的起始部分对读者宣称"旅游语言是社会控制的一种",这一观点至关重要,"它可以被视为这个报告的核心论点"(1996a: 68)。但对此他却不愿透露任何细节。对于"控制"、"社会控制",以及"力"这些词语,应该加以明确探讨,因为它们的歧义太多。《韦氏词典》(*Merriam-Webster*)中对"力"的定义是,意指产生特定物理效果的能力,如"地震具有将距离震中十英里半径内的所有房屋毁坏的威力",以及领导或影响他人行为或事件进展的能力,如"领导者将自己的意志强加于众人"或者"民主党近年来在许多选举中获胜"。当我们说某个事物反映出社会控制,我们通常指的是第二个意思。但并不是所有类型的社会控制都是等同的。当我们说"希特勒决定将所有犹太人送往集中营"时,我们通常认为这种类型的"力"不同于"父母决定把孩子送到夏令营去"。二者都属于社会控制,但多数人都认识到尽管父母可以理所应当地决定年幼的孩子在暑期做什么,尽管未经同意去安排他人的生活是不合理的,但在"力"的第一个意思中,希特勒绝对有能力这样做。

就像我们在第三章中所看到的,合法性的概念以及如何对其进行定义的条条框框在后现代范式(*pomo* matrix)中没有真正的容身之地。按照定义,它将所有的社会关系视为体现一种双方都适用的权力结构。许多世纪以来,这个概念一直在哲学里绕来绕去,但最新且更具说服力的版本则回到了福柯(Foucault)那里。你要么支配别人,要么被别人支配,但你总会参与到权力斗争当中;关键是你发现自己处于什么位置,要么处于有影响力的党派中,要么处于另一方,他者。但最初的处境可能会受到你们之间协商的影响,其程度可能会使事态完全逆转。自我和他我(Alter)争夺着控制权和认可;在黑格尔主人与奴隶辩证法的一个新版本中,二者使用了各自能够支配的全部武器。别无选择——他们会彼此承认,这在一定程度上让权力之争成为多余之举。但是,如果人们忘记这个令人吃惊的结论的话,最终,福柯和黑格尔都不会为最终的权力不对称而感到遗憾。合理性这个概念在他们的理论建构中没有立足之地。最重要的就是权力,无论是主人支配奴隶,或者像约瑟夫·洛塞(Joseph Losey)电影《仆人》(*The Servant*)中那样,奴隶最终战胜了自己以前的主人,双方同样都会利用权力。

这一方法激怒了某些评论人。迪恩·麦肯奈尔(Dean MacCannell)和朱丽叶·福劳尔·麦肯奈尔(Juliet Flower MacCannell)反击说,强奸犯和受害者之间就没有采用这种方式。他们的反对表明,有些读心术技巧通常并不适用于普通人。如其所言:

> 我们担心……福柯(对强奸)的视野可能过早地理想化了。性别和其他身份的重新定义仍然受制于古老的权力关系,甚至是暴力,后现代时期尤为如此。如果有些人从他们所属的专制统治中逃离出来,那也是因为他们被允许逃离,通过掩饰专制的效力而服务于当权者(1993a:205)。

就像两位麦肯奈尔通常持有的许多其他怀疑一样,他们将福柯描绘成了为权力提供借口的人。但是,他们的"权力不是中立的、扩散的、随手可得的,而是受到了掌握它的人及其机构的极力保护;而且,最终利用威胁以及使用强迫和暴力的手段去实施权力仍是必要的"(1993a:205)这一说法卓有成效地让他们的论点得到了公认。他们可能还未料到自己的观点所产生的影响(阐述合法性意义的需要),但结果却显得完美无瑕。合理使用权力与不合理使用权力之间存在区别——这一点人们应该理解并牢记。权力和合法性缺一不可。

丹恩并未对福柯的正统观点显示出任何特殊倾向;当谈论到社会控制时,他并没有特别含糊其词。他没有给出定义,然后舒舒服服地避开讨论。为什么?人们猜测丹恩是所谓的涂尔干左派(Durkheimian Left)的一员。在帕森斯

(Parsons)和其他美国社会学家成功劫持了法国大师的“团结”标签之后,涂尔干就常常被解读为社会从众性的倡导者。帕森斯将他的意思解读为核心社会价值观总会超越个人意志(1937,1991)。不考虑个人偏好,大多数人在大多数的情况下——如果不总是如此的话——会愉快地或者至少被动地接受人们期待他们在现代性特有的有组织的劳动分工中所扮演的各个角色。这一倾向与其他主要的“社会事实”一道创造出一个成功地将所有特定社会秩序都绑定在一起的高压统治。社会无法脱离这些限制和控制而生存;但是,坚守核心价值观似乎是多数人用来解决霍布斯式(Hobbesian)的秩序问题的最迅速的方式。人们大多承认所有权力都是合理的,并由此找到一个服从它的理由。为了摆脱梦魇般的自然状态,他们愿意以服从为代价,对当权者言听计从。在这种涂尔干式的解读中,控制对社会而言就像对人一样是自然而然的事情。毕竟,当人们遵守社会规则时,他们只是服从于自己(Lanfant 1981,2007; Lanfant et al 1995)。

有没有人记得涂尔干(Durkheim)关于自杀的研究(1997)?涂尔干左派成员记得。对他们而言,集体生活中渗透的社会控制越多,有意识或无意识地憎恨它的人就越多。顺从并不是一定的,人们必须为此付出昂贵的代价。涂尔干也许并不笃信对社会控制进行英勇抵抗的做法(毕竟他已看到1870年巴黎公社及其结局),但是他知道在任何一个现代社会中,某些个体或许多个体都处于失范状态,没有规范感和意义并且缺少归属感。伴随失范的社会体系,个体的幻灭从逃离富裕生活去流浪到自杀涵盖了许多不同的表现形式。虽然看似受到个体决策的限制,但普遍的社会失范是对占主导地位的秩序提出的挑战。涂尔干左派成员将社会控制与失范等同起来,尽管他们对激进变革并不抱太大的期望,但他们透过黑色窥镜——社会控制产生的无所不在的、有害的影响——去分析社会生活。按照涂尔干左派成员的观点来看,他们会在绘画时运用胡安·格里斯(Juan Gris)立体主义流派的灰色调,或者运用拥有多个版本的爱德华·蒙克(Edvard Munch)作品《尖叫》(*The Scream*)中的绝望之境。社会生活绝不是玫瑰花床。如果这种解读是正确的话,它便为丹恩为何没有迫切地去定义社会控制提供了一个答案。只要睁开眼睛你便会感受到。这恰恰是他对数量可观的信息的应对之道。

社会控制对任何语言都是不可或缺的,旅游语言也不例外。丹恩认为古时候就已经这样了。按他所说的,希腊和罗马将早期的旅行形式视为对当时所谓的城市衰败这种现象的逃离。对许多希腊作家而言,到各地去旅行是对希腊和小亚细亚已有城邦拥挤和暴力的抵制。不是每个人都以积极的方式看待旅行。柏拉图（Plato）建议对海外游客进行隔离，这样他们就不会使雅典青年的头脑受到腐蚀了——利益相关者存在分歧的一个古代案例，因为当地的旅店老板们不太赞同他的观点。在罗马，像巴亚（Baiae）或庞贝古城（Pompei）这样的地方在本质上类似于现在的度假胜地，就像当今有关旅行是经济推动还是社会推动一样，它们唤醒了同样对立的观点。随后在中世纪时期盛行教育旅行（Grand Tour）的几百年间，以及后来由托马斯·库克开创的英国大众旅游还有美国铁路诞生的时候都经历过类似的发展状况。在所有那些情况中，人们可以看到不同的作者是如何既讨论旅游的利弊，又给旅游者设定了一大堆目标和恰当的行为。为度假提供必要资金的机构对此并不陌生，现代社会尤为如此。库克有组织的旅行起始于参加禁酒大会。但与道德感召力相比，丹恩更多地强调了使库克及其追随者得以蓬勃发展的组织技能。与现代大众旅游先驱的道德基础相比，组织更能折射出社会控制。危险就主要潜藏于此。

随着大众旅游的到来，旅游与社会控制的关系迅速深化。尽管旅游提供丰富的机会去行使自由这一点常常被提及，但对此人们还应持有疑虑。有些作者指出旅游者被自己的决策所困，在时间的安排、游览的地点、提供的服务等方面，他们不得不遵守旅游经营商强加给他们的苛刻规则。例如，特纳（Turner）和阿什（Ash）将控制视为旅游社会侵蚀作用导致的结果，或者，要不然的话，是由于旅游者在游览途中为确保自身安全而需要的秩序。他们甚至更进一步，提出某些地区的旅游之所以取得成功的原因可能在于这种对秩序的内驱力，例如佛朗哥（Franco）时期的西班牙、萨拉查（Oliveira Salazar）时期的葡萄牙以及马科斯（Marcos）时期的菲律宾。

但是，丹恩注意到，与政治权力相比，将旅游消费组织起来的经济权力对旅游系统中的社会控制发挥着更大的作用（2003）。连锁酒店及餐馆、针对旅游者的购物中心和娱乐场所、主题公园还有设计包价度假产品的旅游经营商都在寻求利益最大化，而且将一个总是能够满足主人或客人期待的行为框架强加给旅游者。

> 正是通过这种权利关系的不对称，他们对接待团体和旅游者的意愿进行塑造……他们不仅让促进这种控制的模式变得普及，而且（通过）广告……操控态度以符合这些模式……（由此）重新定义形势、设定参数并按照意愿改变消费者行为。由于客户是无组织的且缺少条理清晰的计划，因此一种提问、解答且包含一系列命令的话语让他们受控其中（Dann 1996a：76）。

广告的措辞隐藏了那些不断成长的大企业所拥有的微妙的支配地位，就像它们提供的帮助被展现为旅行活动获得成功的必备条件一样。这些企业是旅游凝视的真正主人。它们在广告语中大张旗鼓加以运用的关于自由的话语隐藏了控制的事实。

社会控制并不只是在广告中显而易见，丹恩强调在许多其他旅游传播中都能觅得它的踪迹，旅游指南就是其中之一。布尔斯廷（Boorstin）在他对贝德克尔旅游指南（Baedeker）的研究中令人信服地阐明，在对地方和吸引物的描述中，人们能够找到关于旅游者如何行事、穿着、避免喧哗的告诫，“简而言之，成为自己所在国家体面的、值得尊敬的模范代表”（Dann 1996a: 84）。贝德克尔也是吸引物星级评价体系的创始人，他明确地告知旅游者什么应该看、什么不值得绕行，甚至旅游地（包括黄石国家公园的老忠实泉）的当地居民都愿意按照贝德克尔指定的线路去游览。丹恩与布尔斯廷都有点得意忘形了。据说这本旅游指南让空军大元帅戈林（Göring）颇为着迷，以至于他在 1942 年下令让德国纳粹空军将书中英国所有带星级标识的地方都夷为平地。“二战前，是威廉皇帝（Kaiser Wilhelm）自己感到有义务为旅游者表演的”（Dann 1996a: 84），每天中午当皇家乐队在皇宫前演奏交响乐的时候他都会出现，“因为指南中说我总是会在那个时候出现”（Boorstin 1961:104）。事实上，旅游指南肯定曾经有过相当大的威力。如若真有其事的话，威廉皇帝在退位之后甚至还受其所迫做出很多滑稽的事。威廉皇帝是在 1918 年 11 月退位的，若干年后第二次世界大战才开始。

不只是旅游指南能够进行社会控制。游记中给出的都是建议，有什么比建议的控制更具指向性？广告中的图片和视频以及旅游杂志中的画刊也是如此。它们呈现旅游者的方式进一步证实了人们此前所看到的由度假工厂印制的产品目录中的描述或是目的地管理机构展示的形象。丹恩举了一个例子（由 O'Barr 1994 年提供），印度旅游主管部门的广告中展现了一对白人夫妇坐在由身着盛装的管象人牵引的大象上，并将此作为游览斋浦尔（Jaipur）的最佳方式——又一个摄影殖民主义意识形态的实例，“在那里老爷和太太们受到王公贵族般的待遇而当地人则被描绘为他们的侍从”（1996a:87）。

社会控制延伸到旅游的许多其他要素中（Dann 2003）。就拿上文中提到的酒店和吸引物星级评价体系来说，该体系不仅道出了酒店和吸引物最重要的特征，而且还以一种将不太富裕阶层排斥在外的方式对它们进行归类。最高星级象征性地让所有因缺少文化资本而不能遵循恰当行为规则的人无法企及。通过向人们提供比他们所住之处条件更好的房间,好的酒店将客人限定在客房之内。或者还有一个转向,它们向顾客呈现酒店外面是危险而无趣的地方,通过这种方式将酒店封闭起来。这样被监禁起来的顾客在住店期间就不会离开酒吧或游泳池,饮品开销也会越来越高。这一策略在地中海俱乐部度假村(Club Med)营业之初就被采用,它不仅提高了企业的利润,而且让顾客十分顺从,从而更易于接受度假村的规则。有些酒店也许会让人感到特别不愉快。丹恩所引用的一篇游记中谈到,多米尼加共和国的一个度假村让客人将身份手镯套在手腕上,如果不这样做的话就不提供任何服务,甚至连房间门都打不开。一位前布里斯托尔(Bristol)小姐(选美获胜者的称号)也不得不戴上手镯,即便她特别想让皮肤晒成令人羡慕的古铜色!另一位作家将他在加勒比度假村的生活比作处于纳粹党卫军的控制之下。

尽管旅游者在度假期间被认为是享有自由的,但社会控制却将他们与外界隔绝开来。必看的景点、导游的观点、强制的线路、游览安排、酒店及度假村的规章,所有这些以及许多其他所谓的有益于社会交往的规则最终都引领着旅游者群体来到仅有的那些允许他们吃草的牧场上。包价旅行就是这种情况的典型代表。但是,一旦旅行组织取代了个人意志,即便所谓的最自由、最没有限制的旅行都变成了控制的工具。冒险旅行、狩猎、远足、漂流以及其他极限运动——都走在同一条大道上。

有什么比徒步旅行更无拘束的呢?但如果你去徒步旅行的话,体育用品商店的宣传小册子会告诉你在某些区域是需要一双好靴子的,有些路径要更费力一些。比如有些以往的朝圣路线变得越来越受欢迎。1987 年,西班牙圣地亚哥朝圣之路(圣詹姆斯之路)被欧洲理事会指定为第一条欧洲文化旅游线路。过去,朝圣者可以顺着想象的指引漫步其中;如今,正确的线路都用朝圣者自己的品牌标识作出了记号(朝圣者的扇形贝壳)。如果参与者想要在为朝圣者预留的旅馆里过夜,那么他们需要持有一本朝圣者护照。以前,人们在那里可以闲庭信步;如今,众多的旅行公司向朝圣者提供完全受控的产品。许多其他吸引物也有类似的情况。

> 因此,无论人们谈论的是酒店中的抑或各种不同旅行方式中的社会控制,无论人们应对的是旅行体验中强加的相对来说未考察过的控制,还是度假村或目的地在通知中发布的命令,无论人们提到的是历史旅游抑或当代旅游,秩序和控制这个压倒一切的信息既无所不在又长期存在(Dann 1996a:100)。

丹恩恰当地解答了结论中提出的问题。社会控制的现实与许多旅游者感知到的、许多学者经常提到的——甚至歌颂的——自由怎么可能共存？答案——因为旅游语言成功地把他们当做“孩子”去对待。为证实这一观点，丹恩收集了大量实例并尽其所能利用了众多解释性理论。

证据 A——由浪漫主义（romanticism）、回归（regression）和重生（rebirth）三个词首字母 3R 组成的三角。浪漫主义给出了能够令旅游者心往神驰的主题：无论在社会交往中还是在自然中作为原始享乐的自由（或真或假，麦肯奈尔也许会说本真享乐）。旅行产品的销售热衷于使用文明/野蛮、城镇/乡村、忙碌的/田园的、机械的/不寻常的这些对立的词语，它传递出的信息是，现代城市居民与更深层现实之间的调和要么在简单而又充满异域风情的原始思维中，要么在慷慨而仁慈的自然中。可能二者兼而有之，因为异域的人们总是被猜想居住在未受污染的空间。

不幸的是，催促我们回到舒适的母体子宫中（回归）的这种浪漫幻想被拉康（Lacan）用他提出的否认我们内心最深处驱动力的父亲的法律（Law-of-the-Father）贴上了封条。杜福尔（Dufour）指出旅游者通过神的庇护来抵制这个可怕的谕令，丹恩赞同并引用了这一观点。

> 由此，旅游者借助黄金时代的神话去寻找古老而美好的日子、寻求回归自然，一个肥沃、富饶的自然（丰收号角的神话）。他们渴望童年（不老泉的神话）。他们到城市深处（赫里奥波里斯的神话）、到大山中（奥林匹斯山的神话）、到大海里（波塞冬的神话）去寻找自己的母亲。他说，假期决不能没有神话，因为神话本身代表着一种人性的回归，一种幼稚的行为方式，一次母亲胸膛的重返（Dann 1996a:105）。

因此，《妈咪挚爱》（*Mommy Dearest*）中有许多化身，就像印度教神毗湿奴一样，在这里化作海/子宫，在那里化作山/乳房，还越界化作男人波塞冬。简而言之，旅游语言是成功的，因为它总是包裹在性幻想中给人以重生的希望。广告中身穿白色比基尼的妙龄少女让人想到冰清玉洁；旅行宣传资料中充斥着诸如群山、清真寺和教堂穹顶这些象征乳房的事物；乳腺不只存在于表面凸起的事物中——在鲍德里亚（Baudrillard 1995）的世界消费超市中也能觅得其踪影（Dann 1996a:60, 108, 127）。

所有这些意象和解释看似有点过度。事实上，宣传资料上直接或间接地对开放且免税的性回报作出了承诺，但罗兰·巴特式 à la Barthes 的通俗弗洛伊德主义（pop Freudianism）很快便使之形成过度之势。在这里，人们可能会想起一个老笑话。父亲带着小儿子去心理分析师那里。"医生,我担心我儿子满脑子想的都是性。我家里挂着一些大师的作品。看到米罗(Mirò)的一幅作品,他就说这是一对做爱的夫妻;看到蒙德里安(Mondrian)的一幅作品,上面是一个裸体的女人,他……""你能期待他看到什么,"心理分析师打断了他的话,"如果你让他看这些淫秽图片的话?"

这个全新的科学解释将所有的神话,包括对度假的渴望,归结为另一个并非母性十足的神话的再造:那是柏拉图《会饮篇》中阿里斯多芬尼斯(Aristophanes)提到的关于奥提斯(Otys)和厄菲阿尔特(Ephialtes)的神话。那两个恶人想要攀上天堂去攻击神明。因此,宙斯制定了一个秘密计划以削弱他们的力量,镇压他们的骚乱。作为经济学家的他进行了成本收益分析。他不愿消灭人类,因为他思量着,如果人类从地球上消失的话,会有谁祭祀神明呢?最好把人类一分为二,这样会增加他们的数量且削弱他们的力量。他们将不再抱有去奥林匹斯山辟出一块土地修建住所的疯狂想法。而且人越多意味着祭祀品越多。这对诸神而言是双赢的状况,不是吗?然而,情节变得更加复杂。作为政治经济学家,宙斯忘记了外部性。人类并没有提供更多的祭祀品,而是开始寻找他们丢失的另一半。当找到另一半时,他们相互拥抱并渴望合二为一。不幸的是,这是不可能的,因为被分为两半,所以他们的生育器官彼此无法相遇,人类开始死于饥饿与自蔑。

作为大众享乐的掌控者,宙斯和通俗弗洛伊德主义(pop Freudianism)将最初的计划扭转为完美的结局。他们对前面提到的让人难以启齿的生育器官进行了重新设计,把它们放到了前面。这样,每个人就只有一面。一半无休止地寻找着另一半,事实上,变成了一个在爱人怀抱中的人。从雌雄同体的人分离出来的男人和女人是异性恋,但是从男人中分离出来的男人和从女人中分离出来的女人是同性恋。我们无休止地感觉到我们自身缺失的另一半(无论男女),因为他们就在那里,就像水手在暴风雨中痛失的那条腿。任何凹面都象征着女性私处/子宫,任何凸面都象征着阳具。是的,但任何事物并不只有一个凸面,因为将其倒过来就是凹面,任何凹面也是如此。凹面也是凸面,凸面也是凹面。这种转换在心理分析和营销中已被用到了极致,几乎无所不用,就像伍迪·艾伦(Woody Allen)一部电影的名字一样——《怎样都行》。

从3R开始,丹恩向读者介绍了其他补充性的、教学法上押韵的几个3——3H(幸福、享乐、以太阳为中心)(happiness, hedonism, heliocentrim),3F(快乐、幻想、童话)(fun, fantasy, fairy tales),3S(海水、性、社交)(Sea, Sex, Socialization)。最后,它们都回到了第一个主题。旅游者是一个寻找满足、畏惧剥夺的孩子。对此存在很多不同的措辞方式,人们可以用弗洛伊德式的(愉悦 vs. 现实原则)或荣格式的(内向 vs. 外向)或拉康式的(母亲 vs. 父亲)或左翼涂尔干式的(自由 vs. 组织)措辞去畅谈。经济学家和务实的社会学家更乐于谈论对充足和稀缺的期待之间的冲突。而弗洛伊德、荣格和拉康的问题总是能够找到一个书面的解释,因为他们讨论的是无形之物,但遗憾的是,稀缺是具体的、可感知的,并且不受文字魔力的影响。

旅游语言是借助幻想的方式去替换社会控制的唯一一种语言吗?这会让旅游行业的地位得到不正当的抬高。事实上,与许多其他人为设定的公共机构所散布的幻觉相比,广告在总体上,特别是对旅游所产生的幻觉是十分微不足道的。回归与重生/复兴都是宗教惯用的手段。宗教利用的是人类境遇中最严肃、最无法逃避的不安——死亡——而且,尽管它们并不能保证我们的生命在人世间无限延续,但多数都许诺来世永生和/或平静地逝去。通过在绝望面前晃动这一回报,它们在过去几个世纪中打造了众多极为成功的品牌。整个社会控制所占的市场份额让旅游促销相形见绌,最好的广告公司也只是笨拙地对其进行模仿。

对权力膨胀、财富增多、身份提高和性机会增加的默许应该仅仅归咎于广告吗?难道政治、文化生活、学术进步甚至家庭生活这些东西不是借助它们得以蓬勃发展的吗?要想了解这一点,人们并不需要著名的火箭科学家,只要懂一点进化心理学就可以了。对生存提供奖励(例如利用更好的机会去耕种并繁殖)或者威胁要剥夺这些奖励(通过饥饿、怀疑、贫穷、阉割或者拒绝占有)是对人类行为进行控制并加以塑造的有效方式。促销和广告就是利用这些方式去销售产品。只要存在人类生活的地方,权力和控制就不会远离。这是一定的。

对于丹恩,特别值得称赞的是,他坚定不移地质疑权力。他用警惕的目光审视所有凌驾于个体之上的机构和部门。在每一个禁令、每一个命令、每一个广告甚至每一个友善的建议背后(2003),可能都潜伏着对个体自由的攻击。但是较小的可能性未必包括较大的可能性,甚至必然性更小。承认"可能"与"很可能"二者之间是可以互换的,丹恩轻易地掉进了说谎者悖论的陷阱("相信我,所有语言都是社会控制")。如果这个论断为假,那么这个论断就是假的;如果为真,那么我们为何要相信丹恩没有试图进行社会控制呢?读者因此陷入了僵局。但是,就像阿喀琉斯(Achilles)悖论中阿喀琉斯无奈地追赶乌龟一样，单单依靠正常的逻辑是无法解决这个难题的，否则，语言本身就是不必要的或多余的了。事实上，语言可被用于多种用途，但有一个用途超越所有其他用途——陈述事实。如果缺少这一信息要素，语言将失去进化或适应价值。如果我认为社会控制被嵌入每个信息之中并且削弱了我的个体自由，那么我很有可能会对告诉我“注意，这片海滩到处都是大蜥蜴”的人不理不睬。但如果我们恰巧是在科莫多岛，那我很可能就成为其中一只蜥蜴的腹中之物。每年媒体都会报道那里有旅游者和当地居民受到蜥蜴袭击。因此，在正常情况下，我若留意这个建议的话，可能会更好一些。

大体上说，对社会控制完全不信任会让任何社会控制都变得毫无意义。社会的指南针停留在信任和怀疑两处，而不只是其中的一个。这不会使社会关系变得简单。事实上，在我们生活的尘世间，社会控制遍及所有人类关系，但并不是所有的社会控制都生而平等。这个问题又要牵涉到合法性。对于大多数的信息，直到进一步去关注它们之前，我们通常会信以为真。对于某些信息来源，我们也更加信任一些。在一次自由选举活动之后，当我们去投票站时，我们感到我们正在行使自由。我们知道，我们可以自由支配辛辛苦苦赚来的钱，去买想要的东西。我们有不同的选择，当我们有选择的时候，我们认为，与那些建立在奴役、封建压榨或单边规则之上的社会控制相比，那种允许我们选这个或那个的社会控制要更为合理一些。建立在人们赞同基础之上的合法性是让现代性具有如此弹性的事物之一。

是不是任何选择对所有人都有可能？不一定。有时，自然与社会选择结合在一起会限定选择权。身高不足六英尺的人通常不能进入国家篮球队打球。身高在五英尺以上的人不会成为好的赛马骑手。许多其他的社会规章条例也存在社会控制。公民的权力与自由以及国家的结构源自于一国国民或其前辈自愿采用的宪法。正如法院对权力法案的解读，认为它确定了对自由可以施加的限度。通过这种方式，多数现代宪法将市场管制下的经济自由奉为神圣。这意味着人类自由地工作并出售他们的劳动，尽管有时找不到买家。因此，奴役和过度剥削是被禁止的。没有这些以及其他的控制表现形式，社会生活将充满危险且无法预测。就不必引用霍布斯(Hobbes)描述自然状态中艰难险阻的话语了。在民主社会中，使个人行使权力成为可能的这些和其他的规章条例通常会获得充分的大众支持。有些人或者许多人可能对民主政治生活的这个或那个方面感到愤怒，但他们可以联合起来捍卫自己的观点并最终使其改变。最后，民主政府的合法性依旧很高，因为人们想做的事情多半是可以去做的。市场可能并不像代议民主制那样被广泛接受,但许多人都明白,市场越自由,最终它就会变得越有效率。尽管市场所有的失败和缺点危害甚大,尽管需要调节市场的聒噪声一片,但大多数人还是乐于承认,与受控的或计划的经济相比,市场经济表现得更好。

这涵盖了大面积合理化的社会控制,但法律和市场规则只能做到如此了。在它们的框架中,社会交往在风俗、贸易、创造性以及工作和休闲的新方式中寻觅到许多表达自己的途径,但并不是每个个体都拥有技能、资本、毅力或精力在任何社交场所都成为突出人物。个体的观点倾向于通过媒体以集体的方式表达出来。我们不仅表达观点,我们还想感受到自己的观点符合大众舆论趋势并且我们感到自己就是看门人。我们信任那些以条理更为清晰的方式、而不是以我们所用的随意的或能够的方式去表达想法和情感的媒体或博主。时尚塑造着品位和消费决策,流行风尚是媒体通过信息、观点和广告引导而成的。此外,人类对于确定哪些产品和服务值得信赖、哪些不值得信赖通常是需要指导的。他们可以从亲朋好友那里、通过口碑传播、从消费者杂志或不同供应商的宣传资料中获得指导。所有这些都施加了某种形式的社会控制。

很多时候都是大玩家——即大企业和集团,拥有充足的钱去有效地推广产品——用广告将大众击败。但是,只要这些大玩家以合理的价格提供产品,人们似乎就不会对它们所施加的控制产生厌恶之情。通常,消费者对他们所信任的品牌会有一种近乎宗教般的虔诚。这意味着消费者没有选择吗?许多产品的演变(从汽车到酒店到航空公司)表明,大企业从来没有控制市场和消费者,以至于能够消除危机、不断推迟革新、向贫穷的消费者提供服务或避免破产。只要存在足够数量的供应商,无论他们当中有些企业多么庞大,只要有好的规则去管制竞争,消费者当然会进行选择。事实上,有些人甚至很多人,特别在经济危机的时候,会感到易怒或疏远,而且会通过讲述的方式表达对体系的厌恶,尽管多数人会接受主流的生活方式,而对其不会产生太多质疑。作为革命的科学的政党学解释了为何多数人或温和或热情地接受权势施加的社会控制。

有一点被丹恩忽略了。旅游者可能会受到企业广告的哄骗而购买它们提供的包价产品,但他们是自由选择产品的。他们拥有选择权。他们可以自己安排旅行,要么和旅行社一起,要么更直接地借助互联网。后一种形式变得越来越流行了。但是,散客旅行无法从大型度假工厂所享有的规模经济中获益。甚至在网上,如果将整个交易成本计算在内的话,酒店提供给散客的价格最终也高于旅游代理商提供的价格；对航班的时间安排和价格进行谈判并不是件容易的事；与远方的当地供应商一起安排旅行分支线路或廉价游可能会因文化差异而倍感受挫；而且找到符合消费者需要的价格可能会牵涉复杂的外币兑换业务。简而言之，组织一次旅行绝非易事。也许这就是许多潜在散客最终会使用互联网去研究大型旅游代理商网站的原因。事实上，旅游代理商会对包价产品施加某种程度的社会控制；价格越低，对时间安排、产品、提前付款、取消等方面的要求就越苛刻。旅游者可以通过直接由自己来负担以避免所有的不快。结果他们通常会支付较高的价格。这样，许多人宁愿将控制权交给供应商，这是许多旅游者都乐于接受的游戏的一部分。最终，丹恩论证社会控制的逻辑很少关注旅游者在这种情况下对什么是最好的作出决策的能力。旅游者变成了替他们作决定的独裁企业手中毫无防备的人质。旅行组织的历史就截然不同。尽管拥有权力，但许多旅行组织要么不复存在，要么被效率更高的组织收购。无论它们在广告上花多少钱，潜在用户都不买账。

通常，批判大众旅游的学者可能参加过太多的学术讨论会——也许是讨论最让人厌恶的包价旅游形式。这种形式众所周知，它日程安排严格，住宿设施差，餐饮标准低，告别宴会上的汤和沙拉让人难以形容，随后上来的鸡肉是硬邦邦的，地道的当地节目是由三流剧团演出的，还要去所有最廉价的旅游线路都会去的当地值得炫耀的地方进行提升文化资本的实地考察。并非所有大众旅游产品都被这样控制着，也并非所有大众旅游者都像参加会议的学者那样容易轻信且行动一致。人们能够体会到这些产品在知觉敏锐的观察者中产生的失范感。也许，在网上以学者都可以接受的价格购买一次由创意十足的旅行代理商提供的美好旅行，前往有吸引力的目的地，将会缓解这一感觉。

为了表达对任何形式的社会控制缺少较多反对或集体反抗的失望情绪，左翼涂尔干最终选择了原有立场。人们接受被操纵和控制的现实，因为他们忽略了自己真正的利益或真正的意愿或真正的动力。旅游者任旅游业发展，因为他们能够接受旅游业像孩子一样行事。但仔细想想，如果人们同意这一结论的话，面前的选项看起来就不那么诱人了。一方面，旅游者可能寻求新的指导，尽管这一次会更客观一些，少一点操纵。但是，在社会控制被预言无所不在之后，可能他们会用一种类型的控制换取另一种类型的控制。另一方面，圣安塞姆（St. Anselm）提出过一个上帝存在的“本体论”证明。我们可以认为存在一个完美仁慈的权威（也许是一位学者？），他不愿操纵单纯的旅途中的人们。因此，它是存在的。正如众所周知的，康德对此不以为然。

因此,人们最后回到了最初无法改变的结局——促销与广告宣传,就像宗教一样,但却是麻醉大众的鸦片。然而,为何大众喜欢吸食鸦片?事实上,以结果来看,多数人是虔诚并以此为荣的。就此而言,促销与广告宣传往往没有鸦片和宗教产生的毒害深。考虑到目前所提出的概念与方法论方面的主题,重要的是,要询问整个旅游业是否用一个声音说话以及受众是否接受。

三、实践检验

很多旅游研究都包含案例研究。这些案例存在一个严重的问题——它们很难复制。通常,它们需要在遥远的目的地住上一阵子,往往要学习一门难以精通的外语,而且还需要掌握许多参与观察的技巧,这些技巧又因研究者的不同而相差迥异。有时,即便研究目的相同,但尝试去复制案例时,得到的结论与先前接受的也明显相互矛盾。就以针对玛格丽特·米德(Margaret Mead)的争论为例,德里克·弗里曼(Derek Freeman)(Côté 1994; Freeman 1983, 1999)最早对她在岛国萨摩亚(Samoa)(1928)的调研提出质疑。尽管法兰兹·鲍亚士(Franz Boas)声称米德的书是一项艰苦的调研,但弗里曼认为:

> 从详细的历史研究中了解到,年轻的玛格丽特·米德在《萨摩亚人的成年》(*Coming of Age in Samoa*)中给出的具有极端环境论的结论是建立在科学完全无法接受的证据之上。在某些至关重要的方面是……一部人类学小说作品(2001:111)。

找到可复制的对旅游研究的贡献——如果不是全部的话,至少在方法上应该如此——并非易事,能达到这一效果的模型多多益善。丹恩对旅游小册子上的人所进行的研究(1996b,1996c)就是其中之一。正如作者在不同场合所说的,他在那项研究中所使用的内容/符号分析技术的缺点相对很少。内容/符号分析法对时间和经费要求不高;当出现明显的设计缺陷时,很容易就可以推倒重来;它结合了定性和定量的方法,应用时没有突出缺点。内容/符号分析法是一种联合方法,前者建立了量化模式,而后者关注定性的意义(2005a)。

正如丹恩所言,这项技术可应用的领域之一就是目的地形象研究。丹恩具有开拓性的研究的基础是“11 本具有代表性的夏日度假宣传小册子,这些小册子针对的是某一层面的英国大众,在 1 470 页视觉和书面材料中共有 5 172 张图片”(1996c:63)。研究分为两个阶段进行。首先,对小册子上的图片进行定性分析并根据图片中是否包含人进行分类。有人的图片随后会被分为“仅有旅游者”、“仅有当地居民”、“旅游者和当地居民都有”三个类别。丹恩的数据显示,小册子中主要的肖像类型是“仅有旅游者”(60.1%),然后是“没有人”(24.3%)、“旅游者和当地居民都有”(8.9%)、“仅有当地居民”(6.7%)。图片主要呈现了“酒店和海滩”,一共占到70%左右。“当地景色”是第三种主要类型(11.5%)。旅游者主要出现在海滩、体育活动和酒店,尽管其他的类型与当地景色、景点和其他类型有重叠。

阿兰贝里和达奥(Aramberri and Dao, 2005)按照丹恩的模式对另外一类旅游传播进行了研究。档案资料由越南国家旅游局(VNAT)网站中促销越南的指南上所有的图像构成(2004)。与英国的旅游小册子不同,这个网站针对的是外国人及当地居民。它有英语、法语和越南语几个版本。实际上,越南语网页可能还考虑到了大量说越南语的人,他们要么不再拥有越南国籍,要么即便有的话,也长期居住在国外(*viet kieu* 越南侨民)。此外,VNAT 并未区分国外旅游者和国内旅游者。2003 至 2004 年的图像文件都同样使用了三种语言,只有一些附加的图像例外,使用了英语和法语(每种情况不足 10 个)。它们对所有观众呈现了同一个越南旅游形象。这与英国市场不同,英国的旅游小册子针对的主要是英国旅游者,而不是各地的居民。因此,事先假设越南旅游网站上的形象塑造战略与英国小册子上的战略可能是存在差别的。

还有另外一个因素。丹恩的研究围绕着旅游者/当地居民的区分。他研究了大量旅游代理商的产品目录,但对越南进行描述的是一家并不直接参与销售工作的隶属于公共部门的公司。尽管它们不可否认地带有促销的成分,但采用的图像上没有旅游公司的地址,也没有邀请人们购买什么东西。更多地,它们依靠的是拉动,而不是推动。那么,第二个假设就是它们可能不仅体现出不同的优先顺序,而且采用的形象也有别于商业公司。这里的基本假设是,在展示时,当地居民居于首位,所以呈现的当地居民要比英国小册子上的更丰富一些。档案中共包含 1 008 张图像。结论证实了第一个假设。VNAT 的形象塑造战略与英国小册子是不同的。在越南网站上,“没有人”这一类型远远超过其他类型,构成了文件中 72% 的图片。“当地居民”只有 19%;“当地居民与旅游者”(5%)位居第三,与第二相差甚远;“旅游者”只有微不足道的 4%。这与丹恩的结果进行对比似乎能够说明一些问题。但在“人”这一类中,结果与英国小册子却截然相反。在 VNAT 网站上,“当地居民”的图片数量最多,“当地居民和旅游者”居中,“旅游者”最少。此外,与丹恩的研究相反,在“当地居民”这一类中找不到任何服务人员。

这也许是因为酒店图片中没有服务人员的原因，而那里最有可能出现服务人员。VNAT 的网站上只有一张酒店图片，而且只展示了酒店的正面，所以将其作为城市景观归到“没有人”一类。很难推论说，作为服务人员的当地居民的缺席体现了图像战略中的明显变化，如果越南网站详细描述了酒店的话，不知道会发生什么。实际上，尽管旅游代理商的小册子中缺少酒店会使其毫无意义，而塑造形象的组合套装中没有酒店的话是可以的。但是，越南酒店和度假地的任何客人都可以证实，在那些地方，几乎所有的服务人员都是当地居民。可以作出这样的推论，如果酒店被作为描述对象，那么酒店中的大量当地居民都将以服务人员的身份出现，这看上去并不是不着边际的想象。

VNAT 网站上的其余的“当地居民”与丹恩的分类很相近。表演者和小商贩所占的比重很高（合计占全部图片的 27%），但如果手工艺人和节庆游行者也算在内的话，他们的数量将剧增。对这种相似可以作出明确的区分。尽管他们可能并非职业表演者，但节庆狂欢者积极地参与到表演中，并与演员和观众保持一定距离。手工艺人的情况也是如此。尽管手工艺人仍旧是越南经济的重要构成部分，但随着产业工人数量的增长以及 1986 年实行革新政策以来城市人口的涌入，手工艺人数量萎缩所导致的压力也越来越大（Hiebert 1995; McLeod and Nguyen 2001）。越南绝大多数人口仍旧在农村。2001 年，在越南 7 870 万居民中，有 75.2% 居住在农村。但自 1990 年以来，这一数字已经下降了 7.4%，而且随着年城市人口增长率从 1990 年的 2.4% 上升至 2001 年的 3.6% 以及农村人口增长率从 1.8% 下降至 0.6%，这一趋势还会加强（GSO 2002:27; Khanh et al 2001）。民意调查数据可能都忽视了人口涌入城市的力量。据其他资料估算，在 1996 年到 1999 年期间，单胡志明市这一个城市就接收了 70 万移民（Le n. d.）。

尽管农村仍然拥有众多的手工艺人，但数量也在不断减少。这些人连同他们的技术都属于前工业时代，那是一个对许多城市居民而言愈发陌生的时代。在这个意义上，他们和演艺人员颇为相近。在有关越南人的文件夹中，手工艺人的图片常常将旧式的服装、过时的工具与舞台化的情境融合在一起。对都市而言，这些意味着一个越来越具有异域情调的现实，而恰恰这部分人群最有可能参与到国内游之中。

许多“越南网站上的当地居民都是少数民族”。1979 年官方出版的《越南少数民族名单》确认了 54 个民族。人数最多的是京族（Kinh）或称作越人（Viets），占总人口的 87%。少数民族的多样性——许多少数民族都居住在越南贫困山区，有些仍旧通过狩猎和采集维持生活——为国家政府制定整合政策制造了诸多问题。少数民族通常都出现在单个图片中，他们穿着最好的传统服装，身处一个不明确的背景里，或是日常工作生活的“自然”场景中，一成不变地使用着前工业时代的工具。并不是这些手段创造了这样的氛围，而是观看者的眼睛使然。事实上，许多少数民族确实使用过时的技术。但这些图片却暗示着两类人的分化，一方面是在城市环境中工作的越南人，日常生活中穿着西方装束，说着全国性的语言，因此很可能是 VNAT 接待的国内旅游者。另一方面是不受变化干扰的少数民族。虽然他们并不是专业的演艺人员，但他们具有的异域风情使得其肖像令人兴奋而愉快。异域风情的吸引力不仅存在于那些遥远的、多数越南人还消费不起的目的地——它就在举步之遥。在周末去沙巴（Sa Pa）的旅途中与河内人闲聊几句、在少数民族社区居住的山区附近度个假这些现象都证实了这一结论。

简而言之，研究结果与事先假设——商业性旅游代理商选取图片的优先顺序以及 VNAT 在对想要促销的吸引物和活动进行建设时类似于目的地的管理组织——十分接近。前者强调的是置身于诱导其消费的设施与场景中的旅游者，后者则通过对自然、海滩与海景、城市与乡村景观以及历史的描绘去推介一个整体性的产品。但是，当涉及当地居民在旅游者想象世界中起到什么作用这一关键问题时，商业公司与 VNAT 的做法一致，它们以相似的手法呈现当地居民，并将他们作为异域风情的标志，使旅游者和被旅游者（touree，这个新词用以指代受到外部旅游者访问的当地人口，最早由 Van den Berghe 1994 使用该词）分化开来。

那些并未直接参与促销活动的机构怎样进行形象建构呢？胡里奥和梁（Aramberri and Liang 2009）对部分中国旅游杂志向读者呈现云南省的方式进行了研究。现代大众旅游是近年来中国社会生活中出现的新事物。仅仅在 1979 年实行改革开放之后旅游才开始迅速增长（Sofield and Li 1998）。将中华人民共和国界外的中国人和外国人包含在内的入境旅游取代了先前出于政治动机的小型旅游团（Zhang 1997）以及文化大革命（1966—1976）导致的城市人口被迫下乡活动。经济发展带来快速而深远的社会变化，伴随这一趋势，国内旅游和出境旅游迅猛增长。总之，农村人口如潮水般涌入城市。消费水平与城市化同步增长。随着中产阶层的壮大，城市化与新的消费模式齐头并进。一项本地研究（CASS 2003； Hodgson 2007）估计中产阶层占到总人口的 19%——大约 2.5 亿人。该研究还预测，到 2020 年，中产阶层将占到中国人口的40%,也就是在5亿到6亿人之间。将可自由支配收入用于旅游的中国人越来越多,他们要么作为直接消费者,要么作为公司或事业单位奖励旅游的受益者。家庭旅游支出在城市区域已增至可自由支配收入的14%(Gu and Dake 2004)。

因此,关于到哪里去以及如何花费这部分收入,许多中国消费者需要独立的信息和建议并不足为奇,旅行杂志也因此步入他们的视线。这些杂志提供的目的地范围宽泛,既有国内的,又有国际的,它们的这种做法为旅游教育作出了贡献。胡里奥和梁(Aramberri and Liang 2009)选取了2003至2005年期间三本旅行杂志中涉及云南省的图像和文章。研究中选取这三本杂志(《时尚旅游》、《旅行家》和《风景名胜》)是因为它们被认为在高端市场具有领导地位,而高端市场的出游可能性是最高的。研究中对时间的界定(2003至2005年)考虑到需要获得一个充足但易于管理的图像档案,并将研究项目开始时出版的最新一期杂志囊括在内。

这些读者的主要特征是什么?《时尚旅游》并未提供在中国的发行信息,只是网站中谈及《国家地理》在全球拥有530万读者。《风景名胜》每月发行8万册。《旅行家》自诩月发行量达到33.8万册,读者超过300万——每本杂志9位读者。也正是《旅行家》提供了其追随者最全面的情况。它的媒体读者男女比例基本相当;居住在北京、上海或广州;年龄在25至44岁之间;受过良好的教育(98%拥有大学或以上学历);任高管或政府官员;年收入4万至12万(6 000至2.3万美元)之间。

在所选杂志中,云南在所有目的地中的出镜率最高。有很充分的理由可以解释这一点。云南省占地面积39.4万平方公里,居住人口达到4 330万,这两个数字几乎与欧洲最大的国家相当。该省拥有众多闻名于世的旅游地,例如昆明附近的石林、丽江、大理、九乡、官渡、中甸/香格里拉等。中国政府官方确认的56个少数民族中有25个位于该省。全省少数民族人口超过1 300万(约占30%)。

分析序列中与云南相关的图片总数为547张,文章达到49篇。《时尚旅游》更注重图片,共有284张,《风景名胜》172张,《旅行家》91张。在三种杂志中,主要类型是"没有人",随后是"当地居民"。相对前两类而言,"旅游者"以及"旅游者和当地居民"这两类的数量相当有限。在全部三种杂志中,图片的总体分布为"没有人"(48%)、"当地居民"(39%)、"旅游者"(10%)、"当地居民和旅游者"(3%)。

我们现在来看一看“没有人”和“当地居民”这两大类的内部结构。第一类被进一步细分为三小类：“自然”（包括动物图标）、“遗址”和“现代城市景观”。其中，后两类是将建筑物按历史的和当代的进行划分。它们反映出三本杂志的确切区别。《风景名胜》和《旅行家》对当代城市生活不感兴趣，而《时尚旅游》却对此十分关注（在一篇关于昆明的文章里，26 张图片中的多数都属于此类）。另一方面，《风景名胜》对遗址的兴趣大于对自然的兴趣，而《旅行家》却与之相反。

“当地居民”这一类按照从事的活动相应地被划分为“商贩/服务人员”、“演艺人员”、“前现代任务”和“其他”。《旅行家》对任何一类当地居民都鲜有描述，但《时尚旅游》和《风景名胜》对当地居民描述的要多一些。《时尚旅游》占全部的 51%，《风景名胜》占 38%，《旅行家》仅占 11%。三种杂志之间更为显著的差别可以通过细分的类别反映出来。《风景名胜》和《旅行家》主要将“当地居民”作为“演艺人员”加以描述（分别为 56% 和 34%），而《时尚旅游》为此预留的空间很有限。对《时尚旅游》来说，它更注重的是“其他”这一类。在这一类别中，人们往往被描绘为现代都市人。在“前现代任务”这一类中，通常包含在内的少数民族（与“商贩/服务人员”和“演艺人员”多次重合）基本平均分布于三种杂志之中。

总而言之，这三种中国杂志中图片的整体分布与丹恩研究的英国旅游代理商的小册子大相径庭。它和 VNAT 这样的目的地管理组织确定的优先顺序也不尽相同。云南的图像呈现出的内部结构与英国旅游小册子截然相反。中国杂志对“旅游者”以及“旅游者和当地居民”互动的关注十分有限（仅占 10%），而将重点放在了“没有人”（48%）和“当地居民”（39%）这两类上，正好将英国小册子中各类别的分配比例倒置过来，与越南目的地管理组织的比例相近。丹恩在解释英国旅游代理商小册子中这些类别的相对重要性时提出，它反映出促销类旅游印刷品所传递的对现实的人为看法（1996c）。在丹恩同一时期出版的其他文稿中，他将促销媒体作为唯一的旅游语言（1996a）。此外，当涉及“当地居民”时，他强调英国小册子多半将他们描述为商贩、演艺人员或服务人员，并用英国旅游代理商中所谓的后殖民主义心态来解释这种偏见。

中国杂志分配图像的方式与英国小册子相去甚远。它们将更多的版面分配给“没有人”和“当地居民”，这让丹恩难以坚持主张旅游语言是用唯一一种语言说出来的。另一方面，当涉及当地居民时，中国旅行杂志中的图像多半描述的是前现代的少数民族、演艺人员、商贩以及服务人员，与英国小册子中的数量相当。这与 VNAT 的战略也不谋而合。这些差异又如何解释呢？

四、用不同语言说话

以风马牛不相及的苹果和橘子为论据很容易就能破解这个问题。旅游代理商的小册子和旅行杂志分别属于不同类型的促销媒体，这样说似乎有点过于简单化了。但是，丹恩的假设并不是这样的。正如前文提到的，它已成为广泛认可的范例。对媒体上的图片或文字类型进行解构以后，对他而言，旅游语言揭示出自身是控制读者的另一种工具。其结论并未具体说明其中的原委，只是坚持认为存在单一的旅游语言这一违反直觉的观点。此外，信息与促销被认为是密切相关的，因此得到的结论是旅游语言最终总是具有欺骗性或误导性。

从看待传播的多种观点来看[如拉斯威尔（Laswell）的五个 W]，这种观点只关注于“什么”，即信息本身。但如果人们超越它去看看传播过程的其他方面，那么旅游语言反映出更多的细微差别，也就是说，它不再运行于单一的逻辑之下。人们从“语言”行进到旅游的“多种语言”。事实上，所有的旅游话语都具有促销性这一说法并不符合经验。旅行指南、旅行杂志、报纸的旅行版、电视节目、网络旅行博客、Web 2.0、口碑传播以及其他旅游信息资源并不是直接进行促销。英国旅游代理商的小册子、越南目的地管理组织以及中国旅行杂志对各类图像的使用方式凸显出这一常识性的差别。

甚至那些严格意义上的促销印刷品也不会采用同样的传播战略。包价旅游的产品目录与目的地管理组织提供的资料是两类最普通的促销传播资料，让我们称之为促销 1 和促销 2。旅游代理商提供资料——印刷品或在网络上——的目的是运用具有独特销售主张（USP，unique selling proposition）的广告技术去达成交易。“这就是你的钱能换到的东西”这句话总结出了他们向潜在消费者传递的信息。相应地，就像丹恩确切加以强调的，他们的资料主要以酒店情境中的旅游者图片为主。资料中还包含着被丹恩忽略的更为普遍存在的信息——价目表。不同的度假产品有着不同的价格，但在市场条件下，如果供应商与消费者之间不存在金钱交易的话，旅行就不会发生。

对目的地管理组织而言，它们对图像与文本也有着不同的摆布方式。作为非营利机构，它们不去做硬性推销。它们促销整个目的地，而不是特定的度假区、酒店或其他接待设施。对 VNAT 网站的研究发现了一个与英国旅游小册子有着明显差别的图像组合。被广为使用的是“没有人”类型的图片（自然、遗址、城市景观等），其次是当地居民的图片，而与旅游者相关的图片可以忽略不计（Aramberri and Dao 2005）。这一差别可以归结为二者相异的促销战略。度假工厂追逐的是通过销售获得利润，而目的地管理组织则仅仅满足于能够进入潜在消费者的决策参考组合中。

不同语言的作用大为相异。无论他们怎样努力，旅游代理商和目的地管理组织的促销传播一般都具有较低的可信度（Gartner 1993）。消费者往往将许多其他资料纳入进来，在经历了一个迂回曲折的流程之后才作出旅行决策。旅游的各种语言由此构成了一个金字塔结构，每一层传递出不同的信息，具有不同的可信度。从直觉上讲，就信息数量及可信度而言，可以说口碑传播位于最下面的基层。如今，Web 2.0 使得口碑传播成指数倍地扩大。在此基础上，其他各层的可及性与可信性逐层递减。旅行指南、旅行杂志、报纸的旅游版还有教育类视听产品位于第二层，然后是促销 2 和促销 1，或者称作目的地管理组织的传播资料和度假工厂的促销资料。相似的结构通常被认为存在于所有宣传资料中（Chías 2005；Gartner 1993，1996；Gartner et al 2007；Hsu and Powers 2001），并且这一观点得到了地方性调研的支持。例如，在德国的案例中，口碑传播居于第一位，然后是教育类媒体（指南和电视/新闻报道），而目的地管理组织和旅游代理商的产品目录及网站则远远落在最后（FUR 2008）。

各层级都有自己的逻辑、语法及修辞。在下面的两个层级中，旅游者用从中获得的最准确的、一般性的信息去绘制他们心中的地图。顶层的两种资料，尤其是促销 1，在真正购买度假产品时出现的几率更大一些。促销 1 让人们知晓供应商提供的条件。商业性的小册子多半描述的是旅游者将会享用到的真实地点及活动（例如酒店和海滩），这只不过说明小册子的作者知道他们在做什么。目的地管理组织提供的旅行组合套装尽管也是营销的一部分，但是却遵循着不同的规则。在营销专业术语中，它们的主要目标是在不谈及特定产品的情况下将目的地成功地放置在旅游者的决策参考组合中。总之，它们强调的是目的地提供的普遍的、多种多样的可能性。

教育资源处在一个不同的叙事水平上。它们旨在让读者了解其选项中不同目的地的自然及社会环境，如越南或中国的云南。这一点解释了为何中国旅行杂志中图像的结构不同于旅游代理商的目录或目的地管理组织的资料。潜在的中国旅游者在他们迅速提升的“旅游者生涯”中需要获得准确的信息（Pearce and Lee 2004），那些研究中加以分析的旅行杂志有助于他们去建构态度与期待。这样，应该再次强调，独一无二的旅游语言并不存在，存在的是多种旅游语言。如果要说存在一种旅游语言的话，可以说存在的是一种以不同方式分层的旅游语言。这两种说法差别不大，丹恩很可能会认同第二种说法。但这个问题并非这么轻易就解决了。在意识到人们谈论旅游的方式存在内部差异之后，还存在一个是否可以相信旅游语言的问题，以及如果可以，能相信多少的问题。根据所传递信息的类型及目标受众，信息与促销以不同的方式结合在一起。

中国旅行杂志是如何建构云南的呢？针对所选杂志中与云南相关的 49 篇文章所作的定性分析表明，云南被描述为不受时间影响、具有民族多样性且以传统为导向的旅游目的地。但是，《时尚旅游》关于昆明的专题增添了一个不同的视角。云南还可以是这样一个地方，那里的省会和最大的城镇受到的全球影响是对这个地区由来已久的古色古香的一种补充。不受时间影响的感觉源自于“没有人”这一类别图片所占的分量，而且许多文章都强化了这一点。云南被看作是时间在那里并不重要的地方。群山、山谷、河流和其他自然吸引物不会发生改变，至少不会很快就改变，对居住在城市、对城市突变习以为常的读者来说，这些出镜率最高的景观与他们的日常体验形成了反差。在北京、上海、广州以及众多其他中国城市，为了给新高楼和住宅楼腾出空间，整个旧社区都已被推倒。遗址也是如此。与此相反，乡村生活周而复始的慢节奏和弹性与现代城市生活的束缚形成了鲜明对比。云南也因此成为中国城市的对照物。

民族多样性也不同于所谓的标准化城市生活。就像上文提到的，云南地区可以找到许多非汉族人群。“当地居民”这一类别共有 219 张图像，其中约 3/4 展示的是身穿民族服装并/或用前现代方式从事劳动的人。应该再一次强调的是，《时尚旅游》采取的立场不同于其他两种杂志。尽管后两种杂志事实上并未给非少数民族留存版面，但在《时尚旅游》中，将近一半的当地居民都不是少数民族。

上文已经提到中国旅行杂志、英国小册子以及越南目的地管理组织提供的资料多半将当地居民描绘为服务人员、表演者和商贩，他们中许多人都属于少数民族。在我们看来，这种做法上的相似说明这样一个事实：对于与目的地没有其他关联而且只想好好享受时光的旅游者来说，他们在目的地短暂逗留期间将主要与扮演那些角色的当地居民相遇。这种相遇短暂而肤浅，虽然可能而且也确实有例外发生。因此，无论在第一世界还是在第三世界，多数当地居民都被描绘为服务人员、演艺人员和商贩。但还不止于此。

在以社区为基础开展的旅游中——例如云南通常就采用这种方式——当地人和少数民族是主要吸引物。但是,对居住在城市的人而言,服务人员、演艺人员、商贩以及前现代的手工艺人不只是生活中的一个现实。他们代表着可能具有吸引力的传统社会,他们的异域风情也展现出一种不受现代性影响的生活方式——要么作为一个未实现的潜在可能,要么作为现代性扩张中的一个威胁。这样,坚持在图片中展现那些从事着卑微但却艰巨的任务的人这一做法保护了城市读者,使他们在真正面对终极冲击时免受其难。对现代生活优越性的怀疑通过这种方式在其产生之前就被消解掉了。这可能就是三种杂志中最具全球导向的《时尚旅游》为何坚持展示云南城市生活的原因。在描写昆明的文章中,图片上的城市景观以及时髦的当地人提醒着人们,甚至在不受时间影响的、遥远的世界角落里也蔓延着这个世界的负面形象,它既引人向往,又令人担忧。

无论如何,在中国旅行杂志这个案例中,三种杂志的教育目的是难以忽略的。它们提供了目的地相关信息(这个案例中是云南),并为其读者构建自己心中的目的地地图提供了参考框架。它们的读者属于当今中国社会中的上等阶层。他们往往生活富裕、受过良好教育并且居住在城市。这些特征通常与接触经济文化全球化以及获得独立信息来源联系在一起。这部分社会群体还处在旅游者生涯的起始阶段。这些杂志所起到的教育作用有助于读者形成旅游期待,收集与目的地相关的实用建议,并为旅行时将会发现的环境与社会差异作出准备。

在云南的案例中,无时间性/现代性是核心的关系。这种核心的关系扮演着双重角色。一方面,它让富有的城里人接触到一个有着完全不同价值观的世界。人们穿着别样的衣服,主要从事农业劳动,他们使用的工具不是机器制造的,他们拥有各式各样、多姿多彩的仪式和节日,他们可能不像城里人那样看重金钱,而且他们的行事方式也不同于城里人。但在现实生活中可能并不完全如此。在景区很多本地工作人员身着的传统服装之下,人们会看到工作时露出裤脚的牛仔裤一到下班时间便立即全部显露出来,这些当地人可以停止表演而去重新做自己了。在研究者看来,这常常会带来若干民族问题(Brunner and Kirschenblatt – Gimbel 1994),但似乎并未给导游/表演者带来太多问题。与真正的农民相比,他们当中多数人从事的工作相对简单一些,而且收入更高。他们是模仿或在一定程度上创造真实的自我及社区生活吗?这难道不是众多艺术表演与表演者的最初起步的形式吗?

因此,就像旅行杂志理解的那样,交往双方可能经受的文化冲击可以通过教育的方式得以缓解。旅游者由此会知道——在一定程度上——做什么,避免什么,以及在一个陌生的地方应该如何表现。另一方面,未来的旅游者也将了解到他们自己——与被访者有着怎样的不同——并且最终在自己文化赋予的价值观中获得慰藉。通过这种方式,在这些旅行杂志的价值排序中,为富裕的旅游者提供独立信息并帮助他们跨越社会交往的终极陷阱便成为居于首位的因素。与促销资料不同,无论直接用于商业目的还是品牌建设,教育资料竭尽全力以独立的方式让读者接触到尽可能多的目的地;与从亲朋好友或社交网络获得的口碑传播不同,教育资料面向大量消费者提供标准化的、稳定的信息。这样,它们的目标与实践不会轻易降低到去兜售旅游产品或是抽象的社会控制概念。认为存在一种垂直的旅游语言的想法应该被修正一下。没有语言能够成功地将社会控制完全自上而下地施加给读者。很少有如此强大的促销和如此轻信的消费者。在这方面,应强调的是,丹恩近来改变了立场,承认旅游语言已经变得具有更强的对话性,而且网络甚至已经使三方对话成为了可能(Dann 2005b)。

丹恩对促销等同于单一一种旅游语言的想法给出了一个补充性的、包容性更强的解释。就像他在后期文章中作出的简要回顾,1996 年他的主要意图是阐释旅游者与当地居民之间的关系,目的是强调“他者化”的促销结构以及通过它起作用的控制话语。由高高在上的第一世界对屈居其下的第三世界施加的想象构成了前者对后者非对称的、选择性的操控(Dann 2005a: 32)。丹恩的符号分析忽略了这一点:像旅行小册子或形象塑造组合套装这样的促销资料只是呈现现实或“他者化”的一种形式而已,是对其读者的特定需要作出的回应,并且使用了众所周知的说服技巧。另一方面,他认为第一世界通过小册子和组合套装对第三世界进行非对称的、选择性的操控这一观点也应更严谨一些。

让我们从第一个问题开始。商业小册子属于广告。作为主要目标,它们力求让消费者或消费者团体了解到广告主出售商品或服务(在我们的案例中是包价度假)的条件(住宿类型、交通方式、逗留条件及价格)。事实上,这些小册子是一种沟通形式,但是它的目的在于说服潜在消费者去购买特定的而非其他产品。它不仅说出理由,而且还迫使或推动人们去购买产品。古老的花言巧语与现代广告之间的区别在于后者已经学会将大量成熟的说服技巧汇集起来并且势必要达成交易。如果旅游代理商忘记这一点的话，很快他们就会破产的。

如果想要产生预期效果，广告主就必须知道目标受众是谁，并针对他们提供信息。因此，一本度假小册子必须注重旅游者的需要，无论是真实的还是虚构的。商业小册子多半描绘旅游者有可能喜欢的地点和活动（如酒店和海滩），这只能说明小册子的作者知道自己在做什么。当地居民多半以服务人员、表演者或商贩的形象出现只能表明这样一个事实：旅游者在目的地短暂逗留期间与目的地没有其他联系而且只对享受好时光感兴趣，在这种情况下，他们看到的当地居民多半如此。

赛朗尼米（Selänniemi 2001）引用的日记似乎与大量针对旅游者行为的调研结果相当吻合，它让我们有机会了解到为何旅游者对度假地以及住在那里的居民不感兴趣。人们可能有其他意愿或者并不认同在"他者化"时缺少好奇心，但是我们应该考虑到同样的事情也发生在我们日常生活中。我们往往不会与遇到的众多人进行人际交往（银行职员、销售员、商贩、警察、演职人员、路人等）。人们可能会坚持认为度假以及度假中的跨文化交流机会应该以不同的方式得以利用；旅游者应该有兴趣与当地居民建立其他关系，而不只是与服务人员、表演者或商贩之间的实用交换；度假应该更有意义等。但是，很快人们就会发现自己步入了伦理判断的滑坡谬误。为何让旅游者，尤其是那些远离自己文化区域的旅游者，表现得就像人们心目中的学者那样？

尽管由 VNAT 这样的公共部门提供的旅行组合套装也是广告的一部分，但却遵循着不同的规则。现在主要目标不是达成交易，而是像营销人员所说的那样，成功地将其国家或地区置于旅游者决策参考组合之中。在与航空公司或旅行公司联合开展的促销活动中，任何一个参与其中的国家旅游机构代表都会立刻注意到目标上的这种分歧。他们想要对目的地进行定位，而不管销售者是谁，但他们的合作者只想宣传并销售自己的门票或包价产品。他们强调的受众尽管不是毫不相干的但却存在差异，而且需要不同的修辞类型。国家旅游机构会强调目的地提供的整体而多样的可能性。因此，度假工厂是在推动，而目的地管理组织是在努力去拉动。前者运用"你说"，后者偏爱"我说"。在营销术语中，人们可以说二者在树立自己的品牌。

丹恩继而又对旅游语言提出了另外一个批判。他说商业小册子——我们可以把整体促销组合套装加入其中——创造了一个理想的世界。它们将自然完美化，却忘了告诉人们不仅有海滩和浪漫的景色，还有蚊子、蝎子以及皮肤癌。它们告诉给我们的内容充满了刻板印象。例如,一提到里约热内卢就会想到狂欢的里约热内卢人,而掩盖了污染、暴力和贫民窟。但是,广告修辞与社会科学和专业新闻报道用语并不一致。社会科学以能够被任何冷静的观察者认同的确切结论为目标,记者报道事件。声誉好的媒体尽量在新闻与观点之间划清界限。社会学家与记者通过不同的语言已经创造出描述现实的语法,使用者多半都认为它们是客观的。

这一点并不适用于广告,广告的成功是通过销售量来衡量的。甚至像国家旅游机构所进行的整体形象塑造也提供了一个选择性很强的现实形象。旅游及许多其他领域的广告主使用的商业信息广告与娱乐信息节目也是如此。广告的目标受众大部分都能完全明白广告是在千方百计地说服他们,并且会在受到广告而不是信息轰炸时相应地作出反应,以一种几乎自动的方式与其切断联系。当他们需要有关目的地的准确事实时,多数人会到享有盛誉的旅游指南中去寻找,而不是促销资料中。尽管国家旅游机构十分努力,但它们提供的资料其可信度排名却相当低(Gunn 1972)。

可以说,将刻板印象从广告甚至从社会学工作中彻底清除的期待也与此相似。事实上,许多无可争议的概念也不外乎都是刻板印象。其理由相当充分。用栎树、柳树、云杉和松树来指代"树"降低了它们表达经济意义的特征。人们可能会反驳说,刻板印象是另外一回事——缺少严谨的概念,以歪曲的方式反映现实,或缩小它们标记的对象。不过刻板印象有许多形式。无论如何,人们能够理解,如果小册子和促销套装做成读起来就像经济学、社会学或人类学条约那样的话,从事社会科学的书生们就会拥有更多的就业机会,但为何旅游代理商和国家旅游机构要接受书生们要求的这种扩展就让人难以理解了。

丹恩提出的第二个普遍性的问题也是特别有争议的。旅游小册子上展现的人所激发的想象构成了第一世界对第三世界非对称的、选择性的操控这一观点与文中提到的其他研究成果不太相符。如果 VNAT 网页上的组合套装和中国旅行杂志对人尤其是当地居民的处理与英国小册子的处理表现出惊人相似的话,只有两种解释可供选择。人们可能会争辩说越南或中国已经成为第一世界的组成部分,并对操控第三世界贡献了自己的力量。但是,这两个国家还远没有达到发达社会的水平。如果话语有意义的话,这种解释就有问题了。

VNAT 和中国旅行杂志运用自己的修辞对本国或其他目的地进行定位。它们有一部分与旅行代理商在商业广告中的修辞是一致的,而另一部分并不一致。这就是关注点不均衡的原因。旅游代理商会注重旅游者入住的酒店及海滩，国家旅游机构则不太看重这些。另一方面，国家旅游机构与教育媒体的兴趣一致，它们的大部分图像都是其选定的目的地的普通吸引物，并且向海外及国内旅游者展现的是它们的异域情调（无论其含义如何）。

因此，为了理解两种类型营销主体的功能、相似之处以及方式上的差别，我们必须把注意力转向针对国际关系的修辞而不是描绘。对旅游营销塑造国际舞台的能力持有谦逊的态度也是极为可取的，当涉及被高德纳（Gartner）称为“显性引诱Ⅰ”（Overt InducedⅠ）的那些技术时尤为如此（1996）。它们是形象塑造中效果最差的工具。

第九章

为现代大众旅游另谋出路

一、除了它，一切皆可

随着现代大众旅游（MMT）在经济上的重大作用日益凸显，四面八方便开始回荡起对它的反对之声。在学术界，现代大众旅游更是沦为众矢之的。这种批判最初始于文化研究领域（MacCannell 1976；Smith 1977），然而很快便在经济学（Brown 2000；de Kadt 1979；Young 1973）和社会学（Krippendorf 1987）等其他学科中同样大行其道。如前文所述（第一章），导致旅游研究中剪刀危机的罪魁祸首并非学科本身，而是研究范式的分裂状态。无论在不同情况下如何对学科加以利用，最终的差别仍旧在于是否接受或是拒绝现代性和市场经济作为一种框架结构来解释新近的历史以及预测不久的将来。因此，许多旅游经济学家也以文化评论家的身份自然而然地站在了它的对立面（Sharpley 2010）。这样的断层状态几乎影响了有关旅游的各个学科，目前，虽然处在研究中互不干扰政策（MAD）（第一章）的保护之下，却听不到反对者一丝一毫的低吟抱怨（Butcher 2002，2007），若不慎流露出最轻微的反对之态，他们也会立即缄口不言（Butcher 2006；Wearing et al 2005；Wearing and Ponting 2006）。

许多旅游学研究者已陷入对现代大众旅游的批评之中无法自拔，但旁观者中自有清醒之人。产业、公众以及媒体的态度便要温和许多，立场也更加中立。另外许多非旅游学的研究者，即使并非资本主义发展的狂热拥护者（Löfgren 1999），也能够展现出更加乐观的态度。

> 或许大众旅游[……]对环境的反应并不敏感，但是它能够通过再分配而带来独特的有益之处。若地中海国家如今依旧处于贫穷之中，那么适量北方人的涌入便会为建筑工人、厨师、服务员、侍女、出租车司机、色情工作者、邮差、机场员工等人带来大量的工作机会。希腊、南斯拉夫、意大利和西班牙那些身无长技的年轻人第一次省去了异国他乡的奔波之苦，在国门之内即可找到低薪的季节性工作。人们再也不用迁往经济发达的北方，因为在自己的地盘上便可以为同样的经济体服务（……）前往国外的旅行（foreign travel）并不一定能拓宽视野（……）20 世纪 60 年代兴起的大规模旅游以游客的舒适度为基本原则，这些来自英国、德国、荷兰、法国以及其他新客源地的游客安然地藏身于同伴的包围圈中，隔离于真正的异域以及一切不熟悉的和计划外的事物之外。话虽如此，但是定期前往遥远目的地的经历本身以及新奇的交通运输方式——比如私家车和包机航班，已经为成千上万与世隔绝的人们（尤其是他们的孩子）打开了一扇观察世界的窗口（Judt 2006：loc 7641～7697）。

虽然这样的观点不常出现于旅游研究者的讨论之中，但却得到了大众的普遍认可。旅游学界或许能够为这种不协调的状态找到社会学上的解释，同时令这个因目前研究的局限性而被低估的主题更具吸引力（Ateljevic 2009；Tribe 2009，2010）。不过这样的讨论已超出本书的范畴，在此我们只需明确一个事实。现代大众旅游的扩张不仅承受着来自学术界的穷追猛打（贾法瑞称之为"警戒阶段"），20 世纪 80 年代以来层出不穷的旅游新形式（Eadington and Smith 1992）更是塑造了贾法瑞所称的"警戒阶段"，这些旅游新形式也为学界的研究者们带来了期盼已久的解脱之感。从那时起，学界便开始对大众旅游之外所有的新型旅游大加赞扬[例如《可持续发展旅游业杂志》（*Journal of Sustainable Tourism*）已被视为该分支学科的最佳学术作品]。大多数作者的内心都深深隐藏着要将任何形式的现代大众旅游都一劳永逸地全盘毁灭的愿望，或是至少将我们所知的旅游大大减少。

传统理论接受承载力的概念，即目的地在不承受过度压力的前提下每日可接待游客的最高数量，同时也承认慢速或是非商品化发展（Wearing et al 2005；Wearing，McDonald and Ponting 2005）的重要性。因此，生态旅游、特殊兴趣旅游（special interest tourism）、可替代旅游、低强度旅游、负责任的旅游以及绿色旅游吸引了研究者越来越多的目光，也逐渐成为媒体的宠儿。最近，这种趋势更是在一个可持续观念的激发下愈演愈烈，目前最为广泛的旅游形式在此概念下被认为是不可持续的。因此，面对普遍的斥责和大量将旅游发展视为无法完成之任务而发起的非难，旅游学界以及一些自恃清高的旅行(travel)和大众媒体也开始在其中摇摆不定了。

然而，在这股潮流仅仅盛行了数年之后，设计更加精妙的多维产品便虏获了旅行大众的芳心——迷你行、城市游、日益增加的会展旅游(MICE：Meeting，Incentives，Conferences and Exhibitions)、农业之旅、品酒之旅、美食之旅、烹饪之旅、节庆之旅、徒步远足、极限运动之旅、马术竞技之旅、深海捕鱼巡游、摄影狩猎游、潜水之旅、洞穴之旅、主题公园之旅、文化都市之旅等旅游产品已经大大扩展了现代大众旅游最初有限的几种形式。对包价旅游的抨击之声终于飘进了大众的耳朵。

然而，随着真相的暴露，新产品带来的兴奋之情最终却只剩下一片唏嘘。例如生态旅游，在向旅游者和旅游产品的提供者均作出保护目的地生态和文化的承诺之后，却被证明无非是另一种营销技巧而已(Honey 2008)。许多其他的旅游形式也经历了这种从饱受赞誉到千夫所指的发展历程。这些旅游形式在其初始阶段博得了不明真相的支持者，然而实质上却从未脱离现代大众旅游的商业模式。它们只是迎合了国内和国际旅游市场上日益增长的需求和更精确的市场细分(Plog 2003)。最初高深的学术骗局最终还是无法替代市场的现实和消费者的愿望。若干年后，当人们回想起这些曾被学术界奉为珍宝的理论又在不久后被弃如敝履时，是否会觉得讽刺呢？

若能够从基本的经济和人口状况方面进行思考，学者们也许能够看透这种尴尬的窘境。作为现代大众旅游的基础的中产阶级非但没有经历经济状况上的停滞，反而不但扩大着自身。中产阶级在中国、印度以及其他一些国家经历着前所未有的高速扩张。在中国，中产阶级人数从2005年的6 500万增长至2007年的8 000万，预计到2020年可达7亿之多。而印度2007年的中产阶级人数已达5 000万，占其总人口的5%；预计到2025年可达5.83亿，即占人口总数的41%(Beinhocker et al 2007)。

带薪假期在欧洲的许多国家经历了大幅的增长(Schmitt and Ray 2008)，最近甚至成为缓和失业率的重要手段之一。意大利的年带薪假日已达42个工作日，即近乎8周的时间；法国每年的带薪假日数约7周半；德国和巴西7周；英国6周；韩国、日本和加拿大则是5周。美国是唯一一个带薪假日数较少的发达国家,每年只有 2 周(虽然最小量会随着资历和个人合同的条款而逐渐增加)。虽然目前发展中国家还暂未达到该水平,但要求缩短工作日和享有更多假期的愿望已日益强烈。

在发展中国家,可支配收入的不断提高为中产阶级出游提供了可能。虽然 2008 至 2009 年的经济危机暂时阻碍了经济增长的势头,但这种趋势并未遭受重创。旅游在 2009 年减少了约 4.8%,但是这道伤口将会随着全球经济活动的步伐逐步愈合。在 2010 年旅行和旅游产业对世界 GDP 直接和间接的贡献已达到 9.2%(5.7 万亿),到 2020 年预计将达到 9.6%(11.5 万亿美元)(WTTC 2010)。

然而这些真实的数字却未能击碎那种自以为是的论断,因为有太多的研究者在背后推波助澜。他们一边展示出对中产阶级生活的极端厌恶,一边对小群体表示同情,因为在他们看来,这些群体的环境和文化正在遭受着来自游客肆无忌惮的侵害。于是学界便不断找寻大众旅游的其他替代形式——背包客、社区旅游(CBT)、各种目的地赋权的旅游形式以及最终的可持续发展。或许有一天,他们能够有所收获。

二、通向旅游发展的背包之路

从需求的角度看,背包客如今已被视为现代大众旅游的一种可替代形式。人们作出如下的基本假设:许多小型的原始社区将旅游业视为提高集体福利的一种方式。但是,它们一旦向大众旅游者以及操控大众旅游的旅行公司敞开大门,这些野蛮人便会为它们带来高昂的社会成本。相反,如果它们将自己置身于一个细分的市场之中,享受缓慢但是稳定的增长,它们或许能够在保持自身完好无损的情况下实现发展的目标。然而,它们的目标市场又在哪里呢?那些在步入工作前四处环游的、被称为背包客的年轻人似乎给出了答案。

1991 年初,在印度政府的许可下,联合国世界旅游组织(UNWTO)在德里举办了一场有关青年人旅游的会议。此次会议一方面应和了官方的惯例,但在强调了有关旅游消费者的各个重要部门的不同方面之外,它跨出了更远的一步。如同许多历史悠久和有着古老传统的发展中国家的政府一样,印度政府也发现了自己所处的尴尬窘境。一方面,政府急切地发展着自身,尤其将国际旅游视为经济收益、就业以及外汇收入的重要来源。另一方面,亦想要尽可能减少国际旅游对当地社区的传统生活方式所带来的影响,同时急于保护蒸蒸日上的国内旅游业以及自身在包括旅游业在内的经济计划中的角色。

然而不幸的是,如此窘境还未能找到出路。国际旅游,尤其是从主要客源地出发的长距离旅行(long-haul travel)(即从发达国家出发),是一个拥有完善游戏规则的产业。国际旅游要求舒适的食宿条件、新的景点、良好的卫生环境和安全保障以及大量的基础设施投资等,这些常常是当地产业力所不能及的。此外,富裕和主流旅游者的行为方式也常常与当地居民产生矛盾。国际旅游为了经济利益而改变了原始的风貌,冲击着当地政府的力量同时也削弱了当地的原本生活方式和传统。

是否有第三条路可供选择?这便是德里会议的真正目标——以廉价和背包为主要特点的国际青年旅游也许能够为两个世界的双赢提供一条捷径。一方面,虽然这些来自富裕国家的年轻人在旅途中力图节俭,但与当地社区相比,他们依旧具有强大的购买力。他们的支出对当地经济产生巨大的诱导作用。另一方面,由于有限的经济能力,他们不会像通常的西方旅游者那样拥有各种花哨的需求。因此,发展中国家及其脆弱的社区或许会在这样的国际旅游中安全发展。尽管一些学者也作出了警告(Aramberri 1991,2000),但是背包旅游(backpacking)的策略在包括印度在内的许多国家依旧发展迅速。然而,它实现了自己曾许下的诺言吗?

关于背包客及其旅行方式(traveling styles)的文献如雨后春笋般大量涌现(Elsrud 2001;Hampton 1998;Loker – Murphy and Pearce 1995;Murphy 2001;Richards and Wilson2008;Scheyvens 2002;Sørensen 2003)。通常,作者们会列出此类旅游(tourism)的一系列特征,其中包括小额预算、较长的出行时间、对当地交通工具的使用、低端食宿(Hannam and Atejevic 2008)以及获取教育、文化和冒险旅行(travel)的愿望(Loker-Murphy and Pearce 1995;Maoz and Bekerman 2010;Pearce and Foster 2007)等。背包客们不回避那些不知名的地理区域,常常参与阈限的、不同寻常的或是不确定的社会变化,但前提是这些变化并不具有真正的危险性(Elsrud 2001;Adams 2001)。其他特征包括独特的社会关系网、独有的社交场合、背包客聚集区以及背包客之间在短短数日之内由完全陌生到亲密无间的独特人际关系(Uriely et al 2002)。

在其主观经验和态度层面上,背包客被塑造得与其他类型的旅游者截然相反,他们据称已准备好适应当地文化和风俗,扮演着与主流度假者全然不同的角色(Murphy 2001:61~64 页详细讨论了背包客的行为目标和方式)。洛克尔·墨菲(Loker-Murphy) 和皮尔斯(Pearce)将这种形象视为"与'教育旅行'相关的早期价值观以及旅行教育价值的回归"(1995:827)。许多年轻人会推迟一年进入大学或者在毕业后推迟一年进入职业生涯来完成这种过渡仪式(Caprioglio O'Reilly 2006;Brown 2009)。在这个层面上,这种长距离和低预算的特点树立起了一种受人欢迎的形象(Ooi and Laing 2010),这与科恩(Cohen 1982,2001b)或是莱利(Riley)所用的严肃口吻相比要温和许多了。

然而,关于背包客的讨论却常常忽视背包旅游(backpacking)的其他维度,或是它在目的地选择中所扮演的经济角色以及它为发展战略所作出的贡献。汉普顿(Hampton 1998)在关于龙目岛和印度尼西亚的研究中强调,对于当地人来说,背包客及其需求是着手开创一系列事业的良好契机,因为他们的极简主义行为方式与其他游客比起来并不需要大量的资本投入。最后他得出结论,关于这类旅游需要更加具体的研究:

> 背包客旅游(backpacker tourism)能够切实提升当地的发展,帮助当地寻找一个更具可持续性的长远策略,以助在当地自身的经济发展需求和在当地建造大型旅游景点的强大驱动力之间寻找平衡(1998:655)。

威尔逊(Wilson 1997)在一篇关于果阿(Goa)的著名文章中也表达了同样乐观的观点。

斯彻文思(Scheyven)的观点则更加振奋人心——她认为背包旅游(backpacking)能够为当地社区带来巨大的经济利益。在遥远目的地较长的停留时间中,背包客的支出要比其他游客更多也更合理;他们为当地社区带来的经济利益已超过其他外人为当地发展所作出的贡献;他们消费当地的产品和服务;为迎合他们的需求所进行的投资不需要大量资本(因此,许多当地小企业也有能力支付进入成本);进口在最大程度上得到了压缩。经济利益通常也会带来其他的无形利益。斯彻文思认为所有权的增加提高了当地人对自己的社区的归属感,当地文化和传统得到了复兴,环境也得到了更多的重视。她总结道:

> 有积极的证据显示,通过接待背包客,第三世界国家的人们从旅游业和自己经营的当地企业中获取了更多的经济收益。(……)国家和当地政府以及非政府组织都有能力帮助当地社区最大程度地利用好国际背包客所带来的巨大机遇(2002:160)。

然而,这样的结论似乎太过乐观了。不仅仅像斯彻文思引用哈特尼克(Hutnyk)(1996)和诺罗尼亚(Noronha)(1999)所说的话,背包客的行为方式也是多种多样的。虽然许多背包客给予了当地的文化和环境足够的尊重,但是也有一些表现出了如同他们在坎昆和劳德代尔堡度春假时同样的冷漠态度;更重要的是,斯彻文思似乎并未完全理解支持旅游业可持续发展的背包之路背后隐藏的政治经济学道理。背包客在当地经济中处于何种地位？他们如同食利者兼套利者一般在目的地游荡生活。实际上，他们从外部资源中坐收渔利，大多并不从事当地的其他生产性活动，一味地从自己在家乡赚的收入和当地市场的物价水平之间谋取利益。相比之下，他们的收入相对得到了提高——简单的购买力平价作用。

这些观点并不存在贬损的意味。背包客以自己的方式成为非常聪明的消费者，在东道主社区中开辟了自己的道路，只要并未失去自己的收入来源，他们便会像精明的代理人那样追寻最好的策略。这只会冒犯到那些在道德上对个人私利和消费主义充满愤恨的人。然而经济问题则另当别论。若套利是背包客出于理性所追求的主要目的，那么与他们的来源国相比，当地社区越是落后，他们的目标越是容易实现。若能意识到自己与东道主国的落后状态所具有的重要关系，背包客也一定会错愕万分。一旦他们的来源国与东道主国之间的价格差额变小，他们要么缩短停留时间，要么会重新选择一个仍旧具有套利空间的目的地。

在文化层面上也能够找到支持该观点的证据，只需通过观察基本的游客工具之一——旅行指南，以及指南上某些国家所呈献给背包客的形象（Enoch and Grossman 2010）即可。何为旅行指南？这是关于某国或某地信息的出版物，它包含一系列潜在游者感兴趣的信息和建议。大多旅行指南会提供有关目的地吸引物、交通方式以及食宿的各种信息并且提供关于如何到达目的地的实用建议、习俗和忌讳以及目的地国家或地区的基本状况（历史、宗教、社会等）。然而，这些并非关于目的地最为全面和精确的信息，但却很可能是潜在旅游者了解目的地的方式，因此它也是目的地形象和大众文化重要的组成部分（Reichel et al 2009）。

旅行指南是重要的旅行工具之一。通常，它们并非游客的第一个信息源，大多游客最初受到的影响仍是来自亲友的口口相传或者网络，但是旅行指南与其他信息源相互补充，发挥了重要的作用。一些研究者注意到许多前往偏僻地带的人将《孤独星球》视为自己的“圣经”（Spreitzhofer 1998:980），它既是一个饱含实用信息的珍宝，也是一个展现行为方式甚至道德选择的标志。旅行指南常常是达成交易的决定性因素，或至少在潜在旅游者面临众多选择时提供协助。例如，在乔杜里（Chaudhary）的样本中，前往印度的游客有 19.1% 都承认旅行指南是他们最基本的信息来源之一。

笔者（Aramberri 2004a）曾经对两本于同一年（2001）出版，但是定位于不同细分市场的旅行指南中的印度形象进行了调查，这两本指南分别是《国家地理旅行者》（*National Geographic Traveler*）（Nicholson）和《孤独星球》（*Lonely Planet*）（Singh 2001）。在 2004 年，《孤独星球》在亚马逊身居最畅销的前 10 000本书之列。这两本旅行指南拥有不同的受众群。《国家地理旅行者》定位于高端市场或是富裕的旅游者，而《孤独星球》则主要针对预算较低的旅游者或背包客。

除了文字信息之外，《国家地理旅行者》主要依靠视觉图像来对文字进行辅助说明。在全书总共 400 页中，包含了 286 张照片（以及 4 张封面图片）。《孤独星球》则在 1 080 页中总共插入了 163 张照片（以及 1 张封面图片）。可以发现，定位于高端游客的旅行指南包含了更多图片。然而，更重要的是这些传递信息的图片所展示的内容。这两本书中的图片可分为两支连续谱共四个特征。第一支连续谱的两端分别是与自然或文化相关的山川湖泊、农业活动类吸引物以及人造遗迹类的吸引物（庙宇、宫殿和城堡）。第二支连续谱的两端可归纳为现代的和拥有传统生活方式的印度。在展示现代印度的图片中充满了现代文化在日常生活中留下的印记（高耸的办公大楼、设计展以及信息和通信技术）以及全球化生产的标志。

《孤独星球》展示的绝大多数是有关传统印度的影像（163 张图片中有 144 张之多），接下来是文化类吸引物。而《国家地理旅行者》则将文化类吸引物排在了前面，接下来才是传统印度。同时，它也包含了更多现代印度的画面（共 36 张），这部分占到了所有图片的 13%。相比之下的《孤独星球》只插入了 7 张现代印度的照片（不足图片总数的 5%）。若对这两本书中传统/现代的连续谱进行思考，结论则更加意义重大。在《孤独星球》中，相比传统印度，对现代印度的描述只占到 6%，而《国际地理旅行者》则用了 40% 的篇幅。在后者中，人们可以目睹到这个历史悠久的国家（既指古老的遗迹，也指悠久的传统）正遭遇着全球力量的日益强大的影响，它前进的脚步正距离支撑着传统习俗和态度的框架越来越远。

将那些对今日印度现状的描绘与《孤独星球》中对古朴印度的凝视比较观察，这种感觉则会变得更为强烈。在《孤独星球》对印度形象的描绘中，那些未经雕琢的自然风光、静静伫立的历史遗迹以及年代久远的古老传统所具有的地位已远远胜过新式的生活方式——古老好过新潮，曾经胜于未来。虽然常识告诉我们，当某事物具有多重象征时，不能只取其一进行描述。然而，这本背包客的圣经却单单构建了一个充满怀旧之情的（帝国主义的？）永恒印度，一个从未改变的印度，正是这样的贫穷景象迎合了背包客对低物价的需求。

这两本旅行指南中对印度全然不同的描绘不禁令人思考，究竟该如何定义今日的印度？它是否像《孤独星球》所描绘的那样，是“一个期待未知的地方”（Singh 2001：17）。在这一点上，《国家地理旅行者》采用了一个类似的表达，将印度描绘为“一片充满矛盾的土地”（Nicholson 2001：14）。然而随后，在未知和矛盾存在于何处的问题上二者开始产生了分歧。在《孤独星球》里，这些未知和矛盾存在于宗教圣地、历史遗迹以及优美的自然之中。《国家地理旅行者》虽然也指出了印度在古老和新潮之间所具有的矛盾，但是却将这种矛盾视为理解现代印度的关键因素。书中用一个长长的导言描述了在纺织工人通过手机将产品销往远方，或是印度青年在拒绝父母包办的婚姻时全球化是如何影响印度的。同时，它也用很大的章节描述印度作为世界上最大民主国家的地位，而该问题在《孤独星球》中只被简单带过。

班加罗尔已成为现代印度的典型代表。《孤独星球》描述了该事实并且介绍了当地 IT 产业的发展方式。相比之下，《国家地理旅行者》的介绍则更加详细并且充满了热忱，它指出，印度的人才在过去曾流向美国并在那里工作和学习。学成归来，他们不仅掌控了国内的企业，甚至开始“收购疲弱的美国公司”（Nicholson 2001：227）。因此，很难说印度是一个与西方截然不同的古老社会。然而，又该如何解释游客与当地居民在每日邂逅中所遇到的矛盾冲突呢？对于这个问题，《孤独星球》采用了一种文化批判和后现代文化人类的概念框架。他们坚持一种在位的研究方法，认为只有从内部观察才能真正地理解当地文化，外部观察者永远无法全面地捕捉到文化的各个维度，因为只有当地人自己才是自身价值观的最佳裁判。因此，游客不应对当地文化品头论足，而应尽量适应当地习俗。

然而，若仔细阅读此书，便会发觉最初的立场有些站不住脚。以女性问题为例——试图在当地对待女性的方式和西方的妇女解放信条之间找到中立之地并不容易。人们要么闭口不谈，要么必然会引起某一方的不悦。《孤独星球》采用了一种“事实即是如此”的态度对印度的妇女现状进行了描绘。虽然城市和中产阶级的印度妇女已开始了职业之路，她们从事着学术、军队以及政治等各类工作，但是其他女性的状况依旧并未改善；传统家庭依旧喜爱男孩；对女性胎儿的扼杀即便违法却司空见惯；包办婚姻依然盛行；已婚妇女在离婚时压力重重；根据最近的一项调查，2/3 的城市男性仍旧坚持女性服从男性意志的重要性。同时也介绍了殉夫的传统及其顽固性。相比之下，《国家地理旅行者》的描述则更加直白。它认为虽然许多特权阶层的妇女已发展成为董事长、外科医生、电影工作者以及政治家等众多角色，但是绝大部分的印度妇女依旧面对着不公和剥削。即便在印度较为开放的城市地区，传统的力量也依旧强大（Nicholson 2001:68），而这些传统并不有利于妇女。

在如何避免不同文化规范和实践之间不可避免的冲突上，这两本旅行指南也给出了完全不同的解答。事实上，有相当数量的背包客和低预算旅游者是来自于西方或是接受西方观念的女性，她们并不认同当地的道德规范和价值观。因此《孤独星球》所提供的建议在她们看来太过消极。然而，事实自会说话。据说印度的大街上挤满了男性——因此，她们会被注视、被品头论足甚至被性侵。因此，《孤独星球》建议女性在穿着打扮上尽量保守，避免在公共场合吸烟喝酒（Singh 2001:113－115）。人们可以理解为了避免不必要的伤害和可能的不愉快而改变自己的行为方式，但是强迫西方女性在忘记曾经享有的来之不易的权利时依旧保持沉默便有些令人气愤了。

背包旅游（backpacking）是否能够成为一种适用于全球的减缓贫困国家和目的地旅游发展之痛的方式（Teo and Leong 2006）？虽然这不会产生长期的影响，但似乎会在短期内成功地将它们带入一个死胡同。因为这些套利投资者不仅不会长期在景点、赌场、主题公园或是酒店流连徘徊，而且对价格的变化异常敏感。因此，他们并未在当地创造直接就业，只在非常有限的程度上为此作出了贡献。他们是所谓的“飞燕”消费者——日日迁徙，东奔西走。当目的地经济开始在崭露头角的繁荣中欣欣向上时，物价亦随之升高，这些消费者便会转而投向物价较低的目的地。因为在背包客之外很少有人会前往这些绿色牧场，因此当地人所进行的资本密集的投资只带来较低的回报率并且最终陷入停滞。按照尤瑞（Urry）之意，此情此景可以被称为“游客滥牧”（*Tourist Graze*）。

背包客是否应该放弃自己的伊甸园？只有市场能给出答案。作为一个复杂的产业，旅游业需要满足多个需求阶层各种不同的需求。前文中的讨论只说明背包客群体无法在印度或其他地区的发展中发挥重大作用。背包客对当地社区的经济贡献通常较低，他们并未给当地带来大量的工作或是投资机会。文化方面亦然。即使在某些特殊的情况下它显示出一定的重要性，但也远未达到其开创者和学术界所推崇的高度，成为现代大众旅游的替代品。

然而不幸的是，其他被当作标准大众旅游替代品的旅游形式也处于同样的情形之中，例如志愿者旅游——也称公益旅游（voluntourism）和扶贫旅游

(pro-poor tourism)(Ashley et al 2001;Deloitte and Touche 1999;Wearing 2008)。它们的共同目标是通过旅游来改善世界上经济贫困地区的贫困状况。然而,这二者之间还存在一个细微的区别:志愿者旅游(Sin 2009)的参与者会积极参与到改善当地社区的实践项目之中,而扶贫旅游则较少参与当地的社区生活。这两种旅游形式的倡导者都会对它们为当地社区带来的经济价值大加赞赏,同时强调它们反对新殖民主义的立场(Gard McGehee and Almeida Santos 2005)。然而,这两种饱受赞誉的生态旅游形式却出乎意料地迅速沦为生态－殖民主义或生态－帝国主义(Butcher 2007;Cater and Lowmann 1994)。虽然并非人人赞同,但是许多人已将它们视为一场骗局或市场策略(Fennell and Dowling 2003)。未来的志愿者旅游和扶贫旅游将要陷入这样的道德故事之中吗?

然而无论如何,倡导者们依旧坚定地将它们视为现代大众旅游的替代形式(Clarke 2009;Gard McGehee 2002)。但事实又如何呢?人们依旧心怀希望。例如,扶贫旅游的合伙人如此定义它:

> 扶贫旅游(PPT)是一种提升穷人福利的旅游。它并非微不足道的利基市场,而是发展和管理旅游的重要途径之一。它加强了旅游产业和穷人之间的联系,因此旅游为改善贫穷所作出的贡献会不断增加,穷人也能够更有效率地参与到产品发展的过程中来。旅游与各类型"穷人"之间的联系都被考虑在内:职员、相邻社区、地主、食物生产者、燃料及其他供应者、小型旅游企业经营者、手工艺者以及其他旅游基础设施(道路)和资源(水)等的使用者(2010)。

如此一来,谁若反对扶贫旅游,便是十足的恶人了。

然而,能够证明此类旅游经济有用性的证据却是少之又少(Blake et al 2008;Hawkins and Mann 2007)。在对大众旅游、资本主义以及商品化大肆批判之后,这种慷慨激昂的陈词滥调却未能找到继续下去的力量,虽然值得批判的邪恶本质正如往常一样处于细节之中。这些新型的旅游形式能否找到足够的需求?它们又能否刺激必要的投资以实现曾经许下的美好诺言?虽然一切皆有可能,但是将扶贫旅游打造成现代大众旅游替代品的可能性似乎并不太高。但是人们应该就此放弃扶贫旅游吗?答案自然是否定的。它的确有能力为某地带来工作机会并且提高当地社区的收入水平。然而,要打造成功的扶贫或志愿者旅游需要吸引大量投资和游客以维持当地运转。它会像一些梦想家所期待的那样(Wearing 1999;Wearing 2001),成为现代大众旅游的一种替代吗？对此人们不禁怀疑。小规模的发展甚是美好，但是大规模盈利却不容易。

其他一些现代大众旅游的替代形式也设计出众多不甚明确的目的地产品组合，心急如焚地号召旅游者帮助减缓目的地的贫穷状况。面对该问题，基比仲（Kibicho）（2009）提出了将肯尼亚卖淫活动合法化并把当地打造为性旅游目的地的建议，以期提高旅游者的数量和支出、降低从业者的风险、提高他们的收入，同时增加政府的税收收入。再一次的，即便能够理解该论点的逻辑并且不反对色情服务者拥有更好的生活，人们依旧怀疑该项建议是否能够成为改善肯尼亚贫穷现状的一剂良方。根据 UNWTO 的数据（2010），该国在 2004 年共接待游客 120 万，游客总支出 4.86 亿美元。即使性旅游者的数量增长至 2008 年的水平，即使他们在该国的人均花费与 2004 年基本持平（因此我们可以使用世界银行 2008 年的数据），他们也只为肯尼亚增加了 1.7% 的国民总收入（Atlas 方法）。虽然不是微不足道，但也确实不多。它远不能与瑞恩和豪尔（Ryan and Hall 2001）那种史诗般的沉思（性旅游是世界银行为许多国家精心挑选的一条发展之路）相对称，性旅游也无法成为肯尼亚或其他国家奇迹般的发展之路（第六章）。

三、基于社区的旅游和赋权

若在需求方无法找到替代现代大众旅游的曙光，或许在供给方可以寻得一丝希望。这便是另一类解决方式：例如自下而上式的发展、社区旅游以及目的地赋权等。虽然名目众多，但倡导者们的主要思想都是将产品发展的决策权交付于当地居民手中。此类想法最初由墨菲（Murphy）（1985）提出，他认为这种旅游发展方式能够最好地服务于游客，并且比局外人做得更有效率。

这又是一个令人蠢蠢欲动的主意。诚然，当地居民对自己的社区和产品最为了解。然而深入思考便会发现，事情并非想象的如此简单。这些想法能够实现的前提条件是整个社区能够达成一致的意见。然而正如第七章所述，现实常常并非如此。此外，鲍曼（Bauman 2001）曾明确指出，社区概念的提出更多是出于情感而非理智。它激起人们情感上的融合、惬意的舒适感以及对母亲家园的安全渴望。然而，激情和感受不等于有用的盈利方案。它增加了当地社区的浪漫化程度，然而一旦涉及现实层面的实际行动，结果却常常与预期相悖，甚至令人大失所望。

事实上，当地居民的利益常常并不一致甚至相互冲突。斯托尼奇（Stonich)(2000)曾记录了洪都拉斯海湾群岛上各个社会群体之间的利益冲突。无论是在佛罗里达中部(Milman and Pizam 1987)或是希腊萨摩斯岛(Haralambopoulos and Pizam 1996),当地两类不同的群体(不依赖旅游和依赖旅游的亚群体)在对待旅游和旅游业发展的态度上都存在明显的区别,正如卡内斯特雷利(Canestrelli)和科斯塔(Costa)对意大利威尼斯岛上居民群体的划分(1991)。类似的情况也存在于中国(Byrne Swain and Mommsen 2001b;Cohen 2001b;McKhann 2001)以及其他一些旅游业并非主要产业的发展中国家。加利福尼亚的纳帕谷是美国葡萄酒的主要产地,当地的酒商、环保主义者以及旅游业主体便为争夺土地使用方式的决定权而展开了一场拉锯战。最终,他们只得将不可调和的利益冲突交予法庭裁决(Kahn 2002)。

索菲尔德(Sofield)是社区旅游第一个也是最坚定的支持者,他关于尼泊尔加德满都河谷的研究(2001)具有很强的说服力。他一开始便强调了目的地赋权的重要性,尤其是对处于现代社会和政治环境中却依然重视传统的社区来说。根据韦伯对宗主权的模糊表达(参见 Sofield 2001:258 与 Weber:1971:122~148),他认为赋权是一个多维过程并最终会将决定权交予当地社区手中。然而,他却未能对当地政府和国家的角色加以阐述,或许是在他“赋权必须摆脱依赖性”(2001:258)的说法中中央权力已变得无关紧要了。然而实际上,后者常常并不接受这种对其权力的限制——这也是合情合理的,因此有关 CBT 和赋权的理论便第一次陷入了困境。然而,当地赋权是否会导致其他权力中心的混乱?人们应该给出答案。

上述问题虽然重要,但还并非关键所在。索菲尔德介绍了前往加德满都河谷的若干不同旅行(travel)方式[斯瓦扬布寺(Svayambhunath)和昌古纳拉扬庙(Changu Naryan)]以及联合国开发计划(UNDP)对一个帮助这些旅游方式实现可持续性的计划的资助。他强调说,比起自上而下的方式,该计划从开始实施到参与决策制定的全过程中所展示的是一种自下而上的特点(2001:268)。人们有理由期待,在这些前提下,接受这项计划将会为全体居民都带来永恒的幸福。到 1998 年初为止,大部分目标均已完成。对空间的争夺战虽未停止但已平息不少。联合国开发计划(UNDP)支持下的“品质旅游项目伙伴关系”(PQTP)已大大改善了山体、山坡以及山谷的管理。居民、朝圣者和游客均显示出满意的态度(2001:269)。

然而好景不长。在分析的最后一部分,索菲尔德便向读者透露了这项计划仅仅在几个月之后便宣告破产的事实。显然,联合国开发计划太过依赖围绕社区发展委员会而非山谷发展委员会而形成的利益群体。根据尼泊尔的法律,后者有权在不经过前者同意的情况下对 PQTP 划拨给社区发展委员会的基金流向进行监管。于是,山谷发展委员会便关闭了社区发展委员会的旅游信息部门——PQTP 的重要支持部门之一,并且对其他各项削弱其权力的政策进行了支持。显而易见,某些当地力量对自下而上的发展计划所提出的赋权策略采取了抗拒的态度。

若不了解尼泊尔的法律背景,那么想要对争辩的双方进行孰是孰非的评判便绝非易事了。然而,尼泊尔的法律背景却也同样不易了解。这场冲突中存在利益相对的两方势力,而其中之一因为被排除在 UNDP 的资助计划外而愤愤不平。为当地居民赋权并不像预想的那般简单。这场风波的最终结论是当地股东的多方利益应结成一个和谐的整体——这种结局要么是虚幻的想象,或者更糟,成为研究者和/或计划顾问们送给隐形股东们的一份大礼。无论在何种情况下,随之而来的矛盾都是不可避免的了。

然而,问题不仅仅是各个社区集团之间一直存在的矛盾冲突,同时这些矛盾并非转瞬即逝的误解,更不会像国际官方所断言的,在良好的沟通中会烟消云散。正如我们亲身感受到的,在当地居民和更广泛的社区成员之间的矛盾一贯处于不可调和之中时,它们便已融入了日常的生活里。当研究者不再执着地要将当地社区浪漫化时,这一事实很快便浮出了水面。

此后,索菲尔德又对赋权理论进行了进一步的应用,但依旧所获不多(2003)。他研究了南太平洋地区的三个案例,试图阐明一个在他看来对整个旅游发展都具有重要意义的理论。“它综合了一系列有关赋权、旅游发展(尤其在原生态地区),以及考虑到政治和社会经济环境的可持续发展的概念”(2003:8 ~9)。虽然最后的句子略显粗糙,但我们依旧可以站在索菲尔德的立场上作出解释,他不惮于选择一条许多学者并不常用的、将点描法转变为首选技巧的研究道路。在外人看来,这种星星点点的案例研究好似后印象主义画家们用小笔刷一点点构建出整幅画的技巧。审视我们的学术出版物,不难察觉的是这种无休止的案例研究根本无法支持哪怕是最为中立的假设。索菲尔德抨击了那种对难以自立的理论证据进行修饰抛光的做法,这一做法着实值得赞赏。同时,他最大的贡献在于就此进行了细致的讨论,虽然最终也走向了失败。

在构建上述综合理论的过程中,索菲尔德以两个基本提法作为开端,一是可持续旅游发展必须通过为当地社区赋权才能够实现;二是在赋权过程中不仅要让当地居民遵循自己的传统方式，同时也需要国家层面的管制。显然，他并未忘记加德满都的前车之鉴以保证新方式在实施过程中不再经历激烈的动荡。然而，这种提法依旧经不住内在逻辑的考验，我们却在权威的力量之下不得不接受它。虽然缺乏启示性以及绝对的正确性，但索菲尔德却在官僚一致性中找到了安慰。通常为讨论某一概念或理论的合法性，作者会援引多个不同的国际文献。例如，可持续性或可持续发展的概念之所以能够得到认可是因为它在1987年的布伦特兰报告中就已被抬到很高的地位了，经济发展要兼顾公平的提法早在1976年国际劳工组织接受它时便奠定了自己的地位，关于原住民及其普遍特征的定义应该遵循联合国大会或是联合国开发计划（UNDP）的提法。然而，不必具有亚里士多德般的智慧也会知道，建立在权威基础之上的论点是最不具有说服力的一种。

作为澳大利亚曾经的外交官，索菲尔德自然知道这些文献与其说是学术争论，不如说是一种互惠交易——然而他却依旧诱导我们不加怀疑地接受。他也明白布伦特兰报告中关于可持续性或可持续发展的提法（可持续发展应该"在满足当代人需要的同时不伤害后代人满足自身需要的能力"）相当模糊，根本无法回答在接下来的实施过程中所遇到的所有问题。在支持者不断对这些问题给予解答时新的问题依旧层出不穷。然而索菲尔德不但全盘接受，甚至增添了更多漏洞。为什么说基于可持续发展的政策再谨慎也不为过？为何社会平等是可持续发展的关键性原则？当这些提法具有多重解释是，他也并未努力对这些解释作出评判。

实际上，有一个冗长的章节都在讨论该问题，然而其中也仅仅是一些概括性的既定概念罢了。例如"定量的"一词———一个在经济增长时在经济学中拥有完善定义的概念，又或是在发展中所使用的"定性的"一词。这些词语就这样被直接使用，好像它们的含义足够简单一样。然而事实却是读者并不完全理解，而又无法找到进一步的解释。再例如在讨论不太发达的国家时，人们可以跳过凯恩斯（Keynes）或是马克思（Marx），前者主要研究成熟的工业资本主义社会，而后者则专攻"中央集权经济体的意识形态"（2003：32）。人们可能会认为，凯恩斯尝试为所有需要处理失业率、利率，以及财富的国家寻找普遍规律，而马克思则主要研究有关从资本主义发展阶段之前的社会生产模式转向资本主义生产模式的问题，这正是今天许多不太发达的国家所处的节点。人们若是连这样的讨论都略过不谈，那么理论探讨还能剩下些什么呢？

答案是所剩无几。也许能够探讨为现代化理论进行驱邪的仪式，也可以对后殖民主义学派观点中的信条进行批判或赞扬：

> 依赖理论或许(原文如此)最终会开始考虑民族国家的赋权问题并将其视为一个打破依赖性枷锁的方式，但是并不涉及社区赋权的问题(2003:56)。

在通俗的英文中，即便不用经历大幅修改，依赖理论通过重新定位也许能够重获新生并展现出巨大的力量。

然而，索菲尔德的整容手术看起来却问题重重。难道依赖理论最终只考虑了民族国家的赋权吗？仔细思考便会发现，贝特尔海姆(Bettelheim 1975)、弗兰克(Frank 1975，1981)、阿敏(Amin 1973，1976)以及多斯·桑托斯(Dos Santos)在其著作中都将民族解放视为一切独立的前提，也包括社区赋权。索菲尔德认为依赖理论学家实际上忽略了独立之路的多样性，作出的论断也过于宽泛，但不应忘记的是他们对环境和文化因素的重视——这些现代化推广者不会加以考虑的因素，因为在他们的进化方案中，发展即等同于西方资本主义。

正如前总统乔治·沃克·布什(George W. Bush)会说的，这种刻板的印象实质上错误地低估了现代化理论。在苏联计划经济解体后，在中国为资本主义企业打开市场后，在非洲和伊斯兰世界消灭资本主义的尝试失败后，在印度对无效率的中央管制经济进行了虽不完善但合情合理的抵制后，现代经济意味着资本主义的说法也许不那么令人误解了。为何索菲尔德如此轻率地便抛弃了它？他支持一种慈悲的进步主义(compassionate progressivism)，即不以经济为主导而看重环境和文化的动态机制。这即是他最终所提出的赋权概念。

然而，在他的著作中，赋权也呈现各种不同的形式。这里采用一个他在乡村发展过程所使用的赋权含义，他认为，赋权意味着：

> 乡村穷人的愿望和目标应该被放在首位，专家的能力、观点和价值判断只应该作为辅助工具来保证这些愿望和目标的达成(2003:91～92)。

在此，他将赋权完全视为质量管理和改善法(Kaizen)，然而这两种概念所指的却是"持续地改善"(iSixSigma 2004)，并且在大型商业中的地位与日俱增——与他所翻译的赋权含义并不相同。同时，他也将自己在加德满都所使用的自下而上的方法称为最佳的赋权工具，并认为它已得到了非政府组织的多次实践证明。

人们无法确定上述概念具有相同的含义。后者仅仅是一种改善公司绩效表现的方法,并未在角色之间进行排序,主要关注诸如投资、产品研发、市场战略等问题;而前者则实现了大步的跨越,在有关上述问题的所有讨论中,它都会将当地穷人视为绝对的主角。这或许是善良的同情心,但它无法帮助我们建立起清晰的分类。例如澳大利亚,谁该是被优先照顾的贫困人口——2000年澳大利亚有13%的人口生活在贫困之中(The Smith Family/NATSEM 2001)或属于刚刚超过贫困线的工作人口、城市和/或乡村贫困人口、白种和/或原住贫困人口。若后者被优先考虑,那么所有的穷人都应被划进社区吗?还是仅仅最穷的人群才够资格享有资源?对非政府组织来说,这是一个鱼龙混杂之处,聚拥于此的反全球化主义者不断重复着对市场狂热者和摇摆不定者的抨击。至此,这种赋权的工具看起来更像是一个二流巫师的魔法扫帚了。

然而,它在运动之中(*Eppur'si muove*)——索菲尔德依旧坚持着。理论的各部分也许并不完全契合,但是他试图以三个旅游实例来对自己的故事加以佐证。第一例,瓦努阿图(Vanuatu)那种被称为棹(*Gohl*)的表演形式的可持续性已得到证明,斐济玛娜岛作为第二例的情况亦然,虽然第三例所罗门群岛中的阿努哈岛度假胜地的情况在当时看来要更加乐观,却在若干年后全面崩溃。前二者有哪些必要特点是它们所缺失的呢?答案指向了当地赋权。要试图理解它们截然不同的发展经历,让我们首先从成功者开始。

彭特科斯特岛(Pentecost)是瓦努阿图领土的一部分,岛上的一些村民称为萨(Sa)人,他们有一项传统仪式称为棹(*Ghol*),在仪式中"精心被挑选出的新进成员必须用藤条绑住脚踝,然后从25米高的平台上垂直跳下,藤条的长度能够保证他们的前额正好扫过大地"(Sofield 2003:261)。这项仪式除了对当地居民具有重要意义之外,也是旅游业的噱头之一,正如潘普洛纳(西班牙)斗牛场中飞奔的公牛或是锡耶纳(意大利)的派利奥赛马会,都大大刺激着大众的兴趣,用专业的话讲,是旅游强有力的拉动因素。

在过去的日子里,游客通过外国旅行代理机构(travel agency)来参观此类活动,然而几年之后,当地居民便心生疑虑,不知将自己的独特技能展示给外国人是否合适;最终,他们同意将自己的文化按盎司、按磅销售——正像格林伍德(Greenwood 1977)会使用的措辞一样。当地居民允许中介机构向游客出售门票,但是仪式的所有其他方面都由当地居民自己控制。将传统活动商业化的唯一原因是它可以带来比农作物种植和体力劳动更多的收入。"自从萨(Sa)人自己控制了棹(*ghol*)的旅游开发,村庄的直接人均年收入已超过了20 000美元。"(Sofield 2003:267)。同时,萨(Sa)人自己对活动的控制也保证了游客所向往的本真性。通过这种方式，当地人利用这种被称为棒（*gohl*）的表演成功地将当地习俗与旅游业的经济利益结合起来，保证了自身的可持续性。这个例子如同伊索寓言一样带来了深刻的启示。“本土居民的所有权和控制权是对文化和种族本源进行赋权的绝对基础”（Sofield 2003：276）。然而，疑问依旧存在——这种方式是真正的赋权吗？或者它只是萨（Sa）人在成为自己表演的经营者的同时将门票销售外包给第三方？毕竟，他们不需要被任何人赋权——他们本就是这些吸引物的所有者（*owners*）。

第二个成功故事来自斐济的玛娜岛。度假地所在的小块土地（大约是全岛面积的一半）在1971—1972年间便租给了一个澳大利亚公司。1988年该公司将自己的利益部分出租给一家日本企业，后者立志要在2 600个床位的接待能力下将游客数量提升到600个单位。30年来的历史见证了该度假地的可持续性。它的长寿秘诀在哪里？首先，“在亚鲁（Yaro）没有一个人生活在贫困之中”（2003：302）。除了租金之外，租约还保证了当地居民，即土地的所有者，在相关工作中被优先录用的特权。此外，它对大众开放了海滩和其他海洋资源。因此，无论是通过直接雇佣还是开发旅游相关产业（深海捕捞、背包客度假地、工艺品店或是小型市场），当地居民都从旅游业中获得了实实在在的利益。结果好，一切都好。

然而，人们不禁会问，赋权为这个大团圆的结局作出了何种贡献？在运行良好的市场经济中，任何经济学家都会预见到当地人成为满意的领薪工人或小企业家。不过，社区中铁腕人物的美好心意也确实对这一过程起到了润滑的作用，同时也很容易将其想象成一个受欢迎的“多余之物”，在经济学的术语中，也可以说其为管理公司减少了交易成本（Williamson 1975）。不过，当地居民对度假地运行的控制与彭特科斯特岛相比还略显逊色。这并不难解释——他们并非所有者，而是雇员。若没有彭特科斯特岛居民的参与，那么被称为棒（*ghol*）的表演亦无法进行；而在斐济岛上，即使玛娜居民拒绝合作，度假地也依旧能够得以维持。若不是因为已出现过矛盾，人们不禁要以为上述情形便是我们所称的商业友好型环境了。在这种环境中，矛盾一旦出现，租约的履行以及其他责任的追究便会在斐济法律机构的力量下被强制执行（Soto 2000）。

这便是第三个案例所缺失的部分了。所罗门群岛中的阿努哈岛，它在1981年被一家澳大利亚公司租赁并建立起一个小型的度假地。出租人即当地社区的居民——生活在莱拉（Rera）村的恩格拉（Nggela）人。自从新的产业开始发展以来，当地居民便在一位强势领导者“普勒爸爸”（Father Pule）的带领下,呼唤传统规则(或称为 *Kastom*),并强行建立起一个咨询管理委员会,对旅游业开发者的行为进行监督,对工作分配进行控制。显然,普勒爸爸对自己和家人进行了赋权,“他九个子女中的好几个以及他们的妻子或丈夫都在度假地工作,不仅如此,他的长子更是工资最高的当地人”(2003:231)。最终,新的承租者接手产业后,解散了委员会,解雇了一些当地居民。由此便导致了接下来几年中愈演愈烈的冲突。1987 年普勒爸爸的“战士”(索菲尔德的用词)入侵了度假地,他们将经理从岛上驱逐出去,扣押了 40 位游客和一个建筑队长达数天。总之,根据索菲尔德的表述,当地社区尝试了包括低强度的恐怖手段在内的一切方法来实现自身愿望,然而这种实现的方式却是任何投资者都无法接受的。在漫长的发展过程中,继任的所罗门政府也未能对法律进行有效的贯彻实施,因此再也没有新的投资者乐于接受,于是阿努哈度假地从 1992 年 7 月开始便不复存在了。

至此,索菲尔德关于冲突的分析突然出人意料地转变了方向。他在增加了大量对社会交换理论的说明和图片以解释期待水平、权力差异、演员冲突、交易评估以及其他零碎理论之后,得出如下结论:

> 现已消亡的阿努哈岛度假地是一个活生生的范例,说明了如果东道主社区未能在当地旅游发展过程中被赋权并且被边缘化,那么将会导致毁灭性的后果(2003:345)。

读罢此句,人们不禁驻足而思,是否只要普勒爸爸和“战士”们的愿望得到了满足,这场悲剧便能够避免了呢?

事实上,一个类似的解决方案便能够迫使法院在驳回普勒爸爸的申诉的同时确认承租者所具有的权力。然而为了论证起见,我们暂且跳过该事实,再一次将关注的焦点对准赋权理论的结局。索菲尔德自然可以认为他的结论与生态和文化高于经济因素的前提具有一致性。他亦有权将阿努哈岛事件当作一个证明维护原住民权力之重要性的最佳范例。他甚至可以相信后者的永恒正确性。然而不幸的是,板上钉钉的经济事实却几乎要证明索菲尔德对于弱者那充满慈悲之心的拥抱却是令他们窒息而死的温柔武器。

如他所说,冲突之后的所罗门群岛难以重获投资者的信任,当地人亦失去了赖以生存的投资——这正是让同情心、文化因素以及政治正确性在理论问题中掌舵所付出的必然代价。人们不禁怀疑,如果普勒爸爸和他的“战士”是一群类似于沙漠女王普里西拉的澳洲乡下人,(无意造成任何伤害,该词只是沿用了 1998 年 Cowlishaw 的用法)索菲尔德是否也会得出同样的结论呢?然而最后，我们终于理解了他不得不假定赋权和可持续性之间存在联系的原因——因为没有严格的逻辑能对此加以证明。

对社区炽热的爱会导致对外来者的驱逐，将他们想要掌控自身命运的努力视为笑话，索菲尔德并非唯一的例子。一些人类学家沉醉在对某一社区的热爱中无法自拔，甚至拒绝承认他们拥有选择的权利。只要当地人不会坚持一意孤行，只要他们能够采纳来自学术界的建议，赋权便不是问题。人们只要阅读了裴苏涅（Pi-Sunyer）、布鲁克·亚当斯（Brooke Adams）以及达塔贝特（Daltabuit）关于坎昆玛雅的文章（2001），便会自然得出以上结论。这些文章主要研究了墨西哥尤卡坦半岛旅游业的增长以及当地人所付出的成本，然而不久之后，当地人的概念便只属于玛雅原住民了。

根据这些研究，旅游增长带来了严重的问题，即使度假者在当地享受了阳光和沙滩的美好时光或是在新的环境中全然忘记了身边的一切。然而，新的经济和文化力量不断侵蚀着古老玛雅社区的残迹，原生态的玛雅人反而成了自己社区的少数人口。传统的玛雅农民在紧密团结的社区中过着与世隔绝的均质生活，而近日聚集在新的边缘飞地中的玛雅人所过生活早已非同往昔。20 世纪 70 年代以来，位于墨西哥金塔纳罗奥州的坎昆古雅渔村迎来了旅游业的飞速发展，到 90 年代末游客数已超过了 200 万，这是否是导致上述变化的原因呢？既是也不是，作者如是说。为何不是？早在第一位旅游者的脚步踏上这一地区的某片美丽海滩前，尤卡坦半岛玛雅的边缘化便已然存在了，虽然这一切的原因还不甚明了。在一些对原因的解释中模糊地提到了种族战争①（1847—1855）以及该战争一直持续到 1901 年的余波，不过，这些解释仅仅描述了玛雅人遭遇墨西哥军队的故事，好像后者不过是飘浮在空中的鬼魂，既不符合当时国家建设的主流意识形态，也未得到居住在沿海地区的克里奥尔人和梅斯提索（mestizo）非土著人的支持，所做的似乎仅仅是为当地引进了新的生产方式。政治冲突之下的社会和经济矛盾促使这两个群体对抗着玛雅人。玛雅人之所以会输掉战争，首要原因是他们刀耕火种的生产体系需要不断扩张的农业生产，同时也因为这种生产方式的无效率和对非玛雅人所采用的复杂经济系统的不适应（Dumond 1997；Reed 2001）。因此，早在当地旅游起步多年之前，玛雅人被边缘化的命运便已然开始了。

---

① 种族战争（Caste War）：又称尤卡坦战争，是墨西哥尤卡坦半岛之美洲土著人和梅斯提索人发动的战事。译者注。

无疑，后者亦留下自己的足迹。对新度假地和服务的需求吸引了来自墨西哥其他地区以及国外的务工者，这些人大量取代了当地的工作人口，部分原因是雇佣政策对印第安的歧视，另外也因为这些新来的务工者接受了更好的训练，在新的服务经济中展示玛雅人所不具备的技能。于是接下来，玛雅人便不得不承受残酷的命运，因为无论出于何种原因，一旦无法赶上迅速变化的步伐或无法适应新的环境，这样的命运便是不可避免的了。在道德感的驱动下，作者为这种结局悲痛哀嚎，然而道德本身无法改变事实。因此，他们似乎要否认服务经济不会消逝的事实而将自己包裹在怀旧主义的披风之下，然而，他们对现代性的观点却与当地玛雅人的态度常常大相径庭。许多玛雅人反而能够更加合理地评价自身得失。对于他们来说，从 *ejido*（公共所有地）的集体所有者转变为雇佣工人并非易事，这或许会令他们心生怨恨。但是另一方面，他们也无意回到古老的 *milpa*（玛雅传统的农业系统）农业时代。在参与调查的居民中，有 78% 的人认为旅游改善了他们的生活。

然而，作者却依旧为玛雅社区传统结构的分崩离析而大唱挽歌，因消费主义对社会生活的侵染而扼腕叹息。他们甚至从未考虑为何玛雅人本身能够对这一切安之若素。我们从裴苏涅（Pi-Sunyer）、布鲁克·亚当斯以及达塔贝特（Daltabuit）处听到的，仅仅是不绝于耳的抱怨之声。西方轻松随意的穿衣方式取代了传统的着装风格；西医和商业药品令萨满巫师（h-men）和玛雅治疗牧师的地位不复存在；印刷业以及更为重要的电视成为娱乐和新闻的新来源；可口可乐、雀巢等商业品牌大大改变了在作者们看来更为健康的传统的饮食结构。他们绝口不提牛仔和 T 恤比传统的 *huipiles*（束腰外衣和衬衫）更加便宜和实用的事实，或者现代医学远胜于传统方式的治疗效果（试问，若这些作者生病，他们又会选择去何处就医？是求助于邻居家的江湖郎中还是附近的大学医院）；现成的墨西哥薄饼和玉米卷为妇女们节省了大量的力气；品牌食物比非品牌食物在质量上更加有保证；墨西哥系列电视剧（*culebrones*）对于大部分玛雅人来说要远比昔日的口头文学来得有趣。这首缅怀玛雅文化的悼诗几乎包罗万象，却单单少了今日尤卡坦玛雅文化的一席之地。如果我们仅仅追随裴苏涅（Pi-Sunyer）、布鲁克·亚当斯和达塔贝特（Daltabuit）的传统人类学研究的步伐，那么玛雅文化便只剩下一种怀旧的伤感之声。但是对于真正的玛雅人来说，这些作者所念念不忘的旧时光却是他们不愿再回首的苦难往昔。

与世界上其他地方的百万大众一样，在经历了类似的痛苦挣扎之后，如今尤卡坦的玛雅人似乎已然适应了现代社会。有人或许对此不甚满意，但要由此看出这种情况在玛雅人边缘化的过程中所起到的作用依旧并非易事。然而事实上，玛雅人对现实的感知似乎异常敏锐。他们自知旧时光不会再来，适应新的环境才是明智之举，同时他们也努力将社会资本最大化。克服边缘化的最佳方式理应如此，而非一味地否认新时代所带来的变化和机遇。作者们面无表情地宣布"（在墨西哥）二战后的发展只在最低限度上改善了大多数人的生活标准"（2001:128），全然无视世界银行或者联合国人类发展指数的明确展示的相反的事实。因此，边缘化了的玛雅大可不必对这些学者的论断偏听偏信。玛雅人或许不懂这些复杂的统计数据和报告，他们或许也会因新的服务经济所带来的大多数机会都太过渺小而愤愤不平，但是他们明白，与昨日相比自己的生活已大为改观。一种晦涩的理论假设将现代化和服务经济仅仅视为神秘机构所编造的、用来欺骗和剥削玛雅人的唬人童话。面对事实，玛雅人无法在这种假设中找到共鸣也自然无可厚非。

类似的例子还有朱尔道（Jurdao）关于西班牙米哈斯（Mijas）的著作（1979，1990），该书凭借纳什（Nash 1996）的大力推荐在盎格鲁－撒克逊学术媒体中获得了一定的知名度。在朱尔道看来，西班牙旅游业的发展带来了一系列的社会结果，尤其是给世世代代居住在海边的农民大众所带来的艰难。当外国的发展者成群结伙并与当地权力掮客拉帮结派地进行入侵时，传统的乡土文化让他们毫无反击之力。欺骗和腐败催生下的旅游业发展最终会使农业分崩离析并将农民转变为建筑工人。

朱尔道研究了西班牙安达卢西亚地区的一个小镇——位于东南部阳光海岸的米哈斯在微观层面上的发展历程和它所谓的动态发展机制。安达卢西亚与马略卡岛皆为 20 世纪 60 年代外国大众旅游的发源地。在此之前，米哈斯只是位于农业区的一潭静水。像安达卢西亚的其他地区一样，它从 19 世纪中叶以来便承受着地主和农民之间的矛盾冲突，正如布莱南（Brenan 1990）所描述的那样。内战（1936—1939）后的西班牙处于佛朗哥（Franco）的独裁统治之下，这座小镇也静静地准备继续迎接世世代代已然习惯了的不公与贫穷。然而突然，大批游客接踵而至，随之而来的还有朱尔道关于旅游影响的研究（全文参见本书作者 2009 年的研究）。

在大众旅游到来之前的漫长岁月里，大多数人都只是佃农或是按日计酬的临时工，微薄的收入令他们几乎难以供养家庭。然而，20 世纪 50 年代末阳光海岸新酒店和分契式公寓的建设创造了大量的劳动力需求，为包括米哈斯在内的附近地区的农民提供了大量的工作机会。旧传统开始分崩离析。用朱尔道的话说，这座千百年来和谐发展的村庄，它引以为豪的文化和身份认同，都被这些来自城郊的不速之客取而代之了。很多时候，农民们会将自己的田产低价出售，误以为自己做了一笔收入丰厚的交易。在经济层面伤害传统社会的脚步从未停歇。“若干年后在旅游发展中所引入的劳动分工导致了许多农民家庭的破裂”(1990:199)。如今的米哈斯是一个双重社会。一方面是原生态的西班牙劳动人口和农民的家乡，另一方面是布满别墅和小楼的总体规划的社区，居住其中的外国人享受着比本地人更高的生活水准。这个过程在朱尔道看来与西班牙政府的支持不可分割。无论是佛朗哥时期还是接下来的民主政府，管理当局从马德里注视着地中海岸的旅游地，如同审视着其他无关痛痒的殖民地，任凭外国殖民程度的不断加深，它们不保护本土社区，不在意西班牙村庄的日渐消逝，亦不制止当地居民将土地以低廉的价格出卖给外国人。

在盎格鲁－撒克逊学术界中，纳什(Nash)坚持认为朱尔道对旅游及其帝国主义动态机制的谴责充满了赤诚之心(1996)。然而，在最后的分析中，朱尔道争论的原动力却并非来自于不断地深入地国际融合中对民族利益的估量，而是对往昔传统社会和社区秩序的缅怀。但是朱尔道并未对此过程作出清晰的解释。根据他的观点，西班牙参与者，尤其是按日计酬的临时工和贫穷的农民，作出了错误的选择。他们轻易地放弃了传统社区的生活方式，换来的只是新城镇缥缈虚妄的舒适感。

探究“为什么”并非朱尔道的兴趣所在，其实他只要阅读自己写下的文字便可得知答案。从前，米哈斯的许多劳动者甚至无力供养自己的家庭。饥饿、早亡以及混乱和肮脏是他们日常生活的一部分。如今，他们成群结队地放弃自己的土地，即便对两种生活方式都不甚满意，但他们依旧相信坚守从前的秩序才是最坏的选择。即便只拥有较低的技术水平，建筑业和旅游业中的工作也远远强于面朝黄土背朝天的农业活动和日日夜夜无穷尽的凄惨生活。这是当地居民心甘情愿的选择。没有人强迫拥有土地的米哈斯人出售自己的土地或是没有土地的米哈斯人放弃拥有的权力，他们甘愿放弃这些以交换更好的生活、更好的教育和更加完善的医疗。被学者过分吹捧的旧社区在他们看来似乎并不如新的公平，他们的取舍便反映了内心的判断。这一切在朱尔道、索菲尔德、裴苏涅(Pi-Sunyer)以及许多其他案例收集者那里却通通都被遗忘。在共有社会的词汇中，他们的民粹主义思想顽固不化。他们沉醉在乡村道德高于现代化道德的幻想之中，拒绝思考遍及全球的贫穷农民自愿放弃农村公社组织、选择成为雇佣工人,享受城市生活这一事实背后所蕴含的经济原因。对于他们来说,后者不过是一些会计师应该考虑的问题,无法成为真正的论据。即便当地农民因为他们所提出的无法企及的目标而遭受磨难,也别无他法。

四、何种可持续性?

对可持续性的关注由来已久,可以追溯至它的提出者之一——托马斯·马尔萨斯(Thomas Malthus)。他曾对不断增长的人口和有限的农业供养人口的能力之间的矛盾作出了警告,认为这种矛盾最终将导致毁灭性的结果。几个世纪以来的实践证明了这一预言的错误之处,同时也令他几乎成为学界的负担,学者们唯恐避之不及。然而,马尔萨斯实际上触动了个人和群体一种最为深刻的原始恐惧——今天我们所取得的一切美好和成功或许在将来的某日会突然被未知的灾难或是未能预见的威胁——例如人口大爆炸,在顷刻之间一扫而光。无论这一观点招致多少争议,罗马帝国、中国的唐宋王朝、中美洲的玛雅政体、拉帕努伊岛(Rapa Nui,也称伊斯特岛,即 Easter Island)的波利尼西亚文化等皆因此而亡(Diamond 2005)。古希腊和罗马曾对转型的力量和命运的力量(Tyché or Fortuna)发出过警告;平安时期的日本人感叹着生命的无常;今日与我们主题相关的,尤瑞(Urry 2000)以及后继者们谈论着持续摇摆不定的动态机制。当一些学者试图用可持续性的概念来抢占乐观者的心灵时,另一些悲观的学者却断言他的问题已不可能更加糟糕了——“当然可能!”所有的这些都不禁让人想起来自马尔萨斯的恐惧。

最近对于可持续性的关注可以追溯到《增长的极限》(*The Limits to Growth*)一书——由罗马俱乐部编辑完成(Meadows et al 1972)。该项研究强调了二战后人口增长给自然的可持续发展所带来的威胁以及对无节制的经济增长加以控制的必要性。同时期的若干其他著作也表达了类似的担忧(Carson 1962; Nordhaus and Tobin 1972;Schumacher 1973;Singer 1979),由此引发的讨论直至今日依旧持续着。简而言之,正如上文所述,可持续性在布伦特兰报告中被定义为“在满足当代人需要的同时不伤害后代人满足自身需要的能力”(WECD 1987:6)。可持续性作为一个警示性的概念而被提出,目的在于对不加控制的经济发展进行抑制,多年以来,它与另一个重要问题——全球变暖,即今天所说的气候变化常常混为一谈。经济发展不仅过度消耗了有限的资源,威胁了自然环境,而且最终将会威胁整个地球。它已然成为今日人类社会的恶魔,给不甚精明的观察者带来恐惧，因为无人能够看穿它神秘的披风下究竟隐藏着何种力量。或许，它能够在顷刻之间令人类就此灭亡呢？

在这个研究领域中常常需要面对不甚美好的消息。然而，人类生命的不可持续性确是无法改变的事实。终有一天太阳会消亡；终有一天，尼尼微城、耶路撒冷、亚历山大港、罗马、长安、京都、伊斯坦布尔、纽约、旧金山，甚至皮奥里亚和蓬图瓦兹也都将消散于尘埃之中，连关于它们的记忆也都将融化于茫茫宇宙，不留一丝痕迹。一些怀有乐观之心的人猜想在末日之间的某处，人类、过去、现在和未来都将被带往世界未知的彼处。一些末世学家试图更加精确——他们预言末日审判将会从罪人中挑选出善良之人加以保护，而余下的便只能被埋葬在无结果的过往之中。一些佛家观念中也有一个西方极乐世界的存在（至于究竟是曼哈顿的上西城、加利福尼亚或是一座加勒比海的小岛，学者对此争论不休）。然而无论如何，令人不悦的消息依旧存在——这座星球终将毁灭，人类想要永恒快乐生活的愿望只能寄托在寻找另一座星球身上。人们常会这样自我安慰，即使是乌云也能透出亮光。人类生命赖以维系的太阳已经存在了45.7亿年，根据预测它还将拥有100亿年上下的生命时光。这对人类来说是一个太过遥远的未来，无论是我们自己，还是我们近几代的后人都无法目睹末日的到来。然而，人类是否能够等到那最终的审判？关于末日为期不远的预言得到了越来越多的追捧。若无法及时解决温室气体排放中人类不断增长的问题，或许人类的历史甚至熬不过接下来的区区几代人，或至少，生活也会变得比目前更为艰难痛苦、矛盾重重。这样的预测并未明确地指出具体有多么严重和/或结局即将如何突然，也未提供避免或是减缓危险的方法，只是不断地警告我们所受的威胁存在于每一项人类活动之中，包括旅游和休闲。

这一切都使得关于旅游如何影响可持续性和气候变化的讨论变得刻不容缓了，同时也似乎拓宽了学术界的视野。对现代大众旅游可替代形式的讨论已从初期浅尝辄止的试探发展到今天颇具规模和严肃性的研究了。此刻，我们所讨论的已不仅仅是消费者的平庸或公司的利润，而是事关拯救人类生存的大问题，尤其对那些相信因果报应并尝试只向大地女神盖亚索取最低、最基本的需求的人来说，这也关系到人类灭亡后的地球是否能够维持一个更具体谅品质的物种生存的问题。总之，旅游研究者的使命已经愈发崇高并且所研究的问题不再局限于目前已有的有限范围之内。在一定程度上，这为该书的作者带来一丝安慰，因为他向来都在要求政治经济和社会历史更高的透明度。

然而不幸的是，研究却因此而变得更加复杂，因为我们不得不面对许多并不拿手的问题。一方面，教授们所确信的气候变化将带来的后果与可持续性参数之间的不一致已日益明显；另一方面，学术界和普通大众之间观点的分歧也愈发严重。

最初，这些还都仅仅是专业术语。永续栽培、绿色科技、可持续性的三大支柱（一个不多，一个不少，好似基督教或印度教的三位一体），I－PAT 法则（如果你不明白它的含义，那么你无论在何处都无法找到该有的解释），生命周期分析、三重底线法则、地球快乐指数、比较生态足迹、光化学烟雾、反射率、蒸散、涝灾——这仅仅是一个维基百科（Wikipedia）上（2010b）关于可持续性丰富词汇的简短清单——选择维基百科是因为它作为大众搜索工具的广泛性。这些在普通大众中并不常用的说法在经过大众媒体和个人博客的过滤后变得更加糟糕。此二者在使用这些词语的过程中都赋予了它们太多神秘的色彩，故弄玄虚地营造出一种未知厄运的氛围。即使不用成为美国电视专家也能明白为何主持人在以过分渲染的灾难作为开场新闻时会显得兴奋不已——因为这将带来收视率的明显上升。

严肃的科学家总是难以自持地带有少许悲观的阴郁色彩。也许他们秉承了在讨论严肃问题时再谨慎也不为过的宗旨。世界卫生组织（WHO）在第一次猪流感（H1N1 甲型流感）爆发时所采取的立场正是这一观点的体现。在2009 年，由于这次流感遍及全球（41 年来第一次），因此人们开始担心它将会是 1918—1920 年西班牙流感悲剧的重演。根据记录，在那次流感的大爆发中世界上有 1/3 的人口被感染，死亡人数高达 5 000 万至 1 亿之间（Barry 2004）。世界卫生组织的决策在后来被指责为缺乏透明度，浪费了大量的公共财富以及引起了不必要的恐慌（AFP 2010）。无论这样的指责多么有理有据，世界卫生组织的结论绝对经过了媒体过度的夸大和渲染（Stephens 2009）。同样的分歧也常常出现于气候变化和它可预见的结果之间。有时科学日志表格中的数据还算温和（虽然它们常常不是），但是大众传媒却会单单挑出可怕的数据加以强调。于是，更多的观众便被深深地吸引了。

引领气候变化讨论的组织是政府间气候变化委员会（IPCC），这是一个联合国环境规划署（UNEP）和世界气象组织（WMO）联合建立的机构，目的在于“为世界提供一个关于目前气候变化现状以及潜在环境和社会经济后果的清晰的科学观点”（IPCC 2010）。在 2007 年政府间气候变化委员会与美国副总统艾伯特·戈尔（AL Gore）共同获得诺贝尔和平奖，赢得了来自诺贝尔基金会的肯定和称赞。政府间气候变化委员会对气候变化所作出的研究都发布在评估报告(AR)中。截止到2010年,政府间气候变化委员会共发布了四期评估报告,即从《第一次评估报告》(AR1 1990)到《第四次评估报告》(AR4 2007)。《第五次评估报告》也正在编纂之中。评估报告收集了有关气候变化各个方面的被认为具有科学共识的信息,预测趋势以及演变方向。虽然研究报告中证据的可信度对整个研究领域中的每个人来说都不尽相同,但是政府间气候变化委员会依旧宣示着自己具有的足够信心。

政府间气候变化委员会"标准"测算方式认为气温的中值从19世纪中叶以来便处于不断的上升之中。这种趋势源于温室气体浓度的不断升高。二氧化碳水平从初始日的280ppm(百万分之一)上升到今天的380ppm。目前的温室气体水平是过去65万年以来的最高水平,大多数模型也展示了工业化前温室气体水平的翻倍会导致全球平均温度升高4℉~7℉,一些预测的甚至要更高。一个广泛的共识认为这种变化是人为导致的。从这一观念出发,政府间气候变化委员会将它的影响具体化为将会在本世纪末之前发生于人类世界的某种灾难性的后果。由于篇幅有限,本书便不再对这些预测进行分析和总结。

2009年末,一份来自英国东安格里亚大学气候研究小组的包含电子邮件和文档的文件在网络上引起了轩然大波。该小组曾为政府间气候变化委员会的评估报告作出了巨大的贡献。被曝光文件中含有一些小组成员内部的交流信息,这些信息似乎说明了他们曾经试图掩盖和压制其他对气候变化持怀疑态度的同僚的声音。英国下议院的科学和技术特别委员会以及一个由东安格里亚大学成立的科学评估专家组对此事进行了调查,但是未发现气候研究小组的任何不法行为,最终只是对他们的某些工作方式提出了批评(Wikipedia 2010c)。这场被一些媒体称为"气候门"的事件所唤起的并非是对气候变暖存在性的妄加质疑,而是说明了人们面对相反观点的讨论时常常在自我正直感的鼓动下或是金钱和荣誉的影响中作出偏颇的选择。在这个事件中,这几个会影响人们判断的元素通通到齐了(Lindzen 2010)。

该事件以及气候变化研究(旅游研究亦如是)中令人担心的是那种已暴露无遗的宗教情节,这种态度在主流观点的辩护者那里表现得尤为明显。环境主义对于他们来说已具类似于宗教的神圣性,这种信仰已容不得任何一丝挑战。正如佐治亚州埃默里大学的保罗·鲁宾(Paul Rubin)在一个关于气候研究小组事件的讨论中所说的,对于气候变化观点的守卫者来说,"怀疑者不仅仅是不相信证据的人,他们也是邪恶的罪人。若不是我已经拥有了终身教授职位,恐怕我也不敢写出这篇文章”(2010)。

人们常常以为理念只是远远地飘荡在某个远离大地的特殊区域,然而理念带来的却是实实在在的结果(Weaver 1984),此处便是一些实例。后现代主义(*pomo*)矩阵(第一章和第三章)采取了各种方法试图驳倒科学和政治应尽可能互不干涉的理念。在今天的学界,科学(尤其是社会科学)不应该仅仅讨论问题的解决方案,也应该致力于为贫穷的、受压迫的以及其他人群(该定义下应该包含的其他人)提供更好的机会已成为一种基本信念。如上文所述,后现代(*pomp*)对于价值判断的批评最终归结为只有那些被协会成员认可的价值判断才能够站得住脚。虽然在最初,“客观的”质量控制过程,如双盲评审很好地完成了这项工作,然而,由于多数的评审者都具有同样深刻的信念,因此与之相左的观点能够发表的可能性便越来越小。他们不明白多数人的观点并不等于最明智的观点,尤其在所关涉的问题具有复杂性的情况下。在 2007 年,国际基金组织内的多数成员一致认为全球金融危机并不会带来严重的后果,而一年后的事实却将他们的共识击得粉碎。另外一个相对平凡但是依旧令人气愤的例子是对 2000 年的全球计算机系统的崩溃预测。对于其崩溃可能性的预测也曾达成了高度的共识。

政府间气候变化委员会的数据和共识也未能跳出这一陷阱。不仅仅是因为它们的数据可能包含一些错误(例如预测喜马拉雅冰川将会在 2035 年之前消融),而是它的整个机构框架并不合格。为何?因为政府间气候变化委员会由联合国环境规划署(UNEP)和世界气象组织(WMO)联合建立,因此便自然而然地沐浴在联合国合法性的笼罩之中。谁又敢心存质疑——除非否认官方委员作为真实价值最佳裁判的地位。联合国的一大亮点便是它的记录数据,同时解决国际争端中的和平问题也是它存在的首要理由,虽然在此过程中数据多有变化,但这依旧无法撼动它的重要地位。然而,人们不应该就此妄加推断。因为正如保罗·肯尼迪(Paul Kennedy)所说的(2007),联合国并非全人类的议会(原文如是)。议会通过民主选举产生,而联合国大会仅仅包含了属于它的国家的法定代表,无论这些国家民主与否——大多数实际并不民主。根据“自由之家”——一个研究各国政治自由演进状况的非政府组织的调查,全世界只有 89 个国家属于民主国家(2010)。其他或属于半自由国家(62 个),或属于不自由国家(42 个)——然而,这些国家大多为联合国成员国。

在过去的年月里,联合国已经在众多领域创建了大量特殊机构,这些机构编织起一个紧密的网络,包括各个子机构、项目工程、内部官员(*apparatchiki*)

以及负责设计和发展研究项目、工程和追求共识的外部咨询机构。政府间气候变化委员会（IPCC）便是其中之一。虽然不可原谅，但是人们依然能够理解政府根本无法与这项耗资浩大的工程脱离干系。然而，人们必须了解驱动官僚机构及其分支的力量——它们不得不迎合这些投资者所期待的目标。在这种情况下，投资者便是各个政府，无论民主与否，它们都在用纳税人的钱维持着这个巨型网络的运转。

政府的目标之一便是让这些机构成为自己的清算公司，将资金从联合国财政或是捐赠者一方转移到欠发达国家（Easterly 2007）。因此，问题越是严重，转移的资金便越多。这一个从未挑明的既得利益，为了转移人们的视线，官方机构们便开始物色另一个真正的大问题——人类最终的灭亡看似是一个不错的选择。对情况简单的夸大也有助于官方实现另一个主要目标——赶走外部控制。当潜在的威胁已经超乎想象时又有谁敢质疑巨额资金的使用和流向呢？若政府间气候变化委员会（IPCC）之类的机构能够在官方的圈子之外运作，那么有可能获得更多的信任，也能够使自己的结论具有更高的可信度。

在面对科学共识时，人们应该对那种难以量化的或者充满了利益关系的判断保持谨慎的态度。这正是隆伯格（Lomborg）在观察了一系列事例后所得出的结论（2001，2007，2009a，2009b）。同时他建议人们从有关气候变化的热血沸腾的讨论中冷静下来。科学理性的第一步便是冷静地观察。即便确实有全球变暖的恶魔阴魂不散，我们也不应乱了方寸，而是仔细地观察它的各个维度，包括生态的和经济的。由于本书并未获得授权，因此不便透露隆伯格（Lomborg）和哥本哈根共识中心的某些观点以及少数科学家想要揭开这个恶魔的长袍一探究竟的决心。他们并非要否定有关全球变暖的事实，只是抛出自己对末世论者以及天启预言所存有的疑惑，这既是他们的习惯，也是他们的权利。

> 他们说话的方式令一切关于全球选择的敏感政治对话都无法实现[……]如果关于全球变暖的可怕描述皆为事实，那么它的紧迫性也自然无可厚非，然而[……]全球变暖并非如此。它是一个，并且是唯一一个我们在21世纪必须要解决的问题（Lomborg 2007：loc. 1581～1608）。

末世论者常常得出一个包罗诸多问题和不同原因与结果的过于宽泛的结论。其中的许多问题人们或许下个世纪才会面临并且与全球变暖无甚关联。例如，欠发达国家将会更加依赖来自于发达世界的食物进口，然而导致这种情况的原因是出生率的不断增加和全世界可耕土地可得性的不断减少。基本的关于全球变暖的争论也忘记了许多两面神杰纳斯(Janus)所面临的问题。比如全球变暖所引发的热浪会导致更多的死亡,但同时又会减少因寒冷而导致的死亡——这一数量实则更大。最终,在充满悲观和绝望的氛围中人们忘记了其实用最普通的常识便可以推翻许多灾难的预言。海平面会上升,正如从19世纪50年代便开始的那样,但也正是从那时起,地表土流失迎来了史上最小值。

> 随着全球变暖的不断加剧,日渐升高的海平面将导致更多的人遭受洪水的侵袭——如果我们还不采取行动的话。多于一英尺的海平面升高将会每年为大约一亿人带去洪灾。这些数字常常饱受非议,但它们忽略了社会有处理该问题的能力的事实。如果在过去的150年里还相对贫穷的人类都安然无恙地生存了下来,那么他们在如今富庶的生活中自然更有能力处理该问题(Lomborg 2007:loc. 888 ~ 919)。

然而或好或坏,人的因素在有关全球变暖的文献中却鲜有提及。

我们并非是要讨论下个世纪全球温度是否会升高的问题——升高是非常可能的。重要的是对其可能带来的影响作出预测以及如何将该问题与在相同时间跨度内人类即将面临的其他问题予以整合治理。

> 我们不得不考虑的是,即便二氧化碳的排放是导致全球变暖的罪魁祸首,单纯地降低排放量也无法解决这个世界上大多数的重要问题。从北极熊生存环境恶劣到人口贫困,将政策综合使用解决这些问题可以达到更好的效果。当然,这并不意味着对全球变暖袖手旁观,只是意味着早期大幅减少二氧化碳排放的解决方案不但成本过高,难以实施,还会引起政治上的分裂,最终在气候改善方面的贡献微乎其微,在社会方面的贡献也捉襟见肘。此外,它会令我们从众多其他对世界和环境更有价值的、我们也可以做得更好的问题上转移视线(Lomborg 2007:loc. 1487 – 1517)。

对抗全球变暖的战争不仅耗资巨大,而且最终还有巨大的考验在等待着我们。京都议定书将34%的支出都用于治理全球变暖,然而也只将全球变暖的影响减少了0.3℉(Lomborg 2007)。总而言之,这是一桩赔本的生意。

最近的研究也证明了这一点。政府经济事务部门负责人、前世界银行首席经济学家尼古拉斯·斯特恩(Nicholas Stern)(后成为斯特恩爵士)在2006年就气候变化对经济产生的影响向英国政府出具了一份报告,称为斯特恩报告(SR)(OCC 2010)。斯特恩报告以692页(Stern 2007)的巨大篇幅对气候变化进行了彻底的分析(本文中的引用来自2006年的电子版)。无论是IPCC

（政府间气候变化委员会）的评估报告还是斯特恩报告都研究了类似的领域，IPCC 的报告还为后者提供了基本的科学信息。然而，它们的目标却截然不同。IPCC 旨在对它所负责的科学文献的主流共识加以梳理整合；而斯特恩报告则是一份具有政治立场的报告，旨在评估环境气候变化所需要付出的成本。

若维持目前的温室气体排放量，将会带来怎样的直接后果呢？

> 根据我们的评估结果，若在接下来的两个世纪中保持目前的排放量不变，气候变化所带来的损失将相当于全球人均消费减少 5% 所导致的影响和危机，从现在到永远（Stern 2006：x）。

即便如此，这已经是比较保守的估计了，因为气候变化所带来的“非市场”影响（对环境以及人类健康的影响）可能将这一数字提高至 11%。若考虑到除二氧化碳之外的其他温室气体高于预期的排放量所带来的“正”反馈，这一数字甚至可攀升至 14%。然而，损失在全球范围内并非平均分配，贫困的地区将会承受最大的冲击。若将该因素考虑在内，全球平均消费水平可能降低 25%。若保持目前的年排放量不变，到本世纪中叶，气温将可能上升 4℉ ~ 7℉。

气候是一种公共产品，无论付出成本与否，都可以享受它所带来的福利。气候具有外部性，即破坏气候所造成的损失并非由作恶者自己直接承担，而将由全世界以及后代共同承担。“总而言之，这是全世界所能够见证的最严重的一次市场失灵”（Stern 2006：25）。此外，它的影响也不仅仅局限于某一地区，它的边际损害会影响世界各地的每一个人。因此，气候变化是一个全球问题，解决该问题也使全球性的道德需要“政策分析无法回避、直接面对由此而引发的难题”（2006：28）。

斯特恩采用了一种不同于传统经济学中常用的“结果论”的方法。

> 标准的福利经济学方法在有些问题上会显得力不从心，例如在追求结果的过程中涉及道德维度的问题（……）在民主社会中应用何种价值观也是一个艰难的选择，它并不总是能与基于权力和自由的道德观点相一致。但是该方法清晰而简单（……）简单的思维实验便能够校正社会福利函数中对收入差距的处理。例如，假设决策者正在考虑两种可能的政策结果。在第二种结果中，一位穷人得到了比第一种更多的 X 美元，但是一名富人却少得了 Y 美元；Y 需要比 X 大多少才能够让决策者认定方案二更差？（2006：30）

如果说这听起来充满了帕累托无差异曲线图的意味，那是因为它的确如此。不幸的是，无论是帕累托（Paretian）还是詹姆斯·布坎南（James Buchanan）都不认为该图能够一次性解决这种基本的道德和政治困境。也许社会效用函数能够被衡量，但是迄今还无人提出有效的衡量方法。斯特恩有此责任，但他并未付诸行动。

他试图进一步深入研究，但读者亦未能从中受益。在为社会效用函数设计出解决方案之后，斯特恩引进了折现的概念。对他来说，该词在布伦特兰报告关于可持续性的定义中便已然存在了，我们对它的理解应该包含未来子孙的观点的决策。若不是因为具有长远的目光，“那么气候变化将是一个不值一提的问题”（2006:33）。该问题事关重大，一旦犯错后果将不堪设想。科学界应该把它当做为后代人支付的保险费。再一次不幸的是，帕累托和詹姆斯·布坎南都未能明确指出这“后代人”的概念中究竟包含了多少代或者他们的需求和决策我们又该如何知晓。布伦特兰报告和斯特恩报告所送出的都是人类能力所无法消受的超感知大礼。说其违反事实也许并不为过。若18世纪中期的人们知晓并接受他们的命运，那么工业革命是否还会发生？至于保险费的提法，人们不禁怀疑我们的后代是否同意我们自作主张付出如此天价的金额——这会严重损害一些或者许多后代人的福利水平——也许他们会视之为一种挥霍和鲁莽的行为。

伦理的问题告一段落，考验随之而来。

> 总体说来，模型展示了取决于政策的制定和应用、全球政策的灵活度，以及政府是否发出了正确的市场信息并得到了最高效的投资组合而造成的成本（……）若将这些因素综合考虑，那么目前对气候变化的政策所带来的经济影响的估算虽然已经数额巨大，但依旧是相当保守的了——未来50～100年中，大约徘徊在国家和世界产出的1%及以下——假设政策工具都能够得到有效利用并且在全球诸多选择中灵活地穿梭自如（……）为控制排放所花费的支出将拥有很大的绝对量——或许每年高达上千亿元（大约为当前世界GDP的1%，即为3 500～4 000亿）——但是占总产出水平的比例并不算高（2006:248—249）。

前世界银行的首席经济学家自然相信不同的政策将会导致不同的支出——后现代主义（*pomo*）矩阵赫然耸现，原则的边界被视为无物。然而，此处的问题类似于汽车销售商所称的“价位震撼”（sticker shock），所能估算出的数额如此之高以至于斯特恩不敢轻易将它量化。但是这是一道并不复杂的数学题。以法定汇率（低于PPP）核算，2009年世界总产出约为58万亿（CIA

2010）。以增长率的中值3%进行计算，在接下来的50年中这一数字将增长至254万亿，即为2009年的5倍左右；一个世纪后将达到1 115万亿，即为2009年的20倍。斯特恩所提出的用于缓和全球变暖的1%的比例将会在2059年增至2.5万亿，2109年将高达11万亿。

除了这个耗资巨大的方法外再无其他选择吗？斯特恩给出的答案是否定的。若一切都依照目前的情况发展下去，未来将会面临更多的威胁。我们是否可以学习适应环境（adaption）而非刻意减轻（mitigation）排放量呢？适应意味着只将资金投入那些抑制全球变暖，而非降低它的项目上。

> 适应措施（adaption）减少了已然出现的气候变化所带来的危害成本（同时提供盈利的机会），但是并不直接阻止气候变化，同时自身也是气候变化所导致的成本的一部分。减轻措施（mitigation）致力于阻止气候变化的步伐以及它所带来的伤害成本（2006:305）。

然而，斯特恩也承认适应措施的必要性，即便所有的排放在此刻全部停止，它所带来的持续性影响也会使全球温度在接下来的30～50年内持续增长。但是它并非无本生意，它会产生花费，并且无法彻底清除气候变化所带来的全部影响。斯特恩毫不怀疑——气候变化的政策力度应更加有力。“不确定性的存在使目标的达成更加艰难，因为在最坏的情况下气候变化所带来的负面影响是难以估量的”（2006:284）。抑制是必要的。索菲尔德说或多或少都可能因过于谨慎而犯错。为实现此目标，除了雄心勃勃地设定温室气体排放的目标以外，气候变化的抑制措施还需要三种不同的方式并驾齐驱：即新的碳价格体系（可能是碳税或者总量控制和排放交易）、对科技革新予以支持以及为新技术的商业化提供资金帮助。

从发布之日起，斯特恩报告便受到来自各方的批判（Mendelsohn 2006；Nordhaus 2005）和支持（Ackerman 2007）。总体看来，批判的观点与上文所提大致相同。斯特恩报告通常将有关气候变化的文献中最令人恐惧的部分挑选出来，因此，它夸大了全球变暖会给未来造成的损失（包括对后代人需求和决策的考虑）；同时，它对抑制全球变暖所需要的成本的估计已经是天文数字，而真实需要的花销实则更高。人类是否应该作出他所建议的牺牲，具体方式又当如何呢？

后半个问题已抢占了先机。而斯特恩早已给出了答案——让人们面对更高的碳税或是有总量控制和排放交易系统所带来的高成本。税率会直接影响最终的价格，这一方式更容易被消费者直接感知，政客们几乎已经准备好面对狂风暴雨般的攻击了。总量控制和排放交易（为一定量的排放购买许可）也会产生同样的效果——消费者为最终的产品买单——但是这两种结局之间的关系却并不清晰。不过，无论是哪种情况，消费者最终面对的都是升高的价格。

所谓的必要牺牲终将由始作俑者承担的说法使这些人在作选择时不再过于艰难。污染制造者将为自己制造和享受的外部性买单。一国所制造的污染越多，它的纳税人所付出的金额就越高。从上述前提中所自然得出的结论是发达国家排放了最多的温室气体。然而，事实却并非如此简单。由此看来，2009 年末的哥本哈根气候峰会所一致认定的各国温室气体排放限值几乎是难以实现的了。另外，如果大部分的课税都用在了世界上最贫穷的地区，又怎能保证这一目标能够开花结果呢？许多贫穷国家并未享受到民主政治的沐泽，而是处于政治腐败的摧残之下。第一次海湾战争（1991）后，伊拉克的石油换食品计划便遭遇失败，面对事实，谁又敢说国际官方机构能够免于腐败的侵蚀因此抑制全球变暖的资金应该经过它们之手呢？无疑许多发达国家的纳税人也难以赞成这样的论点。

当隆伯格（Lomborg）以及协会开始打破常规时，他们便距离正轨不远了。气候变化不应是人类面对的主要问题。诚然，它是一个问题，但是还有更多亟待解决的问题值得我们去关注，有限的资金可以更加有效地利用在解决全球范围内的疟疾、营养不足、文盲以及妇女平等等问题上。

> 特别地，我们应该大大提高用于绿色能源的研发支出——至全球 GDP 的 0.2%，或 1 000 亿美元。这个数字是目前全球在该问题上支出量的 50 倍——然而却只是京都议定书中用于治理全球变暖花费的一半而已。提高绿色能源的开发支出不仅仅是因为它在经济上和政治上都能够实现，同时也因为它具有更高的可行性(2009)。

打破对化石燃料的依赖并非易事，它的实现也非朝夕之间，但是只要此目标具有成本有效性，那么自然有许多纳税者乐意为该项研究提供支持（Calzada et al 2009）。

至此，本书已对有关气候变化的广泛讨论作出了若干评论。那么，关于旅游研究中可持续性的讨论又如何呢？斯特恩报告中的一部分——交通运输——是旅游的基本组成部分。在交通运输中二氧化碳的排放（包括铁路、公路、海运以及航空运输）占到了总排放量的 1.6%，若情况继续依此发展，到 2050 年该比例将会上升至 2.5%。然而，航空运输中所排放的不仅仅是二氧化碳——它所排放的其他温室气体将会使得该比例在 2050 年上升至 5%。这是航空运输业的独特之处。国际航班的排放量是国内航班的两倍之多。同时,由于低成本航线的开发,前者的增长快于后者。ICAO(国际民航组织)收到了来自联合国的请愿,请它针对排放问题采取措施以响应来自全球的号召。

> 欧盟环境委员会建议为其成员提出若干初步原则,以便建立一个能在世界范围内复制应用的可行模型。例如,覆盖范围必须具有清晰性(例如国内、欧盟内,或者所有从欧盟出发或到达欧盟的航班),交易主体应该是航空公司和飞机经营者,并且分配方法必须在欧盟层面上和谐一致(Stern 2006:485)。

航空业未来所面对的碳价格理应反映它对气候变化所造成的影响程度,用俗话讲,便是成本/税收的提高以及空中运输的减少。远距离目的地受到的冲击可能最为严重,因为一些曾经的低成本航线将名不副实了。虽然这些论断来自具有普遍性的研究,但是也比旅游研究者在可持续问题上所得出的结论更为精确了。再一次的,人们拜倒于它的流行以及缺少的或是过于丰富的(看如何定义)明确性。一则小例:如果将2006至2010年间发表于《可持续发展旅游业杂志》上的主流文章进行分类(不包括社论、书评和会议记录)就会发现,其中的案例研究或概念模型占到了总量的70%;而普遍性的结论却为数不多。

可持续性已成为旅游研究的宠儿,因为在任何必要或者方便的情况下,它都可以作为一张用来反对现代大众旅游的王牌。与之前所提到的其他旅游形式不同,它无须证明便可成为现代大众旅游的替代形式。然而正如上文所述,要找到这样的替代形式并非一件易事。不过作为一个空泛的概念(例如在布伦特兰和斯特恩报告中),可持续性并不需要经过严格的检验。它独特的标签既可以随时贴上,也能够随时摘下,无论学术主流喜欢与否。

此外,这个概念中存在一个基本的矛盾之处。可持续性的定义不应该缺少时间的维度。可持续的,正如《韦氏词典》所定义的,是无论何种情况下都会一直持续下去的(2002)。至于其长度和期限人们大可以进行商榷,但是不能避而不谈。因此,我们无法理解为何要将现代大众旅游的目的地,那些从开发伊始便大受欢迎的目的地,例如拉斯维加斯、威尼斯、马略卡岛、奥兰多、坎昆等视为不可持续的;而那些远离主要客源国的、每年仅接待区区数千人的遥远目的地却被认为具有经久不衰的生命力。它们在未来的表现并非学术界能够知晓的。无论喜欢与否,真正的决策权其实掌握在现代大众旅游者的手中。

最终,还有些许重要的问题。人们大可以想象在不久的将来,若斯特恩报告和后来的《赫尔辛堡可持续旅游宣言》(*Helsingborg Statement on Sustainable Tourism*)(Gössling et al 2008;Gössling 2008)所作的预测得以实现,当巨额的税金负担压向航空运输业或始于2008年的经济危机一直持续下去,那么现代大众旅游的结构亦可能发生变化。然而,如果第二章中对于现代大众旅游趋势的描述能够持续下去,也很难看到它们让备受学者钟爱的小幅度发展更具可持续性。如果长距离运输被课以重税或者低成本航线被迫增加成本,那么与所谓的不可持续的目的地相比,那些可持续的目的地所剩下的好日子也屈指可数了。

结束语：现代大众旅游及其未来

2001 年，麦肯奈尔（MacCannell）在瓦伦·史密斯（Valene Smith）和玛丽安·布伦特（Maryann Brent）所编纂的一本书（2001b）里讨论了旅游中的主客关系。他所论述的主题是旅游的未来，所采用的论点，同于王宁所说的客观本真性。该文从内容到写作风格，都是麦氏的。同样地，该文中也存在着一些显而易见的瑕疵：结论往往未能确切地建立在事实的基础之上。

概括起来说，麦肯奈尔在该文中声称现代大众旅游必然会在短期内消失。他警告读者说，文化已经成为标准化的产物。由于现代公司在全球的蔓延，文化和目的地变得越来越类似：同样的品牌、同样的市场以及同样的主题公园遍布世界。受惠于英特网，吸引物不仅仅被四处克隆，还可以被任何一个拥有电脑的人在地球上的任意地点访问。全球变得触手可及，人们几乎没有理由四处奔走以及因为旅游而破费钱财了。指尖轻轻一点，不管是泰姬陵、伊瓜苏大瀑布、卡塔卡利舞者、布鲁斯·斯普林斯汀，还是拜罗伊特的瓦格纳《尼伯龙根的指环》演奏会，这些美丽的静态图片都会像大山走向穆罕默德一样出现在你的屏幕上。如今这些图片还能被动态呈现，与真的别无二致。而且这些产品大多能够免费获得，它们也不会强迫你离开自己的书桌或是沙发。因此，旅游已经濒临死亡，并且人人都能够轻松地指认出罪魁祸首——肆意扩张的资本正在迅速地吞噬多样性和本真性。这个惯犯如今更是有了技术上的共犯——英特网。它提供了通向各种文件材料、文学作品以及视频资料的便捷通道，杀掉了一切好奇心和潜在的智力挑战。已经没有任何惊喜还称得上惊喜，又何必再去寻找呢？一切都在你的指尖栩栩如生。

新的科技已经不是第一次因其罪行而饱受责难，其创造者和使用者也不是第一次遭受惩罚了。人们依旧记得当普罗米修斯偷取了火种时，上帝是如何施加惩罚的——潘多拉便是其中之一。年轻一代应该还记得收音机和电视机所激起的反应。根据里斯曼等人（Riesman et al,1950）的记录，当美国社会中以他人为导向的心理不断加剧时，很多人将责任归咎于收音机的使用。至于电视机（Postman 1985），即便今天它几乎已经走到了穷途末路，有关它的讨论依旧激烈。如今，网络分担了这二者罪孽的红字（Carr 2010；McKenna and Barg 2000），麦肯奈尔依旧无法抗拒探究这种新科技的文化影响的诱惑。然而，令人们松一口气的是，他的预测一如既往地被否定：网络会在一个消除了文化差异的世界中取代对旅游的需要。

除了那些不需智力的技能，难道网络真是人类其他技能最终的报应吗？无论从哪个角度看，麦肯奈尔的结论都过于夸张了。网络受到了许多批评——例如主要的罪责之一便是四处蔓延的色情消费。然而，网络上对色情之物的浓厚兴趣也并不预示着人类性冲动的终结——反而更是一种促进，或至少是对其吸引力更强烈的感知（Aramberri 2004b）。如果一张图片相当于成千上万个词汇，那么类似的，一次体验，无论是性的还是旅游的，一定也是单纯视觉展示的放大器。

人们可以说网络无法满足人内心深处对差异性的渴望，无论是高级的文化资本（Bourdieu 1979）还是朴实的“不要让那些凡夫俗子们赶超我们”的心理。四处旅游为那些能够负担得起的人贴上好品位和社会优越性的标签——这也是一个人们外出旅游的重要原因。但人们不应太过迷恋差异性，因为麦肯奈尔早已给它画上了句号（Chapter 4）。它不过是现代典型一般人的另一种自我变异而已。唯一的治愈方法便是准备踏上唯一的、配得上其名号的旅程——前往遥远的过去，尤其去那个分化的、所有人都完全无差别，因而完全不为比较优势动心的黄金时代。然而，这个在麦肯奈尔看来完美的设想，却只能走向对立的反面。他忽视了小字印刷的附属细则——在此结果中，去分化恰恰促进了全球化和网络所带来的文化多样性的丧失。在那个快乐的过去，旅游变得和在不远的未来中一样意义全无。

然而，追踪麦肯奈尔的足迹，我们却可能发现，现代大众旅游的寿命应该更加长久。在网络的运转中，文化被越来越多的人们所了解。只要可支配收入和带薪休假还在，很少有人会拒绝去亲身体验旅游地是否像看起来那般有吸引力。此外，现代人傲慢的性情决定了我们仍旧想要展示自己不同于那些凡夫俗子。文化不适不会让旅游消失。即便旅游身陷非议，人们也总能找到理由去外地参会，去遥远的地方实地考察。像马克·吐温的长眠一样，现在宣告现代大众旅游的死亡显然为时过早。

有时亲戚朋友们会向我咨询,是否应该投资于旅游公司,他们单纯地以为旅游学的专业知识会给我财务专家的慧眼。然而,令他们失望的是,我无法提供任何内部消息,只能将自己限制在对现代大众旅游健康状况的泛泛而谈。购买喜达屋酒店或者美国运通的股票是否明智?或许吧。传统航空公司?绝对不。当托尼·瑞安(Tony Ryan)和他的同事建立瑞安航空公司或者托尼·费尔南德斯(Tony Fernandes)建立亚洲航空时你应该留个心眼,今天再投资这两个公司或许为时已晚,不过千万不要为了人类学家所宣扬的文化原因进行投资,千万不要。如果金融局势能够保持经济危机爆发前的2007年的状态的话,投资于服务大众旅游的公司也许是明智的,但现如今的形势已是乌云满天了。正如比尔·克林顿的那句经典名言:"这就是经济啊,愚人!"

让我们回到经济危机之前的时光。那时,现代大众旅游,无论是国内还是国际,都是一派繁荣(UNWTO 2010a)。这种激动人心的景象有很多原因。发达经济体的带薪休假天数不断上升;中产阶级不断扩大;健康的、拥有丰厚退休金的老年人不断增多;可支配收入日益累积,空中交通和有轨运输费用较低;油价对于众多汽车族来说并不昂贵。这些因素都促进了旅游的扩张。不仅仅富裕社会如此,发展中国家也出现了类似的趋势,东亚尤为明显。在以韩国、印度和澳大利亚为顶点的三角形区域中,各个国家都见证了城镇化、迅速扩张的中产阶级、不断提升的生活水平、带薪休假、更多的可支配收入、被禁锢的与邻里甚至与远方目的地相熟识的欲望。今天半数的人类都生活在这里。这种充满希望的繁荣景象带来的是对现代大众旅游在可预见的未来时光中无止境扩张的期望。

然而,这一期望却很快成为泡影。在2008年夏至2010年春这段时间里,美国以及接下来的欧洲,携手将全球经济推入了混乱之中。这段危机的历史尚不能就此落笔,因为到2010年中期它的余威仍在。有人绝望到开始进行一种最徒劳无益的活动——用茶渣的形态来预测未来。人们只能说:"估计这场危机能够给旅游业带来一些压力",然后听从一些简单的评论。

10年之内,现代大众旅游的主流趋势也许不会与危机之前有太大的不同。这是世界旅游旅行理事会(WTTC)所作出的预测。在2009年旅游业经历了4.8%的下降之后,世界旅游将会缓慢恢复并在2010—2011年间稍稍重拾活力,因为发展中国家已摆脱了危机的困扰。"总体看来,在2010至2020年间,旅行和旅游经济将迎来4.25%的年实际增长率,到2020年为止,提供3亿个工作岗位——即全球9.2%的工作和9.6%的GDP"(WTTC 2010:7)。这个产业仍将是未来主要的经济活动。然而,这个预测并不具有特别的说服力,因为它将2010年的增长看成了一个预设的条件,并且认为这种增长在不远的未来不会遭受任何阻碍,而这实际却是一个难以完成的任务。

让我们先假设上述预测是正确的。这些增长会发生在与危机前相同的地理区域内吗?正如第二章所论述的,这应该是它的发展趋势。然而,三个主要区域(北美和加勒比海地区、欧洲的地中海区域以及东亚和东南亚地区)之间的平衡也很有可能以超乎预料的速度发生变化。欧洲地中海地区的增长前景似乎并不乐观。这不仅仅是因为一贯提到的人口金字塔中老年人的比例越来越多的原因。毕竟,这个令人担忧的趋势并不一定会影响到旅游。老年人身体健康,寿命延长,那么他们反而会变成热情的旅游者。问题在于已经开始了的福利的大幅下降。一个在今日看起来的不可持续之物,即欧洲的生活方式——它在金融上的疲软状态则更是显而易见的了。庞大的公共和私人债务、惊人的预算赤字、高昂的税率、今日欧洲人日益受限的社会福利、居高不下的失业率、萧条的经济、很可能延长的工作时间以及减少的带薪休假天数,这些挑战日益凸显,必然会减少曾经支撑着欧洲现代大众旅游迅速膨胀的可支配收入。假期仍旧存在,但是它们不会如以往那般伴随着从容不迫的支出。人们在靠近家或是价格低廉的地方度过假期。遥远的目的地则不再会顾客盈门。

类似的趋势也出现在美国并引发了人们的担忧,虽然这种担忧比起欧洲已经小了一些。单就安全保障(safety net)来说,欧洲的水平是美国所无法企及的,更不消说其他社会福利了。在过去的年代中,美国经济已经展现了自身的多样性和生产力。在美国,虽然金融赤字所带来的不可避免的痛苦早在2008年之前便已经存在并且因凯恩斯式的调控措施而更加恶化,但这种痛苦并不如欧洲来得深。尽管如此,美国人却更愿意在国内度假而不愿出国。

若能够对东亚和东南亚加以观察,事实便会更加清晰。在未来10年中,中国和印度将会跻身旅游经济增长最快的前10位。根据预测,2020年之前中国的年累计增长率将会达到9%,印度则是8.5%。与这两个比率数据相比,以下的绝对数据能够透露更多信息。在2020年之前,旅游出口(国际旅游收入)的前10位国家将包括3个亚洲国家(中国以1 770亿美元位居世界第二,香港以510亿美元位居第五,泰国则以略小的差距位居第九)。在2010至2020年之间,中国的旅游资本投资将会增长3.5倍,直接旅游GDP增长4倍,旅游出口增长3.5倍。印度的资本投资将会达到1 100亿美元,相当于其直接旅游 GDP 的总额，印度的旅游出口则会增长至 19 亿美元。整个地区都将会感受到来自这两大巨头的力量（WTTC 2010）。

无论如何，即便现代大众旅游在近期比起往日显得并不乐观，也无法印证众多后现代（*pomo*）学者的预言。我们不能将现代大众旅游所带来的期望值的降低追溯到麦肯奈尔所说的无论在澳大利亚还是奥地利都能够吃到一模一样的巨无霸所带来的烦腻之感。可以想象，数以百万计的中国旅游者就不会抱怨地说在上海也能吃到这样的巨无霸。奥地利的美泉宫、贝尔维第宫，或是澳大利亚悉尼歌剧院可无法轻易在浦东被复制。同样，人们也不应将降低了的期望值归咎于商品化。这一观点的支持者只需简洁地看待商品化的定义（旅游不能像苹果和橘子一样被购买和售出），那么就会发现经济危机中的人们抱怨的是现代大众旅游还不够商品化，因为现有的提供者无法满足他们的购买力，人们想要更多，而非更少的商品化。

降低了的期望值也与对西方文化霸权的反抗无甚关联。我在越南芽庄（Nha Trang）的一座度假酒店中写下这篇结束语，这是一座城市度假酒店，因为芽庄海岸还未被制造成像许多其他地方那样的飞地。酒店和度假村以一条名为陈富路的滨海大道为轴线，如同丝带般地建立起来。在旅游发展之前，这里已经有了一座城镇，因此这些酒店能够享受到城市基础设施和服务的便利。在 2003 年我第一次到访之后，芽庄变化很大，但它作为旅游地的名气还未广泛传播。这座城镇沿其南端进行了大面积的扩展，许多来自乡村地区的移民迁入此地为旅游业工作。顺便指出，这里的主要客源来自越南国内。在 2003 年，绝大多数频繁光顾芽庄海岸的游客都是越南人，这一状况今日依然。

芽庄海岸并不完全是一个阳光与大海型的目的地。令参与观察者们惊讶的是，从阳光开始变强的早上 7 点至傍晚太阳落山的这段时间中，海滩上的游人寥寥无几，且均是外国人，其中多为处于“疯狗和英国人”①模式中的西方人。当地人纷纷躲开烈日的原因之一与工作有关，他们需要回到日常的杂务中去。然而，那些越南游客又为何要躲避阳光呢？这里文化因素也需分一杯羹。许多越南女性并不喜欢被晒黑。深色皮肤在越南依旧是贫穷农民的标志，不受男性的喜爱。这也在很大程度上解释了越南女性为何要在海滩上身穿复古套装（像 1900 年的装束）来把自己包裹得严严实实了。由此也可以明

① Mad Dogs & Englishmen：英国歌手 Joe Cocker 的巡回演出“Mad Dogs & Englishmen”的名字。译者注。

白，为何在芽庄以及全越南，骑摩托车的女性要戴着帽子（如今头盔对男性和女性都是必需的了）、面纱（同时也能隔绝污浊的空气），以及丽塔·海华斯（Rita Hayworth）在电影《吉尔达》（*Gilda* 1946）中戴过的在其他地方并不多见的长臂手套。

芽庄之所以吸引人，除了阳光与海岸本身之外，重要的是家人齐聚的时光。如同1970至1980年间的西班牙海岸，宛然一片家庭的海岸——孩子们在父母和亲人的视野中轻松地玩耍，志趣相投的人们共聚一堂，街坊邻里说着八卦，交几个新朋友。海滩上有两到三代人的大家庭，这样的社交场面反映了他们之间的互动。在陈富街对面几米之外，海滩背面通往我所住的酒店的路上，是一个完全不同的世界。社会结构的感觉有所减少。虽然越南人仍旧是流动人口中的绝大多数，但是酒店却属于美国的连锁公司，这似乎展现出与世界旅游业中国际游客占主导地位这一论断的一致性。酒店价格不菲，若将购买力平价因素考虑在内，价格则更是昂贵。即便如此，酒店仍旧拥有很高的入住率。这些顾客是谁？显而易见，他们是这个国家快速增长的上中产阶级成员。比起海滩上的普通人，他们高出了几个等级。

酒店的顾客和海滩上的人们在行为上有所不同。虽然许多酒店顾客也像海滩上的人们一样以家庭形式出行，但是大多是只有父母和孩子的核心家庭。年轻的母亲在没有其他兄弟姐妹帮助的情况下照顾淘气的孩子，他们可能会在餐厅四处乱跑，制造一系列这个年龄段可能制造的麻烦。大多数人早餐会选择越南河粉，其他越南人则喜欢西方菜单，如培根和鸡蛋或者欧式早餐。早餐过后，人们则会涌向游泳池。那种硕大的泳池提供的安全儿童区甚至比海滩提供的更为宽敞，孩子们可以在这里嬉戏数个小时。妈妈（以及其他单身女性）们则穿着与那几个西方游客相同的分体式泳衣。海滩上传统越南女性那种谨慎的防护措施在这里似乎并不流行。

这里对不同阶层的越南游客饮食方式和海滩行为进行了简单而有限的描述，尽管多属于逸闻之类，但若将他们的行为看作一种趋势，那么就能解释许多有趣的现象了。在有限的泳池区域内对着陌生人暴露更多的身体似乎比改变根深蒂固的、无性别差异的饮食习惯还要容易一些，虽然后者其实能够轻易地融入可塑的、越南人想象的身份认同（我们的食物更好、更健康、更美味，总之比西方的强）之中，而前者则蕴含着一种群体间的差别（我们，作为酒店的客人，无论是越南人还是西方人，都是与众不同的，或许比海滩上那些人更高级；况且，泳池边的阴凉地和宽敞的遮阳伞也能够让我们免于晒黑）。如果这种解释有一定道理的话,那么接受一点点西方文化霸权便是自主的选择,而非无奈的屈从了。此外,在同一阶层内所炫耀的差别则主要与建立在财富状况,而非文化资本之上的优越性相关(我们之所以穿着西式的比基尼是因为我们支付了和他们同样的费用,这需要花费海滩上那些人一个月的收入)。

2006 年 6 月我在越南沙坝(Sa Pa)进行了短期的授课。这是一个坐落在河内西北部约 350 公里的老街省(Lao Cai Province)境内黄连山区(Hoang Lien Son)的小镇。这里居住着一些少数民族部族,吸引了以越南人为主的大量游客,夏季是游客最多的季节。课程项目期间,听众和老师要一起进行实地考察,拜访一些小型社区和若干新建的生态度假地。

我们的向导是一个年轻的越南赫蒙族(Hmong)女性,她英语说得很好。我问她在哪里学到的英语,她回答说,一个非政府组织。在前往偏远目的地的漫长大巴行程中,她坐在我的旁边,我们也开始了一些简单的对话——有关该地的生活条件、河内或西贡对移民的吸引力、少数民族在此地的不便之处以及生活花费的比较。在我们的谈话中,非政府组织的影子不仅出现在她的语言中,也从她的思维方式中流露出来。她是否会离开自己的村庄? 不,不会的。她和她的同伴们有太多事情要做来保护他们的身份认同和传统,这些已经在京族(越南主体民族)文化和西方全球化的影响下岌岌可危了。

最近我阅读了科恩有关赫蒙族艺术和技艺的绝佳论文(Cohen,2000),于是我向她咨询了赫蒙族刺绣的复杂样式。我们的对话如下:

——缝制你们的服饰一定很难吧? 你自己做衣服吗?

——不,在我们村里只有一些老年妇女会做衣服。

——那么你的衣服是从她们那里买的吗?

——不是的。如果你仔细看我的衣服,你就会发现它们不是手工刺绣;虽然花纹式样是传统的,但实质并不相同。这些布料是广州产的,成衣也来自中国的工厂。我们在老街边界上的中国城市河口购买了这些衣服。那里选择更多,价格也便宜一些。

几天后课程结束,我也明白了为什么大多数学生都会在回家前拿出一天前往老街。他们想要在中国河口购买一些纪念品。"不要忘记买一些真正的赫蒙族东西",我说着作为告别。

从这个实地考察的例子出发,我们可以拓宽视野的范围,思考本书中争论的所有观点,那些不同于学术界主流的对现代大众旅游的看法。对于作者来说,现代大众旅游不过是以现代市场为基础的社会所带来一系列好处之一。

市场社会并不等同于资本主义。所有的资本主义也并非千篇一律。此处所赞成的是与古典政治经济学相符的资本主义形式，对于作者来说这种政治经济学也是最好的社会学。个人追随自己的兴趣，并在大多数情况下通过这种方式为总体福利作出贡献，无论自愿与否。曼德维尔（De Mandeville）的处方如今还未过时：个人的罪恶，公共的道德——这是（欧洲理解中的）自由资本主义。虽然这种观点也承认公共干预的必要，但它依旧认为政府应该被最大可能地加以限制（对于这句话读者可以有不同的理解）。美国的资本主义和欧洲的社会民主所持有的想法则更为彻底。有时，如同在当前对可持续性和气候变化（第九章）或是经济危机的讨论一样，它们已经准备好扼杀掉大部分的私人行动，并用行政命令取而代之。大多数时候，这种观点将个人创造性限制到绝对最小值——因为它不利于公共福利。如果对立的观点表达出与普遍观点——和学术主流——不同的看法，便会被贴上新自由主义的标签，在旅游研究中亦然。

对传统学界主流观点的反对并未停留在标签阶段。事实上，被大多数同事所钟爱的后现代主义范式在其学科边界之外并不在意经济学范式中的差别。如前几章所论述的那样，大多数学者将自己对行为变化的解释限制在文化因素，无论是符号理论的一般论述，或是多重身份中被排斥的他者，或是有关身份认同的政策，或是比喻，或是赋权，或是批发式的霸权概念。与之不同的是，本书提倡古典政治经济学和社会历史，即一般社会学以及此外的进化心理学（因为作者学力有限，因此本书中对该学科较少谈及）应当作为典范，因为它们将个人利益和由此带来的创新置于社会行动的中心。同时，本书亦认为自由资本主义比起其他蓝图更能带来社会利益的最大化。

资本主义与现代性拥有显而易见的，同时错综复杂的关系。现代性由多层行动组成，出于分析的目的，这些行动被标识出来，比如在政治和文化领域。诚然，这是解释资本主义所必需的。但是，创造力和知识的传播只会在一个人们享有研究自由、能够公开发表新发现的社会中实现。否则，资本主义便会停滞。比如，无论拥有多么大的决心，中国如果不能改变目前加于创造和交流之上的紧身衣，那么想要建立和谐社会还可能要遇到困难。比起那些更为开放和争执不休的政体来说，在中国，决策的作出可能更迅速，也更有执行力。但是，在任何地方，只有民主才能够保证资本主义实现它最好的诺言。

虽然相对主义者常常不在乎细节，例如合法性上的差别，但是他们依旧建立了基础政治科学这样的课程。也许伯恩斯(Burns)①太过忙碌,赶着分享他的下一个大发现——“民主依旧是一个具有多重解释的社会建构”(2001b:296)。无疑,我们会列举一长串现代历史中的独裁和专制者名单,但更为可怕的,是他们的继承者们还会祝福他们的灵魂,而生活在这些独裁统治之下的人们却可以轻易地指出独裁统治与民主管理之间决定性的差别。然而,这个广为流传的、廉价的后现代主义建构中的问题所带来的伤害比任何特例都要深刻。文学艺术中定义了矮胖子(Humpty Dumpty)②,再去追究其真实性便没什么意义了。无论怎样,我们都会允许掌权者建构现实——以及我们的生活——按照他们想要的方式。

这不仅仅是有闲的学者们打发时间的智力游戏。有效的经济——以及体面的生活标准——都需要免费且民主的政治。正如我们试图在本书中展示的,个人利益的公平竞争,尤其是当它未被所谓后现代主义的文化价值所侵蚀的时候,会带来更高的总体福利——在理论上如此,在现实中亦然,同时也能够解释为何人们喜欢现代大众旅游并且对学者们让他们改变行为方式的建议不屑一顾。现代大众旅游并非最重要的社会活动,甚至也不是世界最大的产业,更非全球化的关键部门,但是同上述对象一样,人们也可以在古典经济学和社会历史的帮助下通过现代性范式更好地理解它——而非那些令任何性别的人类主体都无立足之地的有关无意识③的叙述和福柯杂乱的考古学设计。

就让我们激进这一次——让我们以真正的社会行动的根源为基础来进行工作和研究。如果想要揭开包括现代大众旅游在内的现代性的谜团,观察其社会根源才是实现该愿望的最佳保障。

① Peter Burns:英国旅游学研究者。译者注。

② 矮胖子(Humpty Dumpty)是英国童谣:《鹅妈妈童谣》(*Mother Goose*)中的人物。译者注。

③ 无意识(Unconscious):这里指列维·施特劳斯有关无意识的观点。译者注。

译后记

用了整整一年的时间,胡里奥·阿兰贝里(Julio. Aramberri)教授的《现代大众旅游》一书终于可以付梓印行了。对于我们几位译者来说,这不啻一件令我们额手称庆的事儿,因为我们所完成的是一件很不容易的事情。

说这份工作的完成不容易,是因为我们选择了一部充满挑战性的著作来翻译。这挑战性至少表现在以下几个方面:

首先,这是一部富有思想性的著作。《现代大众旅游》这部作品,尽管从书名上来看,几乎与当下流行的任何时髦话题别无二致,但书中展现的内容却完全是另一回事儿。在这部著作中,作者集毕生之学养,将他对旅游现象的整体思考以及对旅游理论研究的系统梳理集成化地浓缩在一部讨论现代大众旅游主题的著作中,由此成就了这部著作非同一般的思想高度。就我所知,阿兰贝里教授作为国际旅游科学院(IAST)的创始成员之一以及副主席(2007—2011),曾在马德里大学任社会学教授,因此对 20 世纪 60 年代及其后的西方哲学思潮有着融入性的深度理解,从而也对后现代主义哲学思想能够予以驾轻就熟的阐释和批判。这种学术底蕴,加上他在西班牙国家旅游局营销部任部长以及 1997 年之后在美国 Drexel 大学旅游系任主任和教授的经历,使他对旅游现象的思考,有着旅游学术界一般学者难以企及的宽阔视野和理论积淀上的优势。正是基于这种优势,阿兰贝里教授在这部著作中洋洋洒洒地探讨了科学研究的种种话题,展现了后现代范式在旅游研究中的滥觞与发展,触及了旅游发展过程中所表现出来的各种社会和经济议题。其实,本书的主题还远不止于此。这种议题的广泛性和思想的深刻性,是我们翻译过程中遇到的最困难的挑战之一,它使我们不得不如履薄冰一样,努力准确地去呈现作者在思想认识方面的各种独到见解。

其次,这是一部充满批评意味的著作。在这部作品中,批评已经构成了作品的特色，其尖锐程度甚至也会让我们揣摩作者个性上的取向。如果没有对阿兰贝里教授12年的深度了解，在阅读了本书之后，我或许也对作者的批评方式产生某种怀疑的态度。但是，不管是我在波兰期间亲眼见证的他与贾法力(Jafa Jafari)——这位也是他在本书中有所批评的旅游学术界巨擘——的深厚友情，还是他在本书致谢中所表达的对丹恩(Graham Dann)的真诚谢意，都可以看出，阿兰贝里的批评，盖出自对学术的敬意和对真理的追求。我在想，如果阿兰贝里教授能够阅读我以汉文撰写的著作，他也很可能毫不留情地挥起他的如椽大笔予以批判，只要他捕捉到了破绽或窥见了荒谬的话。这一事实让我感动。他似乎要以自己的坦率心态来证明一个十分包容的世界的存在，而这个世界是真正的科学世界中那种对“真理”有所迷恋的人在其追求中刻意寻觅而又可能是自我营造的氛围。在中国的旅游学术界，由于案例研究、对策研究、应用研究以及纯粹走技术路线的实证研究正在大行其道，因此，阿兰贝里教授从方法论层面所展开的批评的态度、角度和深度，可能正是我们难得的稀缺思想资源。正是站在这个基点上，我们选择了本书。不过，在翻译过程中，我们对这种批评性表达的处理，也构成了在汉语言世界和中国文化语境中重现原著主旨的一个挑战，对此我们也颇费了一些脑筋。

再次，这部著作在语言风格上的多样化，也给翻译带来了始料不及的困难。阿兰贝里教授的写作在语言上有其独特性，对此我在2002年就曾领教过。当时为了翻译他的一篇论文，我用去了半个月的时间，这个速度与我翻译科特勒的《旅游市场营销》一书的速度，简直是一种颠倒。阿兰贝里教授在行文中大量使用譬喻、典故甚至反讽的手法，这些对于我们非母语的读者来说，本身就是挑战。加上他思想极度张扬，因此文字便也跟着跑马，这虽然让读者阅读起来会有畅快淋漓之感，但于科学规范却很可能并不完全让人认同。在这种情况下，如何准确传达作者本意并体现科学规范的精神，这在翻译层面也不是一件轻松的事情。

但不管怎么说，这部书稿总算是可以脱手了。我们的意图是希望借此为中国的旅游学术界奉献一部不一样的外来著作。正如阿兰贝里教授本人的学术研究取向一样，以他深厚的哲学、社会学、人类学和政治学功底，以他广泛的领域跨度和活跃的思想角度，我相信，即使在整个西方旅游学术界，他可能也属于那种有别于实证和技术学派研究者的极少数人之一。而在我看来，恰恰是他的这种稀缺性，才可能给技术导向占主流的国内旅游学术界以新的精神养料。这正是我们译介这部著作的初衷。

本来我是打算为这部书写一篇比较拿得出手的译序的，但几经掂量，自知力所不逮。加上时间的关系，我只能断了这个念头。这样也好，对于一部有着深邃思想和丰富内容的著作来说，最好的译介态度是把原著的精神传递给读者，而对其中的观点的评判，则留给读者本人去完成。我相信，一部好书的价值，在于它能够给不同人以不同的营养，这不仅取决于以白纸黑字形式存在的书本本身，也取决于读者的心态和境界。

本书译稿的完成，完全仰赖几位合译者的共同努力。在全部译稿中，我只承担了引言和第一章的翻译以及全书的统稿工作。其他各章节的翻译分别由以下几位译者完成（除郭英的工作单位为江西财经大学工商管理学院外，其他译者均为东北财经大学旅游与酒店管理学院的在读博士研究生）：孙佼佼负责翻译致谢、第五章、第六章、第七章、第九章和结束语；郭英负责翻译第三章和第四章；李淼翻译第八章；周广鹏翻译第二章。本来在书稿印行之际想将孙佼佼、郭英二人的名字并列于封面，但由于当初合同签署方面的技术原因而无法实现，仅能在此对两位主译者表示歉意。在翻译过程中，因本书文字固有的难度，加之译者水平所限，相信译文一定存在不少的瑕疵。在此敬请读者谅解并不吝批评指正。

2014年4月　于灵水湖畔

谢彦君